Äbten v. →Iona legt nahe, daß die Transmission über dieses Kl. erfolgte und Irland wohl um 750 erreichte. Es wird allg. angenommen, daß das M. auf eine reich glossierte Hs. des Echternacher Willibrord-Kalendariums (dem auch →Bedas hist. Martyrologium textlich nahesteht) zurückgeht. Die eigenständigen Züge des M. artikulieren sich u.a. in der Nennung von Namen, die der hieronymian. Überlieferung sonst unbekannt sind; in seiner letzten Entstehungsstufe wurden dem M. noch Namen aus dem Kreis der ir. Reformbewegung eingefügt. Das M. ist ein höchst aufschlußreiches Zeugnis der Kontakte zw. Irland, dem ags. England und dem Kontinent; sein hauptsächl. Quellenwert liegt jedoch in der Überlieferung der frühesten Festkalender der ir. Kirche.

D. Ó Cróinín

Ed. und Lit.: LThK² IX, 1279 – The Martyrology of T., ed. R. I. BEST–H. J. LAWLOR, 1931 – P. Ó RIAIN, The T. Martyrologies, redated, Cambridge Med. Celt. St. 20, 1990, 21–38 – DERS., Anglo-Saxon Ireland: the Evidence of the Martyrology of T., 1993 – →Félire Óengusso.

Talleyrand, Élie de, Kard., * um 1301, † 17. Jan. 1364, Sohn des Gf. en v. →Périgord, Élie Talleyrand VII., dessen profranzösische Haltung T.s kirchl. Karriere begründete; dank der Päpste →Clemens' V. und →Johannes' XXII., seines Verwandten, erhielt er die Bm.er →Limoges (1324) und →Auxerre (1328) als Sprungbrett für die Aufnahme ins Kardinalskolleg (1331 Kard. v. S. Pietro in vincoli; 1348 Bf. v. Albano). Durch die Heirat seiner Schwester Agnès (1321) mit Johann v. Anjou-Sizilien (→Anjou), dem künftigen Hzg. v. Durazzo, wurde T. in die Bruderkämpfe des Kgr.es Neapel verstrickt; er vermittelte die Heirat der Maria, Schwester von Kgn. →Johanna I., mit seinem Neffen Karl (1343), wurde der Begünstigung des Mordes an →Andreas v. Ungarn († 1345) verdächtigt und machte sich den Kard. Gui de →Boulogne, der die konkurrierende Anjou-Linie Tarent unterstützte, zum Gegner. Beim →Konklave v. 1362 verweigerten die Kard.e diesen »wutschnaubenden Kampfstieren, die die Weiden des Herrn besudelten« (Petrarca) ihre Unterstützung und wählten stattdessen →Urban V. Als geborener Diplomat wurde T. von →Innozenz VI. mit der Aufgabe betraut, bei Kg. →Eduard III. v. England einen Waffenstillstand mit Kg. Johann II. (→Jean II.) v. Frankreich durchzusetzen, konnte aber die frz. Niederlage v. →Poitiers (1356) nicht verhindern. Bei den Friedensgesprächen in England (1357–58) verteidigte T. auch seinen reichen engl. Pfründenbesitz und bemühte sich um eine Versöhnung mit. →Karl dem Bösen v. Navarra und dem Regenten →Karl (V.). Als Protektor des →Franziskanerordens (1343) verhörte er den Visionär →Johannes v. Roquetaillade (1350) und machte ihn zu seinem Auguren, der dem Kard. den »Liber ostensor« (1356) widmete. Bereits gemeinsam mit →Philipp VI. (1336) hatte T. das Kreuz genommen; von Urban V. wurde ihm das Amt des päpstl. Legaten für den von Johann II. geplanten Kreuzzug verliehen, doch verstarb der Kard. vor dem Zustandekommen des Unternehmens. T. war trotz seiner 31 Benefizien (darunter 7 Archidiakonate) und seines prunkvollen Auftretens kaum reicher als seine Amtsbrüder; er beteiligte sich an der Gründung der Kartause Vauclaire (dép. Dordogne, comm. Montpon-Menestérol) sowie des Collège de Périgord in Toulouse und förderte den hl. Karmeliter →Petrus Thomas sowie Bernard du Bousquet, den späteren Ebf. v. Neapel und Kard. (1368–71).

M. Hayez

Q. und Lit.: F. DUCHESNE, Hist. de tous les card. françois, 1660 – N. P. ZACOUR, T., 1960 – B. GUILLEMAIN, Cour pontificale, 1966 – L. CAILLET, La papauté d'Avignon et l'Église de France, 1975 – Lettres secrètes et curiales d'Inn[ocent VI et] d'Urbain V., hg. École f[rançaise...]

Tally, ein ca. 20 cm l[anges Holzstück, auf dem eine] Zahlung an den eng[lischen Exchequer durch Kerben] eingeschnitten oder eingekerbt wurde, um die betreffende Summe zu quittieren. Unterschiedl. tiefe Einschnitte wurden entlang der Kante des Holzes vorgenommen, um 1000, 100 oder nur ein Pfund, Schillinge und Pence zu vermerken, für die es ausgefertigt worden war. So konnte es auch ein des Schreibens und Lesens Unkundiger sofort lesen. Wenn die Summe eingeschnitten war, wurde das Kerbholz der Länge nach gespalten, die eine Hälfte verblieb beim Exchequer, die andere erhielt der Steuereinnehmer. T.ies konnten auch vom Exchequer an seine Gläubiger ausgestellt werden und übertrugen ihnen die Zahlung der Steuereinnehmer (→Assignment). Die T.ies waren seit dem 12. Jh. bis 1834 im Exchequer in Gebrauch, als die Anordnung, sie zu verbrennen, das alte House of Parliament in Brand setzte.

G. L. Harriss

Lit.: H. JENKINSON, Exchequer T.ies, Archaeologia 62, 1911.

Talmud. Mit der Redaktion des Pentateuchs im 6./5. Jh. v. Chr. erhielt das früheste Judentum (→Juden) ein Werk, das zwar als hl. Buch sehr schnell kanon. Geltung erlangte, dessen Gesetzesbestimmungen (→Recht, C) jedoch zu den späteren, sich wandelnden ökonom., sozialen, polit. und kultrechtl. Verhältnissen oft keine oder unzureichende Antworten lieferten. So kam es wohl schon im 5. Jh. v. Chr. zur Ausbildung einer mündl. Gesetzestradition, die die bibl. Vorschriften ergänzte, modifizierte und gelegentlich sogar auch abrogierte und die um 200 n. Chr. einen solchen Umfang erreichte, daß sie von Rabbi Jehuda ha-Nasi in Palästina und seinem Gelehrtenkreis in Form der sog. *Mischna* erstmals umfassend kodifiziert wurde (Gliederung in sechs themenzentrierte Ordnungen, diese wiederum in eine größere Anzahl von Traktaten). Die Sprache der Mischna bestand aus einer bestimmten Form des nachbibl. Hebräisch; neben anonymen Gesetzesbestimmungen unklaren Alters enthielt sie eine Fülle von Vorschriften, die auf bestimmte Gelehrte (Tannaiten) von der Zeitenwende bis etwa 180 n. Chr. zurückgeführt wurden. Bis etwa 450/500 wurde die Mischna sowohl in Palästina als auch in Mesopotamien von den nachfolgenden jüd. Gesetzesgelehrten (Amoräer) auf Aramäisch kommentiert und diskutiert. Diese Diskussionen wurden unter den Sammelnamen *Gemara* (= Vollendung) zusammengefaßt; sie enthielten nicht nur jurist. Diskussionen, sondern auch ethische Erzählungen, Wundergesch., Bibelauslegungen erzählender Passagen u.a.

Mischna und Gemara konstituierten gemeinsam den T., der uns jedoch in zwei grundverschiedenen Rezensionen überliefert wurde. Den Anfang machte der *Palästinens. T.* (irrigerweise auch: Jerusalemer T.), der wohl noch vor der Mitte des 5. Jh. in Galiläa zusammengestellt wurde. Er weist dort keine konsistente, von nur wenigen Schwankungen gekennzeichnete Textüberlieferung auf, erlangte aber im MA in den Gemeinden der europ.-jüd. Diaspora nur begrenzte Anerkennung. Völlig anders verhielt es sich mit dem quantitativ sehr viel umfangreicheren *Babylon. T.*, der kaum vor 700 im Zweistromland redigiert wurde, eine undurchsichtige, höchst variantenreiche Textüberlieferung aufweist und sich im Rahmen eines nicht mehr nachvollziehbaren hist. Prozesses bis etwa 850 als das normative Gesetzbuch der jüd. Gemeinden Europas, Vorderasiens und Nordafrikas durchsetzte. Die dunkle Sprache des babylon. T.s und seine logisch höchst verwickelten Gesetzesdiskussionen führten in den Diasporagemeinden zu einer umfangreichen Kommentarlit. und zu zahllosen exeget. Kontroversen im Hinblick auf die Auslegung der einen oder anderen Textstelle. Für die Gemeinden Spaniens und Nordafrikas war der T.kommentar Chananel Ben Chuschiels aus Kairuan (Mitte 11. Jh.) ein wichtiger Wegweiser zur Erschließung dieses Werkes. Für die Judenheit in West- und Mitteleuropa wurde der gegen Ende des 11. Jh. von →Raschi in Nordfrankreich verfaßte und auf der Auslegungstradition der rhein. T.hochschulen beruhende Kommentar die maßgebl. Auslegungsrichtschnur. Beide Werke waren in hebräisch-aramäischer Mischsprache abgefaßt.

Es ergab sich von selbst, daß das Studium und die Anwendung des T.s in der Rechtsprechung oder bei ritualgesetzl. Problemen des Alltagslebens eine Sache von relativ wenigen Spezialisten innerhalb der jüd. Ortsgemeinden blieb. Die Notwendigkeit, in der Einzelgemeinde über wenigstens einen ständig konsultierbaren Fachmann des talmud. Rechts zu verfügen, war einer der Gründe, die im späteren MA zur Ausbildung des →Rabbinats führte. Da die talmud. Gesetze (wie schon der Pentateuch) den sich wandelnden Lebensbedingungen der jüd. Diasporagemeinden gelegentl. nachhinkten, kam es auch hier zur Rechtsfortbildung; zu nennen sind bes. die Taqqanot (→Taqqana), Rechtsverordnungen zur Lösung von in der talmud. Überlieferung nicht behandelten Problemen.

Theologisch galt insbes. der Babylon. T. im ma. Judentum letztlich als Ausfluß der sinait. Offenbarung, die dem →Mose in zweifacher Form, als schriftl. und mündl. →Tora, zuteil geworden sei. Für die ma. jüd. Theologie verkörperte die mündl., im T. kodifizierte Tora das Geheimnis der Erwählung Israels unter den Völkern, weil die bibl. Gesetze ohne die Hinzuziehung der talmud. Überlieferung oft gar nicht anwendbar seien. Die Nichtjuden, denen die Kenntnis der talmud. Tradition abgehe, könnten infolgedessen ihr sog. AT insgesamt nur unzureichend oder gar nicht verstehen. H.-G. v. Mutius

Lit.: G. STEMBERGER, Einl. in T. und Midrasch, 1992[8] – Mischnajot – Die sechs Ordnungen der Mischna, hebr.-dt., bearb. A. SAMMTER u. a., 1986[3] – Synopse zum T. Yerushalmi, hg. P. SCHÄFER–J. BECKER, 1991ff. – Übers. des T. Yerushalmi, hg. M. HENGEL u. a., 1980ff. – The T. of the Land of Israel, engl. Übers. J. NEUSNER u. a., 1982ff. – Der Babylon. T. mit Einschluß der vollstaendigen Mischnah, hg. und übers. L. GOLDSCHMIDT, 1933–35 [unbrauchbare Übers., aber gute Texted.] – The Babylonian T., engl. Übers. I. EPSTEIN u. a. [Nachdruck 1978].

Talmudverbrennungen. Im Laufe des 12. Jh. verschärfte sich in Europa das Klima den Juden gegenüber; in Rom hatten sie seit 1119 bei Pontifikatsbeginn der jeweiligen Päpste die formelhafte Mißbilligung ihrer Schriftauslegung hinzunehmen. Gregor IX. verfügte 1239 aufgrund der Denunziation des Konvertiten Nikolaus Donin für die chr. Staaten Westeuropas die Konfiskation des →Talmud am 3. März 1240. Ab Juni 1240 fand unter Leitung des Bf.s v. Paris, Wilhelm v. Auvergne, und in Gegenwart der Kgn. →Blanca eine Disputation franziskan. Patres mit vier jüd. Gelehrten statt, die häret. Vorwürfe gegen den Talmud klären sollte. Die Vorwürfe betrafen polem. Äußerungen gegen Jesus und Maria im Talmud, die die chr. Theologen als blasphem. empfanden, die Schlechterstellung des Nichtjuden gegenüber dem Juden im talmud. Recht, die jüd. These vom göttl. Ursprung des talmud. Rechts u.s.w. In der Folge kam es 1242 zur Verbrennung von 20 oder 24 Wagenladungen konfiszierter Talmudexemplare. Auf Intervention von jüd. Seite hin gestattete Innozenz IV. 1247 eine Wiederaufnahme des Verfahrens. Der päpstl. Legat, Odo v. Tusculum, verurteilte den Talmud jedoch am 15. Mai 1248 endgültig und ordnete dessen Verbrennung an. In Frankreich ereigneten sich bis 1299 vier weitere T.; in Europa zogen sich solche Aktionen bis 1757 hin. B. Lawall

Q.: H. DENIFLE–É. CHATELAIN, Chartularium Universitatis Parisiensis, I, 1899 – J. HÖXTER, Q.lesebuch zur jüd. Gesch. und Lit., 4 Bde, 1927 [Neudr. 1983] – S. SIMONSOHN, The Apostolic See and the Jews, I, 1988 – *Lit.:* CH. MERCHAVIA, The Church Versus Talmudic and Midrashic Lit., 1970, 277ff. [hebr.] – H. RAFETSEDER, Bücherverbrennungen. Die öffentl. Hinrichtung von Schriften im Wandel der Zeiten, 1988 – F. BATTENBERG, Das europ. Zeitalter der Juden, I, 1990 – A. PATSCHOVSKY, Der Talmudjude (Juden in der chr. Umwelt des späten MA, hg. A. HAVERKAMP–F.-J. ZIWES, 1992), 13–27.

Talschaft. Der moderne Ausdruck T. bezieht sich auf eine geomorpholog. und zugleich polit.-soziale Einheit im Alpenraum. Der quellenmäßige Begriff *tal* hat naturräuml., rechtstopograph. und polit. Bezüge. Als Bezeichnung für einen polit. Verband ist er synonym mit *land, landschaft*. Die Anfänge der talschaftl. Verbandsbildung werden im 12. Jh. faßbar. Die T. erscheint zunächst als herrschaftl. Verwaltungseinheit, dann aber auch als selbstverwaltete Gebietskörperschaft. Der letztere Typus stellt eine Erscheinungsform der ländl. →Gemeinde dar. Die Selbstregelung der Talgemeinde äußerte sich v. a. im Gerichtswesen. Wichtigste Organe und Institutionen der T. waren die Gemeindeversammlung, der Gemeindevorsteher und Richter, oft von einem Ratskollegium unterstützt, sowie gemeinsames Satzungsrecht. In der Schweiz lautet die Bezeichnung für den Vorsteher meist →Landammann, für die Versammlung Landsgemeinde. Das Verbreitungsgebiet der T. entspricht dem Alpenraum, ohne die w. Ausläufer und die ö. Hzm.er Österreichs. Neben den räuml. Voraussetzungen (Relief) zählen zu ihren Entstehungsbedingungen: aufgelockertes Siedlungsmuster, späte Binnenkolonisation, oberfläch. Feudalisierung. Ihre vergleichsweise unabhängige Stellung ging auf Reichsprivilegien oder Privilegierung durch den Territorialherrn zurück. Der territorialherrschaftl. Erfassung wirkten bisweilen Bündnisse entgegen, die benachbarte T.en untereinander abschlossen. Viele T.en waren anfängl. mit einer →Pfarrei deckungsgleich; diese Kongruenz verlor sich jedoch im SpätMA durch Abkurung neuer Pfarrkirchen. Der Einfluß der kollektiven Bodennutzung auf die Ausbildung der T. ist in der älteren Forsch. überschätzt worden, insbes. mit der generellen Annahme von Tal-→Markgenossenschaften. Träger der genossenschaftl. Nutzung war indessen meist der lokale Siedlungsverband, also die Dorf- und nicht die Talgemeinde. F. Hitz

Lit.: H. RYFFEL, Die schweiz. Landsgemeinden, 1904 – P. VAILLANT, Les libertés des communautés dauphinoises, 1951 – E. BRUCKMÜLLER, Täler und Gerichte (Herrschaftsstruktur und Ständebildung, Beitr. zur Typologie der österr. Länder aus ihren ma. Grundlagen, III, 1973), 11–51 – K. RUSER, Die Talgemeinden des Valcamonica, des Frignano, der Leventina und des Blenio und die Entstehung der Schweiz. Eidgenossenschaft (Kommunale Bündnisse Oberitaliens und Oberdtl.s im Vergleich, hg. H. MAURER (VuF 33), 1987), 117–151.

Taman', nw. des Kaukasus gelegene Halbinsel zw. →Schwarzem Meer und Azov'schem Meer, von der westl. benachbarten Halbinsel →Krim durch die Straße v. Kerč getrennt. Die in der Antike (griech. Stadtgründungen) zum Bosporan. Reich gehörende Halbinsel war mit der Stadt →Tmutarakan' (im SpätMA auch *Matrega* u. ä.) seit dem 10. Jh. Kerngebiet des südöstlichsten, zur Steppenregion hin vorgeschobenen aruss. Fsm.s, in dem z. T. auch byz. Wirtschafts- und Kultureinflüsse wirksam waren (→Byz. Reich, E. II), das aber 1223 dem Ansturm der →Mongolen erlag. Am Rande des mongol.-tatar. Machtbereiches gelegen, wurde T. im 14. Jh. vom genues.

Schwarzmeerhandel berührt. Im 15.–18. Jh. unter osman. Herrschaft, kam das Gebiet 1774 an Rußland. – Die Weltlit. kennt T. als einen Schauplatz des großen Romans »Ein Held unserer Zeit« (1840) von M. Lermontov.

Lit.: →Tmutarakan', →Krim.
U. Mattejiet

Támara, Paces de, Friedensverträge, die Juli 1217 nach der Einnahme v. Carrión, Villafranca und Burgos zw. Kg. →Alfons VII. v. →Kastilien-León sowie Kg. →Alfons I. v. Aragón auf Vermittlung von dessen Verbündeten, den Gf. en Gaston v. →Béarn und Centulle II. v. →Bigorre, im Tal v. T. zw. Castrogeriz und Hornillos del Camino unter Ausfertigung zweier Vertragsinstrumente geschlossen wurden, den Verzicht auf die früheren kast. Eroberungen im Ebrotal sowie die Anerkennung des dortigen aragones. Gebietsstandes enthielten, dafür die Aufgabe der meisten aragones. Gebietsgewinne in Kastilien (mit Ausnahmen wie Álava, Soria, der sorian. Estremadura bis S. Esteban de Gormaz), insbes. die Rückgabe der Alfons VII. als Erbe gehörenden Burgen und Städte, sowie den Verzicht Alfons' I. auf den Kaisertitel festlegten. Obwohl die Umsetzung des Vertrags nicht sofort und nicht vollständig erfolgte, gingen viele Gebiete wie Frias, Pancorbo, Briviesca, Villafranca de Montes de Oca, Burgos, Santiuste, Sigüenza und Medinaceli langfristig wieder in den Besitz von Kastilien-León über. Mit den Verträgen v. T. sicherte Alfons VII. sein Anrecht auf die bisher von Alfons I. beanspruchte Königswürde von Kastilien.
L. Vones

Lit.: R. MENÉNDEZ PIDAL, Sobre un tratado de paz entre Alfonso el Batallador y Alfonso VII, BRAH 111, 1942, 115–131 – J. M. LACARRA, Alfonso »el Batallador« y las paces de T., EEMCA 3, 1947–48, 461–473 – DERS., Alfonso el Batallador, 1978, 93–96 – M. RECUERO ASTRAY, Alfonso VII, Emperador, 1979, 90–95, 206 – L. VONES, Die 'Hist. Compostellana' und die Kirchenpolitik des nordwestspan. Raumes 1070–1130, 1980, 486f. – A. UBIETO ARTETA, Hist. de Aragón, La formación territorial, 1981, 182f. – M. PERÉZ GONZÁLEZ, Crónica del emperador Alfonso VII (El Reino de León en la Alta Edad Media, 1993), 96f.

Tamerlan → Timur

Tamworth, Stadt in Staffordshire, als Hauptort des merc. Kgr.es (→Mercien, →England, A. II, 2) bekannt und als bevorzugte Residenz der merc. Kg.e zw. 781 und ca. 857 urkundl. nachweisbar. In T. befand sich seit dem späten 7. Jh. eine villa regia, die im Zentrum eines mit Graben und Damm befestigten Areals lag. Wahrscheinl. gehörte eine in zwei Phasen im 9. Jh. errichtete Wassermühle zu dem Pfalzkomplex. Unklar ist, wie lange die Pfalz bewohnt war, aber Beziehungen T.s zum Kgtm. bestanden im 10. Jh. 913 ersetzte →Æhelflæd die früheren Befestigungen durch eine solidere, mit Holz eingefaßte Wallanlage, um die Grenze v. Mercien gegen die Dänen aus →Leicester zu verteidigen. →Æthelstans Schwester Edith dürfte in T. mit ihrer religiösen Gemeinschaft gelebt haben, wo seit dem Ende des 10. Jh. ein Kult der Hl.n existierte. Vor der Regierung Æthelstans gab es keinen Nachweis für eine Münzstätte in T. und – da es zw. Staffordshire und Warwickshire aufgeteilt war – kaum Anzeichen für die Entwicklung zu einem bedeutenden städt. Zentrum in der späten ags. Zeit. Erst aus der Zeit nach 1066 stammen die für eine geplante städt. Siedlung charakterist. Merkmale in der Straßenanlage, die mit einer norm. Burg in Zusammenhang stehen.
A. J. Kettle

Lit.: VCH Staffordshire III, 309f. – P. RAHTZ, The Archaeology of West Mercian Towns (Mercian Studies, hg. A. DORNIER, 1977), 107–129 – DERS.–R. MEESON, An Anglo-Saxon Watermill at T. (Council for British Archaeology Research Report 83, 1992), 1–5.

Tana (La T.), it. Handelsniederlassung im Herrschaftsbereich der →Goldenen Horde (1235–1475), am rechten Ufer des Don (gr. Tanais) unweit seiner Mündung ins Azov'sche Meer (Maiotis), bei den Überresten der antiken miles. Kolonie Tanais (im 5. Jh. endgültig verlassen) und nahe der tatar. Stadt Azaq (heute Azov), bildete den Endpunkt der mongol. Handelsroute (→Mongolen). Die um die Mitte des 13. Jh. nach T. (von →Sugdaia aus) gekommenen Venezianer (→Venedig) wurden nach 1261 (→Nymphaion) durch Genuesen (→Genua) abgelöst. Da die Venezianer aber bald nach 1265 wieder Zugang nach T. erhielten, versuchte Genua ab 1269 beständig, doch erfolglos, die Konkurrenten von T. fernzuhalten. Während der genues. Teil T.s, der bes. zw. 1280 und 1350 florierte, schon vor 1304 einen Konsul besaß, gab es einen ven. Konsul hier erstmals um 1320. Der ven. Senat erließ 1333 aufgrund eines Vertrags mit Chān Özbeg ein Statut der exterritorialen ven. Niederlassung (Amtszeit der Konsuln zwei Jahre). Das vermutl. ähnl. Statut der rivalisierenden Genuesen ist unbekannt. 1343 vertrieben die →Tataren die Italiener auf einige Jahre aus T. Es folgten weitere Angriffe (Sept 1395, unter →Timur; Aug. 1410; 1418). 1475 fiel T. an die →Osmanen. S. a. →Schwarzes Meer.
G. Prinzing

Q. und Lit.: Oxford Dict. of Byzantium III, 1991, 2009 – E. C. SKRŽINSKAJA, Storia della T., StVen 10, 1968, 3–45 – M. BERINDEI–G. VEINSTEIN, La T. – Azaq. De la présence it. à l'emprise ottomane, Turcica 8, 2, 1976, 110–201 – C. VERLINDEN, L'esclavage dans l'Europe médiévale, 2, 1977, 924–948 und passim – M. BALARD, La Romanie génoise, I–II, 1978, 150–156 und passim – S. PAPACOSTEA, »Quod non iretur ad Tanam«. Un aspect fondamental de la politique Génoise dans la Mer Noire au XIVe s., RESE 17, 1979, 201–217 – M. E. MARTIN, Venetian T. in the Later Fourteenth and Early Fifteenth Centuries, BF 11, 1987, 375–379 – B. DOUMERC, Les Venitiens à La T. au XVe s., M-A 94, 1988, 363–379 – M. BALARD, La mer Noire et la Romanie génoise (XIIIe–XVe s.), 1989 – B. DOUMERC, La T. au XVe s.: comptoir ou colonie? (État et colonisation au MA et la Renaissance, ed. M. BALARD, 1989), 251–266 – S. P. KARPOV, Dokumenty po istorii venecianskoj faktorii T. vo vtoroj polovine XIV v. (The Black Sea in the MA, ed. DERS., 1991), 191–216 [Lit.] – DERS., On the Origin of Medieval T., Byzslav 56, 1995, 227–235 [Lit.].

Tancarville, große Adelsfamilie der →Normandie, besaß im Gebiet südl. der Seinemündung eine mächtige →Seigneurie, aber auch Lehen in England (so das von Kg. →Johann 'Ohneland' konfiszierte Hailes in Gloucestershire). Als erbl. *Chambellan* v. Normandie stand der Sire de T. an der Spitze einer Gruppe von norm. Adligen, die bereits vor 1204 den Parteiwechsel von den Plantagenêt zu Kg. Philipp II. Augustus v. Frankreich vollzogen hatten. Seit Ende des 13. Jh. bildeten die T., die vom kgl. Rat Enguerran de →Marigny in ihren Konflikten mit den →Harcourt unterstützt wurden, den Kern einer eng mit dem frz. Königshof verbundenen Partei von norm. Baronen, die in Frontstellung gegen den die norm. Landesfreiheiten verteidigenden übrigen Adel stand. Die Erbtochter *Jeanne de T.* vermählte sich mit Jean, Vicomte v. Melun, dem Grand Chambellan de France. Ihre Söhne *Jean II., Guillaume,* Ebf. v. →Sens, und *Adam* fungierten als führende Ratgeber Kg. Johanns des Guten (→Jean II.). 1352 erhöhte der Kg. die Seigneurie zugunsten Jeans II. v. T. zur Gft.

Jean II. (* um 1318, † 1382) vereinigte aufgrund seiner Heirat mit Jeanne Crespin, der Erbtochter des Sire du Hommet, des erbl. *Connétable* v. Normandie, die beiden großen norm. Adelswürden (*Chambellan* und *Connétable*) in seiner Hand. Enger Gefolgsmann Johanns des Guten seit 1345, folgte er seinem Herrn nach →Poitiers (1356) in engl. Gefangenschaft, kehrte 1359 aber nach Paris zurück, um die polit. Maßnahmen gegen die Opposition durchzusetzen. Er handelte 1360 den Friedensvertrag v. →Brétigny aus. Nach der Rückkehr des Kg.s war T. Oberaufseher des Forstamtes (*souverain maître des →Eaux et Forêts*) und kgl. →*lieutenant* in der Osthälfte des Kgr.es (v. a. Bekämpfung der Söldnerkompagnien), nach seiner Niederlage bei Brignais (1362) noch Statthalter in →Burgund. Nach dem Tode Kg. Johanns (1364), den T. nach London begleitet hatte, beließ der Kronrat Kg. →Karls V. dem Günstling des Vorgängers zwar Ämter und Pensionen, doch wurde ihm 1375, im Zuge einer Reform-Enquête, die Leitung des Forstamtes entzogen.

Jeans Sohn *Guillaume* († 1415 bei Azincourt/→Agincourt) war Rat Kg. →Karls VI. und erhielt 1389 in väterl. Tradition die Leitung des Forstamtes, dessen Rechte er energisch verteidigte. Von 1353 bis 1402 übte er diplomat. Missionen aus (England, Avignon, Florenz, Zypern, Genua). 1402 wurde er zum kgl. Butigler (*grand →bouteiller de France*) und Präsidenten der →*Chambre des comptes* ernannt. In der Normandie war er bestrebt, über seine Machtposition im Forstwesen und hohe militär. Ämter (Cherbourg 1404, Rouen 1409) eine fakt. Oberhoheit zu errichten: Er erlangte die Hochgerichtsbarkeit für seine Gft. (1403), nicht dagegen die erstrebte Steuerhoheit. Obwohl auf Betreiben des Hzg.s v. →Burgund 1410 seiner Ämter enthoben, wahrte T. dennoch seine Autorität in der Normandie und vermied es, sich in den Parteikampf der →Armagnacs et Bourguignons zu verstricken. Er hinterließ eine Tochter, Marguerite, die sich mit Jacques d'Harcourt vermählte (eine Tochter aus dieser Verbindung, Marie, heiratete 1439 den Feldherrn →Dunois). F. Autrand

Lit.: DERVILLE, Hist. du château et des sires de T., 1834 – M. POWICKE, The Loss of Normandy, 1189–1204, 1913 [Neudr. 1963] – R. CAZELLES, La société politique et la crise de la royauté sous Philippe de Valois, 1958 – M. REY, Le domaine du roi et les finances extraordinaires sous Charles VI, 1965 – DERS., Les finances royales sous Charles VI. Les causes du déficit, 1965 – R. CAZELLES, Société politique, noblesse et couronne sous les règnes de Jean II le Bon et Charles V, 1982.

Tanchelm (Tanchelinus), † 1115 (erschlagen). Nach H. PIRENNE zum Umkreis Gf. →Roberts II. v. Flandern (24. R., † 1111) gehörender angebl. Mönch und Wanderprediger, der seit 1112 in Antwerpen, Flandern, Seeland und Brabant die Bevölkerung gegen die kirchl. Hierarchie, Zehntleistung und die Eucharistie unwürdiger Priester (→Nikolaitismus) aufbrachte und sich – laut gegner. Anklagen – von seinem Gefolge gottgleich verehren ließ. Schwere Vorwürfe gegen T. richtete der Utrechter Domklerus 1113/14 an den Kölner Ebf. →Friedrich I., um die Freilassung des ztw. in Köln Festgesetzten zu verhindern. Zuvor soll T. in Rom mit seinem Begleiter, dem Priester Everwacher, versucht haben, die Inseln an der Scheldemündung dem Bm. →Thérouanne unterstellen zu lassen und so der Reimser Kirchenprov. einzuverleiben. Nach T.s gewaltsamem Tod (durch die Hand eines Priesters) ist seine Anhängerschaft noch längere Zeit in Antwerpen greifbar und bot →Norbert v. Xanten und seinen Mitbrüdern 1124 den Anlaß zur Ketzerpredigt und zur Beseitigung kirchl. Mißstände. S. Beulertz

Q.: JAFFÉ, BRG V, 1869, 296–300 [Utrechter Schreiben] – Sigeb. Contin. Praemonstrat./Valcell., MGH SS VI, 449, 459 – Vita Norberti, MGH SS XII, 690f. – *Lit.*: LThK² IX, 1287f. – H. PIRENNE, Tanchelin et le projet de démembrement du diocèse d'Utrecht, Bull. Acad. Belg. 5/13, 1927, 112–119 – A. BORST, Die Katharer, 1953, 84f. – W. MOHR, T. v. Antwerpen, Annales Univ. Saraviensis 3, 1954, 234–247 – E. WERNER, Pauperes Christi, 1956, 190–197 – J.-M. DE SMET, De monnik T. en de Utrechtse bisschopszetel in 1112–14 (Mél. E. VAN CAUWENBERG, 1961), 207–234 – H. GRUNDMANN, Ketzergesch. des MA (Die Kirche in ihrer Gesch., II, 1963), 15–18 – M. LAMBERT, Medieval Heresy, 1992², 50–52.

Tancredus → Tankred v. Bologna

Tanger (arab. Ṭanǧa, lat. Tingis), Küstenstadt in Nordafrika (Marokko), zuerst erwähnt im »Periplus« des Hanno (530 v. Chr.); in der Römerzeit Hauptstadt der Prov. Mauretania Tingitana; die Gleichsetzung von LÉVI-PROVENÇAL mit Julia Traducta ist unsinnig; dieses (fast sicher →Tarifa) lag nach allen antiken Q. in Hispanien. In byz. Zeit residierte der Vertreter des Ks.s in →Ceuta. Von Mūsā ibn Nuṣair Anfang des 8. Jh. erobert und →Ṭāriq ibn Ziyād unterstellt, war T. Hauptort des Sūs al-adnā (732). Seit dieser Zeit verlor die Stadt ihre Rolle als Vorort dieser Region bzw. Prov. an das span.-arab. geprägte Ceuta, fiel schon 740 in die Hand der rebellierenden →Berber und wurde später Teil des →Idrīsidenreiches, 949 von den →Omayyaden von Córdoba erobert, und erlitt die Wirren am Ende dieses Staates. Es gibt immer wieder ganze Jahrhunderte, in denen die Q. zur Gesch. T.s schweigen. 1077 von den →Almoraviden erobert, fiel T. 1147 in die Hand der →Almohaden und 1274 ihrer Nachfolger, der →Meriniden. Die Portugiesen, die Ceuta 1415 besetzt hatten, versuchten 1437, 1458 und 1464 T. zu nehmen, was aber erst 1471 gelang. Bis 1661 blieb die Stadt in ptg. Besitz, war dann bis 1684 britisch. H.-R. Singer

Lit.: EI¹ VIII, 650–652 [E. LÉVI-PROVENÇAL] – Villes et tribus du Maroc, VII, 1921.

Tangermünde, Stadt und Burg in der Altmark an der Mündung des Tangers in die →Elbe. Die Burg T. schützte einen günstigen Elbübergang und gehörte zu den Grenzsicherungsburgen, die in otton. Zeit an der Elbe errichtet wurden. Nach Ausweis mittelslav. Scherbenfunde geht die Burg möglicherweise auf slav. Ursprünge zurück; erstmals erwähnt wird sie durch →Thietmar v. Merseburg zu 1009. Eine Elbzollstelle ist 1136 und 1160 belegt. Erst spät (1196) wird T. als Burgward genannt. Der Askanier Heinrich v. Gardelegen gründete um 1185 auf einer Anhöhe westl. der Burg die Stephanskirche und bei dieser ein Säkularkanonikerstift, das jedoch schon 1188 nach →Stendal verlegt wurde. Eine Marktsiedlung existierte wahrscheinl. bereits um 1151; die Gründung der Stadt erfolgte vermutl. in der 1. Hälfte des 13. Jh. Die noch erhaltene Stadtmauer wurde seit etwa 1300 errichtet; sie umschloß unter Aussparung der Burg, des suburbiums und der Neustadt ein Areal von ca. 18 ha. Die Lage am Elbübergang begünstigte Handel und Gewerbe: Eine Gewandschneidergilde bestand bereits um 1275. Der Rat, der im Zusammenhang mit der Konstituierung der Knochenhauergilde 1311 zum ersten Mal erwähnt wird, zählte 12 (später 14) Mitglieder und wurde von den Patriziern besetzt, die sich auch erfolgreich gegen die Zünfte behaupteten. Eine kurze Blütezeit (1373–78) erlebte die Stadt unter Ks. Karl IV., der T. zu seiner Brandenburger Residenz ausbaute und 1377 in der Burgkapelle (St. Johannis) ein Säkularkanonikerstift einrichtete. Im 15. Jh. wurde die Neustadt angelegt; 1457 kaufte die Stadt das suburbium der Burg, das sog. »Hühnerdorf«. 1478 erlangte der Rat das Stadtgericht. Um 1500 hatte T. ca. 2600 Einwohner. Ende des 15. Jh. setzte ein wirtschaftl. Rückgang ein. S. Kreiker

Q.: CDB I, 16, 1859, 1–174 – *Lit.*: A. W. POHLMANN, Gesch. der Stadt T. ..., 1829 – H. ROSENDORF, T.s Verfassungs- und Verwaltungsgesch. bis zum Ende des 17. Jh., 1914 – H. STOOB, Ks. Karl IV. und seine Zeit, 1990, 393f.

Tankred

1. T. v. Lecce, Kg. v. →Sizilien (1190–94), unehel. Sohn Hzg. →Rogers v. Apulien (also Enkel →Rogers II.) und einer Tochter Accardus' II. v. Lecce. Nach dem Tod des Vaters am Kg.shof erzogen, 1161 wegen Beteiligung an der Verschwörung gegen Kg. Wilhelm I. verbannt. Nach dessen Tod begnadigt, wurde T. zum Gf. v. Lecce und zum »magnus comestabulus et magister iustitiarius totius Apulie et Terre Laboris« ernannt. 1179/80 Gründung des Kl. OSB SS. Nicolò e Cataldo in Lecce, 1185 Befehlshaber der norm. Flotte gegen Byzanz. Um die Jahreswende 1189/90 wurde T. nach dem erbenlosen Tod Kg. →Wilhelms II. unter Mißachtung der von diesem getroffenen und zuletzt 1185 von den norm. Baronen eidlich bekräftigten Erbfolgeregelung zugunsten der Tochter Rogers II., der mit dem stauf. Thronfolger →Heinrich VI. vermählten →Konstanze, von einer am Hof in Palermo die Mehrheit stellenden Partei zum Kg. gewählt und am 18. Jan. 1190 gekrönt. Der in der stauferfreundl. Bilderchronik des →Petrus v. Eboli zu Unrecht grob verunglimpfte T. hat mit klarem Konzept und beachtl. Geschick nicht nur die mit seiner Kg.swahl unzufriedenen festländ. siz. Barone und ihren Thronanwärter, Gf. Roger v. Andria, niedergeworfen, sondern zeitlebens auch Heinrich VI. daran gehindert, die siz. Kg.skrone zu gewinnen und damit die *unio regni ad imperium* zu vollziehen. Der Vormarsch des in Rom zum Ks. gekrönten Staufers kam im Hochsommer 1191 vor Neapel zum Stehen. Anschließend geriet sogar die Ksn. Konstanze in die Gefangenschaft T.s, der das kostbare Faustpfand – unter nicht geklärten Umständen – aber wieder verlor. Die dynast. Sicherung seiner Herrschaft gelang ihm durch die Erhebung seines Sohnes Roger (aus seiner Ehe mit →Sibylle [Sibilia], Tochter Gf. Rainalds I. v. Aquino) im Sommer 1192 zum Mitkönig. Außenpolit. sicherte er sich durch Entgegenkommen gegenüber dem engl. Kg. →Richard Löwenherz (Ende 1190) und kirchenpolit. Zugeständnisse gegenüber Papst →Coelestin III. im Konkordat v. Gravina (Juni 1192) sowie durch ein Ehebündnis mit dem byz. Ks. →Isaak II. Angelos ab, dessen Tochter Irene (die spätere Gemahlin Kg. →Philipps) 1193 die Gemahlin von T.s Sohn Roger wurde. Erst T.s Tod am 20. Febr. 1194, wenige Wochen nach dem frühen Tod Rogers, schuf die Voraussetzung für den fast kampflosen Sieg Heinrichs VI. über T.s minderjährigen Sohn Wilhelm III. Von dem hohen Niveau der Kanzlei T.s zeugt die Tatsache, daß sich noch die frühstauf.-siz. Kanzlei in beachtl. Umfang auf seine bewährten Kanzleikräfte und Urkundenmuster gestützt hat.

H. Zielinski

Q.: Tancredi et Willelmi III regum Diplomata, ed. H. ZIELINSKI, 1981 (Codex diplomaticus regni Siciliae I, 5) – Petrus de Ebulo, Liber ad honorem Augusti sive de rebus Siculis. Codex 120 II der Burgerbibliothek Bern. Eine Bilderchronik der Stauferzeit, hg. TH. KÖLZER–M. STÄHLI, 1994 – *Lit.:* P. F. PALUMBO, Tancredi conte di Lecce e re di Sicilia e il tramonto dell'età normanna e il regesto degli atti di Tancredi e Guglielmo III°, 1991 – CH. REISINGER, T. v. L. Norm. Kg. v. Sizilien 1190–1194, 1992.

2. T. v. Tarent, Fs. und Kreuzfahrer aus der norm. Dynastie →Hauteville; Princeps v. Galiläa, Regent v. →Antiochia und →Edessa, * um 1076, † 12. Dez. 1112 (am Typhus) in Antiochia, ▢ ebd., Kathedrale St. Peter; Sohn von Odo Marchisus und Emma, Tochter von →Robert Guiscard. T. nahm teil an 1. →Kreuzzug unter seinem Onkel →Bohemund v. Tarent, versuchte vergebl., mit einer eigenen Truppe →Tarsus zu erobern, und war führend beteiligt an der Eroberung v. Antiochia (1098) und →Jerusalem (7. Juni–17. Juli 1099): Nachdem er am 6. Juni →Bethlehem eingenommen hatte, hielt T. einen strategisch wichtigen Turm in der NW-Ecke der Stadtmauer v. Jerusalem (späterer 'Tankredsturm') und drang vor den anderen Kreuzfahrern in den Tempelbezirk ein, plünderte Al-Aqṣā-Moschee sowie Felsendom und verkaufte gefangene Muslime und Juden als Sklaven. Er eroberte das Gebiet v. Galiläa mit Tiberias, das er als Sitz seines neuen Fsm.s befestigen ließ, beteiligte sich (in starker Rivalität zu →Gottfried v. Bouillon) an der Eroberung v. Haifa (25. Juli–20. Aug.), übernahm 1101 in Antiochia die Regentschaft für seinen gefangenen Onkel Bohemund und eroberte die ostkilik. Städte (aus byz. Besitz) sowie →Laodikeia (1103). Nach Bohemunds Heimkehr fungierte T. als Regent v. →Edessa für den seit 1104 gefangenen Balduin v. Bourcq (→Balduin II.), ab 1105 erneut als Regent für den in Europa weilenden Bohemund. T.s Heirat (1107) mit Cecilia, Tochter von Kg. →Philipp I. v. Frankreich und Bertrada v. Montfort, erhöhte das Ansehen der norm. Herrschaft. Unter Mißachtung des Vertrags v. →Deabolis (1108) eroberte T. die von Byzanz besetzten ostkilik. Städte nebst Laodikeia zurück. Nur unwillig gab er die Gft. Edessa an den heimgekehrten Balduin heraus. Beide versöhnten sich 1109 anläßl. der gemeinsamen Belagerung v. →Tripoli (erobert am 19. Mai 1109). – T. hat als tapferer und stolzer Kämpfer wie als skrupelloser Machthaber einen wichtigen Beitrag zur Errichtung und Festigung der Normannenherrschaft in Antiochia geleistet. Der bereits von →Rutebeuf (»Nouvele Complainte d'Outremer«, nach 1270) gemeinsam mit Gottfried v. Bouillon und Bohemund v. Tarent als idealer Kreuzzugsheld gefeierte Fs. ist einer der Protagonisten in Torquato Tassos »Gerusalemme liberata« (1574) und der dramat. Gesangsszene »Combattimento di Tancredi e Clorinda« von Claudio Monteverdi.   S. Schein

Q.: Radulfus Cadomensis, Gesta Tancredi in Expeditione Hierosol., RHCOcc, III – Gesta Francorum..., ed. R. HILL, 1961 – *Lit.:* C. CAHEN, La Syrie du Nord à l'époque des croisades..., 1940 – RUNCIMAN I, s.v. Register – H. E. MAYER, Gesch. der Kreuzzüge, 1965 [Neued. 1985] – J. RILEY-SMITH, The First Crusade and the Idea of Crusading, 1986 – M. RHEINHEIMER, Das Kreuzfahrerfsm. Galiläa, 1990.

3. T. (Tancredus) **v. Bologna**, * um 1185 in Bologna, † um 1236 ebd., bedeutender Kanonist, Schüler von →Laurentius Hispanus, →Johannes Galensis und →Azo, 1214 Magister decretorum, 1226 Domkanoniker und Archidiakon in Bologna. Werke: um 1210/20 die →Glossa ordinaria zur Compilatio I. und die meisten Glossen zur Glossa ordinaria der Compilatio II. und III.; um 1210/14 die erfolgreiche Summa de sponsalibus et matrimonio (→Ehe, B. II) und einige kleinere Summulae und Quaestiones, die z. T. um 1214/16 in seinen bedeutenden →Ordo iudiciarius eingingen, ein Hauptwerk zum →Gerichtsverfahren, das viele lateinische Texte verdrängte. Schon zu T.s Lebzeiten entstanden in Frankreich überarbeitete Fassungen. Nach Publikation des →Liber Extra 1234 wurde der Ordo durch →Bartholom(a)eus Brixiensis aktualisiert. T. selbst war mehrfach für Innozenz III., Honorius III., der ihm 1226 die Compilatio V. übersandte, und Gregor IX. tätig.   K. Borchardt

Ed.: Summa de sp. et m., ed. A. WUNDERLICH, 1841 – Pillii Tancredi Gratiae libri de iudiciorum ordine, ed. F. C. BERGMANN, 1842 [Neudr. 1965], 89–314 – R. M. FRAHER, Tancred's 'Summula de criminibus': A New Text and a Key to the 'Ordo iudiciarius', BMCL 9, 1979, 23–35, bes. 29–35 – *Lit.:* →Dekretalisten – DDC VII, 1146–1165 [L. CHEVAILLER] – L. FOWLER-MAGERL, Ordines iudiciarii and Libelli de ordine iudiciorum, TS 63, 1994, passim.

Tanne → Nadel- und Laubhölzer

Tannenberg, Schlacht bei (15. Juli 1410). Die Schlacht, in der der →Dt. Orden dem poln.-litauischen Heer unterlag, ist angesichts der Zahl der Kämpfer und ebenso im Hinblick auf die ihr zugeschriebenen Folgen ein herausragendes Ereignis. Der Niedergang des Ordens im 15. Jh. wird vielfach auf sie zurückgeführt. Das Schlachtfeld erstreckte sich zw. den Dörfern T., Grünfelde (daher in der poln. Historiographie 'Grunwald') und Ludwigsdorf.

Über die Stärke der Kampftruppen gibt es auseinandergehende hypothet. Berechnungen. Übereinstimmung wird das – 12–15000 Kämpfer umfassende(?) – Heer des Dt. Ordens als numer. unterlegen angesehen. Auf beiden Seiten war der Anteil der Söldner groß (auf Ordensseite 3700 nachweisbar). In der Schlacht fielen der Deutschordenshochmeister →Ulrich v. Jungingen und die Mehrzahl der Ordensritter. Anschließend unterwarf sich fast das ganze Land dem poln. Kg. →Jagiełło. Dem späteren Hochmeister →Heinrich v. Plauen gelang es, das von ihm zur Sicherung des Westens befehligte Heer rasch in die →Marienburg zu verlegen und diese zu verteidigen. Der poln. Kg. mußte die am 25. Juli begonnene Belagerung am 19. Sept. 1410 abbrechen. Das abgefallene Land wandte sich dem Orden wieder zu, und dieser konnte es im Ersten Frieden v. →Thorn 1411 fast ohne Einbuße behaupten. Die Zahlung von 260000 ung. Gulden, die der Frieden für den Orden zur Folge hatte, gilt als Ursache für dessen künftige Finanznot und das darauf folgende Anwachsen ständ. Ansprüche und Möglichkeiten. Die zeitgenöss. Berichte über die Schlacht waren in hohem Maße propagandist. geprägt. In neuerer Zeit wurde sie zu einem nationalen Mythos – auf poln. Seite z.B. in dem Roman von H. SIENKIEWICZ (Krzyżacy 1897–1900), auf dt. z.B. bei der Benennung des Sieges über die russ. Truppen 1914 als »Schlacht v. T.«. H. Boockmann

Lit.: S. M. KUCZYŃSKI, Wielka wojna z Zakonem krzyżackim w latach 1309–1400, 1955 – S. EKDAHL, Die Flucht der Litauer in der Schlacht v. T., ZOF 12, 1963 – DERS., Die »Banderia Prutenorum« des Jan Długosz – eine Q. zur Schlacht v. T., 1976 – DERS., Die Schlacht bei T. 1410. Quellenkrit. Unters.en, I, 1983 – DERS., Das Soldbuch des Dt. Ordens 1410/11, 1988 – H. BARANOWSKI-I. CZARCIŃSKI, Bibliogr. bitwy pod Grunwaldem, 1990 – A. NADOLSKI, Grunwald. Problemy wybrane, 1990 – M. BISKUP, Grunwaldzka bitwa. Geneza–przebieg–znaczenie–tradycie, 1991.

Tannenbergbüchse. Die sog. T. gilt als die älteste erhaltene datierbare →Handfeuerwaffe. Sie wurde bei Grabungen im Schutt der 1399 zerstörten Burg Tannenberg im Krs. Darmstadt gefunden und wird im Germ. Nationalmus. in Nürnberg aufbewahrt. Die aus Bronze gegossene →Handbüchse ist 32 cm lang und hat ein Kaliber von 1,43 cm. Als Handhabe für den Schützen diente eine Holzstange, die man in eine Ausnehmung am hinteren Ende der Waffe einschob. Sie wurde mit einer glühenden →Lunte von Hand gezündet und verschoß Bleikugeln. E. Gabriel

Lit.: Q. zur Gesch. der Feuerwaffen, hg. Germ. Mus., 1877 – M. THIERBACH, Die gesch. Entwicklung der Handfeuerwaffen, 1886.

Tannhäuser (Der Tannhäuser), mhd. Leich-, Lied- und Sangspruchautor, erschließbare Schaffenszeit zw. 1228/29 (? »Kreuzlied«, »Bußlied«) und 1256/66 (Leich VI). Eine Zeitlang wirkte er am Hof Hzg. →Friedrichs II. v. Österreich (Leich I), vorher und seit 1246 scheint er als Fahrender gelebt zu haben. Die Liederhs. C überliefert nach einem Autorbild in Deutschordenstracht ein in seiner Vielseitigkeit sowie formal-inhaltl. Pointierung und Modernität typisches Fahrenden-Œuvre (6 Leichs, 6 Minnelieder, »Kreuzlied«, 3 Sangspruchtöne mit 12 Strophen); die Liederhs. J ergänzt dieses durch das (angezweifelte) Bußlied (mit Melodie); in drei Meistertönen des 15./16. Jh. sind vielleicht originale Töne des T. erhalten. Eine Hofzucht ist in 2 Hss. überliefert. Typisch für T. ist die Gattungsmischung und -aufbrechung u.a. durch parodistisch verwendete Wissenskataloge und eine sexuell-erotische Thematik in den als Tanz inszenierten Leichs (zu IV ist die Melodie in einem lat. Kontrafakt erhalten); ihre formgeschichtl. Traditionsbindungen werden unterschiedlich gedeutet: frz. (H. KUHN), it. (K. BERTAU), heimisch (H. APFELBÖCK). Das ernste Bußlied mit der Hinwendung zu geistl. Werten (BLECK: Kreuzzug) im Kontrast zur erot. Thematik in C ist vielleicht Ausgangspunkt der T.-Sage (Aufenthalt im Venusberg, Bußfahrt nach Rom), für die erste Zeugnisse seit etwa 1430 vorliegen (»T. und Frau Welt«, »T. und Venus«), die ihre volle Ausprägung in den T.-Balladen (4 Fassungen seit 1450) parallel zu anderen Dichtersagen (»Bremberger«-, »Möringer«-Ballade) erhält (→Ballade, B. II. 1) und durch die Romantiker (Tieck 1799, Des Knaben Wunderhorn, E. T. A. Hoffmann, Heine) über R. Wagners romant. Oper (»T. oder der Sängerkrieg auf der Wartburg«, 1845) das T.-Bild bis heute bestimmt. V. Mertens

Ed.: J. SIEBERT, Der Dichter T., Leben – Gedichte – Sage, 1934 – H. LOMNITZER–U. MÜLLER, T. Die lyr. Gedichte der Hss. C und J, Litterae 13, 1973 – J. KÜHNEL [in Vorber.] – P. S. BARTO, T. and the Mountain of Venus, 1916 – Dt. Volkslieder, I, 1935, 145–155 [Ballade] – *Lit.:* Verf.-Lex² IX, 600–616 – M. LANG, T., 1936 – H. KUHN, Minnesangs Wende, 1967² – W. MOHR, Tanhusers Kreuzlied, DVjS 34, 1960, 338–355 – K. BERTAU, Sangverslyrik, 1964 – J. W. THOMAS, T.: Poet and Legend, 1974 – H. TERVOOREN, Zu T.s II. Leich, ZDPh 97, 1978, 24–42 – J. BUMKE, Mäzene im MA, 1979 [Kap. 4] – R. LEPPIN, Stud. zur Lyrik des 13. Jh., 1980 – J. KÜHNEL, Zu einer Neuausgabe des T.s, ZDPh 104, 1985, Sonderh., 80–102 – J. ASHCROFT, Fsl. Sex-Appeal. Politisierung der Minne bei T. und Jansen Enikel (Liebe in der dt. Lit. des MA, hg. J. Ashcroft, 1987), 91–106 – J. KÜHNEL, Der Minnesänger T. (Ergebnisse der 21. Jahrestagung des Arbeitskreises Dt. Lit. des MA, 1989), 125–151 – H. RAGOTZKY, Minnethematik, Herrscherlob und höf. Maitanz. Zum I. Leich des T., ebd., 101–125 – J. BUMKE, T.s Hofzucht (Fschr. J. RATHOFER, 1990), 189–205 – H. APFELBÖCK, Tradition und Gattungsbewußtsein im Leich, 1991 – R. BLECK, T.s Aufbruch zum Kreuzzug, GRM 74, 1993, 257–266 – G. PAULE, Der Tanhûser, 1994 – T. TOMASEK, Das dt. Rätsel im MA, 1994 – *[zur Ballade]:* A. N. AMMANN, T. im Venusberg, 1964 – D. R. MOSER, Die T.-Legende, 1977 – J. M. CLIFTON-EVEREST, The Tragedy of Knighthood, 1979 – H. KISCHKEL, Minnesang als MA. Vollzugsanstalt für *froide*? Krit. Betrachtungen zu G. Paules 'Der Tanhûser', Amsterdamer Beitr. zur älteren Germanistik 41, 1995, 175–184 – B. WACHINGER, Vom T. zur 'T.-Ballade' [in Vorber.].

Tanz

I. Terminologie und Erscheinungsformen – II. Historischer Überblick und Quellenproblematik.

I. TERMINOLOGIE UND ERSCHEINUNGSFORMEN: Die große Vielfalt der in den Q. überlieferten Termini, deren Herkunft und Etymologie nicht immer eindeutig gesichert ist, verweist einerseits auf die unterschiedlichsten Traditionsströme wie auch auf Bewegungsintentionen, formale und funktionale Aspekte von T. Aus antikem Erbe stammen v.a. die im frühen MA am häufigsten für T. im breitesten Sinn gebrauchten Termini *saltatio–saltare* (ahd. *salzôn*, ags. *sealtjan*) sowie *ballatio–ballare* (v.a. im roman. Sprachbereich), während *chorea–choreare* und das afrz. *carole–carolare* sich auf alle Erscheinungsformen des Reigentanzes (Kettentänze in geschlossener Kreisform oder in offener Linienführung, meist von einem Tanzführer/Spielmann geleitet) beziehen; mit *tripudium–tripudiare* bezeichnete man feierl. oder krieger. Tänze. Erst relativ spät (nicht vor dem 11. Jh.) ist das Verb *tanzen* belegt, das verschiedener Hypothesen zufolge entweder auf das roman. *dansetare* oder auf diverse germ. Wortbildungen zurückgehen soll. Auf den unmittelbaren Bewegungsimpuls beziehen sich die aus dem Ahd. bzw. Afrz. stammenden Termini *springan* (ahd.)/*espringuer* (afrz.), *stampian* (ahd.)/*estampie* (afrz.)/*stampenie* (mhd.). Ab dem 12. Jh. wird zw. *tantz/danse/danza* = Paartanz, Dreiergruppe (einzeln oder in Prozessionsform) einerseits und *reien/chorea/carole* = Reigen differenziert. Dem *hovetantz, estampie, saltarello* der höf. Gesellschaftsschichten standen *firle'fei, hoppelrei, piva* u.a. der unteren Stände gegenüber.

II. HISTORISCHER ÜBERBLICK UND QUELLENPROBLEMATIK: Für die Fixierung der Zeit- und Raumkunst T. gibt es erst in unserem Jh. adäquate Überlieferungsmethoden, die diesen über den unmittelbaren Erfahrungsmoment hinaus und in seinen unterschiedlichen Dimensionen zu erfassen vermögen. Daher läßt sich auch bis ins späte MA die Geschichte vom T. lediglich anhand sekundären Quellenmaterials ablesen. Dies sind v. a.: a) schriftl. Q. (Chroniken, Diarien und v. a. lit. Werke); b) ikonograph. Dokumente (Miniaturen in Hss., Fresken in kirchl. und profanen Bauten, Wandteppiche etc.), deren Wert allerdings aufgrund zeitgebundener formal-künstler. Gegebenheiten zu relativieren ist; c) mündl. Traditionen, die sich bis in die jüngere Vergangenheit im Bereich der Volkstanzkultur in bezug auf T.anlässe, -zeiten, -orte, Zunft-, Fastnachtsbrauchtum und dgl. erhalten haben.

Antikes und vorchristl. germ. Erbe, namentl. der Einbezug von T. im religiösen Kultus und in geselliger Festkultur, findet zunächst Fortführung in liturg. T. wie auch in den profanen Jahreskreis- und Festtagstänzen. Der in die frühchristl. Liturgie einbezogene Kirchentanz wurde zunächst auch kirchlicherseits als legitim betrachtet – T. als 'vornehmste Beschäftigung der Engel' bzw. Berufung auf den 'tanzenden König David'. Ausgehend vom Verdikt des Augustinus 'Chorea est circulus cuius centrum est diabolus', setzte eine zunehmend tanzfeindl. Einstellung des Klerus diesem Usus im 7. Jh. ein Ende. Liturg. Dramen und Mysterienspiele führten allerdings wieder T.elemente in den kirchl. Rahmen zurück. Relikte für Kirchentänze finden sich in den heute noch praktizierten T.en der Seises (ausgeführt von 10 [!] Knaben) in den Kathedralen zu Sevilla und Toledo. – Zw. dem T. der unteren und oberen Schichten sind aufgrund der Quellenbelege (Spruchdichtung, Epik, Miniaturen, Fresken etc.) deutl. Unterschiede registrierbar: Der T. des Volkes zeigt stärkere regionale Eigenentwicklungen und durchgängig eine starke Tendenz zum lebhaften gesprungenen Reigentanz, erst ab dem 13. Jh. auch zum Paartanz. Beliebteste T.zeit war der Frühling, getanzt wurde im Freien auf öffentl. T.plätzen (Dorfanger, um die Dorflinde/T.linde, um den Dorfbrunnen), später in T.höfen, ab dem 14. Jh. in Tanzhäusern. – Der T. der höf. Gesellschaft zeigt ein einheitlicheres Bild, da man sich stärker an gängigen gesamteuropäischen Tendenzen orientierte, wobei der Austausch v. a. auch über das Fahrende Volk (Spielleute, Jongleurs etc.) funktionierte. Höfischer T., der in der Regel in geschlossenen Räumen stattfand, bewegte sich im Gegensatz zu dem der unteren Schichten in maßvollen, schleifenden, am Boden haftenden Schritten in Reigenform, in Paaren oder Dreiergruppen (Herr zw. zwei Damen). Ikonograph. Belege verweisen gelegentl. auf pantomimisch gestische Bewegungselemente (Handtanz, Fingertanz), offenbar als kunstvoll verschleierte Stilisierung des sichtbar Erotischen. Daß es mitunter zu einem Miteinander von höf. und bäurischem T. kommen konnte, beweisen u. a. die Dichtungen →Neidharts. – Auf ikonograph. Darstellungen finden sich auch Belege für solistischen T. Paradigmat. sind hierfür die zahlreichen Darstellungen zum Tanz der →Salome (z. B. San Zeno/Verona). Solche Solotänze waren ausschließl. den fahrenden Gauklern und Akrobaten bzw. Moriskentänzern vorbehalten. – Im 14. und 15. Jh. häufen sich die Berichte über Ausbrüche von Massenhysterie, die sich in einer ganze Volksmassen erfassenden Tanzekstase (→Veitstanz, Johannistanz, Tarantismus) ein Ventil suchten. Rückgriffe auf heidn. Bräuche (T. auf Kirchhöfen), Reaktion auf kirchl. T.verbote, v. a. aber die Katastrophenstimmung des erstmals von der →Pest heimgesuchten Europa waren hierfür die Ursache. Allgegenwärtige Todesangst schlug sich in zahlreichen ikonograph. und literar. Darstellungen des →Totentanzes nieder, die erstmals das Motiv der Gleichheit aller Stände angesichts des Todes demonstrieren: Der Tod führt als Spielmann den Reigen der Sterblichen an, dem Papst und Bettler gewissermaßen folgen müssen. – In den bislang erwähnten Sekundärquellen finden sich zahlreiche z.T. sehr konkrete Hinweise für die Verwendung spezif. Musikinstrumente: alle Arten von Flöten, Schalmeien, Dudelsack, Fideln, Psalterion, Orgel, Regal, Trommeln, Tambourin, kleine Pauke. Jedoch erst ab dem ausgehenden 13., beginnenden 14. Jh. liegen notierte musikal. Dokumente vor, die zumindest teilweise als T.musik angesehen werden können. Die Pariser Hs. (Paris, Bibl. Nat. f. frç. 844) sowie eine Londoner Hs. (London, Brit. Mus. Add. 29987) enthalten Notierungen zu Estampies, Danses royales bzw. Istampite, Saltarelli, Trotto, Lamento di Tristano, La Manfredina, wobei die letztgen. Instrumentalstücke sich in mehrere Abschnitte gliedern, die bei gleichem melod. Duktus das Zeitmaß variieren. Solcher Satz- und Taktwechsel, der auch die gängige Folge geradtaktiger Vortanz/ungradtaktiger Nachtanz bestimmt, hat sich auch im europ. Volkstanz bis in unser Jh. erhalten. – Erst aus dem 15. Jh. sind uns neben den nun immer zahlreicheren tanzmusikal. Quellen schließlich die ersten Versuche musikal.-choreograph. Notierung überliefert: Solche Quellen finden sich einerseits zur Burgundischen *Bassedanse*, einem höf. Schreittanz, der ab der Mitte des Jh. in diversen regionalen Varianten in Westeuropa gepflegt wurde. Hauptquelle hierfür ist die aus dem späten 15. Jh. stammende kostbare anonyme 'Brüsseler Handschrift' (Brüssel, Bibl. Royale 9085), die ein Repertoire an 59 Tänzen dokumentiert, wobei der musikal. Notation choreograph. Zeichen (Wortkürzel) unterlegt wurden. Als weitere wichtige Q. zu diesem Repertoire ist der um 1490 in Paris von Michel Toulouze publizierte Druck 'L'Art et instruction de bien danser' zu nennen. – Die kostbarsten Q. dieser Zeit stammen aus Italien: es sind die insgesamt 13 Traktate der ersten namentl. bekannten drei lombard. T.meister →Domenico da Piacenza, Guglielmo Ebreo da Pesaro (christianisiert Giovanni Ambrosio), Antonio →Cornaz(z)ano. In den ab 1416 bis gegen Ende des 15. Jh. erschienenen Werken (heute in Paris, Bibl. Nat.; Rom, Bibl. Vat.; Siena, Bibl. Comunale; Modena, Bibl. Estense; Florenz, Bibl. Naz.; New York, Public Library) kam es erstmals zu einer umfassenden Theoriebildung, die auch eine differenziertere schriftl. Fixierung v. T. ermöglichte. In ihren Grundprinzipien (*particelle principali*) definierten die Meister des Quattrocento das Kunstwerk 'T.' als Synthese von Musik und kunstvoller Körperbewegung im entsprechenden architekton. Rahmen. T. wird dabei zu einem gleichermaßen körperl. wie geistigen Exerzitium und somit unerläßl. Bestandteil höf. Erziehung und Kultur der beginnenden Renaissance.   S. Dahms

Lit.: MGG² I, 1994, 1170–1178 [S. DAHMS, J. SUTTON]; 1286–1294 [I. BRAINARD] – F. M. BÖHME, Gesch. des T.es in Dtl., 1886 – P. AUBRY, Estampies et Danses Royales. Les plus anciens Textes de Musique Instrumentale au MA, 1907 – Le Manuscrit dit des Basses Danses de la Bibl. de Bourgogne, ed. E. CLOSSON, 1912 [Faks.-Ausg. mit Komm.] – C. SACHS, Eine Weltgesch. des T.es, 1933 – I. BRAINARD, Die Choreographie der Hoftänze in Burgund, Frankreich und Italien im 15. Jh. [Diss. Göttingen 1956] – R. HAMMERSTEIN, T. und Musik des Todes. Die ma. Totentänze und ihr Nachleben, 1980 – G. BUSCH-SALMEN, Ikonograph. Stud. zum Solotanz im MA, 1982 – W. SALMEN, Der Spielmann im MA, 1983 – A. NITSCHKE, Bewegung in MA und Renaissance. Kämpfe, Spiele, Tänze, Zeremoniell und Umgangsformen, 1987.

Tanzhaus, bürgerl. Gebäude für Festveranstaltungen, →Hochzeitshaus. G. Binding

Tanzlied v. Kölbigk, ein ursprgl. nd. gesungenes, endgereimtes Zeilenpaar mit Refrain, nur lat. überliefert in einer von drei frühen lat. Fassungen (Hss. des 11.–13. Jh.) der Warnlegende vom sog. Kölbigker Tanz, die außer in hist. Texten (z. B. →Lampert v. Hersfeld) auch in lat. und dt. Exempla und Predigten (z. B. »Großer →Seelentrost«; Johannes →Pauli, »Schimpf und Ernst«, Predigt »Vom Schaden des Tanzens«) tradiert wird: Mit einjährigem, ununterbrochenem Tanzen und Singen muß eine Gruppe junger Leute dafür büßen, daß sie um 1020 den Weihnachtsgottesdienst in der Kirche St. Magnus in Kölbigk (Anhalt) durch ein Tanzspiel mit Brautentführung (Tochter des Pfarrers) entweihte. Nach Lösung des Banns irren die durch einen 'tremor membrorum' gezeichneten Tänzer unstet durch die Welt. Obgleich weder an einem hist. Kern des Geschehens noch am rituellen Spielcharakter der Brautentführung zu zweifeln ist, herrscht v. a. über die Deutung des Liedes und seine Funktion Uneinigkeit in der Forschung. Grundmotiv ist wohl der seit der Patristik (z. B. Augustinus, De civ. Dei XXII, 8) diskutierte Konflikt zw. christl. Kult und heidn. Brauchtum. N. H. Ott

Ed. und Lit.: K.-H. BORCK, Der T. zu K., PBB (Tüb.) 76, 1955, 241–320 (synopt. Ed.: 244–263) – E. E. METZNER, Zur frühesten Gesch. der europ. Balladendichtung. Der Tanz v. K., 1972 – J. SCHROEDER, Zur Herkunft der älteren Fassung der Tanzlegende v. K. (Fschr. J. AUTENRIETH, 1988), 183–189 – U. SCHWAB, Das ahd. Lied 'Hirsch und Hinde' in seiner lat. Umgebung (Latein und Volkssprache im dt. MA 1100–1500, ed. N. HENKEL–N. F. PALMER, 1992), 74–122.

Taormina, Stadt an der Ostküste Siziliens (Prov. Messina). Die sikulisch-griech. Siedlung Tauromenion war in der Römerzeit Civitas foederata und trat an die Seite des Sextus Pompeius. Octavian vertrieb die Einwohner und degradierte die ihm feindl. Stadt zu einer militär. Festung (Colonia). 40 n. Chr. führte der hl. Pancratius (von Antiochia) das Christentum ein und starb als Märtyrer. Er wurde zum Patron von T. Die Briefe Papst →Gregors d. Gr. an Bf. Secundinus v. T. bezeugen, daß T. bereits in sehr früher Zeit Bf.ssitz war. Im 9. Jh. wird als Bf. v. T. der Homilet Theophanes Keramaios genannt. In byz. Zeit galt T. als Hauptort Siziliens, obgleich seine Kirche Suffragan der Metropolie →Syrakus war. Nach langem Widerstand wurde T. im Aug. 902 von den Muslimen erobert, behielt seine feindl. Haltung bei, fiel endgültig 962 und wurde 969 bis auf die Grundmauern zerstört. Die Muslime änderten seinen Namen nach dem Kalifen al-Mu'izz in al-Mu'izziyah. T. leistete auch lange Zeit Widerstand gegen die norm. Eroberer, fiel jedoch 1079 und verlor seinen Bf.ssitz. Die Kirche von T. wurde in die Diöz. →Messina eingegliedert. Einige Teile des Doms stammen noch aus norm. Zeit. 1169 wurde T. im Rahmen der messines. Expansionspolitik geplündert. Eine zweite Plünderung erlitt die Stadt 1261. Im Lauf des MA erlebte T. einen Niedergang und Bevölkerungsverlust, einige benachbarte Herrschaftszentren wie Randazzo und Francavilla hingegen einen Aufstieg. Seit der Mitte des 13. Jh. entstanden in T. jedoch neue wichtige Bauwerke: der Konvent S. Domenico; der Palazzo S. Stefano, der wahrscheinl. zusammen mit der Badia Vecchia zu einem Befestigungssystem gehörte, der Palazzo Corvaja, der auf antiken Strukturen errichtet ist und umgebaut wurde, um das Parlamentum des Jahres 1410 aufzunehmen, von dem der Ruf nach einem unabhängigen Kgr. →Sizilien ausging. V. D'Alessandro

Lit.: A. CALI, T. attraverso i tempi, 1887 – E. MAUCERI, T., 1907.

Tapferkeit (fortitudo), bereits in Weish 8, 7 zu den Haupttugenden gezählt, gehört nach Ambrosius v. Mailand zu den vier Kardinaltugenden (Exp. ev. sec. Luc. V, 62). Augustinus definiert die T. als →Tugend der Liebe, die Schwierigkeiten leicht erträgt, bes. wenn sie sich als Liebe zu Gott versteht (De mor. eccl. cath. I, 15). Alkuin gibt diese theol. Anbindung wieder auf und bestimmt die T. als das großmütige Ertragen von Schwierigkeiten und Gefahren (De arte rhet., ed. HALM, 549f.); er folgt damit seinen ciceron. Vorlagen (z. B. De inv. II, 54, Tusc. III, 53). Anselm v. Canterbury betont wiederum den theol. Aspekt: Die T. ist eine Tugend Christi, durch die der am Kreuz gestorbene Mensch das menschl. Geschlecht vom ewigen Tod erlöst hat (Med. III, op. omn. II, 84f.). Abaelard versteht die T. neben der Besonnenheit als die Kraft der Seele, die den guten Willen bestärkt (Dial. int. Phil. Iud. et Christ. 2270). Grundlegend für die philos. Diskussion wurde seit der Übers. der Nikomach. Ethik die aristotel. Bestimmung der T. als Mitte zw. Kühnheit und Feigheit (EN III, 1116 a 10f.). So bleibt Albertus Magnus zunächst im traditionellen Verständnis der T., die er nur kurz behandelt (De nat. boni III, Cap. I, 2, 4); nach der Auseinandersetzung mit dem vollständigen Text widmet er der T. einen eigenen Traktat und verbindet den ciceron. Schwerpunkt vom Aushalten der Schwierigkeiten mit der aristotel. Bestimmung der Mitte (De bono, Tract. II, quaest. 1, 1); dieser Synthese folgt Thomas v. Aquin (S. th. II–II, quaest. 123, 2), andere Aristoteleserklärer wie Boethius v. Dacien unterstreichen weiterhin die bes. Verflechtung von T. und →Klugheit (Top. III, quaest. 18). Bonaventura bemüht sich hingegen durch Beschreibung der T. in bibl. Metaphorik (z. B. Tigris der vier Paradiesesströme der Tugenden, gerötetes Widderfell im vierfachen Schmuck des Zeltes) den philos. Diskurs zu verlassen und die T. wieder in die Theol. einzubinden (Coll. in Hex. VII, Op. omn. V, 365–368).

In der dt. Lit. bildet sich der Begriff der T. erst im 15. Jh. und bedeutet sowohl Kräftigkeit, Bedeutung und Ansehen als auch soldat. T. F.-B. Stammkötter

Lit.: GRIMM, DWB XI, 1935 – J. GRÜNDEL, Die Lehre von den Umständen der menschl. Handlung im MA, 1963 – O. LOTTIN, Psychologie et morale aux XIIᵉ et XIIIᵉ s., III–IV, 1949–54 – Dt. Thomas-Ausg., XXI, komm. J. F. GRONER, 1964 – Y. M.-J. CONGAR, Angelicum 51, 1974, 331–348 – G. WIELAND, Ethica – scientia practica, 1981.

Tapia, Juan de, span. Dichter des 15. Jh., lebte am Hof Kg. →Alfons' I. (17. A.) in Neapel. Seine Gedichte, zumeist konventionelle Liebeslyrik, sind im →Cancionero de Stúñiga sowie im Cancionero de Palacio überliefert. Einige Gedichte enthalten autobiograph. Anspielungen, z. B. Gefangenschaft nach der Schlacht bei →Ponza.

D. Briesemeister

Ed.: Cancionero castellano del s. XV, ed. R. FOULCHÉ-DELBOSC, T. 2, 1915, 466–477 – Cancionero de Palacio, ed. A. M. ALVAREZ PELLITERO, 1994 – Cancionero de Estúñiga, ed. N. SALVADOR MIGUEL, 1987 – *Lit.:* F. VENDRELL GALLOSTRA, La corte lit. de Alfonso de Aragón y tres poetas de la misma, 1933 – J. C. ROVIRA, Nuevos documentos para la biografía de J. de T., Anales de Lit. Española 1986/87, 437–460 – DERS., Humanistas y poetas en la corte napolitana de Alfonso el Magnánimo, 1990 – A. F. CH. RYDER, Alfonso the Magnanimous, King of Aragón, Naples and Sicily, 1990.

Tapisserie → Wirkteppiche

Tapissier, Johannes (Jean de Noyers), frz. Komponist und Lehrer, * um 1370, † vor Aug. 1410. T. wird um 1400 in einer anonymen Schr. als führender Dichter-Komponist erwähnt; um 1391 diente er als Kammerdiener bei

Hzg. Karl dem Kühnen v. Burgund, den er auf Reisen nach Mailand und Avignon begleitete. Im Dienste seines Herrn reiste er im Frühjahr 1395 ein zweites Mal nach Avignon, Sommer 1399 wiederum mit Karl nach Flandern. Vor 1406 hatte er in Paris eine anerkannte Sängerschule gegr. Noch über seinen Tod hinaus galt er als geschätzter Komponist und Pädagoge. Werke: Erhalten sind ein dreistimmiges Credo, ein dreistimmiges Sanctus und eine vierstimmige isorhythm. Motette »Eya dulcis – Vale placens«. H. Leuchtmann

Ed.: Early Fifteenth-Cent. Music, ed. G. REANEY, CMM XI/1, 1955 –
Lit.: MGG – NEW GROVE – RIEMANN – E. DANNEMANN, Die spätgot. Musiktradition in Frankreich und Burgund vor dem Auftreten Dufays, 1936 – C. WRIGHT, Music at the Court of Burgundy, 1364–1419 [Diss. Harvard 1972] – C. WRIGHT, T. and Cordier: New Documents and Conjectures, The Musical Quarterly LIX, 1973, 177f.

Tappert (*Tapphart, Taphart, Tabard, Daphart*, frz. *tabard*, it. *tabarro*, span. *tabardo*) bezeichnet ein Obergewand, das einen großen Formenreichtum aufweist. In Schriftq. ab dem 13. Jh. nachweisbar, zeichnet sich der T. durch große Stoffülle und kostbare Materialien aus. Er reicht bis zu den Füßen oder schleppt nach, ist oft seitl. geschlitzt; die Ärmel sind unterschiedl. ausgebildet und verziert (Zaddeln, Pelzfutter etc.), zumeist sind sie sehr weit und reichen bis zum Boden (→Kleiderordnung, Nürnberg 1397: »Ärmel dürfen nicht weiter als zwei Ellen sein.«). Der T. dominiert die Männermode um 1400, wird aber auch von Frauen getragen. In der 2. Hälfte des 15. Jh. wird er von der →Schaube abgelöst. In Frankreich und Burgund entspricht dem T. die Houppelande. Der span. T. war mit einer Kapuze versehen, die Ärmel paßten sich in der Länge dem T. an; es gab auch knielange T. e. E. Vavra

Lit.: DU CANGE VIII, 1–2 – GRIMM, DWB XXI, 143 – J. WIRSCHING, Die Manteltracht im MA, 1915 – L. C. EISENBART, Kleiderordnungen der dt. Städte zw. 1350 und 1700, 1962, 138f. – R. LEVI-PISETZKY, Storia del costume in Italia, 1964, 54f., 342 – J. LEHNER, Die Mode im alten Nürnberg (Schriftenr. des Stadtarchivs Nürnberg 36, 1984), 79f.

Taqqana (pl. Taqqanot) bezeichnet im Judentum (→Recht, C) eine von bedeutenden Einzelpersonen oder aber von Gemeindekörperschaften erlassene rechtsfortbildende Verordnung, die neu auftauchende Alltagsprobleme der jüd. Gemeinde gesetzlich regeln will oder vorhandene Bestimmungen aus talmud. Zeit (→Talmud) durch andere, zeitgemäßere ersetzt. Berühmt gewordene T. von Einzelpersonen sind etwa das von →Gerschom Ben Jehuda aus Mainz (1. Viertel 11. Jh.) erlassene Verbot der Polygynie und der Scheidung gegen den Willen der Ehefrau (→Ehe, E) sowie die Verordnung des Peretz v. Corbeil aus der 2. Hälfte des 13. Jh. (Verbot der Mißhandlung jüd. Ehefrauen durch ihre Männer). Zu den von jüd. →Gemeinden erlassenen T. zählen z. B. die Beschlüsse der Synode v. Troyes (Mitte des 12. Jh.) über Erbrecht (Rückgabe der Mitgift einer frühzeitig verstorbenen Ehefrau an deren Familie, während nach bisherigem Recht der Mann die Mitgift geerbt hatte) und interne Rechtsstreitigkeiten unter Juden (Anordnung, diese im Regelfalle nicht vor nichtjüd. Gerichten auszutragen). In den jüd. Gemeinden des MA waren neben den Fragen des Eherechts auch andere Themen (z. B. Aufteilung der Steuerlasten, Prozeßordnung bei Verfahren vor jüd. Gerichten, Verbote verschwenderischer Lebensführung, Bestrafung von Denunzianten u. a.) Gegenstand zahlreicher T. H.-G. v. Mutius

Lit.: L. FINKELSTEIN, Jewish Self-Government in the MA, 1964² – M. ELON, Ha-Mischpaṭ ha-ʿibri I³, 1988, 558ff.

Tara (air. Temair, 'Stätte mit Ausblick'), Sitz des sog. →Hochkönigtums v. →Irland. Der T. Hill (153 m ü. M., Gft. Meath/→Mide, östl. Irland) mit seinen verfallenen Erdbefestigungen dürfte in prähist. Zeit als Kg.ssitz, ursprgl. wohl von ritueller Funktion, fungiert haben. Eine archaische rituelle Versammlung, *Feis Temro* ('Fest v. T.'), nur einmal während der Regierungszeit eines Kg.s abgehalten, geht wohl zurück auf einen paganen Fruchtbarkeits- und Initiationsritus (< *fo-aid* 'schläft mit'), wie er auch in anderen frühen Gesellschaften mit einem archaischen Kgtm. verbunden war. Die (symbol.) Vereinigung des Kg.s mit der weibl. Gottheit sollte (als Zeichen der Harmonie von Erde und Mensch) während der Regierung des Kg.s Fülle und Segen gewähren. Das Fest v. T. wurde in anachronist. Weise assoziiert mit dem Brauchtum des →Óenach, der rituellen Versammlung von Kg. und Volk zum Zweck der Gesetzgebung. Das Verschwinden des Festes in der frühhist. Periode (»cena postrema Temrach«, letztmals erwähnt für →Diarmait mac Cerrbail, um 560, der wegen seines gottlosen Verhaltens vom hl. →Ruadán v. Lorrha verflucht worden sei, woraufhin sein Sitz T. verfallen sei) weist auf die allmähl., offenbar nicht konfliktfreie Christianisierung des Kgtm.s v. T. unter den frühen Uí Néill hin. Diese Überlieferung bietet trotz ihres wohl fiktiven Charakters einen Hinweis auf die paganen Bezüge T.s bis (mindestens) ins 6. Jh. Der archäolog. Befund legt nahe, daß T. in der Tat schon in prähist. Zeit aufgegeben worden war, aber den späteren Kg.en, mindestens bis ins 9. Jh., wieder als Sitz diente.

Von der Mitte des 7. Jh. an wurde T. zunehmend mit dem Aufstieg der →Uí Néill assoziiert; ihre Propagandisten (darunter Autoren wie →Muirchú und →Tírechán) betonen, daß die Uí Néill schon seit unvordenkl. Zeiten das T.-Kgtm. besessen hätten; freilich mußten sie auch einräumen, daß der Ort und seine Kg.e sich lange dem Christentum verschlossen (legendar. Episode von der erfolglosen Missionsarbeit des hl. →Patrick gegen den hartnäckigen Widerstand des Hochkg.s v. T., →Lóeguire mac Néill). Nur bei →Domnall mac Aédo († 642) ist eine Beziehung zum T.- Hochkgtm. quellenmäßig klar erkennbar, doch auch in dieser Zeit erhoben Kg.e aus anderen dynast. Verbänden Anspruch auf den Titel des Kg.s v. T. So wird der Kg. der →Cruthin aus →Ulster, →Congal Cáech († 637), in einem berühmten Rechtstraktat des 7. Jh. (→Bech-bretha) als *rí temro* (Kg. v. T.) genannt, doch habe er seine kgl. Würde verwirkt, da er von einer Biene ins Auge gestochen worden sei. Frühe ir. Dichtungen, erhalten in den Genealogien v. Leinster, legen nahe, daß in der Zeit vor 600 die Kg.e der →Laigin (Leinster) das Hochkgtm. v. T. beanspruchten; tatsächl. heben einige der frühesten Texte im Umkreis des großen Rinderraub-Epos →Táin Bó Cuailgne die Stätte v. T. (und nicht Cruachain in Connacht) als Zentrum der Opposition hervor, wohingegen ein früher Rechtstraktat aus Munster verkündet, daß der Kg. v. →Munster »der höchste aller Kg.e« sei.

Dessenungeachtet genoß T. in der frühen ir. Lit. einen legendären Ruf, der mit dem eher unscheinbaren archäolog. Ensemble keineswegs in Einklang steht. Die heut. Bezeichnungen für die frühgesch. Denkmäler auf dem aussichtsreichen T. Hill (u. a. Haus des Kg.s Cormac, Gr. Haus der Tausend Söldner, Bankettalle, Fort der Synoden usw., bes. bekannt der 'Grabhügel der Geiseln') gehen im wesentl. zurück auf eine (pseudohist.) Beschreibung wohl aus dem 10. Jh., die zur Mythenbildung beigetragen hat ebenso wie der pseudohist. Text über die Tabus (*geisi*), welche die Kg.e v. T. angebl. einzuhalten hatten. Wenn diese Vorstellung auch wohl nicht einer unmittelbaren hist. Realität entspricht, so wird doch (etwa anhand der oben erwähnten Bienenerzählung über den Kg. Congal Cáech) deutlich, daß vom Kg. v. T. die Beachtung bestimmter (stärker heidnisch als christlich geprägter) Verhaltensmuster erwartet wurde.

Der zentrale Platz, den T. im polit. Kosmos des frühma. Irland einnahm, darf nicht darüber hinwegtäuschen, daß seine eigtl. Bedeutung wohl stärker in der prähist. Periode lag, der Ära der sog. 'Pentarchie', deren Provinzial- und Regionalkgr.e im beginnenden FrühMA (um 500-700) von weniger mächtigen Kleinkgr.en unterwandert wurden. Spätere Berufung auf T. als 'Hauptstadt' Irlands (z. T. gestützt auf die wohl unzutreffende Annahme, die fünf großen Altstraßen, *sligi*, der Insel gingen von hier aus) sind anachronistisch. Der Gedanke von der mächtigen Tradition einer Stätte war in der ir. Vorstellungswelt aber so tief verwurzelt, daß die außergewöhnl. Kontinuität der Überlieferungen und Mythen, die dem Ort T. einen bevorzugten Platz in den →Dinnshenchas verliehen, ihn zu einem dominierenden Kristallisationspunkt ir. Geschichtsbewußtseins über das MA hinaus werden ließen.

D. Ó Cróinín

Bibliogr.: Edel Bhreathnach, T., a Select Bibliogr., 1995 – *Lit.*: D. A. Binchy, The Fair of Tailtiu and the Feast of T., Ériu 18, 1958, 113-138 – F. J. Byrne, Irish Kings and High-Kings, 1973, 48-69 – D. L. Swan, The Hill of T., Journal of the Royal Soc. of Antiqu. of Ireland 108, 1978.

Tara, Synode v. (780), Zusammenkunft zw. den Oberhäuptern der →Uí Néill und der →Laigin, an der zahlreiche ir. Kleriker teilnahmen, unter ihnen Dublitir, Abt v. →Finglas, ein Wortführer der kirchl. Reformbewegung der →Céli Dé. Es wird angenommen, daß das Hauptziel der Synode v. T. die Wiederherstellung des Friedens zw. den beiden Dynastien war: Der über eine gute Generation erhalten gebliebene Friede war 780 gebrochen worden durch einen Angriff des Kg.s →Donnchad 'Midi', Sohn des →Domnall und →'Hochkg.' der Uí Néill (und damit auch Beherrscher von →Mide), auf die Laigin, deren Gebiete (und Kirchen) er niedergebrannt und verwüstet hatte. Der Synode folgte offenbar tatsächlich ein Friedenszustand; die Funktion der an ihr beteiligten Kirchenvertreter war offenbar, diejenigen, die erneut Friedensbruch begingen, mit Fluch zu bedrohen.

G. Mac Niocaill

Lit.: F. J. Byrne, Irish Kings and High-Kings, 1973 – The Annals of Ulster to 1131, ed. S. MacAirt–G. Mac Niocaill, 1983 – D. Ó Cróinín, Early Medieval Ireland (400-1200), 1995.

Tarascon, Stadt am linken Ufer der unteren →Rhône, in der westl. →Provence (dép. Bouches-du-Rhône), gegenüber von →Beaucaire. Ein kleines röm. Habitat war Vorgänger der 969 belegten 'villa', die an einem durch Inseln erleichterten Rhôneübergang lag. Der Mgf. v. Provence errichtete in T. zu Beginn des 11. Jh. eine Burg, die aber bald in den Besitz der mgfl. Kastellane überging. Nach dem Frieden v. 1125, durch den die Rhône zur Grenze zw. den Territorien der Gf.en v. →Toulouse und der Gf.en v. Provence wurde, zog der Gf. v. Provence die Burg T. wieder an sich. Die Stadt verblieb dagegen unter der Herrschaft von Nachkommen der Kastellane, die sich auf eine Gruppe von ritterl. Familien des Umlandes stützten (Lansac, Laurade, Boulbon). Diese 'milites' nutzten das wirtschaftl. Wachstum des 12. Jh. (Erschließung neuer Anbauflächen durch Dammbau und Melioration, Handel mit →Salz auf der Rhône) und errichteten 1144 gemeinsam mit den →'probi homines' ein städt. →Konsulat, das die Unterstützung der Gf.en fand, zumal es den städtebgerl. Gewalt schwächte. In der Wohlstandsperiode der 2. Hälfte des 12. Jh. verbreitete sich die Überlieferung um die *Tarasca* (→Drache, E), das von der hl. →Martha bezwungene Ungeheuer (1187 Auffindung der Martha-Reliquien, Neuerrichtung der 1197 geweihten Kirche Ste-Marthe).

Der am Ende des 12. Jh. erfolgte Bruch des Bündnisses von 'milites' und 'probi homines' führte zum Rückerwerb des Konsulats durch Gf. →Raimund Berengar V. (1226). Doch ergriffen die Bürger v. T., im Bunde mit →Marseille, 1230 die Partei →Raimunds VII. v. Toulouse und zerstörten die gfl. Burg. Nach ihrer Niederlage wurde das Konsulat 1256 von →Karl v. Anjou definitiv aufgehoben. Am Ende des 13. Jh. konnte T. jedoch munizipale Insitutionen wiedererrichten (Rat, besetzt ie zur Hälfte mit Adligen und Bürgern, →Syndici). In der 2. Hälfte des 14. Jh. litt das durch die Pest geschwächte T. auch unter Kriegswirren (Söldnerzüge, 1357-76; Krieg der Union v. Aix gegen Hzg. →Ludwig I. v. →Anjou, 1381-87; Plünderungen durch Raymond de →Turenne, 1387-1400). Etwa von 1400 an errichteten die Hzg.e →Ludwig II. und →Ludwig III. v. Anjou den Neubau der mächtigen Burg, die unter Kg. →René auch im Innern zur glanzvollen Residenz ausgestaltet wurde, Schauplatz großer Hoffeste und Turniere ('Pas de la Pastourelle', 1449). Die Stadt, die 1392 noch 781 Haushaltsvorstände zählte, hatte 1471 nur noch 700.

N. Coulet

Lit.: C. Delbecque, Les origines du consulat de T., Mém. de l'Inst. Hist. de Provence, 1930, 137-148 – L. Dumont, La Tarasque, 1951 – C. Fredet-Delbecque, Le consulat de T.: les dernières luttes pour l'indépendance, PH 1956 (Mél. Busquet), 64-67 – P. J. de Romefort, Aux origines provençales de la gabelle. Le monopole du sel à T., ebd. 59-63 – M. Hébert, T. au XIVe s., 1979 – S. Pressouyre, Le château de T., 1982 – F. Robin, La cour d'Anjou-Provence, 1985.

Tarasios, hl. (Fest: 25. Febr.), Patriarch v. →Konstantinopel 25. Dez. 784-18. Febr. 806, * um 730, Sohn eines hochrangigen Richters († 25. Febr. 806), Verwandter (πατρόθειος) des Patriarchen →Photios, gemäßigter Anhänger des Bilderkultes, verdankte seine Erhebung aus dem Laienstand (zuletzt erster ksl. Sekretär) Ksn. →Irene. Zusammen mit ihr berief er 787 das Konzil v. →Nikaia ein, auf dem unter dem offiziellen Vorsitz zweier röm. Legaten der →Bilderstreit dank seiner klugen Vermittlung vorläufig beigelegt wurde. Die Trennung Ks. →Konstantins VI. von seiner Frau und die folgende Heirat mit seiner Geliebten Theodote billigte er nicht. Da er sich jedoch in der Angelegenheit zu nachsichtig verhielt, geriet er in Gegensatz zu rigorist. Mönchskreisen (→Theodoros Studites; →Moichian. Streit).

F. Tinnefeld

Q.: Ignatii Diaconi Vita T.i ..., ed. I. A. Heikel, 1891 [dazu G. da Costa-Louillet, Saints de Constantinople..., Byzantion 24, 1954, 217-229 – P. Speck, 17th Byz. Congress, Major Papers, 1986, 555ff.] – *Lit.*: Beck, Kirche, 489 [Werke] – Kazhdan Dict. of Byzantium, 1991, 2011 – F. Winkelmann, Q.stud. zur herrschenden Klasse..., 1987, 183f. [zur Familie] – V. Grumel–J. Darrouzès, Les Regestes des Actes du Patriarcat de Constantinople, I/2-3, 1989², Nr. 350-373e – P. Speck, Ks. Konstantin VI., 1978 – Ders., Ich bin's nicht, Ks. Konstantin ist es gewesen, 1990, passim.

Tarazona, Stadt im westl. →Aragón (Prov. Zaragoza), Bm. (Suffragan v. →Tarragona, seit 1318 v. →Zaragoza). Die röm. Stadt (Turias[s]o) wurde in westgot. Zeit Bf.ssitz und nach der muslim. Eroberung (714-721) unter den Banū Qāsī Verwaltungszentrum, bis sie 802 von →Tudela abgelöst und 878 auf Befehl Muḥammads I. teilw. zerstört wurde. Im Rahmen der Reconquista Zaragozas eroberte der Kg. v. Aragón, →Alfons I. 'el Batallador', T. im Frühjahr 1119, setzte den Kanoniker Michael aus St-Sernin in →Toulouse als ersten Bf. ein (1119-51) und dotierte das Bm. (1124), dessen Grenzen mit →Osma und →Sigüenza 1136 auf dem Konzil v. →Burgos endgültig festgelegt wurden (Verlust von →Soria, Eingliederung von →Calatayud). Nach dem Tode Alfons' I. (1134) nahm

→Alfons VII. v. Kastilien-León T. in Besitz, gab es aber im Vertrag v. →Carrión 1137 an Gf. Raimund Berengar IV. zurück. T. wurde infolge seiner Grenzlage wiederholt von Navarresen und Kastiliern besetzt (1363 Zerstörungen). Die Stadt erhielt im 12. Jh. die →Fueros v. Zaragoza, war seit 1194 Sitz eines →Merinos und 1283, 1485 und 1495 Tagungsort v. →Cortes. Die 1156 begonnene Kathedrale wurde erst im 16. Jh. vollendet. U. Vones-Liebenstein

Lit.: LThK² IX, 1299 [O. ENGELS] – DHEE IV, 2522–2527 – A. AZNAR CASANOVA, Hist. de T., 1927 – J. M. LACARRA, La restauración eclesiástica en las tierras conquistadas por Alfonso el Batall., RevPort 4, 1947 (abgdr. in: DERS., Colonización, Parias, Repoblación y otros estudios, 1981), 185–208 – O. ENGELS, Papsttum, Reconquista und span. Landeskonzil im HochMA, AHC 1, 1969, 37–49, 241–287 (abgedr. in: DERS., Reconquista und Landesherrschaft, 1989, 327–386) – V. SAXER, Mss. liturg... (bibl. capit. de T.), Hispania Sacra 23, 1970, 335–402; 24, 1971, 367–423; 25, 1972, 131–183 – M. GARCÍA LO SANJOAQUÍN, Breve hist. de T., 1979 – J. L. CORRAL LAFUENTE – J. C. ESCRIBANO SÁNCHEZ, El obispado de T. en el s. XIV, I, 1980, 13–154; II, 1981, 207–287 – M. I. FALCÓN PÉREZ, Las ciudades medievales aragonesas (La ciudad hispánica durante los siglos XIII al XVI, II, 1985), 1184–1187 – D. MANSILLA, Geografía eclesiástica de España, 1994, I, 159 f.; II, 208–210.

Tarbes, Stadt und Bf.ssitz am oberen Adour in SW-Frankreich, östl. →Gascogne (dép. Hautes-Pyrénées). Die Stadt war Sitz des Bm.s v. →Bigorre (Suffraganbm. v. →Auch), dessen Gebiet sich vom Vorland bis in die höhere Gebirgszone der →Pyrenäen (Le Lavedan) erstreckt. Die frühe Gesch. dieser Civitas ist schlecht erhellt. Gegenüber einer Lokalisierung des alten Vororts in St-Lézer kann die Annahme, daß T. schon in der Frühzeit als Bf.ssitz fungierte, weit größere Wahrscheinlichkeit beanspruchen. Ein Bf. ist aber erst für 506 belegt, Hinweis auf späte Christianisierung. Nach 585 folgt eine längere Unterbrechung der Bf.slisten (bis 879), die mit der Vorherrschaft der 'Wasconen' im Gebiet der alten →Novempopulana zusammenhängt. Erst seit dem frühen 11. Jh. sind Stadt und Bf.e dichter belegt, klares Anzeichen für die bis ins frühe 14. Jh. anhaltende Ausbauphase im ländl. wie städt. Bereich. Die Stadt T. besaß seit dem 12. Jh. ein Freiheitsprivileg (→Charte de franchise), trug aber wegen des Mangels an ertragreichem Ackerland mit den umliegenden Orten manche Streitigkeiten aus. Topographisch präsentiert sich T. noch um 1300 als mehrkerniges Konglomerat aus mehreren →'Burgi' mit eigenen Befestigungen. Die gfl. Burg lag im zentralen 'Bourg-Vieux'. Dieses lockere Siedlungsgeflecht umfaßte insgesamt etwa 1000 Feuerstätten (Haushalte) und besaß einen Karmeliter- sowie Franziskanerkonvent. Die Bf.sherrschaft erstreckte sich lediglich auf den westlichsten Burgus, 'La Sède' (in dem gegen Ende des 12. Jh. die heut. Kathedrale Notre-Dame errichtet wurde) sowie (im ländl. Bereich) auf nur drei Dörfer. Über das Kathedralkapitel, dessen 'Mensa' erst 1321 aus der 'Mensa episcopalis' ausgegliedert wurde, ist wenig bekannt; die Domherren entstammten üblicherweise der örtl. Aristokratie, die Bf.e bis ins 13. Jh. dem Adel der Gascogne. 1342 wurde die Diöz. neugegliedert in acht Archidiakonate, deren Abgrenzung sowohl alten Pfarr- und Verwaltungsstrukturen als auch dem neuen Bevölkerungswachstum, wie es sich in den →Bastides verkörperte, Rechnung trug. Der starke Bevölkerungsrückgang, der vom Pestjahr 1348 bis ins frühe 15. Jh. andauerte, führte zum Wüstwerden zahlreicher kleiner Pfarrdörfer und zur Bevölkerungskonzentration in den Burgi. 1429 zählte T. nur mehr 480 Feuerstätten, hatte aber bereits 1370 – unter Ausnutzung der Konflikte des →Hundertjährigen Krieges – kgl. Privilegien, die seine Zukunft sichersten, erwirkt. Unter dem Einfluß des avignones. Papsttums wurde T. mit Bf.en aus dem gesamten südfrz. Raum besetzt. Während des Gr. →Abendländ. Schismas hielten die Bf.e zur Obödienz Clemens' VII. Nach 1425 fiel die Gft. Bigorre wieder an das Haus →Foix-Béarn, das sich der Verfügungsgewalt über den Bf.ssitz bemächtigte, wohingegen Abteien und Stifte zunehmend in →Kommenden umgewandelt wurden. Neben dieser den allg. kirchl. und sozialen Strukturen entsprechenden Entwicklung sind einige regionale Besonderheiten zu verzeichnen, so die 'fadernes' (fraternitates), Priestergemeinschaften zur Verwaltung religiöser Stiftungen, und die 'abbés lais', kleine weltl. Herren, die Kirchenpatronate und Einnahme der Kirchenzehnten kontrollierten. B. Cursente

Lit.: Le dioc. de T. et de Lourdes, hg. J.-B. LAFFON, 1971 – Hist. de T., hg. J.-B. LAFFON – J.-F. SOULET, 1975.

Tarchaneiotes (Trachaneiotes), **Gregorios,** ksl. Protospathar und Katepan v. Italia (Residenz →Bari) vom 1. Sept. 998 bis Sept. 1002 (nach Anon. Bar. 148 bis Juli 1006), erster bekannter Vertreter einer Familie aus dem byz. Militäradel, die ihre Blüte im 13./14. Jh. erreichte. In einer Phase des Niedergangs der byz. Macht im Okzident stand sein Operationsgebiet unter dem Druck der Araber, war andererseits Zielscheibe der otton. Expansionspolitik und wurde von lokalen Aufständen erschüttert. Beginn und Ende von T.' Amtszeit wurden durch zwei Angriffe der Sarazenen geprägt, die anscheinend von dem christl. Renegaten Lukas angeführt wurden (um 1000 von der Sarazenenfestung Pietrapertosa aus gegen Tricarico, 1002 Belagerung von Bari). T.' erhaltene Urkk. tragen dazu bei, die Strukturen der Verwaltung und die polit. Linie, die Byzanz gegenüber seinen Untertanen in Italien vertrat, zu erhellen. Zeitgenosse des Ebf.s Chrysostomos v. Bari und v. Trani, für den er im Mai 999 ein Privileg erließ, führte T. seine Kirchenpolitik nach den in den byz. Gebieten mit vorwiegend lat. Kultur üblichen Kriterien, indem er entsprechend der bewiesenen Loyalität Schenkungen und Jurisdiktionsrechte gewährte (998 für S. Maria del Rifugio bei Tricarico; 999 und 1000 für Montecassino). Eine Urk. von 999 (in Bezug auf das Kl. S. Pietro Imperiale in Tarent) ist eines der frühesten Zeugnisse für das →Charistikariersystem. F. Luzzati Laganà

Lit.: J. GAY, L'Italie méridionale et l'Empire byz. depuis l'avènement de Basile I jusqu'à la prise de Bari par les Normands (867–1071), 1904 – S. BORSARI, Istituzioni feudali e parafeudali nella Puglia biz., ASPN 77, 1959, 123–135 – A. GUILLOU – W. HOLTZMANN, Zwei Katepansurkk. aus Tricarico, QFIAB 41, 1961, 1–28 – V. VON FALKENHAUSEN, La dominazione bizantina nell'Italia meridionale dal IX al'XI s., 1978 – N. OIKONOMIDÈS, A Collection of Dated Byz. Lead Seals, 1986, 76ff.

Tarent (it. Taranto), südit. Hafenstadt (Apulien), am gleichnamigen Golf.
A. Stadt (und Fürstentum) – B. Bistum

A. Stadt (und Fürstentum)
I. Archäologie; antike Ursprünge – II. Vom Beginn des Frühmittelalters bis zum Ende der byzantinischen Herrschaft – III. Von der Eroberung durch die Normannen bis zum Ende des Fürstentums Tarent.

I. ARCHÄOLOGIE; ANTIKE URSPRÜNGE: Am Ort, wo sich im 7. Jh. v. Chr. die Stadt T. entwickelt, und im umliegenden Territorium befanden sich wahrscheinlich bereits seit der Bronzezeit Siedlungen (bedeutende archäol. Funde in Scoglio del Tonno auf einem Vorgebirge westl. vom 'Mar Piccolo'). Nach dem Niedergang dieser Siedlung im 8. Jh. v. Chr., dessen Gründe unbekannt sind, wurde gegen Ende des 8. Jh. (der Tradition nach 706/705) von dem Spartaner Phalentos die Kolonie T. gegründet, die sich nach dem nahen Fluß Taras nannte. Sie umfaßte einen Teil der ursprüngl. Halbinsel (heute Insel) zw. 'Mar Grande' und 'Mar Piccolo' (an dem die Hafenbauten lagen) und besaß eine Akropolis und einen Mauerring. Seit dem 5. Jh. v. Chr., v. a. unter Archytas, einem berühmten Mathematiker und Freund Platons, dehnte sich T. stark aus (Bau eines weiteren Mauerrings) und erlebte einen großen Machtzuwachs. Es konsolidierte sich die Hegemonie der Stadt über die Japyger und Messapier und die anderen Kolonien der Magna Graecia. Die reichen Funde aus der Nekropole (heute Mus. Arch. Tarent und Neapel) bezeugen ihre kulturelle Hochblüte. Im 3. Jh. v. Chr. geriet T. jedoch in heftigen Konflikt zu den Expansionsinteressen Roms. Trotz der Hilfe Kg. Pyrrhus' v. Epiros mußte sich T. 272 ergeben und erhielt eine röm. Garnison. Im 2. Punischen Krieg öffnete T. 213 v. Chr. Hannibal seine Tore, wurde jedoch 209 von den Truppen des Q. Fabius Maximus erobert und geplündert und erlitt einen starken Bevölkerungsverlust. T. verlor von da an rasch seine Rolle als Metropole und wurde als röm. Municipium zu einer beschaul. Provinzstadt.

II. VOM BEGINN DES FRÜHMITTELALTERS BIS ZUM ENDE DER BYZANTINISCHEN HERRSCHAFT: Die Geschichte T.s in der späten Ks.zeit und zu Beginn des FrühMA ist spärlich dokumentiert und weitgehend unerforscht. Zweifellos lassen sich Anzeichen für einen Bevölkerungsrückgang erkennen, trotz einiger isolierter Aufschwungphasen der städtebaul. Entwicklung im 4. Jh. n. Chr. Einige interessante Zeugnisse finden sich für den beginnenden Christianisierungsprozeß (vgl. Abschnitt B), die Nachrichten sind jedoch nur sporadisch und weitgehend mit legendenhaften Zügen durchsetzt oder nicht nachprüfbar.

T.s strateg. Bedeutung wird durch die Kämpfe der Ostgoten und Byzantiner um seinen Besitz deutlich (»Gotenkriege«). Um 547 rief T. den byz. Feldherrn Johannes aus Otranto zu Hilfe. Da er die ganze Stadt mit seiner geringen Truppenmacht nicht ausreichend verteidigen konnte, trennte er den Teil am Isthmus vom Gesamtareal ab, befestigte ihn mit Gräben und Mauerwerk, konzentrierte dort die Städter und Bewohner des Umlands und ließ zu ihrem Schutz eine Garnison zurück. Auch andere byz. Kontingente, darunter eine Schar bei Brindisi gelandeter Armenier, trafen in T. ein. Dennoch wurde T. ohne große Schwierigkeiten von den Ostgoten →Totilas während des Sizilienzuges 550 erobert. Nach dem Tod des Kg.s und den positiven Ergebnissen der Gegenoffensive des →Narses wurde der Anführer der got. Garnison in T., Ragnaris, vom byz. Kommandanten Pakurios besiegt. An diese Ereignisse knüpfen sich lokale, hist. jedoch nicht gesicherte Traditionen, die Totila die Erbauung neuer Befestigungen und Narses die Errichtung zweier Kirchen für seinen Schutzpatron, den hl. Theodor, zuschreiben.

663 landete in T. das byz. Heer unter Ks. →Konstans II. Zu dieser Zeit wurde die Stadt dem »Catalogus provinciarum Italiae« zufolge noch unter den reichen Städten aufgeführt (»satis opulentae«), falls es sich dabei nicht um die Übernahme älterer Qualifikationen handelt. Nach dem Tod des Ks.s stieß die Expansionspolitik der Langobarden v. →Benevent auf keinen Widerstand mehr, so daß T. und ein Großteil der Terra d'Otranto in ihren Besitz kamen. Für die Zeit der Langobardenherrschaft gibt es nur spärliche archäol. und dokumentar. Zeugnisse. Man weiß von einigen Schenkungen von Kirchen und Ländereien an →Montecassino und von der Gefangenschaft des Fs.en Siginolf, der 838 wieder freikam. Diese Episode ließe an ein Abgleiten T.s in eine Randlage denken, die z. T. aber durch einige Chronikstellen widerlegt wird, die die Aktivität des Hafens und der Märkte belegen.

840 eroberte ein arab. Flottenkontingent unter dem Kommando eines Saba die Stadt und besiegte in der Folge die ven. Flotte. Drei Jahre später ist die Präsenz eines neuen sarazen. Anführers, Apolaffar (d. h. Abū Gia'far), belegt, der vielleicht aus der muslim. Kolonie Kretas stammte. Die Sarazenenherrschaft über T. erfuhr wahrscheinl. zwei oder drei Unterbrechungen, auf die jeweils Wiedereroberungen folgten (zumindest arab. und christl. Q. zufolge 846–847 und 851–852). Der frk. Mönch Bernardus, der zw. 864 und 866 in das Hl. Land pilgerte, bezeugt einen Handel mit christl. Sklaven, die von T. aus verschifft wurden. 880 eroberte der byz. Feldherr Leon Apostyppes die Stadt trotz weiterer sarazen. Angriffe definitiv zurück.

T. wurde so der byz. Provinz in Süditalien eingegliedert, die im Laufe von rund 10 Jahren als Thema Longobardia organisiert wurde. Die byz. Regierung versuchte wahrscheinl., durch neue Befestigungen einen besseren Schutz der Stadt zu gewährleisten, dennoch plünderten und zerstörten 925 die Sarazenen unter der Führung des Slaven Sabir die Stadt. Erst ca. 967 wurde T. unter Ks. →Nikephoros II. Phokas von dem Strategen Nikephoros Hexakionides wiederaufgebaut.

III. VON DER EROBERUNG DURCH DIE NORMANNEN BIS ZUM ENDE DES FÜRSTENTUMS TARENT: Trotz wiederholter Angriffe der Sarazenen und anderer krieger. Ereignisse, in die T. verwickelt wurde, wie der Ankunft des Georgios →Maniakes 1042, wehrte sich T. sehr lange gegen die Normannen, die die Stadt erst in der 2. Hälfte des 11. Jh. einnehmen konnten.

Die territorialen Grundlagen des späteren Fsm.s T. wurden 1086 gelegt, als →Bo(h)emund, ein Sohn →Robert Guiscards, T. zusammen mit der Gft. →Conversano und dem Salento (ausgenommen Lecce und Ostuni) erhielt. Nach anderer Meinung muß der institutionelle Ursprung des Fsm.s in das Jahr 1137 gesetzt werden, als Wilhelm, der Sohn Kg. →Rogers II., damit formell investiert wurde.

Von der Prosperität des byz.-norm. T. gibt →al-Idrīsī um die Mitte des 12. Jh. eine anschau. Schilderung, die später von →Benjamin v. Tudela ergänzt wird: die Stadt und ihre Bevölkerung bewahrten noch eine starke griech. Prägung; T. wies auch eine blühende Judengemeinde auf. Nicht von ungefähr ließ →Friedrich II. die Färberei im Judenviertel reorganisieren. Er sorgte auch für die Wiederherstellung des Kastells und für dessen Erhaltung. Bei seinem Tod vermachte Friedrich das Fsm. T. mit seinem riesigen Territorium seinem Lieblingssohn →Manfred.

In angevinischer Zeit wurde das Fsm. T. (das zuerst von der Krone eingezogen worden war) 1294 an →Philipp (9. Ph.), den Sohn Karls II. v. Anjou, verlehnt und ging auf seine Nachkommen über. Innerhalb dieses polit.-institutionellen Organismus hatte sich inzwischen eine städt. Schicht gebildet, die von den Herrschern und Fs.en eine Reihe von Konzessionen und Privilegien erwirkte. Ende d. 14. Jh. errang während der verwickelten dynast. Kämpfe zw. den Prätendenten um den Thron v. →Neapel Raimondello del Balzo-Orsini, der Gemahl der Gfn. v. Lecce, Maria d'→Enghien, 1399 das Fsm. Nach seinem Tod ging das Fsm. durch die Heirat der Maria d'Enghien mit Kg. →Ladislaus v. Anjou-Durazzo an diesen über und fiel schließlich (1420–63) an den Sohn Raimondellos und der Maria d'Enghien, Giovanni Antonio Del Balzo-Orsini.

Nach dem Tod dieses mächtigen und gefährl. Lehensträgers (vielleicht infolge einer vom Kg.shaus betriebenen Verschwörung) setzten die Aragonesen der Herrschaft der Fs.en Del Balzo-Orsini ein Ende, während der T. anscheinend keine bes. wirtschaftl. oder administrativen Vorteile genossen hatte. Während der aragones. Herrschaft ist eine gewisse Entwicklung der wirtschaftl. Aktivitäten und der Bautätigkeit in der Stadt festzustellen. Bes. eindrucksvoll waren die Baumaßnahmen am Kastell und an den Stadtmauern, die durch die Bedrohung durch die Türken und die Venezianer notwendig geworden waren. Nach der Invasion →Karls VIII. in das Kgr. fiel T. an die Franzosen, wurde aber von den Aragonesen zurückerobert. Diese Periode der Kriegswirren endete mit der Belagerung T.s durch die Truppen des Gonzalo Fernández de Córdoba (el →Gran Capitán) und mit der Kapitulation am 1. März 1502; so begann die Periode des spanischen Vizekgtm.s.

B. Bistum
Wie bei vielen anderen Kirchen werden die Ursprünge der Kirche von T. (aufgrund lokaler Legenden und Traditionen) auf die vermeintl. Ankunft des Apostels Petrus in Begleitung seines Schülers Marcus zurückgeführt. Die Forschung hatte jedoch leichtes Spiel, die hagiograph. »Topoi«, die diesen Erzählungen zugrundeliegen, zu erkennen. Es ist allerdings wahrscheinlich, daß sich im 3./4. Jh. in T. eine Christengemeinde befunden hat. Der erste sichere Beleg ist ein Brief Papst →Gelasius' I. (um 495), in dem ein Bf. namens Petrus genannt wird.

Sehr bedeutsam, da sie auf die erste Zeit der langob. Landnahme zurückgehen, sind die Nachrichten, die den Briefen Papst →Gregors d. Gr. zu entnehmen sind, und danach vereinzelt aus der Zeit um 680 stammen. Es folgt eine lange Periode des Schweigens, unterbrochen nur durch fragmentar. oder stark umstrittene Zeugnisse, die anscheinend Spuren einer Langobardisierung erkennen lassen. In diesem Zusammenhang ist der Episkopat des hl. →Cat(h)aldus (trotz seiner angebl. irischen Herkunft) zu sehen, der Anfang des 8. Jh. anzusetzen ist. Einige Schenkungen an die Abtei →Montecassino sind sicher dem langob. Umkreis zuzurechnen, darunter eine Kirche San Valentino (822).

Natürlich fehlen Nachrichten über das Bm. in der Zeit der sarazen. Besatzung, die mit Sicherheit die Kirchenstruktur in T. in Mitleidenschaft zog. Die byz. Rückeroberung hatte zweifellos einen schnellen Hellenisierungsprozeß zur Folge und, in institutioneller Hinsicht, den Versuch der byz. Regierung, einen griech. Bf. wählen zu lassen (886), was durch den energ. Widerstand Papst →Stephans V. verhindert wurde. Im 10. Jh. wurde anläßlich des Eingreifens Ks. Nikephoros' II. Phokas die Diözese T. wahrscheinlich verkleinert und reorganisiert, aber zu einem autokephalen Ebm. mit lat. Ritus erhoben.

In norm. Zeit ist – abgesehen von dem eventuellen Episkopat eines Kinnamos (1045–47), der nicht gesichert ist – die Rolle des Ebf.s Drogo (Amtszeit wahrscheinl. seit 1053) bedeutsam, der einen grundlegenden Wandel der Kirchenpolitik und -verfassung im Sinne der Ausrichtung auf Rom initiierte. Nicht von ungefähr begegnen in den letzten Jahrzehnten des 11. Jh. erstmals die beiden Suffraganbm.er Mottola (1081) und →Castellaneta (1099). Auch der Latinisierungsprozeß der Kl. verstärkte sich. In den folgenden Jahrhunderten des MA förderten die Ebf.e und kirchl. Würdenträger von T. den Bau von Sakralbauten in der Stadt und im Umland, wozu der beachtl. Anstieg der kirchl. Einkünfte maßgebl. beitrug. Die Schaffung des Fsm.s T. erhöhte auch das Ansehen des Bf.ssitzes von T., der häufig (v. a. im 15. Jh.) von Prälaten mit hohem diplomat. und polit. Geschick eingenommen wurde, die manchmal auch den Kardinalspurpur trugen.

Was die Klöster und religiösen Orden betrifft, sind zuerst die byz. Kl. zu nennen, die nach der Eroberung durch die Normannen verschwanden oder latinisiert wurden. Größte Bedeutung hatte zweifellos San Pietro Imperiale (erstmals 970 erwähnt); es wurde später Montecassino unterstellt. Griech. Kl. waren auch San Bartolomeo (1049 bezeugt), SS. Pietro, Paolo e Andrea »in insula parva« (d. h. auf der kleineren der Cheraen), San Pietro »in insula magna« (auf der größeren Cheraeninsel), San Marco und SS. Filippo e Nicola (bei diesen beiden ist die Gräzität nicht gesichert). Die wahrscheinl. Existenz anderer griech. Kl. ist nicht eindeutig belegt. Mit Gewißheit griechisch war hingegen das Kl. San Vito del Pizzo auf dem gleichnamigen Vorgebirge bei T., das Anfang des 12. Jh. bezeugt ist.

Von den lat. Kl. sind u. a. zu nennen: das Kl. OCist S. Maria del Galeso am gleichnamigen Fluß (gegr. 1195) und die beiden Benediktinerinnenkl. Sant'Agata und San Giovanni. Unter den Anjou nahm die Zahl der Niederlassungen der Franziskaner und Dominikaner zu. Gleiche Freigebigkeit gegenüber diesen Orden bewiesen auch die Fs.en Del Balzo-Orsini.
P. Corsi

Lit.: D. L. DE VINCENTIIS, Storia di T., 1878 [Nachdr. 1983] – E. VALENTE, Storia di T., 1899 – G. BLANDAMURA, Choerades insulae (le Cheradi del Ionio), 1925 – A. P. COCO, I Francescani nel Salento, I–III, 1928–35 – A. CUTOLO, Maria d'Enghien, 1929 [1977²] – G. M. MONTI, Dal sec. VI al XV. Le condizioni giuridiche del Principato di Taranto, 1929 – G. BLANDAMURA, Un figlio di re su la cattedra di S. Cataldo, 1936 – G. ANTONUCCI, Il Principato di Taranto, Arch. Storico per la Calabria e la Lucania 8, 1938, 133–154 – P. WUILLEUMIER, Tarente dès origines à la conquête romaine, 1939 – D. GIRGENSOHN–N. KAMP, Urkk. und Inquisitionen aus der Stauferzeit aus T., QFIAB 41, 1961, 137–234 – F. G. LO PORTO, Satyrion (Taranto). Scavi e ricerche nel luogo del più antico insediamento laconico in Puglia. Notizie Scavi, 1964 – R. PERONI, Archeologia della Puglia preistorica, o. J. [1967] – V. V. FALKENHAUSEN, Taranto in epoca bizantina, StM, 3 ser. 9, 1, 1968, 133–166 – AA. VV., La Chiesa di Taranto, I: Dalle origini all'avvento dei Normanni (Studi storici in onore di mons. MOTOLESE arcivescovo di Taranto, hg. C. D. FONSECA, 1977) – P. CORSI, La spedizione it. di Costante II, 1983 – F. PORSIA–M. SCIONTI, Taranto, 1989 – AA.VV., Taranto: la Chiesa/le chiese, hg. C. D. FONSECA, 1992 – P. CORSI, Bisanzio e la Puglia, 1994 – DERS., I Cistercensi nella Puglia medioevale (I Cistercensi nel Mezzogiorno medioevale, hg. H. HOUBEN–B. VETERE, 1994), 187–204 – V. v. FALKENHAUSEN, Un inedito documento greco del monastero di S. Vito del Pizzo (Taranto), Cenacolo, NS, 7–19, 1995, 7–20 – A. KIESEWETTER, Le strutture castellane tarantine nell'età angioina, ebd. 21–51.

Tarentaise, Tallandschaft, Ebm. und Stadt (Moutiersen-T.) in den frz. Alpen (dép. Savoie).
I. Bistum und Erzbistum – II. Vicomté – III. Stadt.

I. BISTUM UND ERZBISTUM: Im N begrenzt durch das →Faucigny, im O durch das →Aostatal, im S durch die →Maurienne, im W durch die alte Civitas der Allobroges, korrespondierte die Civitas Ceutronum in etwa der späteren Diöz. T., gebildet aus dem Hochtal der Isère, von ihren Quellen bis zur Einmündung des Arly (in Höhe der heut. Stadt Albertville, Tal. v. Beaufortin). Zwar ist ein Bf. bereits für 450 belegt, doch der erste namentlich bekannte Bf., Sanctus, erst zu 517 (Konzil v. →Epao) erwähnt. Zw. 795 und 810 erhob Papst Leo III. das Bm. 'Darentasia', das nie mehr als 73–77 Pfarreien zählt, zum Ebm. mit drei Suffraganbm.ern, →Sitten, →Aosta und Maurienne (später an das Ebm. →Vienne).

Nach der den →Sarazenen zugeschriebenen Verwüstung gestand →Rudolf III., Kg. v. →Burgund, dem Ebf. Amizo die Gf.engewalt in der Diöz. zu; dieses Privileg wurde insbes. bestätigt durch eine ksl. Bulle vom 6. Mai 1186, die dem Ebf. Aymon v. Briançon die Investitur des gesamten Temporalbesitzes des Ebm.s übertrug. Päpstl. Breven über den Jurisdiktionsbereich (→Primat) v. →Vienne (Nikolaus I., 867; Calixt II., 1120), päpstl. Bullen Alexanders III. (15. Febr. 1171) und Lucius III. (4. Jan. 1184), beide über den Besitz des Ebm.s, belegen deutlich Einfluß und Macht der Kirche v. T.

Erst spät, etwa seit der 1. Hälfte des 12. Jh., wurden Ansätze der →Gregorian. Reform verwirklicht: so wurde der Verzicht des Gf.en Amadeus III. v. →Savoyen auf das →Spolienrecht erwirkt (um 1140), eine →Gebetsverbrüderung ('fraternitas') mit der Abtei →St-Maurice d'Agaune geknüpft (1140), Ansätze zur Verpflichtung der Kanoniker des Kathedralkapitels auf die Augustinusregel gemacht (1145), Armenversorgung und Hospizwesen (Kleiner St. Bernhard) gefördert. Diese Maßnahmen wurden maßgebl. eingeleitet durch zwei dem Zisterziensertum des hl. →Bernhard nahestehende Ebf.e, Peter I. (1132-40), den Gründer der Zisterze Tamié, und bes. Peter II. (1141-74, kanonisiert 1191). Die Ebf.e der nachfolgenden Periode von 1174 bis 1224 waren ehem. Kartäuser.

Die Gesch. des Ebm.s stand während des 13.-15. Jh. im Zeichen der Expansion des Hauses Savoyen, das bis zur Talenge 'Étroit du Saix' das gesamte obere Isèretal beherrschte und entschieden zur Schwächung der territorialen Gewalt der Ebf.e beitrug. Zwar anerkannte Gf. →Amadeus VI., 'le Comte Vert', am 27. Juni 1358 die eigenständigen Herrschaftsrechte des Ebf.s formell, in der Realität wurden sie aber durch die Wühlarbeit der gfl. Amtsträger (so des für die savoy. Besitzungen oberhalb von Moutiers zuständigen *juge-mage* v. Salins) immer mehr untergraben. Bei der Erhebung der *subside* (1452) wurde auch die T. als Teil des Hzm.s Savoyen behandelt und zur Steuerleistung gezwungen. Diese Abhängigkeit verstärkte sich unter den Ebf.en des späten 15. Jh., dem Piemontesen Thomas de Sur (1460-72) sowie dem Kard. Cristoforo →Della Rovere (1472-79) und seinem Bruder Domenico (1479-83).

II. VICOMTÉ: Das obere Isèretal wurde, etwa 10 km oberhalb von Moutiers, am verkehrsstrateg. wichtigen 'Pas de Briançon' von zwei auf den beiden Ufern einander gegenüberliegenden Burgen, gehalten von verschiedenen Zweigen des Hauses Briançon, beherrscht. Die Herren v. Briançon nannten sich seit der 2. Hälfte des 11. Jh. (Aymon I.) 'vicecomites', diese in zahlreichen Urkk. (durch Zeugenlisten) belegte Würde geht nicht zurück auf einen karol. 'comitatus', denn dieser ist für die T. in keiner Q. belegt. Eine (aufgrund des im Wappen geführten Adlers) von örtl. Historikern vermutete ksl. Privilegienverleihung bleibt fraglich. Nach dem Aussterben des Geschlechts im Mannesstamm um die Mitte des 13. Jh. wird der Titel des Vicomte v. T. erst 1346 durch die Vormünder des Gf.en Amadeus VI. v. Savoyen, die ihn dem Sire Raymond de La Val d'Isère für 2000 Goldfl. verkauften, wiederbelebt.

III. STADT: Die kleine ebfl. Stadt, Moutiers-en-T., besaß außer der Kathedrale und dem ebfl. Palast eine Kollegiatkirche Ste-Marie, gestiftet 1257, ein benediktin. Priorat St-Martin sowie eine Regularkanonie, St-Michel. Am 27. Mai 1278 und 22. Jan. 1359 wurden den Bewohnern Statuten (*chartes de franchises*) verliehen. Angesichts der Nähe des savoy. Kastellans, der in Salins residierte, kam es zu ständigen Jurisdiktionskonflikten zw. der gfl./hzgl. und ebfl. Gewalt.   V. Chomel

Lit.: zu [I]: J.-A. BESSON, Mém. pour servir à l'hist. ecclés. des dioc. de Genève, T. ..., 1759 – GChr, XII – F. RICHERMOZ-J. M. EMPRIN, Tarentasia christiana, 1928 – Abbayes et prieurés de l'ancienne France, IX, hg. Dom J.-M. BESSE, 1932 [G. PÉROUSE] – A. DIMIER, S. Pierre II de T., 1935 – É. CLOUZOT, Pouillés des provinces de Besançon, T., Vienne, 1940 – B. BLIGNY, L'Église et les ordres religieux dans le royaume de Bourgogne aux XIe et XIIe s., 1960 – J. ROUBERT, Les origines et les limites du dioc. et du comté de T., Bull. philol. et hist., 1960, 421-427 – DERS., La seigneurie des archevêques-comtes de T. du Xe au XVIe s., Mém. Acad. de Savoie, 6e sér., 1961, 33-235 – A. PERRET, Les concessions des droits comtaux et régaliens aux églises dans les domaines de la maison de Savoie, Bull. philol. et hist., Actes du 89e Congr. soc. savantes, 1964 [1967], 45-73 – R.-H. BAUTIER-J. SORNAY, Les sources de l'hist. économique et sociale du MA, 1968-74, 3 vol. – *zu [II]*: GARIN, Hist. féodale des seigneurs de Briançon, Recueil des mém. et doc. de l'Acad. de la Val d'Isère, t. XII, 1942 – F. BERNARD, Les origines féodales en Savoie et en Dauphiné, 1949 – *zu [III]*: E. BURNIER, Les franchises de Moutiers en Savoie, Mém. et doc. Acad. de la Val d'Isère, t. I, 1866, 163-182 – M. HUDRY, Aspects de la vie municipale de Moutiers aux XVe et XVIe s., ebd., nouv. sér., XIII, 1956, 41-50.

Targume (sg. Targum), Gattung jüd.-aramäischer Bibelübersetzungen, deren schriftl. Fixierung in der oriental. Judenheit vom Ausklang der Spätantike bis ins frühe MA vorgenommen wurde, als das →Aramäische aufhörte, bei den Juden gesprochen zu werden. Neben wortwörtl. Übers.en der hebr. Originaltexte paraphrasieren die T. ihre Vorlage oft völlig abweichend von ihrem einfachen Wortsinn und erweitern die erzählenden Stoffe durch haggad. (→Haggada), die gesetzl. Stoffe durch halach. (→Halacha) Zusätze. Theologie- und auslegungsgeschichtl. gehören die T. entschieden mehr dem antiken als dem ma. Judentum an, weswegen sie von der Mediävistik auch weitgehend vernachlässigt werden dürfen. →Bibel, C.   H.-G. v. Mutius

Lit.: J. TREBOLLE BARRERA, La Biblia judia y la Biblia cristiana, 1993, 341ff., 467ff. [Lit.] – U. GLESSMER, Einl. in die T. zum Pentateuch, 1995 [Lit.].

Tari (aus arab. 'rein'). [1] Goldmünze, seit dem 10. Jh. von den Arabern in Sizilien geprägt im Wert eines 1/4 →Dīnārs, →Feingehalt 16 1/3 Karat bei einem Gewicht von ca. 1 g, zugleich Begriff für den Goldfeingehalt von 16 1/3 Karat. Als Münze wurde der T. von den Normannen übernommen und auch auf dem it. Festland (Amalfi, Salerno) bis zum Ende des 13. Jh. geprägt. – [2] In Messina seit dem Ende des 15. Jh. geprägte Silbermünze. – [3] Gewichtseinheit (*trappezo*) von o. 883 g.   P. Berghaus

Lit.: F. v. SCHROETTER, Wb. der Münzkunde, 1930, 681-683 – P. GRIERSON, Coins of Medieval Europe, 1991, 226f. – M. NORTH, Von Aktie bis Zoll, 1995, 392.

Tarifa, Küstenstadt in Südspanien sw. v. Algeciras, im Juli 710 Ort der Landung eines von dem berber. →Maulā Tārif ibn Mālik, einem Untergebenen des arab. Heerführers Mūsā ibn Nuṣair, geführten Expeditionskorps (ca. 500 Krieger), eines »Vorreiters« des arab.-berber. Eroberungsheeres unter →Ṭāriq ibn Zyād (Frühjahr 711). Die mächtige muslim. Burg und Stadt (wichtiger Flottenstützpunkt) wurde am 13. Okt. 1292 von Kg. →Sancho IV. v. →Kastilien (gestützt auf den kast.-aragon. Vertrag v. →Monteagudo, 1291) erobert (→Reconquista) und nach dem Wegzug der gesamten muslim. Bevölkerung (8664 Einw.) mit einem Freiheits- und Siedlungsprivileg (1295, im SpätMA oft erneuert) ausgestattet. Rückeroberungsversuche der →Meriniden blieben erfolglos (→Salado, 1340). T. besaß für Kastilien eine strateg. Schlüsselposition (Kontrolle der Straße v. →Gibraltar) und hinsichtl. der ersten Phase der →Repoblación in Andalusien (Besiedlung des benachbarten 'Vejer de la Frontera'). 1447/48 wurde der →Señorio über T. von Kg. →Johann II. dem Admiral Fadrique →Enríquez übertragen.   L. Vones

Lit.: M. GAIBROIS DE BALLESTEROS, T. y la política de Sancho IV de Castilla, BRAH 74, 1919-77, 1920 – J. ARMENGOL TRIVIÑO, T. en la Hist., 1949 – E. VIDAL BELTRÁN, Privilegios y franquicias de T., Hispania 17, 1957, 3-78 – M.-A. LADERO QUESADA-M. GONZÁLEZ JIMENEZ, La población de la frontera de Gibraltar, y el repartimiento de Vejer, Historia. Instituciones. Documentos 4, 1977, 199-316, bes.

210ff. – Hist. de Andalucía II, 1982 – J. VALLVÉ, La división territorial de la España musulmana, 1986, 326f. – A. KHANEBOUBI, Les premiers sultans mérinides, 1987 – F. GARCÍA FITZ, Los acontecimientos político-militares de la frontera en el último cuarto del siglo XIII, Rev. de Hist. Militar 32, 1988, 9–71 – M. GARCÍA FERNÁNDEZ, El reino de Sevilla en tiempos de Alfonso XI, 1989 – M. CRUZ HERNÁNDEZ, El Islam del Al-Andalus, 1992 – M. A. MANZANO-RODRÍGUEZ, La intervención de los Benimerines en la Peninsula Ibérica, 1992, bes. 132ff. – P. CHALMETA, Invasión e Islamización, 1994.

Ṭāriq ibn Ziyād, arab. Name des berber. Freigelassenen (→Maulā) des arab. Heerführers Mūsā ibn Nuṣair, Eroberer von →al-Andalus. Im Auftrag von Mūsā setzte er im April/Mai 711 mit einem Heer von ca. 7000 Kriegern, meist →Berbern (in Booten des legendären Gf.en Julian, des westgot./byz. Gouverneurs v. →Ceuta) über die Meerenge v. →Gibraltar (ǧabal Ṭāriq), schlug, mit 5000 Mann Verstärkung, das westgot. Heer unter Kg. →Roderich am →Guadalete und eroberte in kühnem Vormarsch die Hauptstadt →Toledo. Von Mūsā, der 712 mit seinem arab. Heer übersetzte, beneidet und mit Vorwürfen überhäuft, wurde er zusammen mit diesem nach Damaskus beordert, wo sich seine Spur verliert. H.-R. Singer

Q. und Lit.: EI¹ VIII [Nachdr. 1993], 666f.

Tarlati, nach langob. Recht lebende Familie, die sich von den Mgf.en v. Colle di Santa Maria ableitet, die im Gebiet zw. Arno- und Tibertal, zw. Toskana, Umbrien und Romagna, Herrschaftsrechte besaßen. Spitzenahn der Familie scheint ein Adalbertus zu sein. Jedenfalls ist über die Anfänge der T. vor der Bildung der Kommune →Arezzo (spätes 11. Jh.) nur wenig bekannt. In dieser Zeit siedelten die T. in die Nachbarschaft von Arezzo über und gründeten im Arnotal zw. Arezzo und Anghiari die Burg Pietramala, nach der sich die Familie nannte.

Kaisertreu während der Kämpfe gegen das Papsttum, gehörten die T. zu den wichtigsten ghibellin. Familien der Toskana. Ihr Einfluß machte sich auch in Umbrien und der Romagna geltend. *Tarlato* kämpfte gegen das guelf. Florenz und war Capitano und dann Podestà v. Pisa (1276–77); seine Familie kämpfte zusammen mit den Ubertini für die ghibellin. Sache gegen die Gf.en →Guidi. Die Familie erreichte den Höhepunkt ihrer Macht mit *Guido* T., 1312 Bf. v. Arezzo und 1321 Signore der Stadt, der für den Erfolg der Ghibellinen mit Uguccione →della Faggiola und →Castruccio Castracani zusammenwirkte und 1327 in Mailand Ks. →Ludwig d. Bayern krönte. In Arezzo spalteten sich die Ghibellinen in zwei Faktionen: die »Verdi« repräsentierten die Popolanen, die »Secchi« die Magnatengruppen. Erstere Faktion wurde von Uguccione →della Faggiola geleitet, letztere von dem Bruder des Bf.s *Ugo, Pier Saccone,* der 1327 Reichsvikar war und seine Herrschaft über den gesamten Oberlauf des Arno ausdehnte. Von den Florentinern besiegt, mußte Pier Saccone seine Herrschaft auf San Sepolcro reduzieren, wo er 1356 starb. Die Macht der T. wurde 1384 vernichtet, als die Florentiner Arezzo einnahmen und das Kastell Pietramala schleiften. F. Cardini

Lit.: E. GAMURRINI, Istoria genealogica delle famiglie toscane ed umbre, I, 1668, 194–210 – Diz. geografico fisico storico della Toscana, IV, 1841, 211–212, s.v. Pietramala [E. REPETTI] – Enc. dantesca V, 1984, 523–524 [R. PIATTOLI].

Tarn, Fluß in Südwestfrankreich, 375 km lang, entspringt am Mt. Lozère (südl. Massif Central), durchbricht die verkehrsfeindl. Causses in den 50 km langen, tiefeingeschnittenen 'Gorges du T.' und durchfließt in ostwestl. Richtung (bei gewundenem Lauf) die nö. und nördl. der Großstadt →Toulouse gelegenen, klimat. begünstigten languedoz. Binnenregionen mit ihrer bereits im MA ertragreichen Landwirtschaft (Waid-, Getreide-, Weinanbau), Viehhaltung (z.B. Schweine-, Schaf-, Geflügelzucht) und Gewerbetätigkeit (u.a. Tuch-, Lederverarbeitung), geprägt auch durch wichtige städt. Zentren wie die Bf.sstadt →Albi und das 1144 gegr. Handelszentrum →Montauban, Vorbild des im westl. Einzugsbereich des T. verbreiteten Stadttyps der →Bastide. Nahe der mächtigen Abtei →Moissac mündet der T. in die Garonne. Die vom Albigenserkreuzzug (→Albigenser, II) berührte T.region (der Fluß ist erwähnt im Friedensvertrag v. →Meaux-Paris, 1228, als Grenze zw. den Territorien der Gf.en v. →Toulouse und der Kg.e v. →Frankreich) war im 14. und 15. Jh. (→Hundertjähriger Krieg) einer der Schauplätze der Auseinandersetzung zw. engl. und frz. Monarchie. U. Mattejiet

Lit.: →Albi, →Montauban, →Guyenne.

Tarnackmeister (magister tavernicorum regalium), in der Zeit der →Arpaden (11.–13. Jh.) Vorsteher der tavernici, die die Naturalabgaben des Kg.s einzogen. Zuständig für das kgl. Kammergut, gehörte er seit dem 13. Jh. zur →curia regis und stand an dritter Stelle hinter →Palatin und Landesrichter. Sein Einfluß verringerte sich, seit im 14. Jh. ein selbständiger Schatzmeister die Leitung der kgl. Finanzen übernahm (→Finanzwesen, B. VIII). Er blieb aber weiter der Oberrichter der kgl. Freistädte, der sog. →Tavernikalstädte, und war rechtl. für die Angelegenheiten der Juden (als Teil des kgl. Kammerguts) zuständig, während die Judensteuern vom Schatzmeister verwaltet wurden. A. Kubinyi

Lit.: E. BORECZKY, A királyi tárnokmester hivatala 1405-ig, 1904 – I. SZENTPÉTERY, A tárnoki itélőszék kialakulása, Századok 67, 1934, 510–590 – A. KUBINYI, Der ung. Kg. und seine Städte im 14. und am Beginn des 15. Jh. (Stadt und Stadtherr im 14. Jh., hg. W. RAUSCH, 1972 [Beitr. zur Gesch. der Städte Mitteleuropas, II]), 193–220.

Tărnovo, letzte ma. Hauptstadt →Bulgariens, im zentralen Teil Nordbulgariens auf von Jantra umgebenen Hügeln gelegen. Bei der Wiederherstellung des bulg. Kgtm.s 1186 wurde T. infolge des Aufstandes von →Asen und →Theodor-Petros zur Hauptstadt Bulgariens und zugleich Sitz des bulg. Kirchenoberhauptes, des Ebf.-Primas, dem 1235 mit dem Einverständnis der östl. Kirchen die Würde eines Patriarchen verliehen wurde (→Patriarchat [3]). Zentrum des ma. T. bildeten die Hügel Zarevez und Trapesiza sowie der Hl. Berg. Auf Zarevez standen die durch mächtige Festungsmauer getrennten Zaren- und Patriarchenpaläste und die Katedrale »Christi Himmelfahrt«, am Fuße des Hügels an der Jantra lag die Große Laura »Hl. 40 Märtyrer«. Auf Trapesiza wurden viele kleine Kapellen für die Familien angesehener Vertreter des bulg. Adels errichtet, während auf dem Hl. Berg Kl.bauten lagen. T. war ein nicht nur militär.-strateg., sondern auch wirtschaftl. Zentrum des Landes, wo ausländ. Kaufleute (u.a. aus Venedig, Genua, Ragusa) ein eigenes Stadtviertel (bis heute Frenk-Hissar gen.) bewohnten. Als Hauptstadt Mittelpunkt des geistigen Lebens, war T. auch Wallfahrtsort, da Ende des 12. und in der ersten Hälfte des 13. Jh. die bulg. Zaren die Gebeine berühmter Hl.r (Paraskevi-Petka, Johannes v. Rila, Philothea, Theophano, →Ilarion v. Măglen, →Gabriel v. Lesnovo u.a.) aus verschiedenen Teilen der Balkanhalbinsel hierher überführten. Die ausgedehnte weltl. und kirchl. Bautätigkeit förderte die Entwicklung von Architektur, Malerei und Kunsthandwerk. Von großer Bedeutung für Bulgarien, aber auch für weitere orth. slav. Völker sowie die Walachei und Moldau war die lit. Schule v. T., der bemerkenswerte Literaten wie der Patriarch →Evtimij, →Gregor Camblak (18. G.), der Metropolit →Kiprian u.a. angehörten.

T. wurde nach mehrmonatigen Belagerung am 17. Juli 1393 von den Osmanen erobert. Systemat. archäol. Ausgrabungen legten Reste der wichtigsten Bauten frei, diejenigen von Zarevez samt der Festungsmauer wurden restauriert. Ma. Wandmalereien sind in den Kirchen »Hl. 40 Märtyrer«, »Peter und Paul« sowie in einigen Kirchen auf dem Hügel Trapesiza erhalten. V. Gjuzelev

Lit.: I. Dujčev, T. kato politiceski i duhoven centăr prez kăsnoto srednovekovie (Bălgarsko srednovekovie, 1972), 413–431 – Carevgrad T., I–IV, 1973–84 – Istorija na Veliko T., I, 1986 – V. Gjuzelev, Hauptstädte, Residenzen und Hofkultur im ma. Bulgarien, 7.–14. Jh. Vom Nomadencampus bis zum Zarenhof (Études balcaniques 2, 1991), 95–105.

Tarouca (ŏ São João), erste im MA begründete Zisterze in →Portugal (Beira Alta; Diöz. →Lamego), s. des Douro am rechten Ufer des Flusses Barbosa. Ursprgl. Eremitage oder Kl. OSB, wechselte T. 1143/44 zu der Obedienz der →Zisterzienser und wurde direkt →Clairvaux unterstellt. Filialen von T. waren São Tiago de Sever do Vouga (1143/44), Santa Maria de Fiães (um 1194), S. Pedro das Águias (1170) und, abhängig von Fiães, Ermelo, nach dem 12. Jh. vielleicht noch Santa Maria de Júnhas (ursprgl. zu Osera) und sicherl. Santa Maria de Aguiar (ursprgl. zu Moreruela). Gefördert v. a. durch die Adelsfamilien Riba Douro und Paiva, wurde die auch vom Kgtm. reich dotierte Abtei, die zahlreiche →Grangien besaß, seit dem 13. Jh. zu einem Zentrum niederadliger Familien. T. zählt zu den markanten Beispielen für zisterziens.-burg. Stil in der ptg. Architektur. 1354 ließ Gf. →Pedro Afonso v. Barcelos in T. sein Grabmal errichten. Im SpätMA erlebte die Abtei ihren Niedergang, hatte im 16. Jh. nur noch 34 Mönche, gehörte dann bis zur Auflösung von 1834 der autonomen ptg. Zisterzienserkongregation an. L. Vones

Lit.: DHP I, 586f. – M. de Oliveira, Origens da Ordem de Cister em Portugal, 1951 – M. Cocheril, Les monastères cisterciens au nord du Portugal, Collectanea O.C.R. 19, 1957, 66–76, 163–182, 355–370 – Ders., Recherches sur l'ordre de Cîteaux au Portugal, Bulletin des Études Portugaises 22, 1959–60, 30–102 – R. Pinto de Azevedo, O Mosteiro de Santa Maria de Aguiar de fundação portuguesa e não leonesa, Anais, IIª s. 12, 1962, 231–298 – M. Cocheril, L'implantation des abbayes cisterciennes dans la Péninsule Ibérique, AEM 1, 1964, 217–287 – Ders., Études sur le monachisme en Espagne et au Portugal, 1966 – A. de Almeida Fernandes, Esparsos de Hist., 1970 – Livro das Doações do Mosteiro de T., teilw. ed. A. de Almeida Fernandes, 1970/76 – M. Cocheril, Notes sur l'architecture et le décor dans les Abbayes cisterciennes du Portugal, 1972 – A. de Almeida Fernandes, Acção dos Cistercienses de T. (As Granjas nos Séculos XII e XIII), 1976 (= Revista de Guimarães 83) – J. Mattoso, A nobreza medieval portuguesa (Portugal Medieval. Novas Interpretações, 1985), 197–223 – M. A. Fernandes Marques, A introdução da Ordem de Cister em Portugal (La introducion del Cister en España y Portugal, 1991), 163–194.

Tarquinia (Corneto), Stadt in Mittelitalien (nördl. Latium). Nach der Legende von dem myth. Heros Tarchon gegründet, erlebte T. seine größte Blütezeit im 7./6. Jh. v. Chr. als Zentrum eines der größten etrusk. Polisstaaten (bedeutende Nekropole erhalten). Unter den Antoninenkaisern erlebte T. einen neuen Aufschwung. Im 4. Jh. wurde es Bf.ssitz, litt jedoch so stark unter den Invasionen der Völkerwanderungszeit, daß seit dem Anfang des 6. Jh. kein Bf. von T. mehr begegnet, und die ursprgl. Niederlassung zugunsten des benachbarten Kastells Corneto aufgegeben wurde. In den folgenden Jahrhunderten entwikkelten sich dort eine blühende landwirtschaftl. Produktion (Beiname »horreum Urbis«) und ein aktiver Handelsstützpunkt (auch für den Seehandel). Im 9. Jh. wurde ein neuer Mauerring errichtet. Ende des 11. Jh. gehörte Corneto zu den →Mathildischen Gütern. Im 12. Jh. konstituierte sich eine freie →Kommune, die mit Pisa (1174 Handelsvertrag), Genua und Venedig in Verbindung stand. Mit der Expansionspolitik →Viterbos im nördl. Latium konkurrierend, war Corneto ein guelf. Zentrum und leistete erfolgreich der Belagerung →Friedrichs II. (1245) und dem Angriff röm. papstfeindl. Faktionen Widerstand (1283). 1355 kapitulierte es jedoch vor Kard. →Albornoz und den Orsini, die es in die päpstl. Obödienz zurückführten. Im Dez. 1376 handelte Gregor XI. in Corneto mit den Vertretern des röm. Stadtregiments die Bedingungen für seine Rückkehr nach Rom aus. Corneto wurde dann an die →Vitelleschi verlehnt und schließlich 1500 dem Kirchenstaat einverleibt. 1435 gab Eugen IV. Corneto den verlorenen Rang als Bf.ssitz zurück, erhob es zur Stadt und gliederte der Diözese die Kirche v. Montefiascone ein. Erst 1922 nahm Corneto wieder den antiken Namen T. an.
A. Menniti Ippolito

Lit.: L. Dasti, Notizie storiche-archeologiche di T. e Corneto, 1910 – Mutio Polidori, Croniche di Corneto, hg. A. R. Moschetti, 1977.

Tarragona (lat. Tarraco; Katalonien). [1] *Stadt:* T., röm. Hafenstadt an der Via Augusta, Hauptstadt der Prov. Hispania Citerior, im 2. Jh. christianisiert. Die Stadt, die von S her durch eine Bergkette geschützt, zum Meer hin jedoch offen war, wurde 470 von den Westgoten, 715 von den Mauren erobert. Die Franken konnten sich 809 nur kurz halten, und die katal. Gf.en vermochten sich erst, nachdem sie die maur. Überlegenheit zur See gebrochen und die Befestigung im S durch die Eroberung →Tortosas bezwungen hatten, dort festzusetzen. Zwar wurden die Barceloneser Gf.en →Borell II. (960) und →Raimund Borell I. (1018) bereits mit dem Titel Princeps v. T. bezeichnet, doch unternahm erst →Raimund Berengar I. den Versuch, seine Herrschaft nach T. auszudehnen, indem er 1050 seinen Schwager, Vgf. Berengar v. Narbonne, 1060 Bernhard Amat v. Claramunt mit der Vgft. T. belehnte. Adelsaufstände im Innern der Gft. verhinderten eine Umsetzung dieser Pläne, die jedoch eine Absicherung des katal. Einflußbereichs im Gebiet um T. und in den Taifenreichen →Lérida und Tortosa gegen Expansionsbestrebungen Aragóns und Kastiliens bewirkten. Sein Sohn, →Berengar Raimund II., mußte aber zur Festigung seiner Stellung 1090 Stadt und Territorium v. T. an den Hl. Stuhl übertragen. Entscheidende Impulse zur Eroberung T.s gingen von Bf. →Ollegar v. Barcelona aus, nachdem ihm Raimund Berengar III. die Rechte über die Stadt und den Camp de T. 1117 verliehen und Papst Gelasius II. dies u. a. durch die Erhebung Ollegars zum Ebf. v. T. (1118–37) bestätigt hatte. Bes. Bedeutung erlangten neben Plänen zu einem Kreuzzug gegen Tortosa und der 1129 zu ihrer Finanzierung in Narbonne gegr. Bruderschaft die gleichzeitige Belehnung des norm. Adligen Robert Bordet (seit 1114 im Dienst Alfons' I. v. Aragón) mit der Stadt und ihrem Gebiet. Robert, der den Titel eines ʽprinceps Tarraconensis' führte, warb norm. Ritter an und konnte sich seit 1131 in T. halten. Damit war die Eroberung der Stadt, deren Mauern 1154 bereits wieder instandgesetzt waren, abgeschlossen. Als 1143 auf dem Konzil in Gerona die Probleme um die Nachfolgeregelung in Aragón zugunsten des Barceloneser Gf.en gelöst waren, wurde auch seine Oberhoheit über T. anerkannt. Bald darauf kam es allerdings zu einer Auseinandersetzung zw. Ebf. Bernhard Tort (1145/46–63) und der Familie des Robert Bordet, als der Ebf. seinen Anteil an der Stadtherrschaft beanspruchte. Nach der Ermordung Ebf. Hugos v. →Cervelló (1163–71) mußte die Familie nach Mallorca in die Verbannung gehen. Zwei Jahre später erfolgte eine Einigung zw. Alfons II. und Ebf. Wilhelm v. Torroja (1172–74) über die

Machtverteilung in der Stadt. 1391 verkaufte Johann I. der Mitra seine Rechte, so daß T. im SpätMA eine reine Bf.sstadt war, deren Ebf.e, die aus den vornehmsten Familien Aragóns stammten (u. a. Ximeno de →Luna [1317–27], Infant →Johann v. Aragón [43. J. 1327–34)]), v. a. im 14. Jh. eine wichtige polit. Rolle spielten und u. a. das Recht, den Kg. v. Aragón zu krönen, für sich beanspruchten.

1149 stellten Robert Bordet und Ebf. Bernhard Tort zusammen eine Repoblaciónsurk. für die Bewohner v. T. aus. Dabei zeigten sich schon erste Ansätze zu einer Stadtverfassung, da zwei Judices eingesetzt wurden, um nach Barceloneser Gewohnheit Recht zu sprechen. Die Beteiligung T.s an der Reconquista Mallorcas führte im 13. Jh. zu einem starken wirtschaftl. Aufschwung. T. wurde Sitz einer Vegueria: Der ab 1231 erfolgte Ausbau der städt. Selbstverwaltung war nach der Reform v. 1331 mit der Bestellung von drei Konsuln als Exekutivorgan des Stadtrates abgeschlossen. 1348 fiel ein Viertel der Bevölkerung der Pest zum Opfer. Der übermäßige Steuerdruck führte zu sozialen Unruhen und 1462 zu einer Belagerung durch Truppen Johanns II. Ende des 15. Jh. waren von 884 Feuerstellen (1381) nur noch 300 vorhanden. Orden: Mercedarier (1224), Dominikaner (1248), Franziskaner (1248), Klarissinnen (vor 1256).

[2] *Kirchenprovinz Tarraconensis:* Erstmals 385 belegt, umfaßte sie in westgot. Zeit (nach 470) die Bm.er Barcelona, Gerona, Urgel, Ausona (Vich), Egara, Empúries, Huesca, Lérida, Calahorra, Zaragoza, Tortosa, Auca (Burgos), Pamplona und Tarazona. Elne kam eine Sonderstellung zu, da es schon bald Narbonne unterstellt wurde. Ein erstes Provinzialkonzil fand 516 in T. statt, dem bis 691 sieben weitere in anderen Städten der Tarraconensis folgten. Als T. 715 in die Hände der Mauren fiel, floh der letzte Bf. Prosper nach Italien. Nachdem Anfang des 9. Jh. Versuche, T. zurückzugewinnen, gescheitert waren, unterstellte Wifred v. Pélos alle katal. Bm.er zur Absicherung seiner Herrschaftssphäre der septiman. Metropole Narbonne. Erste Tendenzen, diese Entwicklung rückgängig zu machen, zeigten sich Ende des 10. Jh.: Abt Caesarius v. Santa Cecilia de Montserrat ließ sich 956 auf einem Konzil in Santiago de Compostela zum Ebf. v. T. weihen, ohne je die Anerkennung der übrigen katal. Bf.e zu erlangen, und Gf. Borell II. (966–993) v. Barcelona übertrug die Metropolitanwürde der ehemaligen Tarraconensis auf den Bf.ssitz v. →Vich (971 durch Papst Johannes XIII. bestätigt). Doch erst Bf. →Berengar Seniofred v. Vich konnte die Wiedererrichtg. der Kirchenprov. T. gegen erbitterten Widerstand Barcelonas und Narbonnes durchsetzen. Nach der Bestätigung durch Papst Urban II. (1. Juli 1091) anerkannte die Synode in St-Gilles (1092) die Rechtmäßigkeit dieser Restauration, während Toledo auf einer Durchsetzung seiner Primatialgewalt (1097) bestand. Als Berengar Seniofred 1099 starb, wurde erst im Mai 1118 Bf. Ollegar v. Barcelona ein neuer Ebf. bestimmt, dem Gelasius II. mit dem Erhalt des Palliums auch den Umfang der Kirchenprov. bestätigte und ihn gleichzeitig mit der Verwaltung Tortosas betraute. Am Abschluß dieser Entwicklung standen die beiden Privilegien Papst Anastasius' IV. (1154), die nach der Eroberung Tortosas und Léridas die Grenzen T.s und den Umfang seiner Kirchenprov. festlegten. Es gelang nicht, Auca, dessen Sitz nach Burgos transferiert worden war, zurückzugewinnen, ebensowenig wie 1232 Mallorca, dessen Angliederung den Widerspruch Barcelonas und Geronas hervorgerufen hatte, doch 1239 kam dank Pedro de Albalat (1238–51), der in enger Zusammenarbeit mit →Raimund v. Peñafort zur Durchsetzung seines Reformprogramms zehn Provinzialkonzilien abhielt, die Einführung der Inquisition förderte und die Kirchenprovinz durch Visitationen reorganisierte, →Valencia zu T. Umstritten blieb die Frage der Anerkennung des Toledaner Primats, den die Ebf.e von Bernhard Tort bis Alfons v. Aragón (1328) vehement ablehnten. In dem Bestreben, eine Übereinstimmung staatl. und kirchl. Grenzen herbeizuführen, ersuchte 1318 Jakob II. v. Aragón Papst Johannes XXII. um die Errichtung einer neuen Kirchenprov. →Zaragoza. T. verlor seine aragon. und navarres. Suffraganbm.er Calahorra (seit 1231 nach S. Domingo de la Calzada transferiert), Huesca, Pamplona, Tarazona und Albarracin-→Segorbe, behielt aber Valencia, während Mallorca exemt blieb. Erst zur Zeit Ebf. Rodrigos de Borja (1458–92; →Alexander VI.) wurde Valencia exemt (11. Okt. 1470) und schließl. selbst zur Metropole erhoben (9. Aug. 1492).

[3] *Domkapitel Santa Maria und Santa Tecla:* Es übernahm unter Bernhard Tort die Augustinerregel und die Consuetudines v. →St-Ruf, die jedoch bereits Ende des 12. Jh. nicht mehr streng befolgt wurden. 1229 wurde die Zahl der Kanoniker auf 30, 1239 auf 25 festgesetzt. 1290 wurden Konstitutionen zur Regelung der einzelnen Ämter und Benefizien erlassen. Die Säkuralisierung erfolgte 1530. Mit dem Bau der Ende des 14. Jh. vollendeten Kathedrale wurde 1171 begonnen. U. Vones-Liebenstein

Lit.: Gran. Enc. Catal. XVI, 1980, 197–208 [J. M. RECASENS; A. PLADEVALL] – DHEE IV, 2527–2531 – LThK² IX, 1302f. [O. ENGELS; Lit.] – J. IGLÉSIES Y FORT, La restauració de T., 1963 – J. JANINI–X. RICOMA, Fragmentos litúrgicos del Archivo Hist. Diocesano de T., AST 38, 1965, 217–230 – J. TRENCHS I ÒDENA, La archidiócesis de T. y la pesta negra (VIII Congr. de Hist. de la Corona de Aragón II/1, 1969), 45–64 – El necrologi de la Seu de T., ed. S. RAMON–X. RICOMÀ, Scriptorium Populeti 3, 1970, 343–398 – P. LINEHAN, The Spanish Church and the Papacy in the Thirteenth Cent., 1971, 54–100 – R. D'ABDAL I DE VINYALS, L'abat Césari, fundador de Santa Cecília de Montserrat (DERS., Dels Visigots als Catalans, II, 1974²) 25–55 – J. M. PONS GURÍ, Constitucions Conciliars Tarraconenses (1229–1330), AST 47, 1974, 65–121; 48, 1975, 241–363 – J. Mª. MARTÍ BONET, Las pretensiones metropolitanas de Cesáreo, abad de Santa Cecilia de Monserat, Anthologia Annua 21, 1975, 157–182 – J. M. RECASENS I COMES, La ciutat de T., II, 1975 – L. J. MCCRANK, La restauración canónica e intento de reconquista de la sede Tarraconense, 1076–1108, CHE 56/57, 1977/79, 145–245 – DERS., The Foundation of the Confraternity of T. by Archbishop Oleguer Bonestruga, 1126–29, Viator 9, 1978, 157–177 – DERS., La restauración eclesiástica y Reconquista en la Cataluña del siglo once, AST 49/50 [1976/77], 1979, 5–35 – DERS., Norman Crusaders in the Catalan Reconquest, JMH 7, 1981, 67–82 – J. ORLANDIS–D. RAMOS-LISSÓN, Die Synoden auf der Iber. Halbinsel bis zum Einbruch des Islam (711), 1981 – P. FREEDMAN, The Diocese of Vic, 1983 – F. CORTIELLA I ÒDENA, Una ciutat catalana a darreries de la Baixa Edat Mitjana: T., 1984 – DERS., Les lluites socials a T., 1984 – J. M. FONT RIUS, Entorn de la restauració cristiana de T. (DERS., Estudis sobre els drets i institutions locals en la Catalunya medieval, 1985), 93–111 – F. MOXÓ Y MONTOLIU, La Casa de Luna, 1990, 249–289 – D. MANSILLA, Geografía eclesiástica de España, II, 1994, 214–238, 311–324 – U. VONES-LIEBENSTEIN, Katalonien zw. Maurenherrschaft und Frankenreich (Das Frankfurter Konzil, 1996) – DIES., St-Ruf und Spanien, 2 Bde, 1996.

Tarrasbüchsen, auch Terrasbüchsen (von »Terrasse« 'Wall, Bastei, Damm'), zählten seit dem Beginn des 15. Jh. zur leichten →Festungsartillerie und können vom Geschütztyp her als Vorläufer der →Feldartillerie angesprochen werden. Die anfangs aus Eisen geschmiedeten, später aber auch aus Bronze gegossenen Rohre waren auf bewegl. →Laden befestigt oder in fahrbaren →Lafetten gelagert und verschossen – je nach der Größe ihres Kalibers – Stein- oder Bleikugeln. Sie waren hinter Schießscharten auf Mauern und Türmen aufgestellt und übernahmen die bisherige Funktion der →Standarmbrüste, die Anmarschwege zu sperren und den Angreifer fernzuhalten.

E. Gabriel

Lit.: B. RATHGEN, Das Geschütz im MA, 1928.

Tarsos (heute Tarsus), Stadt in →Kilikien in der SO-Türkei. In der Antike Residenz der kilik. Kg.e und Sitz des Statthalters der röm. Prov. Cilicia (u. a. Cicero); an der wichtigen Straße durch die Kilikische Pforte nach →Syrien gelegen und über den Flußhafen des Kydnos (Regma) auch mit dem Meer verbunden, hatte T. überregionale Bedeutung und sollte unter Ks. Julian Residenz des oström. Reiches werden. T. ist berühmt als Geburtsort des Apostels →Paulus. In der Spätantike wurde T. weltl. und kirchl. Metropole der Kilikia I. Ks. Justinian I. regulierte den Kydnos, der die Stadt überschwemmt und verwüstet hatte. Nach der Eroberung durch die Araber im 7. Jh. wichtigste arab. Grenzfestung gegen das Byz. Reich, gelangte T. zu großer wirtschaftl. Blüte. Der Emir v. T. begegnet häufig als Gegner der Byzantiner; an die Stelle des gr. Metropoliten trat ein syr.-jakobitischer. Von Ks. →Nikephoros II. Phokas 965 zurückerobert, wurde T. Sitz eines Strategen, also eigenes →Thema. Bei der Neubesiedlung mit Armeniern bekam T. auch einen armenischen Bf. Die Kreuzritter des 1. →Kreuzzuges vertrieben 1097 die Türken, die seit 1085 T. besetzt hielten. Im 12. Jh. Sitz eines byz. Dux, der mit Armeniern und Franken (T. war auch lat. Ebm.) um den Besitz der Stadt stritt, wurde T. 1183 armenisch. In der Sophienkirche v. T. erfolgte 1199 die Krönung →Leos I. zum Kg. v. Kleinarmenien (→Armenien, II). Nach zwei Belagerungen durch die →Selǧuqen wurde T. 1266 erstmals von den →Mamlūken erobert, 1275 zerstört und 1360 endgültig erobert. T. hatte schon unter armenischer Herrschaft seine Rolle als Hauptstadt Kilikiens an →Sis abtreten müssen, unter den Mamlūken bzw. ihren Vasallen, den Ramadanoğulları (seit 1378), wurde Adana neue Hauptstadt. 1516 eroberten die Osmanen T.

F. Hild

Lit.: REI V A/2, 2413-2439 - KL. PAULY V, 529f. - EI² (frz.) I, 187-189 - Oxford Dict. of Byzantium, 1991, 2013 - L. ROTHER, Die Städte der Çukurova, 1971 - J. TISCHLER, Der Ortsname T. und Verwandtes, ZVSF 100, 1987, 339-350 - Tabula Imperii Byzantini 5, 1990 - C. BOSWORTH, The City of Tarsus and the Arab-Byz. Frontiers, Oriens 33, 1992, 268-286.

Tartaretus, Petrus, frz. Philosoph und Theologe aus der Diöz. Lausanne, † um 1522 in Paris, 1484 Mag. art. in Paris; 1490-91 Rektor der Univ. ebd; 1496 Lic. theol. ebd.; Mag. theol. 1500 ebd. In Komm. zu fast sämtl. Schriften des →Aristoteles sowie der 'Ordinatio' und den 'Quodlibeta' des →Johannes Duns Scotus und dem 'Tractatus' des →Petrus Hispanus verfocht T. den Realismus, berücksichtigte jedoch die Kritik des →Wilhelm v. Ockham am denkunabhängigen Status allg. Entitäten, indem er diesen ein vernunftimmanentes Sein zuerkannte. Bes. einflußreich waren T.' logische Schriften; bei ihm läßt sich die sog. Eselsbrücke erstmalig nachweisen.

O. F. Summerell

Ed.: Commentaria in quattuor libros Sententiarum et Quodlibeta Scoti, Venedig 1583 - In universam philosophiam opera omnia, Venedig 1621 - *Lit.:* C. PRANTL, Gesch. der Logik im Abendlande, 1855-70 [Nachdr. 1955], IV, 204-209 - P. DUHEM, Le système du monde, 1913-59, X, 97-105 - E. WEGERICH, Biobibliogr. Notizen über Franziskanerlehrer des 15. Jh., FSt 29, 1942, 187-190 - C. H. LOHR, Medieval Latin Aristotle Commentaries, Traditio 28, 1972, 372-376 - G. KRIEGER, '»Homo« supponit simpliciter pro natura'. Der Zusammenhang von Logik und Metaphysik im spätma. Scotismus (Petrus T.) (Knowledge and the Sciences in Medieval Philosophy, hg. M. ASZTALOS u. a., 1990), II, 521-534.

Tartarus, Weinstein (mlat. tartarus aus gr. τάρταρος 'Unterwelt', das 'unten Abgesetzte', arab. ṭarṭīr), Kalium- und Calciumsalze der Weinsäure (acidum tartaricum). T. wurde bis in die Neuzeit med. vielfach genutzt und auch Cremor tartari genannt. T.stibiatus – Brechweinstein ist ein komplexes Kaliumantimonyltartrat.

Seit →Paracelsus werden unter tartar. Krankheiten 'Absetzungen' im Körper, also Konkrementbildungen (u. a. Nieren-, Gallensteine) verstanden.

G. Jüttner

Lit.: D. GOLTZ, Stud. zur Gesch. der Mineralnamen, SudArch Beih. 14, 1972, 285f.

Tartsche, wohl vom span.-arab. Wort *Adarga* abgeleitete Bezeichnung für einen ovalen bis rechteckigen Reiterschild mit Ausschnitt für den Spieß. Die T. erschien im 2. Viertel des 14. Jh. Ab etwa 1420 war sie meist rechteckig und mit vertikalen Rippen versehen. Sie verschwand zu Ende des 15. Jh., blieb aber als Wappenschild erhalten.

O. Gamber

Lit.: W. BOEHEIM, Hb. der Waffenkunde, 1890 - H. NICKEL, Der ma. Reiterschild des Abendlandes [Diss. Berlin 1958].

Tartu → Dorpat

Tassel (mhd., von afrz. *tassiel*; mlat. tassellus). T.n waren paarige, meist scheiben-, rosetten- oder schildförmige Schmuckstücke aus Edelmetall, die die Enden einer Mantelschnur befestigen und verdecken oder auch nur verzieren. Sie saßen in Schulterhöhe nebeneinander auf den Rändern des halbkreisförmigen T.mantels, der über die Schultern gelegt und vorne von der T.schnur zusammengehalten wurde. Der T.mantel kam in Frankreich schon im 12. Jh. auf, wurde aber vorwiegend im 13. und 14. Jh. von adligen Damen und Herren als Standesabzeichen getragen. Formenvielfalt und Tragweise der T.n sind v. a. durch bildl. Darstellungen überliefert (z. B. Naumburger Stifterfiguren, Magdeburger Reiter). Zu den ältesten erhaltenen T.n zählen zwei Emailscheiben auf dem arab. Prunkmantel und späteren Krönungsmantel der Ks., der 1133/34 in Palermo für Kg. Roger II. v. Sizilien geschaffen worden ist. Vor dem 12. Jh. gab es noch keine T.n, sondern allenfalls →Fibelpaare, die nur von Frauen als Gewandverschlüsse benutzt wurden.

M. Schulze-Dörrlamm

Lit.: E. THIEL, Gesch. des Kostüms, 1980⁷, 105ff. - E. BRÜGGEN, Kleidung und Mode in der höf. Epik des 12. und 13. Jh., 1989, 83ff. - Bildwb. der Kleidung und Rüstung, hg. H. KÜHNEL, 1992, 262 - M. SCHULZE-DÖRRLAMM, Der Mainzer Schatz der Ksn. Agnes aus dem mittleren 11. Jh., 1992, 68ff. - R. BAUER, Il manto di Ruggero II (I Normanni. Ausst. Kat. Rom, 1994), 279ff.

Tassilo. 1. T. I., bayer. Hzg. Von T. I., dessen Zugehörigkeit zu den →Agilolfingern zu erschließen ist, sind nur wenige Nachrichten erhalten. Falls er ein Sohn des um 591 von den Franken entmachteten Bayernhzg.s →Garibald war, waren Walderada aus dem langob. Lethingerkönigsgeschlecht seine Mutter, die Langobardenkgn. →Theudelinde seine Schwester und die zu den →Langobarden geflohenen Hzg.ssöhne Gundoald und →Grimoald seine Brüder. Auf jeden Fall war T. ein Verwandter Garibalds. Als solcher wurde er um 591 vom Frankenkg. →Childebert II. in →Bayern »als rex« eingesetzt (so Paulus Diaconus 4, 7, 110). Ob er in der Auseinandersetzung mit Garibald das Haupt einer 'frk. Partei' innerhalb der Agilolfingersippe war, läßt sich nicht entscheiden. Daß er 'agilolfing.' Traditionen weiterführte, ist ersichtl. am Namen seines Sohnes und Nachfolgers Garibald (II.). T. scheint unmittelbar nach seiner Amtserhebung gegen die Slaven vorgegangen zu sein. Ob er im Auftrag des Frankenkg.s gegen die Slaven gekämpft hat, wissen wir nicht. Jedenfalls siegte er über die Slaven und kehrte mit großer Beute zurück. 595 griff T. von neuem die Slaven an, die jetzt vom avar. Khagan (→Avaren) unterstützt wurden und ihn vernichtend schlugen. Erst 610 wird er als »dux Baioariorum« bezeichnet und sein Tod erwähnt.   W. Störmer

Q.: Paulus Diaconus IV c. 7, 10, 39 – *Lit.*: H.-D. KAHL, Die Baiern und ihre Nachbarn bis zum Tode des Hzg.s Theodo (717/718) (Die Bayern und ihre Nachbarn, I, hg. H. WOLFRAM–A. SCHWARCZ, 1985), 175, 182f., 194ff., 201 – J. JAHN, Ducatus Baiuvariorum, 1991, 17f.

2. T. III., letzter bayer. Hzg. aus der Zeit der →Agilolfinger, * 741, † nach 794, ∞ ca. 765 Liutbirc, Tochter des Langobardenkg.s →Desiderius; Sohn: Theodo. Nach dem Tode seines Vaters →Odilo 748 übernahm der minderjährige T. die Herrschaft, freilich unter der Vormundschaft seiner Mutter Hiltrud († 754; Tochter →Karl Martells). Sein Erscheinen auf dem Maifeld in Compiègne 757 war nach den Reichsannalen verbunden mit dem Vasalleneid gegenüber Kg. Pippin. In heutiger Sicht wurde er ledigl. aus der Vormundschaft Pippins in die Mündigkeit entlassen. 757 zeigte sich erstmals ein hzgl. Gefolge. Die Reichsannalen berichten zum Jahre 763 vom *harisliz* T.s beim Zug Kg. Pippins gegen die Aquitanier. Dieser Bericht wird heute (BECHER) als Fälschung angesehen, doch könnte bei allen Ungereimtheiten der Q. ein Konfliktfall T.s vorliegen.

Als Kg. Pippin 768 starb, stand T. bereits auf dem Höhepunkt seiner Macht. Außenpolit. kam ihm der Konflikt der Pippin-Nachfolger Karl und Karlmann 768–771 zugute. Innenpolit. wirkte T. bes. auf den Synoden in Aschheim (756?), →Dingolfing (769/770 oder 776/777?) und Neuching (771), schuf die hzgl. Kl. →Mattsee (zw. 777 und 783/784) und →Kremsmünster (777), wirkte aber auch bei der Errichtung von Adelskl. im Sinne der Errichtung einer eigenen Hzg.skirche mit. 772 gelang es ihm, die Karantanen (→Kärnten) endgültig zu unterwerfen und einen neuen Hzg. für den so wichtigen Südostalpenraum einzusetzen. Auch T.s Kl.gründungen →Innichen (769) und Kremsmünster sind deutl. Zeugnisse für diese aktive Ostpolitik. Seit den 60er Jahren läßt sich eine Südorientierung T.s fassen. 768/769 bricht T. nach Italien auf, verbündet sich nicht nur mit Desiderius, sondern auch mit dem Papst. Zu Pfingsten 772 wurde T.s Sohn Theodo in Rom von Papst Hadrian I. getauft und gesalbt. Die neuen karol.-röm. Machtkonstellationen nach dem Tod Kg. Karlmanns (771) führten jedoch zum Zusammenbruch des Langobardenreiches (774) und isolierten den Bayernhzg. völlig (→Bayern).

Der Nieder- und Untergang T.s vollzog sich erst zw. 781 und 788, vorbereitet und inszeniert von T.s Vetter →Karl d. Gr., wobei T.s Bündnis mit Rom zerbrach. Als Karl ihn 787 auf den Reichstag zu Worms entbieten ließ, verweigerte sich T. Bald darauf marschierten frk. Heeressäulen gegen T., der sich nur noch unterwerfen konnte, den Vasalleneid leisten und sich von Karl mit dem Hzm. Bayern belehnen lassen mußte. 788 lud Karl T. auf die Reichsversammlung zu →Ingelheim, der er nicht mehr entkommen konnte. Er wurde der Eidbrüchigkeit und der Konspiration mit den →Avaren angeklagt. Karl wandelte die Todesstrafe in Kl.haft für die ganze Familie T.s um, Bayern wurde eingezogen. Rechtsverbindl. mußte T. 794 noch einmal auf der Synode v. →Frankfurt abdanken und auf alle Rechte für seine ganze Familie verzichten.
   W. Störmer

Lit.: SPINDLER I, 1981², 166–176 – H. WOLFRAM, Das Fsm. T.s III. (Mitt. der Ges. für Salzburger LK 108, 1968), 157–179 – L. KOLMER, Zur Kommendation und Absetzung T.s III., ZBLG 43, 1980, 291–327 – Die Bajuwaren, hg. H. DANNHEIMER–H. DOPSCH, 1988, 130–166, 305–326 – W. STÖRMER, Die bayer. Hzg.skirche (Der hl. Willibald – Kl.bf. oder Bm.sgründer?, hg. H. DICKERHOF u. a., 1990), 115–142 – J. JAHN, Ducatus Baiuvariorum, 1991 – M. BECHER, Eid und Herrschaft (VuF Sonderbd. 39, 1993) – H. WOLFRAM, Salzburg, Bayern, Österreich, 1995, 337–378.

Tassilokelch, aufschriftl. auf Hzg. →Tassilo (III.) v. Bayern und seine langob. Gemahlin Liutpirc bezogener Spendekelch (calix ministerialis), aus Kupfer in zwei Teilen gegossen, teilvergoldet, mit (Mulden-)Niello und Glaseinlagen verziert (H. 25,5 cm, ca. 1700 ccm Inhalt), wohl von Anfang an für Kl. →Kremsmünster (Oberösterreich) bestimmt. Morpholog. italischer Tradition folgend, stellt der T. einen Prototyp für den ma. →Kelch dar. Einzigartig ist die von reicher Ornamentik begleitete bildl. Ausstattung: an der Kuppa die Halbfigur Christi vor Architekturgrund zw. den Evangelisten mit Symbolen, am Fuß vier Hl.e: Maria und Johannes d. T. (Deësis), Theodor und Theodelinde (?), mit lat.-gr. Kürzeln. Auch die Figurentypen sind italisch bestimmt, mit Parallelen in salzburg. Hss. Die teils abstrakten, teils zoomorphen Ziermotive hingegen entstammen vorwiegend ags. Tradition und werden einer »insularen Kunstprovinz« im s. Dtl. zugewiesen. Dem sog. »T.-Stil« kommt vor dem kirchen- wie herrschaftsgeschichtl. Hintergrund Salzburgs und des Bayernhzg.s in Auseinandersetzung mit Karl d. Gr. vielleicht programmat. Charakter zu, mit demonstrativer Widmung und repräsentativen Parallelen (Älterer Lindauer Buchdeckel). Die Entstehung des T.es liegt zwischen Tassilos Heirat und seiner Absetzung durch Kg. Karl 788, vermutl. aus Anlaß der Gründung von Kremsmünster (777), wahrscheinl. in Salzburg.
   V. H. Elbern

Lit.: P. STOLLENMAYER, Der T. Professs.-Fschr. Kremsmünster, 1949 – G. HASELOFF, Der T., 1951 – H. FILLITZ–M. PIPPAL, Schatzkunst, 1987, Nr. 2 [Lit.] – V. H. ELBERN, Zw. England und Oberitalien. Die sog. insulare Kunstprov. in Salzburg, Jahres- und Tagungsbeiträge der Görres-Gesellschaft 1989, 1990, 96ff. – E. WAMERS, Ausst.-Kat. 794 – Karl d. Gr. in Frankfurt am Main, 1994, 116, Nr. V/2.

Tasyīr (arab. 'das-in-Bewegung-Setzen', lat. atazir, at[h]acir, directio, gr. ἄφεσις), in der →Astrologie verwendete Methode für langfristige Prognosen. Eintrittszeiten für Krisen und Chancen wurden aus der Distanz bestimmter Punkte des →Horoskops nach einem Schlüssel (meist 1 Grad = 1 Jahr) berechnet. Gemessen wurde auf Parallelkreisen zum Äquator, wobei die Projektion von Punkten verschiedener Deklination mittels Positionskreisen durch Nord- und Südpunkt erfolgte (→al-Battānī, Zīǧ Kap. 55). In der Antike diente die ἄφεσις v. a. zur Bestimmung der Lebensdauer (→Dorotheos v. Sidon, Pentateuchos B. 3; →Ptolemaeus, Tetrabiblos B. 11), bei den Arabern wurde der T. auch zur Einordnung und Voraussage weltgesch. Ereignisse eingesetzt (PINGREE). Im lat. Europa finden sich bereits bei →Hermann v. Carinthia Kenntnisse des T. Durch Übers. aus dem Arab. wurde der T. als 'directio' (→Abū Maʿšar, Aḥkām B. 3), daneben auch als 'atacir' (→Ibn Abī r-Riǧāl, al-Bāriʿ 4. 7, BOSSONG 146) bekannt. In der Folge entstanden Spezialwerke (Matthaeus Guarimbertus, De directionibus et aspectibus et radiis, 1535), es wurde aber auch Kritik geübt (Giovanni →Pico della Mirandola, Disputationes 7. 7). Die T.-Berechnung galt als schwierig und wurde mittels bes. →Tafeln ausgeführt (→Regiomontanus, Tabulae directionum, 1490). Außerdem wurden Instrumente zur graph. Bestimmung des T. konstruiert (→Libros del saber de astronomía).
   J. Thomann

Ed.: Al-Battānī Opus astronomicum, ed. C. A. NALLINO, 1899–1907 [Nachdr. 1977] – Dorothei Sidonii Carmen astrologicum, ed. D. PINGREE, 1976 – Ptolemaios, Apotelesmatika, ed. F. BOLL–E. BOER,

1957 – Hermann of Carinthia, De essentiis, ed. C. Burnett, 1982 – Abū Maʿšar, De revolutionibus nativitatum, ed. D. Pingree, 1968 – Ibn Abī r-Riǧāl, El libro conplido…, ed. G. Hilty, 1954 – G. Pico della Mirandola, Disputationes in astrologiam divinatricem, ed. E. Garin, 1952 – *Lit.:* EI¹ IV, 751–755 – A. Bouché-Leclerc, L'Astrologie grecque, 1899 [Nachdr. 1963] – D. Pingree, The Thousands of Abū Maʿshar, 1968 – G. Bossong, Los Canones de Albateni, 1978 – M. Viladrich–R. Martí, Sobre el libro dell ataçir… (Nuevos estudios sobre astronomía española en el siglo de Alfonso X, ed. J. Vernet, 1983), 75–103 – M. Yano–M. Viladrich, T. Computation of Kūshyār ibn Labbān, Historia Scientiarum 41, 1990, 1–16.

Tataren. Das türk. bzw. mongol. Ethnonym *tatar* (chin.: *tata(n)*; mittelpers. *tt'r*) bezeichnet seit dem 8. Jh. verschiedene zentralasiat. Völker und Stämme. Der Name T. begegnet erstmals 731/732 in der alttürk. Inschrift des Kültegin (*otuz tatar* '30 T.stämme'). In chin. Q. treten sie erst nach 842 in Erscheinung. Die sprachl. und ethn. Zugehörigkeit der T. ist umstritten. Während pers. Q. (Ḥudūd al-ʿAlam, Gardīzī) sie im 10. und 11. Jh. zu den türk. Kimäk bzw. Toquzoguz zählen, ordnen chin. Berichte sie den tungus. Jürčen zu. Seit dem 12. Jh. war der östl. Zweig der T., wie von ihnen überlieferte Personennamen bezeugen, mongolisiert.

Deren Weidegebiete lagen im O der heutigen Mongolei zw. dem Kerülen-Fluß und dem zentralen Hingan-Gebirge. Zur Zeit →Dschingis Chāns bildeten sie eine mächtige Stammesliga, die nach Rašīd ad-Dīn über 70000 Jurten verfügte und über die meisten mongol. Verbände herrschte. Obwohl sie seit dem 12. Jh. den chin. Ǧin-Ks.n tributpflichtig waren, rebellierten sie häufig gegen deren Herrschaft. Die Dominanz der T. über die mongol. Ethnien wird durch die Tatsache bezeugt, daß die chin. Autoren ztw. alle →Mongolen als 'tata' bezeichneten. Die eigtl. Mongolen weigerten sich jedoch, wie die »Geheime Geschichte«, aber auch →Wilhelm v. Rubruk (III, 17) bezeugen, den Namen der T. für sich zu adaptieren.

Temüjin (dem späteren Dschingis Chān) gelang erst nach langwierigen Kämpfen 1202 die Unterwerfung der T., die von ihm versklavt und z. T. ausgerottet wurden. Obwohl die Mongolen anfangs auch den Namen der T. ächteten (Rubruk XVIII, 6), blieb das Ethnonym erhalten, ja es wurde von vielen Völkern übernommen, die sich den Mongolen unterworfen oder angeschlossen hatten. Die erneute Verbreitung des Namens war auf verschiedene Ursachen zurückzuführen. Erwies sich doch die Erinnerung an die einstige Dominanz der T. als so lebendig, daß sich die Mongolen genötigt sahen, nach außen als deren legitime Erben aufzutreten und im diplomat. Verkehr mit den Nachbarreichen deren Namen für sich zu beanspruchen. Zugleich bezeichneten sie aber v. a. die Völker, die sie nach 1206 unterworfen oder angegliedert hatten, als T. Chin. Q. unterschieden zw. schwarzen (eigtl. Mongolen), weißen (türk. Öngüt) und wilden (tungus. und mongol. Waldvölker) T. Da die angeschlossenen Ethnien, die unter dem Namen der T. auftraten, bald die Mehrheit der Truppen im mongol. Heer stellten und zudem dessen Vorhut bildeten (Rubruk XVII, 6), bezeichnete man die fremden Invasoren, deren ethn. Herkunft zumeist unbekannt war, als 'erste T.' (Ibn al-Atīr). Das war v. a. in China und im östl. Europa der Fall. Die große Mehrheit dieser Verbände bestand aus turksprachigen Kriegern (Öngüt, Uiguren, Kirgizen, →Kumanen u. a.). In den aruss. Q. findet daher ausschließl. der Name der T. als Bezeichnung für die Mongolen und deren türk. Hilfsvölker Verwendung. Zeitgenöss. byz. und armen. Chronisten kannten hingegen die Mongolen unter beiden Ethnonymen (gr. Tataroi und Mougoulioi; armen. T'at'ar und Mugal).

In lat. Q. wurden die T. oft mit den 'Tartari' gleichgesetzt, die der Unterwelt (Tartaros) entstiegen zu sein schienen, um die Christenheit für ihre Sünden zu bestrafen (z. B. →Matthaeus Paris, Chron. Mai. IV, z. J. 1240), mit den atl. Midianitern, die sich an einem imaginären Fluß 'Tartar' in Innerasien niedergelassen hätten (fr. Julianus, Epistola de vita Tartarorum, 6, 1–3), oder mit den Völkern →Gog und Magog der Bibel und des Alexanderromans (Historia de preliis Alexandri Magni J₃; →Alexander d. Gr., B) identifiziert. Als geogr. Begriff umfaßte 'Tartaria' aus der Sicht der abendländ. Autoren die nördl. Regionen Osteuropas und Asiens, deren Begrenzung im O unbestimmt blieb.

Im Herrschaftsbereich der →Goldenen Horde lebte der Name der T. als Selbstbezeichnung jener seit der zweiten Hälfte des 13. Jh. vorwiegend muslim. Bevölkerungsgruppen fort, die aus der Verschmelzung der dort ursprgl. siedelnden turksprachigen Kumanen und →Wolgabulgaren mit eingewanderten Mongolen und deren altaischen Hilfsvölkern hervorgegangen waren. Der Zerfall der Goldenen Horde im 15. Jh. führte zur Entstehung der Khanate v. →Kazan' (bis 1552), →Astrachan' (bis 1556), Sibir' (bis 1584) und der →Krim (bis 1783), die die polit. und kulturellen Kristallisationskerne für die Herausbildung gesonderter tatar. Teilverbände darstellen. Diese Kazan'-, Krim-, Astrachan'-, Kasimov- und sibir. T. überdauerten als ethn. Einheiten noch die russ. Eroberung der Khanate im 16. bzw. 18. Jh.

H. Göckenjan

Lit.: EI¹ IV, 759f. [W. Barthold] – P. Pelliot, Notes sur l'hist. de la Horde d'Or, 1949, 232f. – G. Vernadsky, The Mongols and Russia, 1953 – P. Poucha, Die Geheime Gesch. der Mongolen, 1956, 57f., 109 – W. Barthold, Zwölf Vorlesungen über die Gesch. der Türken Mittelasiens, 1962 – G. Doerfer, Türk. und mongol. Elemente im Neupers., 2, 1965, 433f. – B. Spuler, Die Goldene Horde, 1965 – G. A. Bezzola, Die Mongolen in abendländ. Sicht, 1974, 43–53, 105–107 – Tataro-Mongoly v Azii i Evrope, hg. S. L. Tichvinskij, 1977² – Moravcsik, Byzturc II, 1983, 301 – H. Göckenjan–J. R. Sweeney, Der Mongolensturm, 1985 – A. Ch. Chalikov, Tatarskij narod i ego predki, 1989 – A. S. Kadyrbaev, Tjurki v mongol'skoj imperii Čingischana i ego preemnikov XIII–XIV veka, 1989 – P. B. Golden, An Introduction to the Hist. of the Turkic Peoples, 1992, 229f., 263, 285f., 317–330, 393–395 – A. Klopprogge, Ursprung und Ausprägung des abendländ. Mongolenbildes im 13. Jh., 1993, 155–159, 168–176 – F. Schmieder, Europa und die Fremden, 1994, 258–285, 297–300.

Tatarensteuer, Bezeichnung für die Tribute, die von der (nichtmuslim.) Bevölkerung der Rus' seit etwa Mitte des 13. Jh. an die tatar. Eroberer (→Goldene Horde) entrichtet werden mußten. Die Hauptsteuer (*dan'* = Tribut, ein Zehnt, in Städten vom Hof, auf dem Land nach Haken und Pflug berechnet) wurde durch Handels-, Siegel- u. a. Abgaben (*tamga*), Dienstpflichten wie Heeresfolge, Postdienst (→Post) und Fahrpflicht (*jam, podvoda*), Naturalleistungen (*zapros*), »Schenkungen« (*tuska*) sowie »Ehrungen« (*počestʼe*) ergänzt. Die Tributfestlegung ging mit der Zählung der steuerpflichtigen Bevölkerung einher. Die Eintreibung begann 1245 im S der Rus' (→Kiev, vielleicht auch →Černigov und →Perejaslavl'), 1257 im NO (→Suzdal', →Rjazan' und →Murom), 1259 im NW (→Novgorod) gegen offenen Widerstand, vor 1270 im W (→Smolensk, vielleicht auch →Polock und →Vitebsk). Die Kirche war seit 1257 bzw. 1266/67 (Postdienst) von den meisten Leistungen befreit, mußte dafür aber den Chān in ihr Gebet einschließen. Die Moskauer Herrscher beteiligten seit 1392 die kirchl. Institutionen an der in ihrer Gesamtheit als *vychod* bezeichneten T.

Die Tributeinziehung lag (im NO) anfänglich in der Hand von tatar. Beamten oder war im Rahmen der Steuerpacht muslim. Kaufleuten übertragen. Seit Ende des 13. Jh.

zogen die russ. Fs.en den Tribut ein und überbrachten ihn der Goldenen Horde. Als oberste Tributeinnehmer fungierten bereits seit der 1. Hälfte des 14. Jh. die Gfs.en v. Moskau (→Moskau, B. III). Angaben über die Gesamthöhe der T. fehlen; 1327 zahlte →Tver' 2000 Rubel, die Rus' insgesamt vermutlich 13–14000 Rubel.

Von 1376 bis 1382 wurde der *vychod* infolge von Zwietracht innerhalb der Horde und des russ. Sieges auf dem →Kulikovo pole (1380) nicht entrichtet. Nach 1380 wurde die Pflicht zur Heeresfolge aufgehoben. Nach dem Feldzug des Tohtamyš (1382) wurde der *vychod* auf 5000 Rubel festgelegt, nach dem Zug Edigüs (1409) auf 7000 Rubel. Die Post- und Fahrpflicht wurde in den dreißiger Jahren des 15. Jh. in eine Geldzahlung umgewandelt. Infolge der Zersplitterung der Goldenen Horde fiel um die Mitte des 15. Jh. der Tribut an die Große Horde (bis 1476 1000 Rubel, zum letzten Mal 1502 gezahlt) sowie an die Chanate der →Krim und von →Kazan'. Die Abgaben erhielten den Charakter von »freiwilligen Schenkungen« (*pominki*) in Form von Pelzen, Stoffen, Waffen, Silbergerät usw.

A. Choroškevič

Lit.: A. N. Nasonov, Mongoly i Rus', 1940 – B. Spuler, Die Goldene Horde, 1943, 1965² – G. Vernadsky, The Mongols and Russia, 1953 – M. Roublev, The Mongols' Tribute according to the Wills and Agreements of the Russian Princes (The Structure of Russian Hist., 1970) – I. G. Dobrodomov, Dan', tuska i charadž... (Dialektika i toponimika Povolž'ja, 1975) – HGesch Rußlands I, 8. Kap. [P. Nitsche; Lit.] – V. L. Janin, »Černy bor« v Novgorode XIV-XV vv. (Kulikovskaja bitva v istorii i kul'ture našej Rodiny, 1983) – A. L. Choroškevič, Izmenenie form osudarstyennoj ėkspluatacii na Rusi v seredine XIII v. go (Obščee i osobennoe v razvitii feodalizma v Rossii i Moldavii, 1, 1988) – Dies., Mongoly i Novgorod v 50-ye gody XIII v. (Istorija i kul'tura drevnerusskogo goroda, 1989) – A. I. Pliguzov–A. L. Choroškevič, Russkaja cerkov' i antiordynskaja bor'ba v XII-XV vv. (Cerkov', obščestvo i gosudarstvo v feodal'noj Rossii, 1990).

Tatian, ahd. Die ahd. Übers. der →Evangelienharmonie des Tatianos (Cod. Sangall. 56) wurde im 2. Viertel des 9. Jh. im Kl. →Fulda angefertigt und mit der korrigierten Abschrift des lat. Textes aus dem Bonifatiuscodex (Cod. Bonifat. 1) zu einer umfangreichen Bilingue vereinigt, die vermutl. schon seit dem 9. Jh. (nachweisl. seit dem 13. Jh.) im Kl. →St. Gallen aufbewahrt und vermutl. erst dort auch benutzt wurde (Masser). Weitere Hss. sind nur aus sekundären Spuren und unsicheren Bezeugungen zu erschließen, so aus Eintragungen von Exzerpten auf den Rändern der »Altdeutschen Gespräche« (Paris, Bibl. Nat., Ms. lat. 7461) und aus Textproben, die Bonaventura Vulcanius in seiner Abh. »De litteris et lingua Getarum sive Gothorum« (1597) nach einer Hs. publizierte, deren (unvollständige) nz. Abschrift sich heute in der Bodleian Library in Oxford (Ms. Jun. 13) befindet. Problemat. sind die Schlüsse auf zwei weitere, angebl. noch im 16. und 17. Jh. in Langres und Heidelberg vorhandene Hss. Die Anlage der lat. Bestandteile des St. Galler Codex folgt minuziös seiner unmittelbaren Vorlage, dem Cod. Bonif. 1. Auf den einleitenden Bericht des Bf.s →Victor v. Capua über seine Revision der Tatianschen Evangelienharmonie (nicht übers. und wegen des Verlusts eines Blattes unvollständig) folgen die Kanontafeln und eine sechsseitige Übersicht über die durchnumerierten Kapitel in lat. Überschriften, die im Haupttext nicht wiederholt werden. Dort finden sich neben den marginalen Verweisen auf die Evangelien (nur z.T. mit den jeweiligen Sektionsnummern) die bloßen Kapitelzahlen der harmonisierten evangel. Geschichte. Die Parallelisierung des lat. Textes in der linken Spalte mit dem ahd. Text in der rechten Kolumne erfolgte offenbar zeilenweise und ist mit wenigen Ausnahmen streng, aber, wie die vielen Rasuren zeigen, nicht ohne Mühe beachtet worden. Man unterscheidet sechs Schreiber; drei sind zweimal zum Zuge gekommen, ein vierter hat die sorgfältige Gesamtkorrektur übernommen. Hinzu kommen jüngere Benutzerspuren in Form von Korrekturen des lat. und einmal auch des ahd. Textes, die nach St. Gallen zu weisen scheinen. Auch die Übers. ist offenbar eine Gemeinschaftsarbeit und deshalb nicht ganz einheitl. Insges. herrscht das 'Interlinearprinzip' vor, d.h. die enge Anlehnung an den lat. Wortlaut in kleinen und kleinsten Einheiten bis hin zur strengen Wort-für-Wort-Wiedergabe. Partienweise ist aber auch eine freiere, der Zielsprache angemessenere Übersetzungstechnik zu beobachten. Bis heute nicht beantwortet ist die Frage, welcher Zweckbestimmung die T.-Bilingue zugedacht war. Ihre Entstehung in Fulda scheint sicher, dafür spricht die genaue Kopie des in der Kl.bibliothek befindl. Codex des lat. T. wie die paläograph. wie schreibsprachl. Befunde. Die ältere Ansicht, daß →Hrabanus Maurus selbst das aufwendige Unternehmen in Auftrag gegeben, geplant oder gar als Schreiber und Korrektor mitgearbeitet hätte, gilt heute als unwahrscheinl. Unbeweisbar bleibt aber auch die neuerdings vertretene Vermutung, daß es sich um eine 'Auftragsarbeit' (Masser) für das Kl. St. Gallen gehandelt habe, die in keinem erkennbaren Zusammenhang mit Fuldaer Interessen und Bestrebungen stehe. In der Frühgesch. der dt. Schriftüberlieferung steht die T.-Bilingue einerseits noch den Bibelglossen (→Glossen) nahe, als lit. Großunternehmen läßt sie sich andererseits aber durchaus mit den ausladenden karol. →Bibeldichtungen, dem as. →»Heliand« und dem »Evangelienbuch« →Otfrieds v. Weißenburg vergleichen, deren Entstehung zumindest mittelbar mit der Fuldaer Kl.schule in Verbindung zu bringen ist.

D. Kartschoke

Ed.: E. Sievers, T. Lat. und ahd. mit ausführl. Glossar, 1872 [1892²] – A. Masser, Die lat.-ahd. T.bilingue Stiftsbibl. St. Gallen Cod. 56, 1994 [Lit.]. – *Lit.:* Verf.-Lex² IX, 620–628 [A. Masser] – A. Masser, Die lat.-ahd. T.bilingue d. Cod. Sangall. 56 (GGN I. Phil.-hist. Klasse, 1991, Nr. 3), 1991.

Tätowierung. Seit den Anfängen seiner Geschichte hat sich der Mensch tätowiert (tahit. tatau 'Zeichen, Malerei') – mit großen Schwankungen in Raum und Zeit sowie unterschiedl. Motiven und Motivationen: soziale Stabilisierung, Hygiene, Therapie, Beistand der Götter. In der Antike wurde das Tätowieren weniger hoch eingeschätzt; Sklaven, Gefangene, Soldaten und Verbrecher wurden tätowiert. Im MA und Neuzeit ließen sich Christen trotz wiederholter Verbote – bereits im Alten Testament – immer wieder Kultzeichen auf Stirn und Handgelenk tätowieren. Kreuzritter und Priester kehrten aus Jerusalem mit Hautzeichnungen zurück. Der Mystiker Seuse tätowierte sich im 14. Jh. selbst den Namen Christi auf die Brust. Zur wirklichen Ausbreitung – bis in die Hocharistokratie – kam es in Europa aber erst seit dem 18. und 19. Jh.

D. v. Engelhardt

Lit.: W. Joest, Tätowiren, Narbenzeichnen und Körperbemalen, 1887 – W. Schönfeld, Körperbemalen, Brandmarken, Tätowierung, 1960 – M. Kunter, Zur Gesch. der Tatauierung und Körperbemalung in Europa, Paideuma 17, 1971, 1–20 – S. Oettermann, Zeichen auf der Haut. Die Geschichte der Tätowierung in Europa, 1985.

Tatwine (Tatuinus), Mönch, seit 731 Ebf. v. Canterbury, †734. Aus Mercien stammend, war T. Priestermönch der Abtei →Breedon-on-the-Hill (Leicestershire), wo er, vermutl. durch den Schulbetrieb veranlaßt, eine →Grammatik und eine →Rätselslg. verfaßte. In seiner Elementargrammatik, »Ars Tatuini«, wendet er sich an volkssprachl. aufgewachsene Schüler, die er anhand der in der Reihenfolge von →Donatus übernommenen Redeteile in der lat. Sprache schult. Der Text verarbeitet u. a. antike Q. (Pompeius, Consentius, Eutyches, Priscian), →Isidors »Etymologiae« sowie in einem nachträgl. von T. hinzugefügten Anhang →Martianus Capella. Die gegebenen Erklärungen veranschaulicht T. mit Beispielen aus der kirchl. Lit. Alle vier ausschließl. kontinentalen Textzeugen (8./9. Jh.) enthalten lat. und ae. Glossen, die auf eine, vermutl. noch T. bekannte Vorlage zurückgehen. Die am Vorbild →Aldhelms orientierte, in zwei Hss. überlieferte Rätselslg. enthält 40 hexametr. Rätsel, deren aus Schule, Liturgie, Theologie und Natur gewählte Gegenstände jeweils im Titel genannt sind, um so die ansonsten schwierige Auflösung zu erleichtern. M.-A. Aris

Ed.: Ars Tatuini, ed. M. DE MARCO, Aenigmata Tatuini, ed. FR. GLORIE, CCL 133, 1968 [dazu: B. LÖFSTEDT, Arctos NS 7, 1972, 47–65] – DERS., Acta Classica 15, 1972, 85–94 – DERS., ALMA 42, 1979–80, 79–83] – *Lit.:* MANITIUS I, 203–206 – BRUNHÖLZL I, 203, 539 – V. LAW, The Latin and OE Glosses in the ars Tatuini, ASE 6, 1977, 77–89 – DIES., The Transmission of the Ars Bonifacii and the Ars Tatuini, Rev. hist. textes 9, 1979, 281–288 – DIES., The Study of Latin Grammar in Eighth Century Southumbria, ASE 12, 1983, 43–71 – D. SHANZER, T.: An Independent Witness to the Text of Martianus Capella's De Grammatica?, Rivista di filologia e d'istruzione classica 112, 1984, 292–313 – Z. PAVLOVSKIS, The Riddler's Microcosm: From Symphosius to St. Boniface, CM 39, 1988, 219–251.

Tau (Taw), Buchstabe des (alt)hebr. Alphabets in +- oder x-Form geschrieben. Im Anschluß an Ez 9. 1 als Eigentums- und Schutzzeichen (Funde aus Aslan Taş und Ugarit), aber auch eschatolog. Schutzzeichen, das sich häufig auf jüd. Grabinschriften, Grabeingängen und bes. auf Ossuarien, auch auf Mosaikböden von Synagogen (Sardeis) findet. Anfängl. irrtüml. (E. L. SUKENIK) als christl. →Kreuzzeichen interpretiert, gehört es über die eschatolog. Signierung nach Ez 9. 4 und die früh bezeugte christl. Sitte der apotropäischen Bekreuzung (Johannes-Akten, Tertullian, Cyprian, Origenes) zu den Vorläufern des Kreuzzeichens. M. Restle

Lit.: RByzK V, 2–4, 11–13 [mit vollständiger Lit.; E. DINKLER–E. DINKLER V. SCHUBERT].

Taube

I. Gelehrte Tradition – II. Kunsthistorisch.

I. GELEHRTE TRADITION: T. (lat. columba), zur in zahlreichen Arten weltweit verbreiteten Familie der T.nvögel gehörend, hauptsächlich der Höhlenbrüter Felsent. (C. livia) und die seit der Antike aus ihr gezüchteten zahlreichen Rassen der Haust.n, empfahl sich durch ihre angebl. 16 positiven Eigenschaften (Ps. Hugo de Sancto Victore, de bestiis et aliis rebus, Buch 4, MPL 177, 142) und die Bibelstellen für christl. Moralisation (z. B. durch Hugo de Folieto, de bestiis 1, 1–11, MPL 177, 15–19, und Hrabanus Maurus, de univ. 8, 6, MPL 111, 1864, 248f.) und Ikonographie (s. Abschnitt II). Dazu gehörten die Leugnung einer Gallenblase – trotz der Richtigstellung durch Aristoteles, h. a. 2, 15 p. 506 b 21, und Plin. n. h. 11, 194 – durch Kirchenväter wie Augustinus (in epist. Ioann. ad Parthos tract. 7, 11, MPL 35, 2, 1902, 2035) und die Ernährung durch reine Körner. Diese Motive und weitere Elemente des Verhaltens und der Brutbiologie aus anderen Quellen (Beda, Jakobs v. Vitry, hist. orient. c. 92, Plin. 10, 104ff. und 159f., Isidor, etym. 12, 7, 60f.) werden von Thomas v. Cantimpré 5, 36 (= Vinc. Bellov. 16, 54 und 56–59; Albertus Magnus, animal. 23, 39, vgl. Bartholomaeus Anglicus 12, 6) verwendet, z. B. die Vorsicht gegenüber dem Habicht (accipiter) durch Ruhen am Wasser, um den nahenden Feind im Spiegelbild bzw. als Schatten zu erkennen. Aus dem →Physiologus (versio Y, c. 19) stammt das Märchen vom ind. Baum Peridexion, dessen Früchte T.n fressen, denen außerhalb seines Schattens der Drache auflauert. Der schwermütig wirkende Ruf wurde als Klage (gemitus) gedeutet. Die von Thomas eindeutig (u. a. durch weißen Halsring) beschriebene Ringelt. (palumbus) galt wie die Turtelt. nach Verlust der Partnerin als züchtiger Witwer. Brieft.n erwähnen Plin. 10, 110 und Jakob v. Vitry (hist. orient. c. 90 und epist. 2, 348–351). Als charakterist. werden das Trinkverhalten (Plin. 10, 105) und das Verspritzen des scharfen Kotes aus dem Nest erwähnt. Volksmed. Verwendung des Fleisches übernimmt Thomas von Plin. 29, 81 und des Blutes (Plin. 29, 126) vom »Experimentator« (vgl. Wolfenbüttel, HAB, cod. Aug. 8. 8, 4°, f. 30rb). Ch. Hünemörder

Q.: →Albertus Magnus, →Augustinus, →Bartholomaeus Anglicus, →Hrabanus Maurus – Ps. Hugo de Sancto Victore, MPL 177, 1879 – →Isidor v. Sevilla, →Jakob v. Vitry, Epistulae, ed. R. HUYGENS, 1960 – Physiologus, versio Y, ed. F. J. CARMODY, 1941 – Thomas Cantimpr., Lib. de nat. rerum, T. 1, ed. H. BOESE, 1973 – Vinc. Bellov., Speculum nat., 1624 [Neudr. 1964] – *Lit.:* HWDA VIII, 693–705.

II. KUNSTHISTORISCH: Als beliebtes Motiv der frühchristl. Sepulkralkunst tritt die T. anfangs als Haus- und Spielvogel, dann vermehrt als Sinnbild der Seele auf. Als Künderin des Friedens und der Erlösung begegnet sie z. B. in der Katakombenmalerei in Darstellungen Noahs in der Arche (Domitilla-Katakombe, 4. Jh.; Rom) oder auch in Jonas-Bildern. In ihrer Bedeutung als Symbol des →Hl. Geistes findet die T. wie kaum ein anderes Sinnbild der christl. Kunst Verbreitung und erscheint seit dem 5. Jh. u. a. in folgenden Zusammenhängen: Verkündigung an Maria (→Kindheitsgeschichte Jesu; als Zeichen der Inkarnation), →Taufe Christi, →Kreuzigung Christi, →Himmelfahrt Christi, →Pfingsten, ab dem SpätMA in Bildern der Marienkrönung (Michael Pacher, Altar aus Gries, 1475, München, Alte Pinakothek), ebenso in →Dreifaltigkeitsdarstellungen, seit dem 12. Jh. im eigenen Schema des Gnadenstuhls. Sieben T.n symbolisieren die Sieben Gaben des →Hl. Geistes (Chartres, Fensterrose, 13. Jh.; im Zusammenhang mit Maria als neuer Eva auf dem Thron Salomonis: Wand- und Gewölbefresken der Bf.skapelle, um 1264, Gurk, Mariendom). Zwölf T.n stehen z. B. für die zwölf Apostel (Apsismosaik, S. Clemente, Rom, um 1125). In der →Bible moralisée schweben zwölf T.n der Gnade über dem Haupt der Ecclesia (13. Jh.; ÖNB Wien, Cod. 1179, fol. 4ʳ). Die T. erscheint als Träger der göttl. Inspiration (bei Evangelisten und Kirchenvätern, bes. bei Gregor d. Gr.) sowie als Hinweis auf göttl. Auserwählung (Severi-Sarkophag: »Taubenwunder« und Inthronisation des Severus, um 1360/70; Erfurt, Severikirche). Sie begegnet als Attribut der Tugenden Humilitas, Spes, Temperantia, Castitas und Concordia und wurde als Symbol des Hl. Geistes, Repräsentantin christl. Tugenden und Seelenvogel auch zum verbreiteten Hl.nattribut (Benedikt, Gregor d. Gr., Scholastika, Thomas v. Aquin, Remigius usw.). M. Grams-Thieme

Lit.: LCI II, 228f. [Hl. Geist]; IV, 241–244 [T.] – LThK² V, 113f. [Hl. Geist]; IX, 1307f. [T.] – W. STENGEL, Das T.nsymbol des Hl. Geistes, 1904 – F. SÜHLING, Die T. als religiöses Symbol im christl. Altertum, RQ, Suppl. 24, 1930 – W. PANGRITZ, Das Tier in der Bibel, 1963, 34–37 – E. GULDAN, Eva und Maria, 1966, Abb. 74 – P. BLOCH–H. SCHNITZLER, Die otton. Malerschule, II, 1970, Abb. 645, 649–653, 655, 659–665.

Tauberbischofsheim (bis Anfang des 19. Jh.: Bischofsheim), Stadt (Baden-Württ.). In T. gründete →Bonifatius ca. 735 ein Frauenkl., das von seiner Verwandten →Lioba geleitet wurde und in seiner Missionsorganisation einen exponierten Platz einnahm, jedoch nicht lange bestand. Im Ort T., seit 978 gen., ca. 1280 zur Stadt erhoben (1288 oppidum), hatte v. a. das Erzstift →Mainz Rechte und Güter; es konnte bis zum Beginn des 14. Jh. andere Herrschaften ausschalten und in T. einen Amtmann einsetzen. Die wirtschaftl. Bedeutung der Stadt beruhte auf dem Handel mit Garten- und Agrarerzeugnissen, bes. mit →Wein. In der polit. Interessengemeinschaft des »Neun-Städte-Bundes« spielte T. eine führende Rolle. Die Pfarrkirche St. Martin wurde 1351 dem Mainzer Domkapitel inkorporiert. A. Wendehorst

Lit.: DStb IV/2, 155–158 – GJ I, 372f.; II, 815f.; III, 1450–1453 – J. BERBERICH, Gesch. der Stadt T. und des Amtsbezirks, 1895 – TH. SCHIEFFER, Winfried-Bonifatius, 1954 [Neudr. 1972], 165f., 201 – T. Aus der Gesch. einer alten Amtsstadt, 1955 – TH. KRAMER, T., Mainfrk. Jb. für Gesch. und Kunst 7, 1955, 319–331.

Taufbecken, Taufstein, Fünte
I. Westen. Mittelalter – II. Byzanz.

I. WESTEN. MITTELALTER: Mit dem langsamen Übergang des Taufritus (→Taufe, II) von der Immersion des Täuflings zur Aspersion wird das Badebecken durch ein ebenfalls ortsgebundenes kleines steinernes oder metallenes Wassergefäß ersetzt, das seinen Platz im Laienraum hat. Zeugnisse zum vorausgehenden karol. Zustand bieten: Das Taufziborium des Bf.s Calixtus (737–740) in Cividale, Friaul, ein achteckiger Säulenpavillon. – Ein solches Ziborium in Funktion bei der realist. Darstellung der Benedictio fontis auf einer der liturg. Szenen des Buchdeckels am →Drogo-Sakramentar um 835/850 aus der Kathedrale von Metz, Paris BN lat. 9428. – Auf dem →St. Galler Klosterplan um 830 ist in der Mittelachse der Westkirche kreisförmig, als »Fons« beschriftet, ein T. eingezeichnet. Mit dem Oktogon in Cividale, dem vierpaßförmigen Becken von Metz und dem zylindr. St. Galler Becken haben wir die Grundformen kommender Taufsteine. Manche früh- und hochma. Taufdarstellungen lassen zylindr. hölzerne Kufen erkennen. Noch Bf. Otto v. Bamberg ließ 1124 für die Taufe der christianisierten Pommern Wasserfässer in die Erde graben. Zu diesen Grundgestalten kommt in vielen Abwandlungen die Schalenform, welche sich oft dem liturg. Kelch annähert. Seit unbekannter Zeit wird dem Taufstein ein schützender Deckel (heute vielfach nicht erhalten) aufgesetzt, dessen Form und Zier ebenso reich sich entwickelt, wie die des eigtl. T.s. Generell ist festzuhalten, daß die steinerne Taufe handwerkl. und stilist. mit der →Bauplastik zusammengeht und in den gleichen Werkstätten entstanden ist. Es sei denn, es handle sich um Importwerke, wie sie in einer umfangreichen Gruppe von Taufsteinen des 12. Jh. aus schwarzem flandr. Marmor in England zu fassen ist, welche aus Tournai stammt (bekanntestes Beispiel in der Kathedrale v. Winchester). Hier wird gleichzeitig die Entwicklung einer typolog. Variante greifbar; eine in der äußeren Gestalt rechteckige niedrige Schale ruht auf einem Unterbau mit vier oder fünf Säulen. Solche Entwicklungen gehen weiter und verbinden sich auch zu Wechselwirkungen zw. steinernen und bronzenen Taufen. In Andernach wirkt der aus dem beginnenden 13. Jh. stammende kelchförmige Taufstein im Kranz seiner ihn umstehenden Säulchen wie aufgehängt. In der Spätgotik wird dieser Grundgedanke am steinernen T. des Münsters v. Freiburg/Schweiz und in den bronzenen Fünten von Wittenberg/Sachsen und Ochsenfurt/Unterfranken abgewandelt. Die got. Tendenz, möglichst alle Ausstattungsstücke einer Kirche in Miniaturbauten zu verwandeln, vom →Sakramentshaus bis zur →Monstranz, hat beim Taufstein wenig Ansatzpunkte. Eine frühe Ausnahme bildet 1279 das bronzene T. des Würzburger Domes mit Strebepfeilern und Wimpergen. Gelegenheit für Turmaufbauten boten die Deckelaufsätze 1376 für die bronzene Fünte der Marienkirche in Frankfurt/Oder, wie auch monstranzähnlich über dem kugeligen Taufgefäß von 's-Hertogenbosch, signiert von Aert van Tricht 1492. Am eindrücklichsten ist der steinerne, aus geschweiften Profilstäben komponierte Taufkelch von St. Severi 1467 in Erfurt, überhöht von einem 15 m hohen einzigartigen Maßwerkbaldachin. Nur der Taufstein im Ulmer Münster ist mit einem dreiseitigen Ziborium ausgezeichnet. Die Urform der bronzenen Fünten ist naturgemäß kesselförmig, wie dies die Stücke von Osnabrück und Oesede aus der ersten Hälfte des 13. Jh. in schöner Schlichtheit zeigen. V. a. in England wurden im 13. Jh. mit Blei aus eigenen Minen serienweise Fünten hergestellt. Bis in den norddt. Bereich waren skulptierte gotländ. Taufsteine aus Kalkstein stark verbreitet (12. und 13. Jh.). Der Schmuck von T. besteht, abgesehen von seltenen freiplast. Tragfiguren aus mitgehauenen und mitgegossenen Reliefs, Ornamentik und ordnenden architekton. Elementen von Arkaturen. In frühen Beispielen ist eine völlige netzartige Überspinnung der Flächen mit geometr. Muster, Flechtband und Tierornamentik, in der Spätgotik dann wieder mit Maßwerkdekor möglich. Doch das Figürliche dominiert und reicht von primitiver Urtümlichkeit bis zu klass. Werken. Dämon. und christl. Tier- und Menschenfiguren stellen den Sieg Christi dar, auf spontane Weise am Taufstein in Freudenstadt, in geordneter Komposition kunstvoller in Freckenhorst. Als Borte umschließt Christus mit den Jüngern am Abendmahl die obere Zone des Taufsteins in Brighton, Sussex, an vielen anderen Exemplaren ist der Erlöser mit den Aposteln unter Arkaden präsent. Die ganze Fläche des zylindr. Taufsteins aus Eschau im Musée Notre Dame in Straßburg ist figurenreich ohne Zäsur mit ntl. Szenen wie ein Bilderbogen übersät. Aber auch Hl.nlegenden werden vorgeführt und Monatsbilder, womit die Nähe zu Portalprogrammen sichtbar ist. Spitzenwerke nach Konzept und künstler. Rang sind zwei gegossene Taufen: Das als »Ehernes Meer« auf Rinderrücken ruhende Lütticher Becken, wohl mit dem für Notre-Dame-aux Fonts in Lüttich von Abt Hellinus (1107–18) bestellten ident., ist erst 1402 dem Goldschmied →Reiner v. Huy zugeschrieben. Sein vollendeter antikischer Stil ließ immer an byz. Vorbilder denken, neuerdings sogar an eine Herkunft aus Konstantinopel. In alter lokaler Tradition der Metallplastik steht andererseits die bilderreiche bronzene Taufe des Domes in Hildesheim mit dem Stifterbild des Dompropstes Wilbernus (1213–25). Ein durchdachtes Szenen- und Figurenprogramm zum Thema der Taufe, auf den Paradiesströmen als Atlanten ruhend.
A. Reinle

Lit.: VIOLLET-LE-DUC, V, 533–544 [Fonts baptismaux] – H. BERGNER, Hb. der kirchl. Kunstaltertümer in Dtl., 1905, 274–278 – F. BOND, Fonts and Font-covers, 1908 – A. MUNDT, Die Erztaufen Norddtl.s von der Mitte des XIII. bis zur Mitte des XIV. Jh., 1908 – R. DE LASTEYRIE, L'architecture religieuse en France à l'époque romane, 1912, 697–709, 1929² – L. STONE, Sculpture in Britain. The Middle Ages (Pelican Hist. of Art, 1972²), 87–90 – A. GARDNER, English Medieval Sculpture, 1973², 64–85 – R. BUDDE, Dt. Roman. Skulptur 1050–1250, 1979 – Zum Lütticher T. vgl. AaKbll 52, 1984, 151–186; 53, 1985, 77–104 [Lit.] – E. G. GRIMME, Bronzebildwerke des MA, 1985, 94–101, 114–117.

II. BYZANZ: T., piscina, baptisterium (gr. βαπτιστήριον), benannt nach den Wasserbecken in den öffentl. antiken Bädern. Die →Taufe geschah ursprgl. durch dreimaliges Untertauchen im Wasser, so daß eine gewisse Tiefe des Beckens notwendig war. Die Becken waren in der Regel, ähnlich denen der Thermen, in den Fußboden eingelassen und erhielten Zugangstreppen zum Hinein- bzw. Heraussteigen der Täuflinge. Zw. dem 4. und 6. Jh. errichtete man eigene kleine und mit der Gemeindekirche in Verbindung stehende Bauten, die nach dem T. ebenfalls Baptisterien genannt wurden. Die T. waren rechteckig, kreuzförmig, rund, oval oder auch rosettenförmig, wobei die Kreuzform sich gelegentl. aus der Anlage zweier Treppen aus der Rechteckform des eigtl. Beckens ergab. Erbaut waren sie oft aus verputztem (wasserfester Putz) Mauerwerk, gelegentl. aus Marmorplatten zusammengefügt oder aus massivem Stein gehauen. Da und dort sind Zu- und Abläufe, selten sogar heizbare Wärmebecken für das Taufwasser zu beobachten. Häufig erhielten sie allerdings auch reichen Marmor- oder gelegentl. auch Mosaikschmuck. Darüber konnte ein Baldachin zu stehen kommen. Die anfängl. übliche Immersionstaufe (bei den erwachsenen Bekehrten) wurde etwa ab dem 6. Jh. mehr und mehr durch das Übergießen mit dem Taufwasser abgelöst; zusehends wurden bereits Kinder getauft, so daß Baptisterien als eigene Bauten verschwanden und dafür steinerne oder metallene T. im Narthex, aber auch im eigtl. Kirchenraum aufkamen. Später waren (und sind) nur zum Zwecke der Taufe aufstellbare größere Gefäße in Gebrauch.   M. Restle

Taufbücher → Matrikel, I

Taufe

I. Christliche und heterodoxe Lehre – II. Taufritus.

I. CHRISTLICHE UND HETERODOXE LEHRE: Die bereits in der Patristik (Augustinus) reich bestellte und umfängl. tradierte T.lehre (Isidor v. Sevilla, Ildefons v. Toledo) erfuhr in der Scholastik eine weitere Differenzierung und fortschreitende Systematisierung. Für den frühma. Überlieferungsstand bietet die von Karl d. Gr. unternommene Rundfrage bezügl. der Bedeutung der Riten der T.liturgie (MPL 99, 892 A–D) mit den Antworten führender Bf.e und Theologen ein aufschlußreiches Zeugnis. In ihm treten als bestimmende Momente hervor: verschiedene T.arten auf der Basis des einen Glaubens (Leidradus: MPL 99, 862), das dreimalige Untertauchen als Sinnbild der Grabesruhe Christi, die als unabdingbar erachtete Anrufung der Dreifaltigkeit, die durch die Herabkunft des Geistes reinigende Kraft des Wassers (Theodulf v. Orléans: MPL 105, 232), die Unterscheidung zw. der nach der T. erfolgenden Chrismasalbung und der bfl. Stirnsalbung unter Handauflegung (Leidradus: MPL 99, 864). Der dahinter stehende bibl. Grundgedanke stammt aus Röm 6.

In der beginnenden Frühscholastik werden die patrist. Q. reichlicher ausgeschöpft und auf zeitentsprechende Fragestellungen bezogen, deren Lösungen seitens der Schulrichtungen eine gewisse Schwankungsbreite zeigen. So führt →Petrus Lombardus bezügl. der Einsetzung der T. die »variae aestimationes« auf, zu denen die Optionen für das Wort Jesu vor Nikodemus (Joh 3,5), für den T.befehl (Mt 28, 19), aber auch für den Aussendungsbefehl bei Mt 10,5 gehören (Sent IV d. 3 c. 5). Auf dem Hintergrund der sich vertiefenden allg. Sakramentenlehre gewinnt auch die T.theologie an Bestimmtheit, die allgemein noch ein heilsgeschichtl. Konzept erkennen läßt, was an dem Rückgang auf die Johannestaufe und auf die atl. Beschneidung deutl. wird, die als sündentilgend, aber nicht immer als gnadenbringend anerkannt wird (Petrus Lombardus: Sent. IV d. c.9, 5). Unterschiedl. fallen die Versuche zur Wesensbestimmung der T. aus, insofern in der Schule →Anselms v. Laon das Hauptgewicht auf die materiale Ursache gelegt und die T. als das durch die Anrufung des →Heiligen Geistes heilskräftige Wasser ausgegeben wird (so die Sent. Atrebatenses: O. LOTTIN, 346), während bei →Abaelard, in der Porretanerschule und in den Sententiae Divinitatis der Nachdruck auf der Abwaschung liegt (B. GEYER, Die Sent. Divinitatis, 106). Nach der →Hugo v. St. Victor nahestehenden Summa Sententiarum ist die T. als Eintauchung (tinctio) zu verstehen, die unter Anrufung des Heiligen Geistes erfolgt, welche Auffassung auch Petrus Lombardus übernimmt (Sent. IV d. 3 c. 7), wobei die danach oft ventilierte Frage offenbleibt, ob mit der tinctio das aktive Eintauchen oder die passive Abwaschung gemeint sei. Hugo v. St. Victor, dessen Hauptwerk »De sacramentis christianae fidei« eine repräsentative Stellung für die Zeit zukommt, gewichtet zwar auch das materielle Element, betont aber unter Berücksichtigung der augustin. Unterscheidung von elementum und verbum, daß nur durch das den Akt der Abwaschung begleitende Wort das Wasser geheiligt werde und die Schuldtilgung bewirken könne (II p. 6 c. 2: MPL 176, 443). Bei Hugo gewinnt auch das augustin. Begriffspaar sacramentum – res sacramenti an Bedeutung, das in der Summa Sententiarum eine noch genauere Ausarbeitung erfährt. Unter der res, der inneren Wirklichkeit der Sakramente, wird sowohl die Vergebung der Sünden durch die Mitteilung des Geistes verstanden (Hugo, De sacr. II. p. 6 c. 6) als auch die »innere Reinheit« und die »Erneuerung des Geistes« wie die Einsenkung der eingegossenen Tugenden, denen als innerste Wirkung die Rechtfertigung zugrunde liegt (Sent. IV d. 3, c. 9).

Im Zusammenhang mit der inneren Wirkung des Sakramentes fand auch die Frage nach dem subjektiven Anteil des Empfängers starke Beachtung, die oft im Zusammenhang mit der Kindertaufe erörtert wurde und den Grund legte für die später ausgearbeitete Lehre von der objektiven Wirksamkeit der Sakramente unter Wahrung des Beitrags des Empfängers. Hier lag das Interesse v. a. auf der Erklärung der T. als Sakrament des Glaubens. Im Hinblick auf die als verpflichtend anerkannten Schriftsagen über T. und Glauben (Mt 28, 19; Mk 16, 16) wurden Versuche zur Lösung des Problems des Fehlens des Glaubens bei unmündigen Kindern unternommen, so schon von →Anselm v. Canterbury, der die Kinder trotz Fehlens der Rechtheit des Willens als nicht ungerechtfertigt ansah wegen der Gerechtigkeit Christi und der für sie glaubenden Mutter Kirche (De conceptu virginali, c. 29). Die rein iurid. Lösung vermittels einer Dispens der Kirche (Gratian, Decretum. De consecratione d. 4 c. 35) vermochte ebensowenig zu befriedigen wie die am Institut der Patenschaft ansetzende Erklärung, daß der Glaube der Paten oder der Kirche (nach Augustinus) den Kindern zu Hilfe komme (Sentenzen des Cod. Vatic. Rossian. lat. 241, fol. 157). Eine Sondermeinung vertrat Abaelard, wenn er (aufgrund der unzutreffenden Identifizierung der Erbsünde mit der Strafe) den Unmündigen die Fähigkeit zu einem Liebesakt absprach, aber ihnen vor ihrem Tod die Möglichkeit der Erkenntnis der Herrlichkeit Gottes gewährte (Exp. in ep. ad Rom. II. c. 3: MPL 178, 831ff.). Eine vertiefte Beantwortung erfuhr diese Frage erst nach der Mitte des 12. Jh., als sich die Erklärung anbahnte, daß der Glaube als eingegossene Tugend den Kindern »in munere« durch das Sakrament selbst geschenkt werde (angedeutet beim Lombarden: Sent. IV d. 4 c. 7). Aber auch die dazu in einem gewissen Gegensatz stehende Frage nach Ersatzmitteln für die Wassertaufe drängte sich auf, wobei die Bluttaufe als solcher Ersatz allgemein anerkannt wurde, während die Anerkennung des mit dem Glauben verbundenen votum strittig blieb, obgleich die Begierdetaufe von der Autorität des hl. →Bernhard v. Clairvaux und durch Hugo v. St. Victor gestützt wurde (De sacr. II 6, 7; MPL 176, 452–454).

Die mit der Mitte des Jh. einsetzende, unter dem Einfluß der Kanonistik stehende Konzentration auf das Symbol und das äußere Zeichen führten zusammen mit der Übernahme der aristotel. Begrifflichkeit zur weiteren theol. Vertiefung und Systematisierung der Lehre. Bei →Wilhelm v. Auvergne († 1249) wird die Auffassung von der Eingießung der Tugend des Glaubens in die Kinder als allgemein anerkannt bezeugt (Summa aurea, lib. IV, tr. 3 c. 2). Eine systemat. Zusammenfassung des bisherigen Lehrstoffes bietet die »Summa theologica« des →Alexander v. Hales († 1245; p. IV qu. 8 membrum 1–12), der die vorliegenden Wesenbestimmungen des Sakramentes nach dem Schema der vier causae unterscheidet und einordnet, das er auch auf die Einsetzung der T. überträgt, so daß der heilsgeschichtl. Gesichtspunkt hinter dem systemat. zurücktritt. Verdeutlicht wird die Bestimmung des Spenders der T., bei dem bislang zw. Glaube und Intention nicht geschieden wurde, während nun in einer mehr instrumentalen Vorstellung für den minister sacramenti nur die »intentio faciendi, quod facit ecclesia« verbindlich wird, so daß auch ein Häretiker und Ungetaufter das Sakrament gültig spenden kann, für dessen fruchtbaren Empfang beim Erwachsenen der Glaube, die Intention und die »contritio« gefordert werden. Unter den Wirkungen der T. erfährt die bislang nur ansatzweise tradierte Lehre vom T. charakter, die aber bei dem Kanonisten →Huguccio († 1210) und bei Innozenz III. (Epist. ad Ymbertum archiep. Arelat. 1201: DS 781) neue Beachtung fand, eine ausführl. Behandlung. Im Sentenzenkomm. des →Hugo v. St-Cher († 1263) wird der Charakter erstmals als »sacramentum et res« bezeichnet (F. Brommer, 56), wobei das innere Wesen des Charakters, der die Unwiederholbarkeit des Sakraments bedingt, erst von →Thomas v. Aquin erhellt (In Sent. IV. q. 1 a. 1 sol.) und als Potenz oder als eine gewisse Mächtigkeit bestimmt wird. Vorherrschend ist auch das Interesse an den inneren Wirkungen des Sakramentes, deren Maß auch vom Mitwirken des Täuflings abhängig ist: Tilgung der Sünde, Gewährung der Gnade und der Tugenden, Eingliederung in Christus und Eingang in das Reich Gottes (In Sent. IV d. 4 q. 2 a. 2 qc. 1–6), wobei die passio Christi Ursprung und Quell dieser Heilskräfte bleibt. Eine stärkere heilsgeschichtl. Prägung verleiht →Bonaventura der T. lehre in der konzentrierten Fassung des Breviloquium (p. VI, c. 7) unter dem doppelten Aspekt des medicamentum (der Tilgung der Sünde) und der positiven Mitteilung des Gnadenlebens als »sacramentum fidei« und als »ianua sacramentorum«. Dieser Tradition bleibt auch →Johannes Duns Scotus weithin verhaftet, obgleich er in Einzelheiten Differenzierungen anbringt (materia remota das Wasser, materia proxima die ablutio) und von der seit Hugo v. St. Victor implizit vertretenen Auffassung von der unmittelbaren Gnadenwirksamkeit der Zeichen abgeht und sie durch eine direkte göttl. Wirkung aus Anlaß der Anwendung des Zeichens ersetzt (Op. Exoniense IV d. 1 q. 2; q. 4 und 5). Schärfere Kritik an der instrumentalen Ursächlichkeit und einer seinshaften Vermittlung der Gnade übt →Durandus († 1334), die sich im Nominalismus →Wilhelms v. Ockham († nach 1349) steigert, der dem Sakrament als solchem jeden Realitätsgehalt abspricht und nur aufgrund eines göttl. Versprechens (pactio) den Liebeswillen Gottes in der Seele wirksam werden läßt (In Sent. I d. 17 q. 9).

Die Entwicklung der scholast. T. lehre erfolgte nicht nur aufgrund einer immanenten Gedankenbewegung, sondern auch in harter Auseinandersetzung mit den seit dem 10. Jh. aufkommenden Sekten der →Paulikianer, →Bogomilen, →Katharer und →Waldenser, die aufgrund eines extremen religiösen Moralismus wie aufgrund der in ihnen wirkenden Restbestände eines manichäischen Dualismus keinen Zugang zu der in Symbolen und Riten sichtbar erscheinenden Kirche fanden und so auch die Wassertaufe, bes. die der Kinder, ablehnten. Gegen sie bezieht eine Literaturgattung nach Art des »Tractatus contra Petrobusianos« des →Petrus Venerabilis († 1156: MPL 189, 719–850) Stellung, aber auch die Summa »Contra haereticos« des →Praepositinus v. Cremona († 1210; Cod. Vat. lat. 4304).

Während diese Gegenschriften auf eine tiefergehende Auseinandersetzung verzichten und sich mit der Zurückweisung der aus der Schrift erhobenen Argumente begnügen, geht →Moneta v. Cremona in seinem um 1241 entstandenen Werk »Adversus Catharos et Valdenses libri quinque« (ed. Th. Augustin Ricchini, Rom 1743) gründlicher vor unter Aufweis der inneren Widersprüche der Lehre der Katharer und der Begründung der kirchl. Position. Hinsichtl. der T. praxis der Sekte ergibt sich, daß ihre Vertreter die Wassertaufe als schon vor dem Christentum geübte Gewohnheit ohne tieferen religiösen Sinn ansahen, der sie v. a. die Geistmitteilung absprachen. Darum setzten sie zuweilen das christl. Sakrament mit der Johannestaufe gleich, um dieser ihre eigene geisterfüllte T. entgegenzustellen. Vom Grundsatz des religiösen Moralismus her leugneten sie die Fähigkeit der Kinder zum Empfang eines solchen Sakraments, da ihnen der Glaube fehle. Im Gegensatz zu ihm erhoben sie den eigenen Initiationsritus des consolamentum (mit →Handauflegung durch den Bf., Absolutionsgebet und Empfang des Evangelienbuches) zur Höhe einer geistl. T., die den Empfänger zum perfectus machte. Wie Moneta sah sich auch die kirchl. Theologie zur Antwort verpflichtet, welche die Aussagen über die Einsetzung des Sakramentes durch Jesus Christus, seine Geist- und Gnadenwirksamkeit vermittels des Glaubens, aber auch seine Unterscheidung von der Geistspendung bei der →Firmung beeinflußten.
L. Scheffczyk

Q.: B. Geyer, Die Sententiae Divinitatis, ein Sentenzenbuch der Gilbertschen Schule, BGPhMA VII, H. 2–3, 1909 – O. Lottin, Les »Sententiae Atrebatenses«, RTh 10, 1938 – Lit.: F. Brommer, Die Lehre vom sakramentalen Charakter in der Scholastik bis Thomas v. Aquin inklusive, 1908 – A. Landgraf, Kindertaufe und Glaube in der Frühscholastik, Gregorianum 9, 1928, 512–529 – H. Weisweiler, Die Wirksamkeit der Sakramente nach Hugo v. St. Viktor, 1932 – J. Kürzinger, Zur Deutung der Johannestaufe in der ma. Theol. (Aus der Geisteswelt des MA, 2 Bde, 1935), 954–973 – L. Ott, Unters. zur theol. Brieflit. der Frühscholastik unter bes. Berücksichtigung des Viktorinerkreises, BGPhMA 34, 1937 – A. Landgraf, Dogmengeschichte, III/1 und 2, 1955 – B. Neunheuser, T. und Firmung (HDG IV, 2, 1956) – G. Schmitz-Valckenberg, Grundlehren kathar. Sekten des 13. Jh., 1971.

II. Taufritus. [1] *Überblick:* Die ma. Kirche (des Westens) fußt in ihrer Praxis der Initiation zwar auf der T. praxis der frühen Kirche, nämlich einem gegenüber ntl. Zeit (nach Bekenntnis und mit worthaftem Gebet: T. hauptsächl. Erwachsener in fließendem Wasser) rituell entfalteten Verfahren, das aus einer längeren Zeit der Vorbereitung (meist 2–3 Jahre) zur Glaubenseinübung und -bewährung (→Katechumenat) und gestuften, katechumenalen Feiern im unmittelbaren Vorfeld der *einen* Feier der Inititationssakramente bestand (3 Kernhandlungen: zuerst Wasserritus im →Baptisterium, dann Gebet und Handauflegung durch den Bf. in der Gemeindeversammlung, schließlich Gebet mit der Gemeinde und Eucharistiefeier), büßt jedoch mehr und mehr Gespür für

Ernst und Vorrang der Initiation (vor anderen →Sakramenten) ein und gibt deren Einheit auf. So zeigt die überkommene T.ordnung bereits mit dem Entstehen der nachkonstantin. Massenkirche (größere Zahl der T.bewerber, vielschichtigere T.motivation) erste Auflösungstendenzen und zeitigt im Laufe des MA insbes. deshalb eine insgesamt erhebl. Umorientierung, weil mit dem Ende der Missionssituation in der Regel Unmündige, (noch) nicht zur Glaubensentscheidung fähig, in die Kirche aufgenommen werden.

[2] *Skizzierung der Entwicklungen*: Papst Gregor II. verpflichtet Bonifatius 719 auf die Disziplin der *römischen* Initiationsliturgie (MGH Epp. sel. I, 18⁴ Nr. 12). Die Rezeption der röm. T.liturgie erfolgt dann v. a. im Rahmen der karol. Liturgiereform. Aus der römisch-frk. T.liturgie (mit Spuren aus den *altspan.* und *altgall.* T.riten) entwickelt sich von der Mitte des 10. Jh. ab die T.praxis des Hoch- und SpätMA nördl. und südl. der Alpen. Später weichen die regionalen, diözesanen T.ordnungen nur noch unwesentl. voneinander ab.

[3] *Zum Text- und Ritengefüge:* Die darstellend-erzählenden Q. zur T.ordnung im FrühMA (Epistula ad Senarium des Johannes Diaconus, ein frk. Florilegium [Mitte 8. Jh.], Alkuins Brief zur Avarenmission und an Oduin, T.umfrage Karls d. Gr. mit den Antworten der Metropoliten) bedürfen wie die Liturgiebücher selbst (Ordines [→Ordo, II], →Sakramentare sowie, äußerst rar, Dokumente pfarrl. Praxis) einer bes. Hermeneutik, da sie »retrospektive und prospektive Züge« (KLEINHEYER) vereinen. Sie dokumentieren insgesamt nicht mehr eine rein röm. T.ordnung, sondern schon Übergänge zur röm.-frk. T.-praxis. Ordo Romanus 11, »die spätantik-frühma. röm. T.ordnung, der Zeuge des sog. Sieben-Skrutinien-Ritus, ist die ergiebigste und für die weitere Entwicklung bedeutsamste Quelle« (KLEINHEYER). Der dort beschriebene T.ritus setzt ein am Dienstag der 3. Woche der Quadragesima mit der Denuntiatio scrutinii und mündet in die eigtl. T.feier innerhalb der Ostervigil mit Litanei, T.wasserweihe, dreifachem Glaubensbekenntnis bei dreifacher Immersion, Chrisamsalbung des Hauptes durch einen Priester, dann die Confirmatio episcopi mit der Datio stolae, casulae, chrismalis et decem siclorum, der Handauflegung unter Gebet, der Bezeichnung der Stirn mit Chrisam (→Salbung, I), der Pax zw. Bf. und Neugetauftem, der Eucharistie. Daß schon »über dem ganzen Sieben-Skrutinien-Ritus ein Hauch von Künstlichkeit« (KLEINHEYER) liegt, hat wesentl. damit zu tun, daß trotz gewandelter Bedingungen überhaupt nur zaghaft Adaptationen des überlieferten T.ritus an die neuen Bedürfnisse vorgenommen werden. Die katechumenalen Feiern, für die Christwerdung Erwachsener konzipiert, werden zunächst als gegliederte, je eigens terminierte Feiern (wie in OR 11) weiter tradiert und erscheinen schließlich (erstmals im Pontificale romano-germanicum) nurmehr als Eröffnung eines eingliedrigen T.rituals. Diese Form des T.gottesdienstes mit dem auf die rituellen Elemente reduzierten, blockartig an den Anfang gestellten »Skrutinien« herrscht seit dem HochMA vor und hat in etwa folgende Abfolge: nach Geschlechtern getrennte Aufstellung (voneinander abweichende Exorzismus-Orationen [→Exorzismus]), zuweilen (erst im Laufe der Zeit ritualisierte) Einleitungsfragen (Namenserfragung [→Personenname], wobei Paten [→Patenschaft] für die unmündigen Kinder antworten), Exsufflatio (dreimaliges exorzist. Anblasen) mit Begleitformel, Bezeichnung(en) mit dem Kreuz (→Kreuzzeichen) (Stirn, Herz/Brust; mit Begleitformel[n]), Gruppe von drei Orationen, dreigliedrige Salzzeremonie (Exorzismus und Segensgebet über das Salz; Salzdarreichung mit Begleitspruch; Abschlußgebet), Exorzismen (auch mit Zeichenhandlungen: Stirnsignation, Handauflegung), (zuweilen rudimentär verkürzte) Traditio des Evangeliums, des Herrengebetes (→Pater noster) und des Glaubensbekenntnisses (→Credo, →Symbolum), Schlußexorzismus und Effata-Ritus. Nach Oration und Gesang folgt der Zug zum T.brunnen (→T.becken, →T.schale), T.wasserweihe (präfationsartiger Auftakt durch Alkuin; unterdessen Symbolhandlungen), Eingießen von Chrisam in Kreuzesform unter Gebet, dann der eigtl. T.akt: Namenserfragung, Absage an den Bösen und Zusage an Christus (Abrenuntiatio), präbaptismale Salbung mit Katechumenenöl (Text), Erfragung des T.willens (Antwort der Paten), dreimaliges (kreuzförmiges) Untertauchen (im SpätMA noch vorherrschend) und seit dem 8. Jh. im Westen nachweisbare aktivisch formulierte trinitar. T.formel, schließlich die postbaptismale Chrisamsalbung (Scheitelsalbung in Kreuzform) mit Begleitformel, Anlegen der Stirnbinde bzw. des T.kleides (Formeln), Friedensgruß. Ist der Bf. anwesend, folgt das Chrisamkreuz der →Firmung, dann die T.kommunion (auch für den ungefirmten Neophyten; bei Säuglingen unter der Gestalt des Weines, ab dem 12. Jh. aufkommend: Reichung der Ablutio). Die T.kommunion des neugetauften Säuglings besteht in der Westkirche vereinzelt bis ins SpätMA fort.

[4] *Im Hoch- und SpätMA* finden sich die Formulare in handl. Agenden (zur gewöhnl. Sakramentenspendung; →Rituale) für den Pfarrseelsorger, in Diözesanritualien und Abschriften davon, in Missalien. Gelegentl. wird spürbar, daß die Redaktoren der Hss. selbst das zusammengebastelte Riten- und Textgefüge nicht mehr verstanden haben. Die liturg. Bücher konservieren »mit ihrem in die Oster- und Pfingstvigil integrierten, bfl. geleiteten Initiationsritual einen archaischen Idealzustand, ... der in der frühma. frk. Kirche längst die Ausnahme von der Regel geworden war« (HEINZ). Trotz manchem Versuch, den altkirchl. T.termin zurückzugewinnen (etwa: 2. Synode v. Mâcon 585; 17. Synode v. Toledo 694; karoling. Bf.skapitularien), geht die Tendenz eindeutig auf eine vom Verlauf des Kirchenjahres unabhängige Spendung. In Gallien beginnt sich die T.vorbereitung schon im 6. Jh. von der Quadragesima zu lösen: dort waren Hl.nfeste als T.tag (Johannes d. T.) sehr beliebt. Bestimmend wird das Bestreben, möglichst bald nach der Geburt die T. zu spenden. Erster T.ort ist die →Taufkirche/Pfarrkirche (→Pfarrei). Die Auflösung der Einheit und der sachgerechten Reihenfolge der Sakramente der Eingliederung (im Westen) nimmt ihren Ausgang bei der Reservation der zweiten postbaptismalen Salbung (→Firmung) für den Bf. in der röm. Tradition (Innozenz I. an Bf. Decentius v. Gubbio [DS 215]) bei erfolgendem Ausbau der Pfarrorganisation. Aufgrund der nur bescheidenen Zahl der pfarrl. Praxis belegenden Dokumente bleibt weithin offen, wie die rituelle Ausgestaltung auf der Ebene der Pfarrkirchen konkret ausgesehen, welche Wandlungen sie mitgemacht hat: eine Anpassung an örtl. Verhältnisse und insgesamt erhebl. Vereinfachung der Initiationspraxis steht mit Recht zu vermuten. Kurzformulare gibt es auch für die Krankent., ebenso einen T.ordo für einen sich bekehrenden Heiden.

S. K. Langenbahn

Lit.: A. JILEK, Die T. (Hb. der Liturgik, hg. H.-C. SCHMIDT-LAUBER-K.-H. BIERITZ, 1995), 294–332, hier 302–306 – A. HEINZ, Eine Hildesheimer Missalehs. in Trier als Zeuge hochma. T.praxis [BATrABt. 95, Nr. 404], Die Diöz. Hildesheim in Vergangenheit und Gegenwart 52, 1984, 39–55 – A. ANGENENDT, Der T.ritus im frühen

MA (Sett. cent. it. 33, 1985), 275–321 [mit Disk. ebd. 323–336] – A. HEINZ, Die Feier der Firmung nach röm. Tradition, LJB 39, 1989, 67–88 – B. KLEINHEYER, Die Feiern der Eingliederung in die Kirche, 1989 (Gottesdienst der Kirche 7, 1 = Sakramentl. Feiern, 1), 96–136.

Taufe Christi

I. Frühchristentum – II. Abendländisches Mittelalter – III. Byzanz.

I. FRÜHCHRISTENTUM (Ikonographie): Die T. C. durch Johannes wird in der bibl. Erzählung (Mt 3, 13–17 und Par.) durch die Stimme Gottes (Hinweis auf Göttlichkeit Christi) und die Taube des hl. Geistes zur Offenbarung der →Dreifaltigkeit. Die Taube ist schon den frühesten Bildern der T. C. beigegeben: →Johannes d. T. in Philosophengewand oder Fell tauft den (meist nackt in kindl. Gestalt im Wasser stehenden) Jesus durch Handauflegung (Belege: KOROL). Durch die östl. Kunst erscheinen dann folgende zusätzl. Details: im 5. Jh. die Hand Gottes (Belege: KÖTZSCHE), assistierende Engel und die Personifikation des Jordan, im 6. Jh. begleitende Johannesjünger (Belege: ENGEMANN, 22) und z. T. das Motiv des 'fliehenden' Jordan (Belege: E. DINKLER-VON SCHUBERT, RAC VIII, 89f.). Die in Pilgerberichten seit dem 6. Jh. erwähnte Kreuzsäule am Ort der T. ist in der Kunst erst seit dem 11. Jh. belegt.   J. Engemann

Lit.: LCI IV, 247–255 – RAC XIII, 438–441 [KÖTZSCHE]; 510–513 [KOROL] – G. RISTOW, Die T. C., 1965 – J. ENGEMANN, Palästinens. Pilgerampullen im F. J. Dölger-Inst. in Bonn, JbAC 16, 1973, 5–27 – L. KÖTZSCHE-BREITENBRUCH, Das Elfenbeinrelief mit Taufszene aus der Slg. Maskell im Brit. Mus., JbAC 22, 1979, 195–208 – A. M. FAUSONE, Die Taufe in der frühchristl. Sepulkralkunst, 1982.

II. ABENDLÄNDISCHES MITTELALTER: Die Nachwirkungen der frühchr.-byz. Kunst sind noch bei manchen karol. Darstellungen der T. zu beobachten, z. B. auf dem Elfenbeinrelief »Christus als Sieger«, um 800, in Oxford (Bodl. Libr. Ms. Douce 176): Neben Johannes d. T. steht Christus als Kind, dem Täufer gegenüber ragt eine Felswand empor, die Taube des Hl. Geistes verdeutlicht die Theophanie. Bereits um 1000 treten alle trinitar. Bildmotive in Erscheinung, die die Theophanie repräsentieren, z. B. auf dem Vorderdeckel eines Evangeliars aus Reichenau, 960/980 (München, Bayer. Staatsbibl. clm 4451): Das Sichöffnen des Himmels als Zeichen des Anbruchs der eschatolog. Gnadenzeit verbildlicht die Rechte Gottvaters, die aus einer Wolke hervorragt, umgeben von sechs huldigenden Engeln, Gottvater sendet die Taube des Hl. Geistes zur Ausrüstung Christi mit der Kraft des Geistes zur Übernahme des göttl. Auftrages; auch die Personifikationen von →Sonne und Mond (antiken Ursprungs) bezeugen diese Gotteserscheinung; die jugendl. Gestalt Christi steht in den sich auftürmenden Wassern des Jordans (Verdeutlichung des Eintauchens), links am Ufer steht ein Engel mit dem Tauftuch bereit, und rechts vollzieht Johannes d. T. die T. durch Handauflegung als zeremoniales Zeichen. Die Miniatur des Aethelwold-Benedictionale, Winchester, 971/964, fußt auf einer karol. Komposition, die in einem Relief eines Metzer Elfenbeinkästchens aus dem 9. Jh. erhalten ist (Braunschweig, Herzog Anton Ulrich-Museum, Inv.-Nr. MA 59), sie zeigt die antike Personifikation des Jordans, die Gestalt Christi umgibt eine →Mandorla, in diesem Zeichen erscheinen auch Hl. Geist-Taube und sechs adorierende Engel. Auch noch das Evangeliar Ottos III., um 995, stellt Christus (dessen Haupt mit einem Kreuznimbus hervorgehoben ist) als Jüngling im Wasser des sich auftürmenden Jordans dar, über ihm schwebt die Hl. Geist-Taube, die überragende Gestalt des greisen Täufers segnet Christus, der sich segnend an die das weiße Tauftuch tragenden Engel wendet (München, Bayer. Staatsbibl.).

In der Kunst des HochMA werden weitere Bildmotive in die Darstellung der T. integriert: Die Miniatur des Hitda-Evangeliars, Köln, um 1020 (Darmstadt, Hess. Landes- und Hochschulbibl., Cod. 1640, fol. 75r) bereichert die Szene mit dem Sternenhimmel, mit Beischriften und der Charakterisierung des Wassers des Jordans als Unterwelt. Gegen Ende des 11. Jh. tritt an die Stelle der Hand Gottes die Halbfigur Gottvaters (Zeichen der Vermenschlichung), die in der hochroman. und got. Kunst immer häufiger dargestellt wird, z. B. Miniatur des Krönungsevangeliars des Kg.s Wratislaw um 1086 (Prag, Universitätsbibl.); Bronzerelief des Taufbeckens der Reiner v. Huy, 1107/18 (Lüttich, St. Barthélemy); Bronzetaufbecken der Dome St. Maria zu Hildesheim (1240/50) und St. Paulus zu Münster (1345), die die T. stets im eschatolog. Kontext veranschaulichen. Ein weiteres Bildmotiv, das für das SpätMA bestimmend wird, bringen die T.-Darstellungen aus dem Skriptorium in →Helmarshausen: Die Engel reichen Christus nicht nur das weiße Tauftuch des Himmels, sondern auch das violette Gewand der Passion, z. B. Evangeliar Heinrichs des Löwen, um 1180 (Wolfenbüttel, Herzog August Bibl., Cod. Guelf. 105, Noviss. 2°); Evangeliar aus Helmarshausen, gegen 1195 (Trier, Domschatz).

In der Bilderwelt der got. Kathedralen wird das Motiv des sich auftürmenden Wassers des Jordans, das die nackte Gestalt Christi bedeckt, beibehalten, Johannes d. T. nimmt das Eintauchen Christi vor, die Hand Gottvaters ragt segnend aus dem Himmel, die Zahl der huldigenden oder assistierenden Engel, die Christus das Tauftuch reichen, wechselt von eins bis drei (Sens, Kathedrale St-Étienne, linkes Westportal, Tympanon, nach 1184; Reims, Kathedrale Notre-Dame, innere Westwand des Mittelschiffes, 1250/60; Auxerre, Kathedrale St-Étienne, rechtes Westportal, Tympanon, gegen 1260).

Die T. steht in typolog. Parallele, vornehml. in hochma. Hss. der →Biblia pauperum, des →Speculum humanae salvationis und der →Concordantia caritatis, verbunden mit den Bildmotiven Sintflut (Gen 6, 1–9, 17), Durchzug durch das Rote Meer (Exodus 14), Teilung des Jordans durch Elija (2 Kg 2, 1–8), Ehernes Meer (2 Chr 4, 1–6) und Übergang über den Jordan mit der Bundeslade (Jos 3, 1–17). Von prägender Bedeutung ist die Darstellung der »T. als Brautbad der Ecclesia«, z. B. Miniatur der Hs. 180, fol. 3r, der Bibl. S. D. Joachim Egon Fürst zu Fürstenberg, Donaueschingen, 12. Jh.: Die vorbildl. T. im Jordan als ein Vorgang ereigneter Reinigung und Heiligung aller Quellen und Wasser ist hier mit der Darstellung der Personifikation der Kirche nach dem Brautbad verbunden – die Ecclesia versinnbildlicht die in der Kirche personifizierte Gemeinschaft der Getauften mit dem göttl. Bräutigam.

Die spätgot. Malerei bevorzugt die dreifigurige Komposition mit Christus in der Mitte zw. Johannes d. T. und dem Boten des Himmels mit dem violetten Gewand der Passion oder dem weißen Tuch des Himmels als Zeichen der sündenfreien göttl. Reinheit. Der Wechsel des T.ritus im frühen 14. Jh. vom Eintauchen des Täuflings zum Begießen aus einer Schale, Muschel, Kanne oder aus der Hand spiegelt sich unmittelbar in der Darstellung der T. z. B. bei Giotto, Fresko der Arenakapelle in Padua, um 1305, bereichert durch Licht- und Raum-Darstellung; Rogier van der Weyden, Tafelbild eines Johannesaltares, Brüssel, 1456 (Berlin, Staatl. Museen PKB); Johann Koerbecke, Tafelbild eines Johannesaltares, Münster, 1460/70 (Münster, Westf. Landesmus.), verbunden mit symbol. Anspielungen aus dem Reich der Natur, z. B. weiße und violette Lilien als Zeichen der Reinheit und der beginnenden Passion Christi.

Die Spätzeit des MA variiert die Darstellung der drei wichtigsten Phänomene der T. als Offenbarungsszene: Das Sichöffnen des Himmels, das Herabkommen des Hl. Geistes und die Stimme Gottvaters. Die Darstellungen der T. zeigen zu dieser Zeit stets die Infusio (Begießen), z. B. Gemälde des Piero della Francesca, um 1460/70 (London, Nat. Gall.), mit der Nebenszene der Imitatio der T.; Gerard David, Triptychon des Jean des Trompes, um 1500 (Brügge, Stedelijk Museum voor Schone Kunsten) mit den Nebenszenen »Predigt Johannes' d. T.« und »Zeugen der T.«.

Nach der anfängl. Dominanz der Darstellung der T. in Evangeliaren und Psalterien und neben den späteren monumentalen Schilderungen in Bauplastik und Altarbaukunst, meist in christolog. und johanneischen Bildzyklen, lebt die Vergegenwärtigung dieses bibl. Ereignisses in spätma. liturg. Hss. fort, z. B. Pedro d'Aponte, Miniatur im Missale und Brevier Ferdinands d. Kath., fol. 61v, Neapel, 1504/16 (Bibl. Apost. Vat.). G. Jászai

Lit.: LCI IV, 247–255 – LThK² IX, 1323–1327 – G. SCHILLER, Ikonographie der christl. Kunst, I, 137–152 – J. M. PLOTZEK, Die T. als Brautbad der Ecclesia (Fschr. P. BLOCH, 1990), 45–55.

III. BYZANZ: Eines der größten Feste der Epiphanie des Herrn (Fest: 6. Jan.) markiert zugleich den Beginn des öffentl. Lebens Jesu. Als älteste Darstellungen (2. Jh.) gelten die Malerei in der Lucina-Gruft der Calixtus-Katakombe und ein Relief auf dem Sarkophag bei Sta. Maria Antiqua in Rom: Ein älterer Mann in Philosophentracht legt einem Jüngling die Hand aufs Haupt; von oben stürzt sich eine Taube herab. Die christl. Taufe ist Nachfolgerin älterer paganer wie jüd. Initiationsriten und wird als solche ältere, nichtchristl. Bildprägungen aufgegriffen haben. Die spätere Entwicklung des Bildtyps ab dem 5. Jh. fügt zum Grundbestand weitere Bildmotive hinzu: Zu Christus als Täufling und Johannes dem Täufer treten dienende Engel mit Tüchern (reliefierte Säulentrommel im Archäol. Mus. Istanbul) und die Personifikation des Jordanflusses (später ein sich abwendender Flußdämon: Mosaiken im Baptisterium der Orthodoxen und dem der Arianer sowie Elfenbeintafel der Maximianskathedra in Ravenna). Die Zahl der Engel, anfänglich zwei, wird ab dem 12. Jh. vermehrt. Die Theophanie ist durch die Geisttaube und die Strahlen vom Himmel verbildlicht. Es folgen die Hand Gottes ebenso wie Sonne und Mond, die den kosm. wie eschatolog. Bezug herstellen. In die gleiche Richtung weisen der Baum, an den die Axt gelegt ist (nach dem Inhalt der Johannespredigt; Hosios Lukas) und der himml. Thron (Cod. Vat. Urb. gr. 2 und Par. gr. 75). Das Kreuz am Ufer des Jordan wird auf eine durch Pilgerberichte bekannte Kreuzmemorie an der vermuteten Stelle der Jordantaufe bezogen. Als letztes Erweiterungsmotiv wird ab dem 14. Jh. Christus stehend auf einer Steinplatte oder auf den im Jordan liegenden gekreuzten Höllenpforten gezeigt, unter denen Schlangen hervorzüngeln (Gračanica), ein Hinweis auf den in der Anastasis vollzogenen Sieg Christi über die Dämonen der Hölle, der in der Taufe dem Getauften vermittelt wird. Ähnlich bereits die Bildaussage des Chludov-Psalters (fol. 72v) zu Ps 73,13, mit Hinweis auf den Tod Pharaos im Wasser. Auch der Theophanie- und Parusiebezug ist schon im Kuppelmosaik des Baptisteriums d. Orthodoxen in Ravenna durch die Apostelprozession des mittleren sowie die Throne u. Altäre d. unteren Registers impliziert. Die in mittelbyz. Bildprogrammen zu beobachtende Gegenüberstellung v. Taufe u. Anastasis paßt in dieses Bedeutungsbild. M. Restle

Lit.: J. STRZYGOWSKI, Iconographie der T., 1885 – A. DE WAAL, Die T. auf vorkonstantin. Gemälden der Katakomben, RQSuppl. 10, 1896, 335–349 – F. J. DÖLGER, Antike und Christentum 11, 1929, 70ff.; 111, 1936, 63ff. – G. MILLET, Iconographie de l'évangile, 1960², 170ff. – G. SCHILLER, Ikonographie der christl. Kunst, 1975, 137–152, 346–388 – D. WESSEL, Jordantaufe auf dem Schlangenstein (Fschr. K. WESSEL, 1988), 375–384.

Taufkirche, -nverfassung. Die Kirche des 3. und 4. Jh. ist im Westen zunächst noch eine städt. und bfl. Kirche. Auf dem Lande gab es v. a. im Osten frühzeitig chr. Gemeinden, die von →Chor- und Landbf.en, die vermutl. vom Stadtbf. eingesetzt waren, geleitet wurden. Ab dem 5. Jh. ist im Osten, im 6. Jh. in Gallien und Spanien und wohl auch in Mittel- und Oberitalien noch auf dem Boden des röm. Kirchenrechts auf dem Lande das Großpfarreisystem der T.n, der plebes baptismales oder plebes, entstanden. T.n sind Kirchen auf dem Lande, die der →Seelsorge dienten, und in denen die →Taufe gespendet wurde. Die Entwicklung der T. hängt damit zusammen, daß der Bf. infolge der Ausbreitung des Christentums Funktionen delegieren mußte. Der Priester (oder Diakon) an der T. versah sein Amt in Vertretung des Bf.s. Neben der Spendung der Taufe zu Ostern und zu Pfingsten (später auch an anderen Festtagen) gehörte zu seinen Aufgaben bald die Abhaltung des ordentl. Hauptgottesdienstes an Sonn- und Feiertagen, das Begräbnisrecht, die Einsegnung der Ehe und auch der Erwerb der Zehnten. Kennzeichnend für die T. ist der Taufbrunnen (→Baptisterium, →Taufbecken). Der Sprengel der T., der lose umschrieben war, wurde als parochia bezeichnet, diocesis verschwand ab dem 9. Jh. An der Spitze der T. stand der plebanus, der auch andere Bezeichnungen führen konnte. Die vermögensrechtl. Verselbständigung der T. führte auch zur organisator. Unterhalb der T. entstanden Basiliken, Oratorien und Kapellen. Der plebanus führte über sie die Oberaufsicht. An den T.n entstanden nach dem Vorbild der bfl. Kathedrale Presbyterien. Der plebanus wurde zum Landarchipresbyter. Die T.norganisation (T.nverfassung) war unterschiedl. verbreitet, fand sich v. a. in Italien, aber auch im Frankenreich und in Spanien. In Dtl. und Österreich war die Zahl der T.n viel geringer. Hier wurden sie auch als Urkirchen (auch karol. Urkirchen) bezeichnet. In Italien behauptete sich die T.norganisation zum Teil bis in das späte MA. Das →Eigenkirchenwesen hat die alte T.n- und Urkirchenorganisation von unten her durchlöchert und schließlich völlig aufgelöst. Die bisher den T.n vorbehaltenen Rechte wurden von den Eigenkirchen übernommen. In Nord- und Mittelitalien wurde zunächst die Zahl der bfl. T.n vermehrt. Aber auch hier entstanden auf dem Boden des Eigenkirchenrechts Kirchen mit begrenzten Pfarrechten. Das Taufrecht verblieb bei der alten T. Im Frankenreich kamen T.n durch die Säkularisation von Kirchengut unter Karl Martell in Laienhand. Nördl. der Alpen sind der Bm. und der Bm. durch die Säkularisationen des 7./8. Jh. größtenteils verlorengegangen. In Italien wurden sie auch zu bfl. Eigenkirchen und an den plebanus verpachtet. Bei einzelnen T.n haben sich Pfarrerwahlen durch Klerus und Volk erhalten (Italien). Als ecclesia matrix (zum Begriff s. a. X. 5.40.22; 3.48.3) wurden T.n im Hinblick auf die von ihr abhängigen niederen Kirchen bezeichnet. Diese niederen Kirchen konnten sich selbst zu T.n entwickeln. Um eine alte T. zu erkennen, ist es notwendig, archäolog. den Taufbrunnen festzustellen. Auch das Patrozinium kann darauf hinweisen. Auf zahlreichen Konzilien und Synoden wurde die Entwicklung der T.n und T.nverfassungen vorangetrieben. Es geht dabei um Taufrecht und Taufpflicht, wo und wann die hl.

Messen und Sakramente und Sakramentalien zu feiern und zu empfangen sind, aber auch um seelsorgl. und vermögensrechtl. Fragen (z. B. Rom 402, Agde 506, Toledo 693, Tribur 895, Arles 813 und Mainz 813). S. ferner C. 16. q. 1 c. 54; C. 13 q. 1 c. 1 Gr.p [19, 80]; C. 16 q. 1 c. 44 Gr.p., 45, 46). →Pfarrei. R. Puza

Lit.: Pfarrei – FEINE, 99, 132, 166, 182ff., 187, 201, 403 – PLÖCHL I, 172, 209ff., 346f., 352ff. – TRE XXV, 87f., 102 [Lit.] – M. AUBRUN, La paroisse en France des origines au XV^c s., 1986, 12ff.

Taufpate → Patenschaft

Taufschale. Bis ins späte 15. Jh. war die →Taufe durch dreimaliges Untertauchen (immersio) üblich, doch sind in Q. vereinzelt auch Übergießen (infusio) und Besprengen (aspersio) belegt. Die sog. T.n Friedrich Barbarossas und Widukinds (beide Kunstgewerbemus., Berlin) aus dem 12. Jh. können nicht mit Sicherheit mit dem Taufakt in Verbindung gebracht werden. Die Gravierung auf dem Grund der Barbarossa-Schale zeigt die Immersionstaufe des 'imperator' gen. Kindes unter Mitwirkung des Taufpaten Otto v. Cappenberg. Da Friedrich bei der Taufe aber diesen Titel noch nicht führte, kann die gravierte Darstellung erst nach seiner Ks.krönung 1155 entstanden sein. Es scheint sich also um ein Gedächtnisbild zu handeln, ähnl. wie die auf die Kirchweihe bezogenen Darstellungen zweier Schalen in Riga und Halle (Mitte des 11. Jh.). Denkbar wäre auch, daß alle drei Schalen der Aufnahme von hl. →Öl dienten, das sowohl bei der Taufe als auch bei der Kirchweihe Verwendung fand, und dann nachträgl. mit entsprechenden Bildern versehen wurden (RENSING, HOFFMANN). Nach Bildq. scheint gegen Anfang des 14. Jh. die Immersionstaufe langsam durch die infusio verdrängt worden zu sein. Auf der Florentiner Baptisteriumstür gibt Andrea →Pisano Johannes d. Täufer einen kleine Schale in die Hand (1330–36); im 15. Jh. ist dieser Wandel des Taufritus auch n. der Alpen zu belegen (z. B. Halderner Altar des Meisters v. Schöppingen [Münster, Westfäl. Landesmus.]). Bernt →Notke ersetzt um 1475 auf dem Schonenfahreraltar (Lübeck, Mus. für Kunst- und Kulturgesch.) die Schale durch ein kleines Fläschchen. Als Realie erhalten hat sich eine größere Anzahl von meist Nürnberger Messingbecken vom Ende des 15. und Anfang des 16. Jh., die nach der Reformation sowohl in evangel. als auch kath. Kirchen als Taufschüsseln verwendet wurden.
U. Surmann

Lit.: LCI IV, 247–255 – Lex. der Kunst, 1994, 223f. [Lit.] – LThK² IX, 1319f. – RDK II, 151–163 – H. BERGNER, Hb. der Kirchl. Kunstaltertümer in Dtl., 1905, 333–335 – A. GRAF, Die got. Taufschüssel der Pfarrkirche Lassing bei Selzthal, 1954 – TH. RENSING, Der Kappenberger Barbarossa-Kopf, Westfalen 32, 1954, 165–183 – Karl d. Gr., Ausst. Kat. Aachen 1965, 502f., Nr. 684 – K. HOFFMANN, Taufsymbolik im ma. Herrscherbild, 1968, 82–88 – H. APPUHN, Beobachtungen und Versuche zum Bildnis Ks. Friedrichs I. Barbarossa in Cappenberg, AaKbll 44, 1973, 129–192 [Lit.] – Die Zeit der Staufer, I, Ausst. Kat. Stuttgart 1977, Nr. 536, 394–396 [Lit.] – D. KÖTZSCHE, Der Dionysius-Schatz (Stadt Enger – Beitr. zur Stadtgesch., II, 1983), 41–62 – Kunstgewerbemus. Berlin. Bildführer: Kunsthandwerk vom MA bis zur Gegenwart, 1989², 21, Nr. 2, 25, Nr. 9 – Rosgartenmus. in Konstanz, Die Kunstwerke des MA, bearb. B. KONRAD, 1993, 224f., Nr. 7. 20 – M. HÜTT, »Quem lavat unda foris...«, 1993, 183–207 – W. GOEZ, »Barbarossas T.«, DA 50, 1994, 73–88 – F. NIEHOFF, Sog. T. Ks. Friedrichs I. (Heinrich d. Löwe und seine Zeit, Ausst. Kat. Braunschweig 1995), 52–54, Nr. A 13.

Taula de Canvi ('Wechseltisch'), katal. Frühform der Bank (→Bankwesen), ursprgl. Ort, an dem bei einem *canvista* Geldwechsel- und andere Finanztransaktionen stattfanden. Gegen Ende des 13. Jh. vollzog sich eine Differenzierung in kleine Wechselgeschäfte durch meist ambulante Händler, andererseits größere Transaktionen durch fest installierte *Taules*, wobei die Benutzung einer Decke die Garantie ('Deckung') der Einlagen anzeige. Die Einrichtung solcher T.s in den Städten war zunächst kgl. Recht; erste Regelungen (unter Festlegung von Wechselkursen) wurden erlassen in Valencia (1247), Barcelona (→Recognoverunt proceres, 1284), auf den Corts (→Cortes) v. Valencia (1283), Barcelona (1290, 1299) sowie Lérida (1301). Feste Kontoführung, Wechselbrief- und Darlehensgeschäfte führten zur Blüte der katal. Handels- und Versicherungsgesellschaften, aber auch zu intensiven städt. Eingriffen. Insbes., bis der Zusammenbruch der Barceloneser *Taules* (1381) eine schwere Wirtschaftskrise auslöste und Anlaß gab zur Gründung einer durch die Stadt finanziell abgesicherten und von ihr kontrollierten Depositenbank, der *Taula de Canvi de Barcelona*. Aufgrund des Beschlusses (1400) des Consell de Cent (→Consejo de Ciento) wurde die T. am 20. Jan. 1401 unter Benutzung einer Decke mit dem Stadtwappen eröffnet, hieß seit 1468 *Taula de Canvi dels comuns depòsits de la Ciutat* und bestand bis 1865, in dauerndem Konkurrenzkampf mit den privaten Banken. Valencia folgte 1407, erhielt 1408 ein kgl. Privileg und brachte die T. in der Llotjha (span. *Lonja*, 'Loge, Kaufhaus, Börse') unter, ohne daß die Institution hier (Liquidation bereits 1416, Neugründung erst 1519) oder in anderen Städten (Gerona, Zaragoza) aber längere Kontinuität erreichte. Beeinflußt vom katal. Vorbild war die →Casa di S. Giorgio in →Genua (gegr. 1408). Außer der Barceloneser T. gingen alle vergleichbaren Institutionen (→Montes) im 15. Jh. unter. L. Vones

Lit.: Dicc. d'Hist. de Catalunya, 1992, 1040 – Gran Enc. Cat. XIV, 226–228 – J. C. AYATS, F. UDINA, S. ALEMANY, La »taula« de cambio de Barcelona (1401–1714), 1947 – S. CARRERES ZACARÉS, La Taula de Cambis de Valencia (1408–1719), 1957 – A. PONS, La banca mallorquina en temps de Ferran el Catòlic (V Congr. de Hist. de la Corona de Aragón, Bd. IV, 1962), 143–200 – A.-E. SAYOUS, Els mètodes comercials a la Barcelona medieval, 1975 – R. CONDE, Las actividades y operaciones de la banca barcelonesa trecentista, Revista Española de Financiación y Contabilidad 17 (n° 55), 1988, 115–182 – A.-E. SAYOUS, Commerce et finance en Méditerranée au m. â., 1988 – A. M. ADROER I TASIS-G. FELIU I MONTFORT, Hist. de la T. de Barcelona, 1989.

Tauler, Johannes OP (um 1300–61), trat jung in den Dominikanerkonvent seiner Heimatstadt Straßburg ein. Nach der im Orden üblichen Ausbildung wurde er zum Predigt- und Seelsorgedienst v. a. bei den Dominikanerinnen und Beginen ausersehen; für die Ordenshochschule war er nie bestimmt. Spätestens um die Jh.mitte schloß T. sich, wie es das Meisterbuch Rulman →Merswins nahelegt, der Gottesfreundebewegung an. In der Folge des Machtkampfs zw. Ludwig dem Bayern und Johannes XXII. verließen die Dominikaner 1338 die unter dem Interdikt stehende Stadt Straßburg. T. verbrachte das Exil bis 1342/43 in Basel, weilte 1339, 1343, 1346 und wohl 1355/56 in Köln. In diesen Jahren verschaffte er sich Hss., nachweisl. die Summen des →Thomas v. Aquin, das 'Horologium sapientiae' Heinrich →Seuses. Er befaßte sich mit dem Buch 'Scivias' →Hildegards v. Bingen, auch kam der 'Liber specialis gratiae' →Mechthilds v. Hackeborn in seinen Besitz, er erhielt Kenntnis der Offenbarungen →Mechthilds v. Magdeburg, die unter dem Titel 'Das fließende Licht der Gottheit' zw. 1343–45 im Basler Gottesfreundekreis um →Heinrich v. Nördlingen ins Obdt. übertragen wurden. Rund 80 authent. Predigten T.s sind in ca. 200 Hss. überliefert: Da T. eine Lehre nie systematisch ausformulierte, muß sie aus ihnen abgeleitet werden. Das Hauptanliegen T.s bildet der Vollzug des myst. Wegs, beginnend mit Umkehr und Einkehr im Sinne der Lebensbesserung wie im Sinne einer Rückkehr in den ungeschaffenen Ursprung, wozu alle menschl. Kräfte im Gemüt (*gemuet*) oder im Seelengrund (*grunt*) gesammelt werden müssen. Dem Schema vom dreifachen Weg (nach →Dionysius Areopagita und →Gregor d. Gr.) folgend, hat der äußere mit dem inneren Menschen mitzugehen bis zur Einung mit Gott, in der auch die Vernunft transintellektuell überstiegen wird. Das plotin. Philosophem vom dreifachen Menschen aufnehmend, erklärt T. den über dem äußeren und dem inneren vernunfthaften stehenden »dritten Menschen« als gottfähig und gottförmig, ja, wie T.s Abgrundspekulation zeigt, als »übergängig« in Gott. Da, im Obersten und Tiefsten, vermag sich die am innertrinitar. Prozeß teilhabende Gottesgeburt im Menschen zu vollziehen. Der Mensch wird von Gott überformt, er wird (bei bleibender Seinsdifferenz) aus Gnade das, was Gott von Natur ist, gemäß der bis zu den Kirchenvätern zurückverfolgbaren Formel. Immer bleibt eine spezif. Selbsterkenntnis, aus der tiefe Demut, Gelassenheit und geistige Armut sich ergeben, die Voraussetzung der unio mystica. Auch Frömmigkeitsübungen, so das Gebet und der kirchl. sakramentale Weg (insbes. die Eucharistie) können zur Einheitserfahrung mit Gott führen. T. sieht die Einheit von tätigem und beschaul. Leben als Ergebnis der unio-Erfahrung, sie macht die Berufung eines jeden Menschen aus. Obschon sehr selbständig, führt T. Autoritäten an: neben ntl. Gewährsleuten die Kirchenväter →Augustinus, →Gregor d. Gr., dann →Dionysius Areopagita, unter den Möchstheologen →Bernhard v. Clairvaux und ohne namentl. Erwähnung, da pseudonym überliefert, →Wilhelm v. St. Thierry, unter den Viktorinern →Hugo und →Richard, ferner die Dominikanerscholastiker →Albertus M., →Thomas v. Aquin, →Dietrich v. Freiberg und Meister →Eckhart, außerdem den Ordensvater →Dominikus. Von den heidn. Philosophen schätzte T. Aristoteles, Plato und bes. Proklus (durch →Berthold v. Moosburg vermittelt). Die Nachwirkung der T.-Predigten ist unabsehbar, wobei indes bei mehrmaligen redaktionellen Überarbeitungen seit dem 1. Drittel des 15. Jh. in den T.-Drucken (Leipzig 1498, Augsburg 1508, Basel 1521, 1522²) myst. Aussagen abgeschwächt oder zurückgenommen wurden. Unter den pseudo-tauler. Schriften fanden die Göttlichen Lehren (von Petrus Canisius 1543 in die Taulerausg. übernommen) und das Buch von geistl. Armut (durch Daniel Sudermann T. zugesprochen) weite Verbreitung. L. Gnädinger

Textausg.: Die Pr. T.s aus der Engelberger und der Freiburger Hs. sowie aus Schmidts Abschriften der ehem. Straßburger Hss., hg. F. VETTER, 1910 (DTM XI) [Nachdr. 1968] – A. L. CORIN, Sermons de T. et autres écrits mystiques, 1924, 1929 – J. T., Pr., Übertr. und eingel. W. LEHMANN, 2 Bde, 1913, 1923² – J. T., Pr., Übertr. und hg. G. HOFMANN, 1961, 1979 – J. T.s Pr., in Ausw. übers. und eingel. L. NAUMANN, 1923 – J. T., Pr., hg. und übers. L. GNÄDINGER, 1983 [Ausw.] – Das Buch v. der geistigen Armut, Aus dem Mhd. übertr. und mit einem Nachw. und Anm. von N. LARGIER, 1989 – *Lit. (Ausw.):* J. T., ein dt. Mystiker. Gedenkschrift zum 600. Todestag, hg. E. FILTHAUT, 1961, 460–479 [Bibliogr. bis zum Erscheinungsjahr] – La Mystique rhénane, Coll. de Strasbourg 16–19 mai 1961, 1963 – I. WEILNER, J. T.s Bekehrungsweg, Stud. zur Gesch. der kath. Moraltheol. 10, 1961 – J. A. BIZET, J.T. de Strasbourg, 1968 – D. MIETH, Die Einheit von vita activa und vita contemplativa in den dt. Pr. und Traktaten M. Eckharts und bei J. T., Stud. zur Gesch. der kath. Moraltheol. 15, 1969 – A. M. HAAS, Nim nin selbes war. Stud. zur Lehre von der Selbsterkenntnis bei M. Eckhart, J. T. und H. Seuse, Dokimion 3, 1971 – DERS., Myst. Erfahrung im Geiste J. T..s, Internat. Zs. »Communio« 5, 1976, 510–526 – R. KIECKHEFER, The Role of Christ in T's Spirituality, DR 96, 1979, 176–191 – DERS., The Notion of Passivity in the Sermons of J. T., RTh 48, 1981, 198–211 – B. GORCEIX, Amis de dieu en Allemagne au siècle de Maître Eckhart, 1984 – L. STURLESE, T. im Kontext. Die philos. Voraussetzungen des »Seelengrundes« in der Lehre des dt. Neuplatonikers Berthold v. Moosburg (Beitr. zur Gesch. der dt. Spr. und Lit. 109, 1987), 390–426 – A. M. HAAS, Die Arbeit der Nacht. Myst. Leiderfahrung nach J. T. (Die dunkle Nacht der Sinne, hg. G. FUCHS, 1989), 9–40 – J. G. MAYER, Die »Vulgata«-Fassung der T.-Pr. Zur Überlieferung der T.predigten von den Hss. bis zu den ersten Drucken [Diss. Eichstätt 1990] – L. GNÄDINGER, J. T. Lebenswelt und myst. Lehre, 1993 – S. ZEKORN, Gelassenheit und Einkehr, Studien zur systemat. und spirit. Theol. 10, 1993.

Taus (Domažlice), **Schlacht bei** (14. Aug. 1431). Der letzte (5.) Kreuzzug gegen die →Hussiten wurde nach langjährigen, von den Hussiten in den Nachbarländern ausgetragenen Kämpfen und erfolglosen Verhandlungen zw. Hussiten, Kirche und Kg. Siegmund geführt. Die von Kard. →Cesarini bei Weiden versammelten Truppen drangen Anfang Aug. in das Kgr. Böhmen Richtung Tachau (Tachov) ein und belagerten die seit einigen Jahren von Hussiten beherrschte Stadt Taus (8. Aug.). Am 14. Aug. trafen die hussit. Heere ein, die schlecht koordinierten Kreuzheere gerieten in Panik und räumten unter Verlusten das Schlachtfeld. M. Polívka

Lit.: FR. V. BEZOLD, Kg. Sigmund und die Reichskriege gegen die Hussiten, III, 1877 [1976], 132–164 – F. M. BARTOŠ, Husitská revoluce, II, 1966, 87–95 – F. ŠMAHEL, Husitská revoluce, III, 1993, 231–244.

Tausch, in geldloser Zeit einzige friedl. Möglichkeit zum entgeltl. Erwerb von Waren und Ausgangspunkt allen Handels (→Tauschhandel). Seine Bedeutung im Verhältnis zum →Kauf ist reziprok zum Entwicklungsstand der Geldwirtschaft. Entsprechend wichtig war er im geldarmen Wirtschaftsleben des FrühMA. Doch auch noch in der sich entwickelnden Geldwirtschaft des Hoch- und SpätMA spielte der T. eine Rolle: Für Bauern und Ritter, so lange diese Bevölkerungsschichten kaum Bargeld zur Verfügung hatten und das Kreditwesen wenig geordnet war, im Fernhandel wegen der Gefahren beim Geldtransport. Hier bot der T. zudem die Chance, auf dem Rückweg gewinnversprechende Waren mitzubringen: Beim Baratt-(=Beut-)handel, also dem T. von Ware gegen Ware, der begriffl. eher als Doppelkauf erscheinen mag, wurde der Preis der Ware nur als Rechnungsgröße zur Bestimmung des Umfangs der Gegenleistung benötigt. Ungeprägtes Edelmetall, etwa lötiges Silber, nahm eine Zwischenstellung zw. T.gut und Zahlungsmittel ein. In der ma. Vorstellung war vom Kauf kaum zu unterscheiden, wie u. a. das späte Auftreten des Begriffes ('tauschen': 15. Jh.; 'T.': 16. Jh.) zeigt. Die römischrechtl. Differenzierung zw. dem Kauf als Konsensual- und dem T. als Realvertrag wurde im MA n. der Alpen nicht rezipiert. A. Cordes

Lit.: →Kauf, -recht – HRG V, 131–133 [W. OGRIS] – W. EBEL, »T. ist edler als Kauf«. Jacob Grimms Vorlesung über Dt. Rechtsaltertümer (Fschr. H. KRAUSE, 1975), 210–224.

Tauschhandel ist die Form des Handels in der →Naturalwirtschaft. Bei der Annahme, daß T. dem geldwirtschaftl. Handel vorangegangen sei, half die etymolog. Ableitung von pecunia zu pecus, 'Vieh', eine Rolle gespielt. Außerdem schreibt Tacitus, Germania 5, die Germanen hätten nur im Handel mit den Römern Geld gekannt, »interiores simplicius et antiquius permutatione mercium utuntur«. Im FrühMA erstreckte sich der T. auf Gegenden außerhalb des ehem. Röm. Reiches und innerhalb desselben auf jene, wo die →Geldwirtschaft durch die Völkerwanderung ganz oder teilweise zusammengebrochen war. Etwa 507 gab Theoderich d. Gr. Befehl an die Bewohner von Noricum zum Viehtausch mit den Alamannen, zu einer mercatio, die beiden Seiten Vorteile bringen würde (Cassiodor, Varien III, 50). →Ermoldus Nigellus bezeugt, daß die

Friesen ihre Tuche im Elsaß gegen Wein eintauschten. Trotzdem wuchsen gerade die Friesen rasch in die Geldwirtschaft hinein. Allg. vergleiche man die in den frk. Volksrechten in Geld berechneten Deliktbußen mit den Angaben der Germania (12) des Tacitus, wo sie noch aus Pferden und Rindern bestanden.

Die These vom generellen Zusammenbruch des geldwirtschaftl. Handels in der späteren Merowingerzeit wird heute nicht mehr vertreten. Es besteht eher die Tendenz einer Überschätzung der entgegenstehenden Zeugnisse. Die Münzen der zahlreichen merow. Münzmeister waren zumindest für den Kleinhandel zu groß. Zu Amuletten umgeformte Münzen sowie Münzwaagen lassen diesseits und jenseits der ehem. röm. Reichsgrenze darauf schließen, daß Münzen in Hände kamen, die nicht an Geldwirtschaft gewöhnt waren. Die ersten Markturkk. deuten auf eine allmähl. Ausdehnung des geldwirtschaftl. Handels hin. 833 und 861 erhielten →Corvey und →Prüm Marktprivilegien jeweils mit der ausdrückl. Begründung, daß es sonst keine Handelsmöglichkeiten im weiten Umkreis gäbe. Die große Zahl von Marktprivilegien des 10. Jh. östl. des Rheins läßt erkennen, daß sich in diesen Gegenden die Geldwirtschaft generell erst damals verbreitet hat. Man wird mit einem Nebeneinander von T. und Geldwirtschaft in einem sich ausdehnenden Gebiet rechnen müssen. Auch die Juden am Rhein beteiligten sich nach den →Responsen des 10. und 11. Jh. an dem weiterlebenden T. Ein Jude verkaufte an adlige Herren, die mit Vieh bezahlten, das sie von ihren Feinden geraubt hatten. Nach →Adam v. Bremen tauschten im 11. Jh. sächs. Kauffahrer in Preußen Wollgewänder gegen Marderfelle (IV, 18). Wenn er von den Preußen lobend sagt, »aurum et argentum pro minimo ducunt«, kann man daraus auch auf eine fehlende Geldwirtschaft schließen.

In gewisser Weise ist dem T. der Geschenkeaustausch zuzurechnen, um so mehr, wenn es dabei um Mengen von Gebrauchswaren ging, wie bei dem von →Notker (Gesta II, 8, 9) geschilderten Empfang arab. Gesandter durch Karl d. Gr. Daneben gab es einen Austausch anläßl. der Geschenkeverteilung des Kg.s an seinen Adel auf dem Maifeld. Bei dieser Gelegenheit erhielt der Kg. auch Warengeschenke von seinen Getreuen, wie wir es aus einem Brief Karls d. Gr. an →Fulrad v. St-Denis (MGH Cap. I, Nr. 75) wissen.

Einen breiten Raum nimmt im FrühMA und später die Verwendung von normierten Sachgegenständen als Zahlungsmittel ein. Man kann darin eine Übergangsform vom T. zum geldwirtschaftl. Handel sehen. Archäolog. sind für Zahlungszwecke normierte Eisenbarren in Schweden, England und in der Pfalz nachgewiesen. In churrät. Urkk. des frühen 9. Jh. wird der Grundstückspreis alternativ in gewogenem Eisen oder in Gold- und Silbergeld angegeben. In den ältesten Novgoroder Urkk. wird als Zahlungsmittel neben Silber Marderfell (Kun) genannt. Die westl. Mark entspricht →Grivna, ursprgl. ein Wort für Halsschmuck. In Prag waren nach →Ibrāhīm ibn Yakūb im 10. Jh. kleine, dünne, wie Netze gewebte Tücher das Zahlungsmittel. In Genueser Notariatsurk. des 12. Jh. werden Grundstückspreise, Mitgiften, Morgengaben und Kommunalanleihen in Pfunden Pfeffer bemessen. In Schweden werden im 14. Jh. als Bodenzins alternativ Mark, Pfennige und Ellen Tuch genannt. Das Tuchgeld war weit verbreitet. Einem päpstl. Kollektor in Norwegen wurden auch »dentes de roardo, zonae de corio« gegeben. In Dänemark sprach man vom Heringsgeld. In einem Emdener Strafenregister des 15. Jh. sind Bußen alternativ in Geld oder in Kühen verzeichnet.

Die Verbreitung der Geldwirtschaft von S nach N bezeugt die etymolog. Herkunft der skand. Öre vom lat. aureus. In der Ausdehnung der Öre über Geld hinaus auf Gegenstände, sogar auf Ackerstücke, sieht man eine Rückkehr zur Tauschwirtschaft wegen Geldmangels. Eine andere, überlegenere Reaktion auf Geldmangel ist der bargeldlose Verkehr, etwa die gegenseitige Verrechnung ausgetauschter Waren nach Geldwert, die sicherl. vom T. deutl. zu unterscheiden ist. Sie ist uns etwa in dem Handlungsbuch des Danzigers Johann Piß (1421–56) als Beutung (= *butinge*) bezeugt (W. STARK). Eigentüml. ist, daß es auch Widerstände gegen die Umstellung vom T. auf die Geldwirtschaft gab, so in Novgorod noch im 15. Jh. von seiten der Deutschen, die fürchteten, daß dadurch ihre Waren für die Russen billiger würden. Ab 1465 gab es Verbote, Tuche anders als gegen Wachs und Pelzwerk abzugeben.   R. Sprandel

Lit.: A. DOPSCH, Naturalwirtschaft und Geldwirtschaft in der Weltgesch., 1930 – H. VAN WERVEKE, Economie-Nature et Economie-Argent: Une discussion, Annales 3, 1931, 428–435 – J. WERNER, Fernhandel und Naturalwirtschaft im ö. Merowingerreich nach archäolog. und numismat. Zeugnissen, 42. Ber. der Röm.-Germ. Komm., 1961 – A. AGUS, Urban Civilisation in Pre-Crusade Europe, 1965 – R. SPRANDEL, Das ma. Zahlungssystem nach hans.-nord. Q. des 13.–15. Jh., 1975 – ST. LEBECQ, Marchands et navigateurs frisons du haut MA, 1983 – W. STARK, Über Platz- und Kommissionshändlergewinne im Handel des 15. Jh. (Hans. Stud. VI, 1984), 130–146 – Unters. zu Handel und Verkehr der vor- und frühgesch. Zeit in Mittel- und Nordeuropa, hg. K. DÜWEL u.a., 3, 1985; 4, 1987 – P. SPUFFORD, Money and its Use in Medieval Europe, 1988.

Tauschierung, in der 2. Hälfte des 19. Jh. gebildeter, von mfrz. *tauchie* (Rabelais 1530), it. *tausia* (ursprgl. Färbung) abgeleiteter Oberbegriff für Verfahren polychromer Gestaltung von Metalloberflächen durch Auf- und Einlegen anderer Metalle. Der mlat. Bezeichnung operatum ad damasquinum (1440) entsprechen frz. *damasquiner* (um 1550), dt. *damasculieren* (1577 daraus das heutige Synonym für T. *Damaszierung*) sowie – heute nur für Waffen-T. verwendet – it. *damaschinatura*, engl. (aus opus de Damasce 1445) *Damascening/Damaskeening*. Der älteste it. Begriff *tanccia* (1540), *tausia* (Vasari 1550) kommt (ebenso wie span. *ataugia/atauxia*) von arab. *taušiyya* (Färbung), auch das it. Synonym *agemina* sowie *azzimini* (Tauschierer) haben arab. Wurzeln.

Während der Bedeutungsgehalt der heut. engl. (*damascene work, inlay*) und frz. Begriffe (*damasquinure, incrustation*) weit genug ist, um sich mit den hist. T.sarbeiten und der entsprechenden schriftl. Überlieferung zu decken, trifft dies für den dt. Begriff T. nicht zu, da ihm im Historismus eine sich einseitig an damaliger Handwerkspraxis orientierte Definition zugeordnet wurde.

Die T. ist kein terminus technicus, sondern Oberbegriff für mehrere Verfahren der polychromen Gestaltung von Metalloberflächen durch Auf- und Einlegen anderer, farbl. kontrastierender Metalle und Legierungen.

Als Grundmetalle (Ein-/Auflagemetalle in Klammern) wurden Gold (Eisen), Silber (andersfarbige Silberlegierung), Kupfer (Gold, Silber, Messing, Zink), Bronze (Gold, Silber, Elektron, Kupfer, Eisen), Messing (Silber, Kupfer), Zink (Gold, Silber) und Eisen/Stahl (Gold, Silber, Bronze, Kupfer, Messing, andere Eisenlegierung) verwendet. Darüber hinaus wurde der polychrome Charakter der T. oft durch die Kombination mit Email und Niello sowie im Orient mit dunklen Pasten (Mossul-Bronzen), Kitten und nichtmetall. Einlagen gesteigert.

Nach der Grundform der Ein- und Auflagen unterscheidet man *Punkt-, Linien-, Flächen-* und *Relief-T.* (s.u.). Nach Art der Plazierung unterscheidet man zwei Arten der T. Bei der *Oberflächen-T. (aufgeschlagene T.)*. wird ein Metall in Form von Draht, Folie oder Blech auf ein anderes aufgelegt. Die Verbindung erfolgt mechan. durch Aufreiben oder -schlagen in die aufgerauhte Oberfläche des Grundmetalls, durch Nieten, Kitten und Löten oder Oberflächendiffusion auf einer Quecksilberschicht (Biringuccio). Bei der *Flach-T. (eingeschlagene T.)* werden Draht, Folie oder Blech in die Vertiefungen eines Grundmetalls eingelassen und anschließend bündig abgearbeitet. Die Vertiefungen werden durch Stichel, Meißel, Punzen oder Ziehschaber (Persien), durch Aussparung beim Guß oder durch Ätzen (Venedig) erzeugt. Die Bindung erfolgt im Prinzip wie bei der Oberflächen-T. Wenn keine Bündigkeit der Oberfläche vorliegt, handelt es sich nicht um eine Flach-T., wohl hingegen um eine Sonderform der *eingelegten T.* Eine weitere Sonderform der eingelegten T. ist die *Relief-T.*, die sich von der Flach-T. durch die plast. Ausbildung der Einlagen unterscheidet.

Nach ihrer Herkunft werden benannt: *Bidri-Arbeiten* (Bidar/Pakistan, seit 14. Jh.), schwarz gefärbte Zinklegierungen mit Gold- und Silber-T.; *Koftgari-Arbeiten* (pers. Ursprung, in Indien hochentwickelt), Waffen und Rüstungen aus Stahl mit Gold- und Silber-T.; *Mossulbronzen* (Mossul/Irak, Blütezeit 13./14. Jh.), signierte Bronzegeräte mit Gold-, Silber- und Kupfer-T., häufig auf geschwärztem Grund (entsprechende Arbeiten aus Ägypten werden als *Mamluken-*, aus Persien als *Timuriden-* und von nach Venedig ausgewanderten Syrern als *Azzimina-Bronzen* [KGM Berlin] bezeichnet). Unter *Toledo-Arbeit* (Spanien) versteht man Stahlarbeiten (u. a. Schmuck) mit Gold-T. Die Ausstellung derartiger Arbeiten auf der Pariser Weltausstellung von 1867 löste eine Wiederbelebung der T. aus und führte zur heute noch gültigen Namensgebung.

Die T. wurde in der 2. Hälfte des 4. Jt. v. Chr. in Anatolien aus der Plattierung entwickelt (Schwertgriff, Arslantepe). Über Kreta verbreitete sich die T. nach Griechenland und erreichte schon in der älteren Bronzezeit Mitteleuropa, wo sie seit der röm. Ks.zeit vermehrt auftritt. In der Merowingerzeit (Schwerpunkt im 7. Jh.) fand die T. ihre wohl stärkste Verbreitung im Abendland, wie zahllose Funde silber- und messingtauschierter eiserner Waffen-, Gürtel- und Riemenbeschläge aus Nordfrankreich, Belgien, den Niederlanden, dem Rheinland, Elsaß, der Schweiz, Baden-Württemberg, Südostbayern und dem langob. Italien belegen.

Die goldtauschierten Bronztüren an der konstantinischen Apostelkirche stifteten eine lange Tradition, die in den gold- bzw. silbertauschierten Türen des Lateranbaptisteriums (461–468) und weiterer Türen des 11. (Rom, Venedig, Pisa) und 12. Jh. (Ravello, Venedig, Canosa, Tróia) fortlebte.

Nördl. der Alpen entwickelt sich die T. seit karol. Zeit auf eisernen Waffen (goldtauschierte Spatha, GNM Nürnberg; »Säbel Karls d. Gr.«, Aachen) und auf Sporen, seit dem 11. Jh. auch auf Streitäxten. Die T. der Schwertfegermarken in Buntmetall auf der Schwertklinge ersetzt im 13. Jh. die bis dahin üblichen Inschriften und (seltener) Ornamente. Während der ags. beeinflußte kupferne →Tassilo-Kelch mit Silber-T. einzeln dasteht, gibt es tauschierte Bronzearbeiten des 12. Jh. vorwiegend im Rhein-Maas-Gebiet, darunter Leuchter, Aquamanile (Taube, NM Budapest; Greif, KHM Wien; Drache VAM London) und eine »Handhabe« unklarer Bestimmung (RLM Bonn). Silber-T. in Verbindung mit Braunfirnis ist am kupfernen Samson-Reliquiar (Niedersachsen, Anfang des 13. Jh.) nachweisbar.

In Nordeuropa entwickelte sich im 9.–11. Jh. eine hohe T.skunst an Waffen der Wikinger, während in Irland im 9.–12. Jh. T.en auf Fibeln (Tarafibel), Sakralgerät (Ardaghkelch), Reliquiaren (Molaise-R., Clogán Óir), Reliquienkreuzen (Cong) und Krummstäben (Clonmacnoise) entstehen. Gleichzeitige Belege für die T. aus England finden sich auf Scheibenfibeln (Strickland brooch), Rauchfässern (Canterbury), Leuchtern (Gloucester candlestick, Tassilo-Leuchter), Krümmen, Steigbügeln und Hiebschwertern (Seax).

Erste Kontakte mit der hochentwickelten islam. T.skunst auf europ. Boden ergaben sich während der →Omayyaden-Periode in Córdoba, später am maur. Hof v. →Granada. Der nachhaltigste Einfluß ging jedoch von den Kreuzzügen aus, in deren Folge die Europäer neben pers. und ägypt. die ihrem Zeitgeschmack bes. entsprechenden syr. T.sarbeiten kennenlernten, die von ven. Kaufleuten trotz päpstl. Handelsbeschränkungen auf dem Wege über Zypern nach Europa importiert wurden. Die syr. Handwerker lieferten an europ. Auftraggeber (Bronzebecken des Hugo v. Lusignan, † 1359, MN Florenz) und übernahmen auch christl. Motive (Hl.e, Leben Jesu). Seit dem 14. Jh. arbeiteten syr. Handwerker in Venedig. Der Impuls, der von den oriental. T.sarbeiten ausgegangen war, führte zu einer Blüte der T. im 16. Jh. in verschiedenen Ländern.

Wichtige Q. für die Technik der T. sind →Theophilus, →al-Jazarī, Biringuccio (1540), Vasari (1550), Cellini/Vita (1558–68) und Garzoni (1585/dt. 1619). J. Wolters

Lit.: A. Rieth, Anfänge und Entwicklung der Tauschiertechnik, Eurasia Septentrionalis Antiqua 10, 1936, 186–198 – W. Holmquist, Tauschierte Metallarbeiten des N aus Römerzeit und Völkerwanderungszeit, 1951 [Lit.] – S. Gent, Die Ziertechnik des Tauschierens, gold und silber, uhren und schmuck 11, 1958, 1, 23ff. – O. Untracht, Jewelry, Concepts and Technology, 1982 – Tauschierarbeiten der Merowingerzeit, hg. W. Menghin (Mus. für Vor- und Frühgesch., Staatl. Museen zu Berlin, SMPK, Bestandskat. 2), 1994 [Lit.] – Tanzil fiḍ-ḍa, Jüd. Metallhandwerk in Damaskus (Ausst. Jüd. Regionalmus. Mittelfranken), 1995.

Tausendgüldenkraut (Centaurium erythraea Rafn/ Gentianaceae). Der mit dem Kentauren Chiron in Verbindung gebrachte griech.-lat. Name *centaurium* (Plinius, Nat. hist. 25, 66) für die bereits in der Antike hochgeschätzte, nach einer großen und einer kleinen ʿArtʾ unterschiedene Pflanze (Dioskurides, Mat. med. III, 6 und 7) wurde im MA als Zusammensetzung aus centum (ʿhundertʾ) und aurum (ʿGold/Guldenʾ) mißdeutet, woraus dann im 15. Jh. die bis heute übl. dt. Benennung entstand. Die ebenfalls schon antike Bezeichnung *fel terrae* sowie analog dazu ahd. *ertgalla* (Steinmeyer-Sievers III, 526; IV, 365; V, 42) verweist dagegen auf den bitteren Geschmack der bisweilen auch *febrifuga* bzw. *fieberkraut* gen. Pflanze. Die *centaurea* (Mlat. Wb. II, 461) galt als vorzügl. Wundheilmittel, das gemäß der Überlieferung sogar die Fleischstücke im Kochtopf wieder zusammenwachsen ließ (Albertus Magnus, De veget. VI, 311; Konrad v. Megenberg V, 33); ferner verwendete man *dusentgulden* zur Förderung der Verdauung und der Menstruation, bei Verhärtung der Leber und der Milz, Blasen- und Nierenbeschwerden, Lendenschmerzen, Augenleiden sowie Wurmkrankheiten (Circa instans, ed. Wölfel, 30f.; Gart, Kap. 83). Auch in der Sympathiemedizin (→Marcellus Empiricus) und im Volksaberglauben spielte das fast in ganz Europa verbreitete Enziangewächs, z. T. aufgrund der roten Blütenfarbe, eine vielfältige Rolle. P. Dilg

Lit.: Marzell II, 321–331 – Ders., Heilpflanzen, 178–183 – HWDA VIII, 710–713 – W. F. Daems, Der Kentaur Chiron und die »Gracenije«, Schweiz. Apotheker-Zeitung 115, 1977, 525–528.

Tausendundein Tag, von dem Orientalisten F. Pétis de la Croix (Mitwirkung des Schriftstellers A. Lesage unwahrscheinlich) als Gegenstück zu →»Tausendundeine Nacht« verfaßte Geschichtensammlung (1710-12). Sowohl die Zuschreibung der Autorschaft an einen (hist. glaubwürdigen) zeitgenöss. pers. Derwisch Mokles als auch die Anführung einer pers. Hs. als Vorlage sind lit. Fiktion im zeittyp. Stil orientalisierender Konventionen. Die meisten Geschichten der von einer Rahmenerzählung umspannten Slg sind aus →»Fereǧ ba'd eš-šidde« übertragen, einem wohl schon im 14. Jh. entstandenen osman. Repräsentanten der seit dem 10. Jh. belegten gleichnamigen arab.-islam. lit. Gattung.
U. Marzolph

Ed. und Lit.: V. CHAUVIN, Bibliogr. des ouvrages arabes, IV, 1900, 123-132, 219-221 – A. WIENER, Die Faraǧ ba'd aš-šidda-Lit., Islam 4, 1913, 270-298, 387-420 – F. Pétis de la Croix, Les mille et un jours, contes persans, ed. P. SEBAG, 1980 – I. BALDAUF, Freude nach Bedrängnis? Lit. Geschichten zw. Osman., Pers. und Tatar. (Fschr. A. TIETZE, 1994), 29-46.

Tausendundeine Nacht, bekannteste arab.-islam. Slg. von Märchen, Fabeln, romant. und erbaul. Geschichten, in deren Rahmenerzählung eine kluge Frau den enttäuschten grausamen Herrscher durch nächtelanges Erzählen von seinem Haß auf das weibl. Geschlecht heilt.

Die Geschichte der Slg. läßt sich aufgrund sekundärer Erwähnungen (10. Jh.) bis zu einer pers. Fassung namens »Hezār afsāne« (evtl. bereits 8. Jh.) zurückverfolgen, arab. ist ein Fragment aus dem 9. Jh. erhalten. Die frz. Übers. (1704-17) von Antoine Galland, durch die das Werk weltberühmt wurde, basiert in den Anfangsteilen auf dem ältesten erhaltenen arab. Ms. (15. Jh.).

T. stellte in der →Arab. Lit. ursprgl. einen inspirierenden Rahmen für die von der gelehrten Welt seit jeher eher geringgeschätzte narrative Kreativität dar. Während das Werk in den frühen Fassungen einen nach hinten offenen Rahmen und bis auf einen relativ kleinen Bestand keinen festen Nukleus an Geschichten aufwies, wurde durch die von Galland ausgelöste enthusiast. Rezeption in Europa eine Nachfrage produziert, die erst im 18./19. Jh. in der Kompilation »vollständiger« arab. Versionen resultierte. E. LITTMANNS Modell einer aus verschiedenen zeitl. Schichten (ind., pers., arab. aus Bagdad, Kairo) erwachsenen Slg. orientiert sich wie die meisten traditionellen Unters.en an inhaltl. Kriterien, ohne daß hieraus tatsächlich auf Ursprung oder Alter einzelner Erzählungen geschlossen werden könnte. Demgegenüber haben jüngere Studien das Bewußtsein dafür geschärft, daß die vorliegenden gedruckten Rezensionen von T., die auf den Kompilationen des 18./19. Jh. basieren, eher zufällige Zusammenstellungen von Material divergierenden Ursprungs sind. Die darin verwerteten Geschichten finden sich ebenso wie viele weitere inhaltlich vergleichbare ohne Inkorporierung in die Rahmenerzählung in einer schier unüberschaubaren Anzahl arab. Mss. Derartige Geschichten weisen teils beträchtl. Alter auf wie etwa die von Galland in T. integrierten Erzählungen Sindbad des Seefahrers oder das von H. WEHR edierte »Buch der wunderbaren Erzählungen«.

Aufgrund des heterogenen Charakters der Slg. müssen auch die zahlreich festgestellten Parallelen zw. T. und Werken der ma. europ. Lit.en weniger als konkrete Nachwirkungen eines kanon. Textes denn als – über unterschiedl. Instanzen vermittelter – Widerhall populärer Erzählungen gelten, die teils erst zu einem sehr viel späteren Zeitpunkt Bestandteil der Slg. wurden. Spuren der Rahmenerzählung finden sich etwa bei dem it. Novellisten →Sercambi oder in Ariosts »Orlando furioso« (→Roland, C. I), weitläufige Adaptationen sind für Ramon Lull (→Raymundus Lullus), →Dante und →Boccaccio ebenso wie für →Chaucer oder die ma. isländ. Sagalit. (→Saga) diskutiert worden.
U. Marzolph

Ed. und Lit.: EI² I, 358-364 [E. LITTMANN] – V. CHAUVIN, Bibliogr. des ouvrages arabes, IV-VII, 1900-03 – N. ABBOT, A Ninth Century Frgm. of the »Thousand Nights«, Journal of Near Eastern Stud. 8, 1949, 79-89 – E. LITTMANN, Die Erzählungen aus den Tausendundein Nächten, I-VI, 1953 – Das Buch der wunderbaren Erzählungen und seltsamen Geschichten, ed. H. WEHR, 1956 [hierzu A. SPITALER, Oriens 34, 1994, 387-403] – H. GROTZFELD-S. GROTZFELD, Die Erzählungen aus »Tausendundeiner Nacht«, 1984 – M. MAHDI, The Thousand and One Nights (Alf Layla wa-Layla) from the Earliest Sources, I-III, 1984-94 [Ed., Einl.] – W. WALTHER, T., 1987 – M. MUNDT, Zur Adaptation oriental. Bilder in den Fornaldarsögur Norðrlanda, 1992 – D. PINAULT, Story-Telling Techniques in the Arabian Nights, 1992 – R. IRWIN, The Arabian Nights, 1994.

Tavernikalstadt. Erstmals wurde 1230 in einem ung. Stadtprivileg festgehalten, daß vom Stadtgericht nicht nur beim Kg., sondern auch vor dem →Tarnackmeister Berufung eingelegt werden kann. Der Tarnackmeister urteilte in der kgl. Kurie zusammen mit adligen Beisitzern in Angelegenheiten der Bürger. Ende der 1430er Jahre gelang es einer Städtegruppe, das Tavernikalgericht an sich zu ziehen. Diese sieben T.e gehörten zu den reichsten des Landes (→Buda, →Kaschau/Košice, →Preßburg/Bratislava, Tirnau/Trnava, →Ödenburg/Sopron, Preschau/Prešov, Bartfeld/Bardejów). Ende des 15. Jh. trat noch Pest hinzu und übernahm den zweiten Platz. Seither durfte der Tarnackmeister nur in der Stadt Buda urteilen, seine Beisitzer wurden von den sieben bzw. acht Städten gewählt. Diese verabschiedeten auch Statuten und vereinheitlichten mit dem »ius tavernicale« ihr Recht auf der Basis der Budaer Stadtrechte; s. a. →Stadt, I, II.
A. Kubinyi

Lit.: I. SZENTPÉTERY, A tárnoki ítélőszék kialakulása, Századok 67, 1934, 510-590 – Š. MERTANOVÁ, Ius tavernicale, 1985.

Tavistock, ehem. Abtei OSB (Devonshire) am westl. Rand des Dartmoor, einer der wichtigsten Vorposten des ma. engl. Mönchtums an den Grenzen von Cornwall. Gegr. zw. 970 und 980 von dem Ealdorman Ordgar of Devon und seinem Sohn Ordulf, verdankt die Abtei ihr Ansehen v. a. der Translation der Reliquien des hl. Rumon (6. Jh.) nach T. 997 brannte die Abtei bei einem Überfall der Wikinger ab; doch wurde bald ein neues Gebäude errichtet, und T. gehörte 1086 im →Domesday Book zu den 30 reichsten Kl. im Land. Trotzdem blieb die Abtei immer sehr isoliert und von der Ausbeutung ihrer Ländereien durch den lokalen Adel bedroht. 1377, nachdem die Versäumnisse der aufeinanderfolgenden Äbte v. T. an herausragender Stelle in den Visitationsprotokollen der Bf.e v. Exeter erschienen waren, zählte der Konvent nur noch 14 Mönche. Im 15. Jh. zeichnete sich ein gewisser Aufschwung ab. Einige Mönche begannen ein Studium im Gloucester College in Oxford, und die Abtei besaß 1525-34 ihre eigene Druckerpresse. Am 3. März 1539 übergaben der Abt und 20 Mönche das Kl. an Heinrich VIII. Nur noch geringe Reste der Kl.gebäude sind erhalten.
R. B. Dobson

Lit.: H. P. R. FINBERG, T. Abbey, 1951 – D. KNOWLES, The Religious Orders in England, III: The Tudor Age, 1959.

Tavola Rotonda → Tafelrunde

Taxe, Taxgebühr, päpstliche. Die päpstl. Kurie erhebt Gebühren für die Ausstellung von Urkk., für die Übertragung von Pfründen (→Beneficium, III) und für die Gewährung bestimmter Gnadenerweise.

[1] In der apostol. Kanzlei werden regulär vier T.n

gefordert: a) für das →Konzept, b) für die →Reinschrift, c) für das →Siegel, d) für die Registrierung. Dazu kommt bei der expeditio per cameram (→Kanzlei, B. 2) e) die »taxa quinta« der →Sekretäre. Die Höhe der T. richtet sich nicht nach dem Arbeitsaufwand bei der Ausstellung der Urk., sondern nach ihrem Rechtsinhalt. Generell sind die T.n umso höher, je später sich die Kurie mit der Ausstellung von Urkk. für bestimmte Materien zu befassen begann; Gnadensachen (v. a. Pfründenverleihungen und →Ablässe) werden höher taxiert als Justizsachen. Die Taxhöhe wurde mehrfach durch Kanzleiordnungen geregelt, so v. a. durch →Johannes XXII. Er führte auch das Prinzip ein, daß die vier (bzw. fünf) T.n gleich hoch zu sein haben. Die Taxierung erfolgt anhand der Reinschrift durch die Funktionäre der →Skriptoren (→Reskribendar) und ist für die übrigen T.n maßgebend, jedoch erfolgt bei der Besiegelung eine Überprüfung der T., die zu einer Erhöhung oder Verminderung führen kann. Taxfreiheit (Gratis-Expedition) können die Angehörigen der Kurie beanspruchen (»gratis pro socio«), außerdem in Rom anwesende Arme (»gratis pro deo«). Ferner kann der Papst Taxfreiheit anordnen (»gratis de mandato«). Gratis werden ferner die Urkk. expediert, die die Kurie aus eigenem Antrieb erläßt (»de curia«, auch fiktiv als verdeckte Taxbefreiung), sowie die litterae rescriptae, sofern die Neuausstellung von der Kurie verschuldet wurde. Auch teilweise Taxbefreiung ist möglich. Die Taxquittung erfolgt auf der Urk. selbst durch Kanzleivermerke an verschiedenen festgelegten Stellen, teilweise mit Angabe des Datums. Neben den regulären T.n muß der →Petent u. a. Gebühren im Supplikenregisterbüro (→Papstregister) und für die →Sollicitatores zahlen; dazu kommen mißbräuchl. Trinkgeldforderungen und T.n »pro labore«. Ähnlich wie in der Kanzlei ist das Taxwesen bei der Ausstellung der →Breven, der Urkk. der Poenitentiarie (→Poenitentiar), der apostol. →Kammer und der →Rota geregelt.

[2] Bei der Übertragung von Pfründen sind neben den →Annaten, →Servitien und Quindennien v. a. T.n für die Eintragung und Löschung der Zahlungsverpflichtung und Zahlungsquittung zu zahlen.

[3] Die Datarie verlangt bei der Gewährung bestimmter Gnadenerweise die Zahlung der Kompositionen, für die es im SpätMA v. a. bei Ehedispensen (→Dispens, →Ehe, B. II) feste Tarife gibt.   Th. Frenz

Lit.: Bresslau I, 329-346 – H. Denifle, Die älteste Taxrolle der apostol. Pönitentiarie, ALKGMA 4, 1888, 201-238 – M. Tangl, Das Taxwesen der päpstl. Kurie vom 13. bis zur Mitte des 15. Jh., MIÖG 13, 1892, 1-106 – L. Schmitz-Kallenberg, Practica cancellariae saeculi XV exeuntis, 1904, 51-62 – J. Trenchs Odena, Las tasas apostólicas y el »gratis« papal en la primera mitad del siglo XIV, Anuario de Estudios Medievales 1, 1970/71, 313-335 – Th. Frenz, Papsturkk. des MA und der NZ, 1986, 79f., § 147f.

Taxis. An den Namen der Familie, die im Bergamaskischen beheimatet war und dort seit dem 12. bzw. 13. Jh. bezeugt sein soll, knüpft sich die Entstehung der nz. →Post in Dtl. Maximilian I. zog die T., die mit dem Kurierdienst bereits in päpstl. und ven. Diensten Erfahrungen gesammelt hatten, an seinen Hof und betraute sie mit der Errichtung einer Botenlinie Innsbruck-Brüssel (1489/90). *Franz v. T.* (1459-1517) verlegte 1501 das Zentrum der Einrichtung nach Brüssel, schloß 1505 mit Philipp I. v. Spanien einen Vertrag über die Errichtung einer Botenverbindung zw. den Niederlanden, dem dt., frz. und span. Hof und traf 1516 mit Karl I. v. Spanien eine Vereinbarung, die Linien nach Italien zu verlängern. Das Besondere dieser Verbindungen war die – gelegentl. schon früher praktizierte – Postierung (*posta*) von Boten in regelmäßigen Abständen, die eine raschere Beförderung der Briefe erlaubte und der Familie nachträgl. den Ruf der »Erfindung« der Post einbrachte. Die als Unternehmergesellschaft von Brüdern und Neffen agierende Familie wurde 1512 geadelt, spaltete sich in mehrere Linien auf und besaß im Reich die 1597 zum Regal erklärte Post als Lehen.

Th. Szabó

Lit.: BWbDG III, 2898-2905 – M. Dallmeier, Q. zur Gesch. des europ. Postwesens 1501-1806, 1977 – M. Piendl, Das fsl. Haus Thurn und T., 1980 – W. Behringer, Thurn und T., 1990.

Taxis ton akolouthion → Byzantinische Musik, VII

Te Deum, zusammen mit dem Hymnus Gloria in excelsis weitestverbreiteter Hymnus der Westkirche aus altkirchl. Tradition (z. B. Cyprian v. Toulouse [Mitte 6. Jh.]: »Jede Kirche auf der Welt hat ihn angenommen und singt ihn« [MGH Epp. Karol. 3, 436]), mit festem Platz im →Stundengebet (Sonntagmorgen: z. B. Benediktregel 11, 8). Die Autorschft (in der NZ oft genannt: Nicetas [v. Remesiana?]) muß offenbleiben. Das MA spinnt gern den (legendären) Bericht weiter, →Ambrosius und →Augustinus hätten ihn bei der Taufe des letzteren (Ostern 483) verseweise alternierend verfaßt (z. B. Hinkmar v. Reims, De praedest. 29, MPL 125, 290 B, deshalb »Ambrosianischer Lobgesang«). – Gewöhnl. in 20 Doppelverse gezählt; 3 Teile: 1-13 Gotteslob, 14-23 Christuslob (altkirchl. Exegese von Ps 23 aufgreifend), 24-29 (spätere) Psalmverse (»capitella per psalmos«). Mögliche (nicht unbestrittene) Schichten und Bearbeitungen des (hypothet.) Urtextes liegen vor dem MA, dessen textus receptus textkrit. gut gesichert ist (Original von V. 23 aber: »aeterna ... gloria munerari« statt »in gloria numerari«). – Der bevorzugte liturg. Ort bringt den Hymnus am Ostersonntagmorgen in Verbindung mit dem Osterspiel (Visitatio sepulcri, →Geistliches Spiel [1]) als dessen Abschluß, was Auslöser des bis in die NZ expandierenden Gebrauchs des Hymnus als großer Gesang bei Festlichkeiten unterschiedlichster Art wird, gar im Sinn späterer »Nationalhymnen«. Das MA kennt schon Übersetzungen, auch verfremdende Bearbeitungen (»Te Mariam laudamus«) und auch Parodien, Zeichen der selbstverständl. Kenntnis des Hymnus aus regelmäßigem Gebrauch. Die Geschichte des Hymnus im MA ist noch nicht monograph. bearbeitet.   A. Häußling

Lit.: MGG XIII, 164-172 [K.-H. Schlager, W. Kirsch] – P. C. Langeveld, Liturg. Woordenboek, II, 1968, 2649-2652 [Lit.] – E. Käthler, Te Deum laudamus, 1958 – S. Zak, Das T. D. als Huldigungsgesang, HJb 102, 1982, 1-32.

Tebaldeo, Antonio, it. Dichter, * 1463 in Ferrara, † 1537 in Rom. T. hielt sich von 1435 bis 1498 am Hof der →Gonzaga in →Mantua auf, stand dann in →Ferrara im Dienst der →Lucrezia Borgia und zog 1513 nach Rom, wo er von Leo X. gefördert wurde und mit berühmten Zeitgenossen wie Raffael und B. Castiglione Freundschaft schloß. Er dichtete in Latein und in der Volkssprache: Neben vielfältigen und eleganten lat. Carmina verfaßte T. zahlreiche →Sonette, Capitoli und →Strambotti in der Volkssprache, die ihm sofort Erfolg und die Anerkennung als einer der wichtigsten Hofdichter einbrachten. Unter den versch. Gedichtsammlungen, die zu Lebzeiten des Autors veröffentlicht wurden, ist v. a. die 1498 in Modena erschienene Sammlung von Bedeutung. Sie ist wie ein →Canzoniere gegliedert; auf ein einleitendes Widmungssonett für Isabella d'Este folgen verschiedene einen Jahrestag feiernde Texte, die eine innere Chronologie des Werkes bilden; am Ende der Sammlung offenbart der Dichter reuevolle, spirituelle Umkehr mit dem Capitolo in terza rima »Vergine sacra, gloriosa, eterna«.   M. Picone

Lit.: s.a. →Petrarkismus – A. T., Rime, hg. T. BASILE–J. J. MARCHAND, 5 Bde, 1989–92 – M. DANZI, Sulla poesia di A. T., GSLI 1994 – C. DIONISOTTI, Appunti sul T. (Fschr. C. BOZZETTI, 1996) [Lit.].

Technik der Buchmalerei. Ma. Angaben zur T. d. B. sind seit dem 11. Jh. überliefert (→Heraclius-Traktat, →Mappae Clavicula, →Theophilus). Exakte Anweisungen, verbunden mit Mustern der einzelnen Arbeitsschritte finden sich nur ausnahmsweise (Göttinger →Musterbuch). Trägermaterial ist im MA vorwiegend →Pergament, das zur besseren Haftung von Schrift und Malerei mit Bimsstein geschliffen, in byz. Hss. auch mit Bindemittel eingestrichen wird; seit dem 15. Jh. wird daneben auch →Papier verwendet. Luxushss. der Spätantike, des FrühMA und der Renaissance können purpurne (→Purpurhss.), blaue (gefärbt mit →Indigo) oder schwarze (gefärbt mit Eisengallustinte) Seiten enthalten. In der →Buchmalerei werden fast alle im MA bekannten Farbmaterialien benutzt: anorgan. natürl. und künstl. Pigmente, organ. Farbmittel pflanzl. und tier. Herkunft. Die Bindemittel sind wasserlösl., es sind u. a. Clarea (defibrilliertes Eiweiß), Pflanzengummi, Ichthyocollon (Hausenblase des Stör). Unterzeichnungen sind mit Tinten, Tuschen oder Silberstift ausgeführt. Der Auftrag der Farben erfolgt meist in wenigen dünnen Schichten. Blattmetalle sind bis zum 12. Jh. selten. Die Metalle werden direkt auf das Pergament oder eine dünne rote bzw. grüne Grundierung aufgetragen. Seit dem 12. Jh. setzen sich zunehmend Blattmetalle durch, die auf einen plast., rot, grün oder schwarz angefärbten Kreide- bzw. Gipsgrund (Assis) aufgelegt werden. Die Metalle werden jetzt zumeist hochglänzend poliert; Goldgründe sind bisweilen graviert oder punziert, häufiger mit Tuschen und Tinten floriert.

D. Oltrogge

Lit.: RDK IV, 1463–1492 – H. ROOSEN-RUNGE, Farbgebung und Technik frühma. Buchmalerei, 1967 – Reclams Hb. der künstler. Techniken, I, 1984, 55–123 [H. ROOSEN-RUNGE] – D. OLTROGGE, R. FUCHS, S. MICHON, Laubwerk – Zur Texttradition einer Anleitung für Buchmalerei aus dem 15. Jh., Würzburger med. hist. Mitt. 7, 1989, 179–213 – R. FUCHS–D. OLTROGGE, Unters. rhein. Buchmalerei des 15. Jh., Imprimatur 14, 1991, 55–80.

Teck, Hzg.e v. Seit etwa 1186 nannte sich ein jüngerer Zweig der Hzg.e v. →Zähringen nach der am Trauf der Schwäb. Alb, 35 km sö. von Stuttgart gelegenen Burg T. Das Herrschaftsgebiet der Hzg.e v. T. war nur klein, doch waren sie nach dem Aussterben der Zähringer und →Staufer die ranghöchsten Fs.en in →Schwaben. Hzg. Konrad II. v. T. führte für Rudolf v. Habsburg die Verhandlungen über dessen Ks.krönung mit dem Papst in Lyon und wurde, als es Albrecht v. Österreich verwehrt wurde, seinem Vater unmittelbar im Kgtm. zu folgen, von der österr.-schwäb.-pfälz. Partei am 30. April 1292 in Weinheim an der Bergstraße zum Kg. gewählt. Als »electus in regem« starb er jedoch bereits einen Tag später (ermordet?). Die von seinem älteren Bruder Ludwig I. abstammende Linie des Hauses verkaufte ihre Hälfte an der Herrschaft T. 1303 an Österreich und residierte dann in Oberndorf am oberen Neckar (ausgestorben 1363 mit Hermann III., Oberstem Schenk des Kl. St. Gallen). Die von Konrad abstammende jüngere Linie verkaufte ihre Hälfte 1381/85 an →Württemberg und residierte dann in Mindelheim bei Augsburg (ausgestorben 1432 mit Ulrich, Oberstem Hauptmann Kg. Siegmunds in Italien, und 1439 mit dem 1420 von Venedig verjagten Patriarchen Ludwig [VI.] v. Aquileia). Der Besitz der T. verhalf dem Hause Württemberg 1495 zum Erwerb des Hzg.stitels.

A. Wolf

Lit.: I. GRÜNDER, Stud. zur Gesch. der Herrschaft T., 1963 – R. GÖTZ, Hzg. Konrad und die Kg.swahl v. 1292 (Beitr. zur Heimatkunde des Bezirkes Kirchheim unter T. 13, 1971), 51–58 – A. WOLF, Kg. für einen Tag: Konrad v. T., gewählt, ermordet (?) und vergessen (Schriftenreihe des Stadtarchivs Kirchheim unter T. 17, 1993, 1995²).

Tecklenburg, Gf.en v. Ein Anteil des Erbes Gf. Heinrichs v. Zutphen fiel nach 1119 an Gf. Egbert aus der Familie der Gf.en v. →Saarbrücken, der sich seit 1139 nach der Burg T. (nw. Westfalen, westl. von Osnabrück) nannte. Zeitweilig hatten die Gf.en v. T. die Vogteien über die Bm.er →Münster (bis 1173) und →Osnabrück (bis 1236) sowie das Stift Metelen (ab 1173) inne, zudem das Schenkenamt des Ebm.s →Mainz. In ständiger Auseinandersetzung mit den Bm.ern sowie den Gf.en v. →Ravensberg bauten die T.er ihr Territorium aus und sicherten es durch intensive Kl.politik. 1184 Verkauf der Burg T. an Ebf. →Philipp I. v. Köln, Rücknahme als köln. Lehen. Nach der Ermordung Ebf. →Engelberts I. v. Berg 1225 erlitten die T.er Rückschläge. Der von Ravensberg unterstützte Versuch Kölns und Osnabrücks, die Gft. zu zerschlagen (1227), mündete in Friedensschlüsse (1231 [Ravensberg], 1232 [Köln], 1236 [Osnabrück, Verlust der Vogtei]). Die Witwe Gf. Heinrichs, Jutta v. Ravensberg, verkaufte 1248 den Besitz um Vechta und im Emsland an das Bm. Münster und besiegelte das Absinken zur zweitrangigen Macht in Westfalen. Otto II. v. Bentheim übernahm 1262 das Erbe seiner Frau Heilwig und übertrug T. an seinen ältesten Sohn Otto III. T. fiel 1328 an Nikolaus, Sohn Gunzelins IV. v. Schwerin und Neffe Ottos IV. v. T. Territoriale Gewinne (1365 Rheda, 1385 Iburg) konnten die Verluste an Münster und Osnabrück 1385–1400 nicht aufwiegen. 1493 Teilung in die Gft. T. (mit Rheda) und Lingen.

M. Mersiowsky

Lit.: J. BAUERMANN, Die Abkunft des ersten Gf.en v. T., Jbb. Hist. Ver. Gft. Ravensberg 68, 1972, 9–42 – W. KOHL, Gft. T. (Köln Westfalen 1180–1980, I, 1980), 194–196 – M. MATSCHA, Heinrich I. v. Müllenark, Ebf. v. Köln, 1992.

Tedbald (s.a. Thibaud, Thibaut)

1. T. I. Tricator ('Thibaud le Tricheur'), Gf. v. →Blois, →Tours, →Chartres und →Châteaudun, † 975/977; Verwandter →Hugos v. Arles; Sohn von Tedbald d. Ä., Vizegf. v. Tours und Blois, und Richilde, Enkelin Ks. →Karls d. K.; ⚭ Ledgarde, Tochter Gf. →Heriberts II. v. →Vermandois, um 944/946 (Kinder: Odo, Hugo, Emma). Folgte um 940 seinem Vater. Unterstützte zunächst seinen Lehnsherrn →Hugo d. Gr. gegen den westfrk. Kg. →Ludwig IV. und wurde deswegen auf der Synode v. Laon (948) exkommuniziert. Seine geschickte Heiratspolitik verschaffte ihm einen Anteil am Erbe Heriberts II. v. Vermandois sowie die Kontrolle über die nördl. →Bretagne mit der Gft. →Rennes. Das Machtvakuum nach dem Tode Hugos d. Gr. (956) nutzte er durch den Erwerb der Gft.en Chartres und Châteaudun zum Aufbau einer selbständigen Herrschaft, die sich auch in seiner Titulatur »nutu Dei comes« niederschlug. Als er 962 eine Niederlage gegen Gf. →Richard I. v. Rouen, einen Schwager →Hugo Capets, erlitt, wandte er sich von den →Robertinern ab und näherte sich dem westfrk. Kg. →Lothar an. T. gilt als Begründer der Machtstellung des Hauses Blois-Champagne.

R. Große

Lit.: F. LOT, Les derniers Carolingiens, 1891 – PH. LAUER, Le règne de Louis IV d'Outre-Mer, 1900 – F. LOT, Études sur le règne de Hugues Capet et la fin du Xᵉ s., 1903 – F. LESUEUR, Thibaud le Tricheur, comte de Blois, de Tours et de Chartres au Xᵉ s., Mém. de la Société des Sciences et Lettres de Loir-et-Cher 33, 1963, 5–242 – K. F. WERNER, L'acquisition par la maison de Blois des comtés de Chartres et de Châteaudun (Mél. J. Lafaurie, 1980), 265–272 – Y. SASSIER, Hugues Capet. Naissance d'une dynastie, 1987 – K. F. WERNER, Die Ursprünge

2. T. III., *Gf. v. →Blois* (T. I. als Gf. der →Champagne), * um 1010, † 29. Sept. 1089, ▭ Épernay, St-Martin; Sohn von Odo II. und Ermengarde v. Auvergne, ∞ 1. Garsende, Tochter Gf. Herberts 'Éveille-chien' v. →Maine, verstoßen vor 1049 (Sohn: Stephan Heinrich), 2. Adela v. Bar-sur-Aube, Tochter Gf. Rudolfs IV. v. →Valois, um 1060 (Söhne: Philipp, Odo, Hugo). Erbte nach dem Tode des Vaters (1037) die Gft.en Blois, →Tours, →Châteaudun und →Chartres, während sein jüngerer Bruder Stephan II. Gf. v. →Meaux und →Troyes wurde. 1041 beteiligte sich T. am gescheiterten Aufstand gegen den frz. Kg. →Heinrich I. und verlor an dessen Verbündeten, Gf. Gottfried Martell v. Anjou (→Angers), die Touraine (1044). Nach dem Tode seines Bruders Stephan (1045/48) übernahm er für dessen unmündigen Sohn Odo III. die Regierung der Champagne; als Odo 1066 mit Wilhelm dem Eroberer nach England zog und dort blieb, fielen seine Gft.en an T., der so die Einheit der Hausbesitzungen wiederherstellen und konsolidieren konnte. Zudem starb 1074 mit Gf. Rudolf IV. v. Valois ein gefährlicher Konkurrent, dessen Fsm. nach dem Klostereintritt seines Erben Simon (1077) aufgeteilt wurde. T.s von Konflikten nicht immer freies Verhältnis zur frz. Krone spiegelt sich auch in seiner Titulatur als Pfalzgf. wider, die bis 1048 und seit 1077 belegt ist. 1054 leistete er Ks. →Heinrich III. den Lehnseid. Er unterstützte die Ideen der Kirchenreform, ohne daß es im Konflikt zw. Kg. und Papst zum Bruch mit Philipp I. kam. In seinem Herrschaftsbereich begünstigte er die Ausbreitung der →Cluniazenser und trat bes. als Förderer der Abtei →Marmoutier hervor. R. Große

Lit.: J. BOUSSARD, L'éviction des tenants de Thibaut de Blois par Geoffroy Martel, comte d'Anjou, en 1044, M-A 69, 1963, 141–149 – M. BUR, La formation du comté de Champagne v. 950–v. 1150, 1977.

3. T. IV., *Gf. v. →Blois* (T. II. als Gf. der →Champagne), * um 1090/95, † 10. Jan. 1152 in →Lagny-sur-Marne, ▭ ebd., St-Pierre; Sohn von Gf. Stephan Heinrich v. Blois und →Adela v. England, Tochter →Wilhelms des Eroberers, ∞ Mathilde, Tochter Hzg. Engelberts II. v. Kärnten, 1123 (elf Kinder, u.a. Heinrich, Tedbald, Stephan). Erbte nach dem Tode des Vaters (1102) die Gft.en Blois, →Châteaudun, →Chartres, →Sancerre, →Provins und →Meaux; zudem erhielt er 1125, als sein Onkel, Gf. Hugo der Champagne, in den →Templerorden eintrat, dessen Lehen. Bis 1109 regierte Adela für ihren Sohn, der 1107 zum Ritter geweiht wurde; sie konnte ihren Einfluß bis zum Eintritt ins Kl. 1122 wahren. Auf die Unabhängigkeit seines Fsm.s von den →Kapetingern bedacht, stützte sich T. auf seinen Onkel, Kg. →Heinrich I. v. England. In seinen Bemühungen, 1135 dessen Nachfolge anzutreten, kam ihm jedoch sein jüngerer Bruder →Stephan zuvor. Als sich ihm 1141 erneut der Griff nach der engl. Krone anbot, lehnte er ab. Statt dessen konzentrierte er sich fortan auf den Aufbau seiner Stellung im Osten Frankreichs, was 1142/43 zur bewaffneten Auseinandersetzung mit Kg. →Ludwig VII. führte. T. war mit →Bernhard v. Clairvaux befreundet und galt als äußerst freigebig gegen die Kirche; als junger Mann soll er den Eintritt in den Prämonstratenserorden erwogen haben. Er erkannte die Bedeutung des internationalen Handels und förderte gezielt die →Champagnemessen. Der Schwerpunkt seines Fsm.s verlagerte sich unter ihm von den Loiregft.en in die Champagne. R. Große

Lit.: M. BUR, La formation du comté de Champagne v. 950–v. 1150, 1977 – D. BERG, England und der Kontinent, 1987 – Y. SASSIER, Louis VII, 1991 – S. TEUBNER-SCHOEBEL, Bernhard v. Clairvaux als Vermittler an der Kurie, 1993, 201–206.

4. T. III., *Gf. v. →Champagne*, * 13. Mai 1179 in →Troyes, † 24. Mai 1201, Sohn von →Heinrich I. (47. H.) und →Marie de France (1. M.), ∞ 1. Juli 1199 Blanca v. Navarra, Tochter Kg. →Sanchos VI. (Kinder: Tochter, →Tedbald [IV.]). T. regierte nach dem Tode seines Bruders →Heinrich II. († 1197) zunächst unter Vormundschaft der Mutter († 1198). Er wurde 1198 von Kg. →Philipp II. Augustus mit den Gft.en Champagne und Brie belehnt, obwohl Heinrich II. zwei Töchter hinterlassen hatte. Enger Verbündeter seines Kg.s gegen →Richard Löwenherz, kämpfte T. 1198 in der Schlacht v. →Vernon. T. nahm am 4. Dez. 1199 während eines Turniers auf seiner Burg Ecry (Champagne) mit seinem Verwandten Gf. Ludwig v. Blois das Kreuz. Da der Kreuzzug von Venedig aus in das Hl. Land führen sollte (4. Kreuzzug, →Kreuzzüge B. IV), verhandelten Gottfried v. →Villehardouin und Milo v. Bréban im Namen T.s, der als Führer des Unternehmens betrachtet wurde, mit dem Dogen Enrico →Dandolo. T. starb jedoch während der Kreuzzugsvorbereitungen. H. Brand

Lit.: H. D'ARBOIS DE JUBAINVILLE, Hist. des ducs et comtes de Champagne, IV, 1864, 73–100 – E. H. MCNEAL–R. L. WOLFF (A. Hist. of the Crusades II, hg. K. M. SETTON, 1969), 158–164 – J. W. BALDWIN, The Government of Philipp Augustus, 1986, 160, 196f., 412.

5. T. IV. ('Thibaut le Chansonnier', auch: 'der Große', 'der Postume'), *Gf. v. →Champagne und Brie, Lehnsherr der Gft.en →Blois, →Chartres und →Sancerre, Kg. v. →Navarra* (Teobaldo I.); bedeutender →Trouvère.
I. Als Graf von Champagne – II. Als König von Navarra – III. Literarische Bedeutung.

I. ALS GRAF VON CHAMPAGNE: * 3. Mai 1201 in →Pamplona (eine Woche nach dem Tode des Vaters, Gf. →Tedbalds III. v. Champagne), † 8. Juli 1253, ▭ Pamplona, Kathedrale, kgl. Grablege, ∞ 1.: Mitte Mai 1220 Gertrud v. Dagsburg, Witwe von →Thiébaut I., Hzg. v. Lothringen, Tochter Gf. Alberts II., geschieden 1222; ∞ 2.: 1222 Agnes v. →Beaujeu (→Beaujolais), Tochter Guichards IV. d. Gr., Sire de Beaujeu; ∞ 3.: 22. Sept. 1232 Margareta v. →Bourbon, 1253–56 Regentin v. Champagne und Navarra, Tochter Archambaults VIII. v. →Dampierre, Sire de Bourbon; Kinder: Blanca, →Tedbald [V.], Peter, Eleonore, Beatrix, Margareta, Heinrich; außerehel.: Margareta, Wilhelm, Elide, Berenguela. Bis 1222 führte seine Mutter, Blanca v. Navarra, die Regierung (Abwehr der Ansprüche von Philippine, der jüngeren Tochter →Heinrichs II. [48. H.], gelang nur mit Hilfe Kg. →Philipps II. Augustus). T. trat 1225/26 in Gegensatz zu Kg. →Ludwig VIII. und geriet in Verdacht, ihn vergiftet zu haben. Die Aussöhnung mit der frz. Regentin →Blanca v. Kastilien (1227) führte zum Konflikt mit einer von →Peter I. (Pierre Mauclerc), Hzg. der →Bretagne, geführten Koalition, die 1230 eine erfolglose Invasion in T.s Gft. unternahm. Durch seine Heiratspolitik und eine Annäherung an Pierre Mauclerc verlor T. die Gunst Kg. →Ludwigs IX. Um seiner Tante Alix, Tochter Heinrichs II. und Kgn. v. →Zypern, ihre Erbansprüche abkaufen zu können, veräußerte er die Gft.en Blois, Chartres, Sancerre und die Vizegft. →Châteaudun an den Kg. (1234/35). Seit 1234 Kg. v. Navarra, führte T. 1239–40 einen wenig erfolgreichen Kreuzzug ins Hl. Land. Seine schwankende Bündnispolitik wurde v.a. von den Ritterorden stark kritisiert. 1240 kehrte er nach Frankreich zurück und widmete sich dem administrativen Ausbau seiner Grafschaft. H. Brand

II. Als König von Navarra: Da T.s Onkel →Sancho VII., Kg. v. →Navarra, keine legitimen Leibeserben hatte, eröffnete sich für T. die Aussicht auf das navarres. Erbe; er reiste nach →Tudela (wohl 1224) und erreichte hier eine Einigung mit Sancho VII. (unter Abwehr konkurrierender Ansprüche →Kastiliens und →Aragóns). Nach Sanchos Tod (1234) sicherte die Krönung durch den Bf. v. →Pamplona die ungefochtene Anerkennung T.s, der somit die kurze dynast. Herrschaft des Hauses →Blois-Champagne (bis 1274) auf dem navarres. Thron begründete und sich selbst mehrfach in Navarra, das ihm Titel und Würde eines Kg.s verschaffte, aufhielt. In seiner Eigenschaft als Kg. hatte T. auch 1239–40 den Oberbefehl des von ihm initiierten »Kreuzzugs der Barone« inne.

T. führte in Navarra Institutionen frz.-champagn. Prägung ein: Kanzlei, Finanzverwaltung, bes. aber das Amt des →Seneschalls (*Sénéchal-Gouverneur*), zunächst mit dem champagn. Adeligen Pons de Duyme (1234–36) besetzt, dann aber durch eine kluge Entscheidung T.s dem navarres. Großen Sancho Fernández de Monteagudo (1243–53) übertragen. Umsichtig bemühte sich der Kg. um Verständigung mit den mächtigen Nachbarn (Kastilien und Aragón, →Béarn und →Aquitanien); im Innern verfolgte dieser frz. Fs. eine den Traditionen der Iber. Halbinsel verpflichtete Politik: Erlaß bzw. Bestätigung von →Fueros, Zusammenwirken mit dem Adel, der ihm – in Navarra ein Novum – den Lehnseid leistete, mit dem er aber auch Bündnisse und Dienstverträge südeurop. Typs ('convenienzas') auf der Basis einer gewissen Gleichrangigkeit schloß. T. trug die Schulden seines Vorgängers ab und setzte dessen Politik des Gebietserwerbs im Umkreis v. Tudela fort, förderte kirchl. Institutionen (Hospiz v. →Roncesvalles; Benediktinerabteien), befreite dörfl. Gemeinschaften und bot jüd. und muslim. Minderheiten Schutz. B. Leroy

Lit.: zu [I]: H. d'Arbois de Jubainville, Hist. des ducs et comtes de Champagne IV, 1864, 101–347 – S. Painter (A Hist. of the Crusades, II, hg. K. M. Setton, 1969), 463–485 – J. Richard, Saint Louis, 1983 – C. Taittinger, Thibaud le Chansonnier, comte de Champagne, 1987 – J. Le Goff, Saint-Louis, 1996 – *zu [II]*: B. Leroy, Les hommages en Navarre sous les règnes de Thibaut I et Thibaut II (1234–70), Bull. phil. et hist. I, 1969, 1972, 100–113 – J. M. Lacarra, Hist. política del reino de Navarra..., II, 1972 – M. Martín González, Coll. dipl. de los reyes de Navarra de la dinastía de Champaña, I, 1987 – B. Leroy, Le royaume de Navarre, les hommes et le pouvoir, XIIIe–XVe s., 1995.

III. Literarische Bedeutung: T. (Thibaut) war ein bedeutender Trouvère, dem mit Sicherheit mehr als 60 Stücke zugeschrieben werden können. Etwas mehr als die Hälfte sind höf. Liebeskanzonen, davon fünf mit Refrain; 16 Stücke sind dialogisiert: zwei →Pastourellen, neun Jeux-partis und fünf »débats« (→Streitgedicht), davon zwei für die →Trouvère-Lyrik singuläre Stücke, nämlich ein Dialog mit der Dame und einer mit Amor (frz. weibl., als Dame angesprochen). 9 Stücke sind religiösen Inhalts: drei Kreuzzugslieder, ein polit. Rügelied, vier Marienlieder sowie ein →Lai. Intertextuelle Bezüge sind bes. deutl. zu →Gace Brulé, doch ist T. durchaus eigenständig: Er hält wenig vom Frühlingseingang und thematisiert in der Liebeslyrik v. a. die Erinnerung, den Liebesschmerz, den er in bewußtem Verzicht auf Vernunft erleidet, sowie das süße Gefängnis, in welchem sich sein Herz befindet, z. T. mit kühnen Metaphern (nur mit geschlossenen Augen und mit schwarzem Herzen vermag er die Dame zu sehen). Zu T.s bes. Diktion gehören Anspielungen auf lit. Reminiszenzen (Jason, Narziß, Piramus und Tisbé (→Pyramus und Thisbe), Caesar, Roland, Olivier, Ganelon, →Tristan) und berühmt gewordene Vergleiche (Phönix, Einhorn, weißer Hirsch, Pelikan). Vereinzelt finden sich auch Personifizierungen, die an den →Roman de la Rose erinnern (Beau Semblant, Beauté, Dangier). In fünf Hss. findet sich beinahe das ganze Œuvre T.s in fast ident. Reihenfolge, was auf eine frühe »Gesamtausgabe« schließen läßt. Im Gegensatz zu den modernen Editionen ist diese hsl. Ausgabe jedoch nicht nach Gattungen geordnet. Einige von T.s Liedern waren Vorbilder für →Contrafacta. M.-R. Jung

Ed.: A. Wallensköld, 1925 – K. J. Brahney, 1989 [mit engl. Übers.] – Monumenta monodica medii aevi, XII: Trouvères-Melodien, II, hg. H. Van der Werf, 1979 – *Lit.*: R. W. Linker, A Bibliogr. of Old French Lyrics, 1979 – DLFMA², 1424 – New Grove XVIII, 765 – Thibaut de C., hg. Y. Bellenger–D. Quéruel, 1987 – M.-G. Grossel, Le milieu litt. en Champagne sous les Thibaudiens (1200–1270), 1994.

6. T. V., *Gf. v. →Champagne und Brie, Kg. v. →Navarra* (Teobaldo II.).
I. Als Graf von Champagne – II. Als König von Navarra.
I. Als Graf von Champagne: * 1238, † 4. Dez. 1270 in Trapani (Sizilien), □ →Provins; Sohn von Tedbald IV., ⚭ 6. April 1255 Isabella v. Frankreich, Tochter Kg. →Ludwigs IX. d. Hl. T. erbte 1253 das Kgr. Navarra (trotz Zusagen seines Vaters an seine Schwester Blanca) und die Gft.en Champagne und Brie. Er regierte bis 1255 unter der Vormundschaft seiner Mutter Margareta v. Bourbon. T. verbrachte die meiste Zeit in seiner Gft. und am frz. Kg.shof und ließ sich in Navarra von einem Gouverneur vertreten. Sehr enges Verhältnis zu Kg. Ludwig IX., der ihn als seinen Sohn betrachtete. T. gehörte 1259 zu den →Pairs, die in dem für die frz. Rechtsgesch. wichtigen Prozeß Enguerrand IV. v. →Coucy wegen dreifachen Mordes verurteilen sollten. Seine wichtige Rolle am Kg.shof veranlaßte T. 1263 zum Erwerb eines Hôtels in der Rue St-André-des-Arts in Paris. Seinen Machtbereich konnte er in mehreren Konflikten mit Hzg. →Hugo v. Burgund (um →Luxeuil, 1258), Gf. Hugo v. →Chalon (ebenfalls um Luxeuil, 1265) und Gf. →Thibaut v. Bar (um die Burg Lugny in Lothringen, 1266/67) in östl. Richtung ausbauen. Nahm 1270 am Kreuzzug Kg. Ludwigs IX. nach Tunis teil (→Kreuzzüge, B.VI). Auf dem Rückzug des Heeres nach dem Tod des Kg.s starb er am 4. Dez. 1270 in Trapani. Sein Tod wurde in →Rutebeufs »Complainte du roi de Navarre« beklagt. H. Brand

II. Als König von Navarra: Obwohl durch seine Tätigkeit am frz. Hof stark gebunden, führte T. im Kgr. →Navarra eine aktive Regierung. 1258 empfing er in →Pamplona Krönung und Königsweihe, erstmals in Nachahmung des Weihezeremoniells (→Sacre) der →Kapetinger, nach dem Vorbild Ludwigs d. Hl.n. T. verstärkte die kgl. Rechte über das traditionell von bfl. Stadtherrschaft dominierte Pamplona, machte in Navarra die neuen →Bettelorden heimisch, förderte aber auch die →Grammontenser. Er baute die Institutionen frz. Typs aus, die teils mit Amtsträgern aus der Champagne, teils aus Navarra/Pamplona besetzt wurden (Amt des Gouverneurs/Seneschalls, Kanzlei, Finanzverwaltung: Rechnungswesen für die Staatseinkünfte, 1259–66 erste Register; 1259 Einteilung des Landes in vier 'Merindades' unter →Merinos). Sorgsam war T. darauf bedacht, die großen Adelsfamilien an sich zu binden (Lehnseid, Rat) und die →Hidalgos, die nach eigener Ligabildung trachteten, zu überwachen. Er erließ →Fueros (insbes. für die Stadtviertel der 'francos' in Pamplona), befreite Bauern und zog sie an den →Realengo. Nach Besetzung der gascogn. Gft. Bigorre (1265) geriet er in Gegensatz zu →Béarn und damit zur anglo-aquitan. Macht. Ein Schiedsspruch des Kg.s v. Frankreich (der die Gft. Bigorre annektierte) beendete diesen 'Gascognekrieg'. In Anknüpfung an die Haustraditionen und das Vorbild Ludwigs d. Hl. nahm er 1267 das Kreuz und sandte von den Stationen der Kreuzfahrt (1269–70) 'chartae' an Städte und Dörfer, Adel und Klerus seines Kgr.es, das er der Regentschaft seines Bruders →Heinrich I. (49. H.) unterstellt hatte. T. war am Sterbebett Ludwigs d. Hl.n in Tunis zugeen, faßte in Karthago sein Testament ab und starb Ende 1270 in Trapani; seine Frau Isabella, die ihn auf der Kreuzfahrt begleitet hatte, verstarb 1271 auf dem Rückweg. B. Leroy

Q. und Lit.: zu [I]: H. D'ARBOIS DE JUBAINVILLE, Hist. des ducs et comtes de Champagne, IV, 1864, 365–439 – J. R. STRAYER (A Hist. of the Crusades, II, hg. K. M. SETTON, 1969), 508–518 – J. RICHARD, Saint Louis, 1983 – J. LE GOFF, Saint-Louis, 1996 – zu [II]: →Tedbald IV. [B. LEROY, 1969/72, J. M. LACARRA, 1972, B. LEROY, 1995] – Teobaldo II de Navarra, ed. Gobierno de Navarra, 1985 – M. R. GARCÍA ARANÇÓN, Colecc. dipl. de los Reyes de Navarra de la dinastía de Champaña, II, 1985.

Teer, dickflüssiges, durch Schwelung (trockene Destillation) aus Holz und Torf gewonnenes dunkles Öl. Das allen Küstenanliegern der Nord- und Ostsee gemeinsame Wort geht auf idg. *deru- 'Eiche', 'Baum' zurück und bezeichnete den von Harzstämmen stammenden eingedickten Saft, eine pflanzl. Substanz, die v. a. beim Bau von →Schiffen zum Kalfatern (vgl. »Teerhof« in Bremen als ehem. Schiffbauplatz), dann auch als Wagen- und Radschmiere Verwendung fand. Das ndl./ndt. Wort dringt erst seit dem 16. Jh. in die allg. Hochsprache ein, häufig als Synonym für →Pech oder Bitumen, auch für Petroleum, 1517 erstmals als Übers. für pix rotarta (Wagenpech) belegt.
D. Hägermann

Lit.: GRIMM, DWB XI, 1, 1, 344 – H. LÜSCHEN, Die Namen der Steine, 1968, 191 [Bitumen].

Tegernsee, Kl. OSB in Oberbayern. Wohl um 760 (nach der Haustradition 746 oder 765) gründeten die beiden besitzmächtigen Brüder Adalbert und Otgar am ungerodeten Tegernseeufer das Kl. T. Adalbert wurde erster Abt, während Otgar erst spät in das Kl. eingetreten sein soll. Nach der Passio I brachte ihr Vetter Uto die Reliquien des hl. Quirinus um 765 aus Rom, die T. eine große Anziehungskraft verschafften. Nach 788 wurde T. Kg.skl. In der Aachener Liste v. 817 ist T. in der 1. Kolumne der Kg.skl., die zum Kriegsdienst und zu dona annualia verpflichtet waren. T. war wohl das reichste Kl. Bayerns; ihm gehörten im 9. Jh. die Filialkl. Ilmmünster und →St. Pölten/Niederösterreich. T.s Stärke zeigt sich auch in den 17 klösterl. →Eigenkirchen, die es 804 gegen Freisinger Diözesanansprüche letztl. behalten konnte.

Spätestens im 10. Jh. kommt es zu einem raschen Verfall des Kl. Die T.er Überlieferung betont, Hzg. Arnulf habe dem Kl. in der Ungarnzeit 11 800 Hufen und 22 Salzpfannen entrissen; nur 114 Hufen habe das Kl. gerettet. Die Entfremdungslisten des 11. Jh. zeigen, daß der (entfremdete) Lehenbesitz durchgehend in hochadliger Hand war. 978 gründete Ks. Otto II. das Kl. T. erneut, brachte aus St. Maximin in →Trier Abt Hartwig (978–982) und zwölf Mönche; gleichzeitig wurde die Gorzer Reform (→Gorze) eingeführt. 1001 erhielt Abt →Godehard v. Niederaltaich durch Hzg. Heinrich IV. (= später Kg. Heinrich II.) auch die Abtwürde von T., um die Gorzer Reform durchzusetzen. Wegen mangelnden Erfolgs verließ er nach einem Jahr T. Entscheidenden Anteil am kulturellen Aufschwung T.s hatte der Mönch, Lehrer, Schreiber, Dichter und Briefsammler →Froumund († 1006/12). Von da an wurde T. bis ins 12. Jh. eines der wichtigsten Zentren der Lit., Kalligraphie und Gelehrsamkeit.

1017 wurde →Ellinger auf Initiative Godehards v. Niederaltaich von Ks. Heinrich II. als Abt in T. eingesetzt. 1026 zum Rücktritt gezwungen, wurde 1031 erneut Abt v. T., gleichzeitig mit der Reform des Kl. →Benediktbeuren beauftragt. 1041 gelang es Bf. Nitger v. Freising, der T. in die Diözesanhoheit herabdrücken wollte, Ellinger erneut abzusetzen. Durch Ellinger entstand der T.er Kreis innerhalb der Gorzer-Trierer Reform, der wiederum eine Reihe anderer Kl. befruchtete. Im letzten Drittel des 11. Jh. wurde in T. der →»Ruodlieb«, der erste fiktionale Roman und 'Ritterspiegel' des MA, gedichtet.

Abt Udalschalk v. T. (1092–1113) gründete zw. 1098 und 1102 auf T.er Boden die cella beati Martini, das spätere Stift Dietramszell. Das nachmalige Augustinerchorherrenstift entstand als Eigenkl. der Benediktiner v. T. Im 12. Jh. bestimmten v.a. Metellus mit seinen Quirinalen, Heinrich v. T., der um 1170 eine neue Passio seines Klosterhl.n Quirin schrieb, und der aus T. stammende →»Ludus de Antichristo«, ersterhaltenes Aufführungsdrama in Dtl. (1155?), das geistige Gewicht T.s. 1177 erhielt Abt Rupert die Pontifikalinsignien, 1193 erklärte Ks. Heinrich VI. T. ausdrückl. zur unmittelbaren ksl. Abtei, was wohl wegen der Vogteiprobleme und des Adelseinflusses nötig wurde. Seit 1275 sind vier Erbämter der Abtei bezeugt, die vom benachbarten Adel besetzt wurden.

Im 13./14. Jh. sank T. zu einem Adelskl. (mit Sanktionierung des Privateigentums) herab. Verfall, Güterschleuderung, Verschuldung und innere Schwäche waren die Folge. Erst das 15. Jh. zeigt wieder eine Hochblüte des Kl. 1426 beauftragte Johann Grünwalder nach einer Visitation Kaspar Ayndorfer, die Abtei T. zu übernehmen. Ayndorfer (1426–61), der die Melker Observanz (→Melk) einführte, gilt als Neustifter und Reformator T.s. Der T.er Mönch P. Ulrich Stöckl, Reimdichter, Gesandter der bayer. Benediktinerabteien auf dem Konzil v. →Basel, wurde Abt und Reformator des Kl. →Wessobrunn (1438).

Unter Abt Ayndorfer gehörten die bedeutenden Mönche P. Johannes Keck († 1450), P. Conrad v. Geisenfeld (Reformator v. →Ettal), Bernhard v. Waging und Conrad Ayrinschmalz (1447–92) zum Kl. Unter letzterem, seit 1461 Abt, wurde T. in bes. Weise geistiges Zentrum der Melker Reform, aber auch literar. Zentrum des Frühhumanismus. T. stellte die Äbte für zahlreiche bayer. Benediktinerkl. W. Störmer

Lit.: P. LINDNER, Familia S. Quirini in T., Oberbayer. Archiv 50, 1897, 1898 – B. SCHMEIDLER, Studien zur Gesch.sschreibung im Kl. T. vom 11. bis zum 16. Jh. (Schrr. zur bayer. Landesgesch. 20, 1931) – J. WEISSENSTEINER, T., die Bayern und Österreich, AÖG 133, 1983 – L. HOLZFURTNER, Gründung und Gründungsüberlieferung (Münchener Hist. Studien, Abt. Bayer. Gesch. 11, 1984), 41ff., 113ff.

Tegernseer Briefsammlung, zw. 1178 und 1186 von Schreibern des Kl. →Tegernsee an vier Stellen in den Clm 19411 eingetragen; sie besteht aus 306 meist undatierten und nur hier überlieferten Briefen. Etwa die Hälfte sind echte Schreiben Tegernseer, aber auch klosterfremder Provenienz zu reichs- und lokalpolit. Ereignissen des 12. Jh. Die andere Hälfte befaßt sich mit den kleineren Dingen des klösterl. Alltags, auch mit Rechtsfragen und mit dem literar. Leben. Diese Schreiben sind offenbar mehrheitl. fingiert und dienten als Briefmuster (→Brief, A. IV. [2]). Da die gesamte Briefslg. in enger Beziehung zum übrigen Inhalt der Hs. steht (so zu den Auszügen aus den »Gesta Friderici« des →Otto v. Freising mit allen Briefen und Urkk., zu →Alberichs v. Montecassino »Breviarium de dictamine«, den »Praecepta dictaminum« des Albertus Samaritanus, den Briefmustern des Henricus Francigena, einer wertvollen Liebesbriefmusterslg., →Wipos und →Otlohs Proverbia, dem →»Ludus de Antichristo«, zu

Gedichten über die Taten des Herakles, auf Maria und zu einer Reihe weiterer Materials zur Erlernung der →Ars dictaminis), ist nunmehr beabsichtigt, die gesamte Hs. in der Reihenfolge der Einträge zu edieren bzw. bei vorhandenen Editionen nach dem neuesten Forsch.sstand zu regestieren. H. Plechl

Ed.: künftig in MGH Epp. DK – *Lit.:* H. PLECHL, Studien zur T. B. des 12. Jh. I–IV, DA 11–13, 1955–57 [Datierung von etwa 150 Briefen, Erforsch. der durch sie belegten reichs- und lokalpolit. Ereignisse] – DERS., Die Tegernseer Hs. Clm 19411, ebd. 18, 1962, 418–501 [Entstehung und Gesamtinhalt der Hs.; Lit.].

Tegni Galeni, Isagoge ad → Articella, →Johannitius

Teja (Theia), Kg. der →Ostgoten, † 552; Sohn eines Fritigern, Namensvetters des →Fritigern, Siegers v. →Adrianopel (378). T. hatte mehrere Brüder, der jüngste hieß Aligern. Ein gleichnamiger arian., wohl ostgot. Comes Teia in Italien (494/495), der in dieser Eigenschaft drei Briefe von Papst →Gelasius I. erhielt, könnte entsprechend der gentilen Namengebung und dem Altersunterschied Großvater T. s gewesen sein.

T.s Name wird zum ersten Mal im Frühjahr 552 genannt, als er als →Comes v. →Verona und zugleich Befehlshaber eines großen Gotenheeres die Via Postumia überfluten ließ, um den Vormarsch des Römerheeres unter →Narses zu verhindern. Nachdem T. um den 1. Juli 552 als letzte Verstärkung zweitausend Reiter seinem Kg. →Totila zugeführt hatte, eröffnete dieser die Schlacht auf den Busta Gallorum, die mit der Katastrophe der Ostgoten endete. T. überlebte, erreichte →Pavia und nahm dort das Kgtm. an. Er reorganisierte sein Heer, versuchte mit den →Franken eine antiröm. Allianz zu begründen und ließ zahlreiche röm. Geiseln töten. Als Narses den got. Kg.sschatz, der in Cumae unter T.s Bruder Aligern aufbewahrt wurde, bedrohte, nahm T. die Schlacht am Mons Lactarius an, wahrscheinl. am 30. Okt. 552. Sein »heldenhafter« Tod und die abermalige Niederlage beendeten das ostgot. Kgtm. in Italien. H. Wolfram

Lit.: PLRE 3, 2, 1224; vgl. PLRE 2, 1057 – H. WOLFRAM, Die Goten, 1990³, bes. 358–360.

Teichwirtschaft, Anlage und wirtschaftl. Nutzung künstl. Seen und Teiche (*segenae, fischweiden*) zur Aufzucht von Süßwasserfischen, insbes. Karpfen, Hecht und Zander, auch Forelle, bereits im frühen Mönchtum (Fischteiche des Kl. Vivarium, →Cassiodor, III) und seit der mittleren Karolingerzeit in normativen Q., so im →Capitulare de villis (c. 21) zur Versorgung der Kg.shöfe, belegt. Da seit dem 9. bzw. 10. Jh. →Fisch als Nahrungsmittel in Ergänzung zu Fleisch, Gemüse und Getreide, v. a. aber als Fastenspeise (→Fasten, →Ernährung, A.II.4) insbesondere geistl. Gemeinschaften (an ca. 140–160 Tagen im Jahr) mehr und mehr an Bedeutung gewann, empfahl sich zur Eigenversorgung wegen der schlechten Haltbarkeit von Fisch und der langen Transportwege insbes. in küstenfernen Gebieten und flußarmen Regionen die Anlage künstl. Seen, häufig in Verbindung mit Mühlteichen. Seit dem 13. Jh. finden sich vermehrt Hinweise auf Fischabgaben höriger Bauern in →Urbaren südd. Kl., von hier aus verbreitet sich die T. an der unteren Donau, v. a. in Böhmen. Auch in NW-Deutschland läßt sich T. nachweisen, sieht doch der →Sachsenspiegel für das Abfischen »in tichen, die begraben sin« eine zehnmal höhere Geldstrafe vor als für den verbotenen Fischfang »in eines anderen mannes wazzere an wilde wage« (Ssp., Ldr. II, 28). D. Hägermann

Lit.: W. ABEL, Gesch. der dt. Landwirtschaft, 1978³, 49 – PH. DOLLINGER, Der bayer. Bauernstand vom 9. bis zum 13. Jh., 1982, 169, 179 – H. ZUG-TUCCI, Il mondo medievale dei pesci tra realtà e immaginazione (L'uomo di fronte al mondo animale nell'alto medioevo, Sett. cent. it., 1985), 291ff. – M. MONTANARI, Der Hunger und der Überfluß. Kulturgesch. der Ernährung in Europa, 1993, 96ff.

Teilbau (frz. →*champart* von lat. *campipars*), alle Formen der Grundstücksleihe, bei denen vom Bearbeiter des Bodens kein fester Zins, sondern ein Anteil am Ertrag verlangt wird. Die Abgabe einer Ertragsquote war bereits seit der Karolingerzeit, insbes. für Wein und Salz, bekannt, doch gelangte der T. erst in der Form der Teilpacht (→Pacht) seit dem 11. Jh. zu größerer Verbreitung, da die Grundherren im Zuge der Auflösung des →Villikationssystems bei der Vergabe des bisherigen Herrenlandes frei aushandelbare Pachtverträge bevorzugten. Neben der Naturalien- und Geldfixpacht bot sich insbes. bei wertvollen Besitzstücken, wie z. B. →Fronhöfen, der T. als ideale Übergangslösung nach Aufgabe der Selbstbewirtschaftung an, weil er dem Verpächter weiterhin Einfluß auf die Wirtschaftsführung ermöglichte. In diesen Fällen wurde die Zeitpacht mit kurzen Laufzeiten von drei, sechs oder neun Jahren bevorzugt, doch sind auch die Lebenszeit- und die Erbpacht im T. verbreitet. Zusätzl. ist auf die häufige Vergabe von Rodeland im T. zu verweisen. Hierbei spielte wohl die Unsicherheit über den zu erwartenden Ertrag eine wesentl. Rolle. Außerdem konnte der Grundherr auf diese Weise am besten von der Melioration des Bodens profitieren.

Bei dem gegenwärtigen Forschungsstand läßt sich die Verbreitung des T.s in Europa nur schwer abschätzen. Er findet sich weithin in Italien, Spanien, Frankreich, Flandern und Dtl., doch gibt es kaum Belege für England und die dt. Siedlungsgebiete im Osten.

T. ist theoret. bei allen landwirtschaftl. Produkten anwendbar, allerdings stehen Wein- und Getreidebau eindeutig im Vordergrund. Daneben findet man Quoten vom Heu, von Baum- und sonstigen Ackerfrüchten, schließlich auch die Ertragsteilung bei der Viehzucht. Von großer Bedeutung für die Einschätzung des T.s ist die Höhe der Ertragsquote, da sie sich auch auf das Interesse des Verpächters an der Betriebsführung auswirkt. Die äußerste tragbare Belastung scheint die Halbpacht (frz. *métayage*, it. *mezzadria*) gewesen zu sein, zumal oft zusätzl. noch der →Zehnt zu entrichten war. Sie war nicht denkbar ohne eine Beteiligung des Herrn an der Ausstattung des Hofes mit Vieh und Geräten, an einem Zuschuß zu den Dünge- und Erntekosten sowie an der Stellung des Saatgutes. Konnte der Verpächter somit noch stark in den Produktionsprozeß eingreifen, so war der Pächter zumindest vor den wirtschaftl. Folgen einer Mißernte geschützt, denn beide trugen Kosten und Risiken zu gleichen Teilen. Neben der Halbpacht ist noch der T. zu einem Drittel oder Viertel sehr häufig, doch entfiel bei diesen und noch niedrigeren Quoten die Beteiligung des Herrn. In jedem Fall war eine aufwendige Kontrolle bei der Ernte notwendig. Viele Aufseher überwachten am Feld, an der Kelter oder in der Scheune die korrekte Abgabe der Herrenquote.

Mit Ausnahme des Weinbaus, bei dem die klimat. bedingten Ertragsschwankungen den T. weiterhin sinnvoll machten, setzte in Dtl. am Ende des 14. Jh. ein Verdrängungsprozeß zugunsten der Fixpacht ein, der am Ende des 16. Jh. weitgehend abgeschlossen war. Wichtigster Grund dürfte die durch das Ansteigen der Löhne bewirkte Verteuerung der Erntehelfer und Kontrolleure gewesen sein. Warf der T. aber keine deutl. höheren Gewinne mehr ab als die Fixpacht, dann war er wegen der Ernterisiken und des umständl. Überwachungssystems nicht mehr attraktiv für die Verpächter. Hinzu kommt, daß den um einen planbaren Finanzhaushalt besorgten

Landesherren die Fixpacht vorteilhafter erschien als die teilweise extrem schwankenden Einkünfte aus dem T. In Italien und Frankreich blieb der T. bis in die NZ weit verbreitet. K.-H. Spieß

Lit.: HRG V, 141–143 – A. Dopsch, Die Wirtschaftsentwicklung der Karolingerzeit vornehmlich in Dtl., I, 1921² – Ph. Dollinger, Der bayer. Bauernstand vom 9. bis zum 13. Jh., 1949 [dt. 1982] – Les revenus de la terre, complant, champart, métayage en Europe occidentale (IXᵉ–XVIIIᵉ s.), 1987 – K.-H. Spiess, Teilpacht und T. verträge in Dtl. vom frühen MA bis zur NZ, ZAA 36, 1988, 228–244 – Ch. Reinicke, Agrarkonjunktur und techn.-organisator. Innovationen auf dem Agrarsektor im Spiegel niederrhein. Pachtverträge 1200–1600, 1989.

Teilhabe, gr. μετέχειν, μέθεξις, lat. participatio, mhd. *teilheftikeit,* der Grundgedanke und der Grundterminus der Philosophie Platons und ihrer philos. und theol. Wirkungsgeschichte. Nicht die Ideen (→Idee) als solche, womöglich in jenseitiger Abtrennung (unplaton. Begriff »Chorismos«) unter Geringachtung der realen Welt sind der Grundgedanke Platons, sondern die Erkenntnis unserer endl. Realität in ihrer zwiefältigen 'Teilhaftigkeit': Partizipatives Sein bedeutet zwar positive Manifestation des Idealen, die Ideen werden in der abbildlichen realen Konkretion sichtbar, zugleich meint es aber auch die Defizienz der Endlichkeit, ihr Zurückbleiben hinter dem, auf das sie verweist.

Der philolog. Befund bestätigt die Zentralstellung des T.-Gedankens: Für die 'Ideen' gibt es in Platons Schriften keinen hervorgehobenen Terminus (ἰδέα wird zu einem solchen erst seit Cicero – vgl. Cicero, Orator ad M. Brutum 3, 10), für die T. läßt sich eine deutl. Terminologisierung von μετέχειν und μέθεξις, entsprechend der chronolog. Ordnung der Dialoge, aufweisen. Die T. als der Grund für das Was-Sein und Daß-Sein der Einzeldinge ist Thema der Mitteldialoge Platons (Phaidon, Symposion, Politeia), die Spätdialoge Parmenides und Sophistes behandeln die T. unter den Ideen selbst, die noch nicht letzte Prinzipien sind, da ihre jeeigene Natur (φύσις) der Ergänzung durch die T. an jeweils höheren und vollkommeneren Ideen bedarf. Die differenzierten T.-Relationen zw. Ideen zu analysieren ist Aufgabe der »Dialektik«.

Über die T. begründen die Ideen sowohl einander als auch die Einzeldinge. Die Materialität der Einzeldinge und ihre Bindung an einen bestimmten Ort wird von Platon nicht als eine positive Bestimmung gesehen, der T.begriff wäre also ungeeignet, die mitkonstitutive Funktion der sogenannten platonischen »Materie« (Platon spricht nur von einer »dritten« Gattung, Timaios 48e 3ff.) für die Einzeldinge zu bezeichnen. Aus formal ähnl., inhaltl. aber genau entgegengesetzten Gründen kann auch die »Idee des Guten« (Politeia VI, 506 e 3ff.) nicht partizipiert werden. Sie ist letzter »transzendenter« (ἐπέκεινα – Pol. VI, 509 b 9f.) Grund aller vielheitl. Seienden, selbst aber »jenseits« aller Vielheit in absoluter relationsloser Einheit (Platon, Parmenides, 1. Hypothese, 137 c 4 – 142 a 8).

T. bedeutet aber gerade Vermittlung vieler, je-einzelner Bestimmungen. Die Materie kann nicht partizipiert werden, weil sie 'nichts ist', nur aufnehmendes Prinzip, – Gott ist impartizipabel, weil er 'alles ist', in der Weise des einen absoluten Grundes von allem.

Mit diesen Aussagen Platons (teilweise schon von der Wirkungsgesch. her gelesen) ist das Bedeutungsfeld der Begriffsgeschichte (im einzelnen noch wenig erforscht) abgesteckt.

Für Aristoteles war gerade der T.begriff Ansatzpunkt seiner Kritik an der platon. Ideenphilosophie: er sei nur eine »poetische Metapher« (Aristoteles, Met. 991 a 20ff.),

nicht geeignet, die Trennung zw. sinnfälliger Welt und Eigentlichkeit der Ideen (der nzl. so genannte »Chorismos«) zu überbrücken.

Die außerchr. Neuplatoniker (ab 3. Jh.) wandten sich nach der langen metaphys. Enthaltsamkeit der skept. Platon. Akademie verstärkt dem Problem der transzendenten Weltbegründung zu. Zentraler Platontext war die 1. Hypothese des »Parmenides« mit seinem extrem relationslosen Einen. Dieses »Übereine« ist zwar letzter Urgrund der Welt, aber nicht in der Weise der T.; als Eines über aller Vielheit ist es »ab omnibus imparticipabile« – von keinem Seienden partizipierbar (Proklos in der ma. Übersetzung seines Parmenideskommentars, hg. Klibansky, und Labowsky, Corpus Platonicum Medii Aevi, London 1953, 34).

Bereits vor den Neuplatonikern hatte am Ende des 1. vorchr. Jh. die wichtigste Modifikation der Ideenmetaphysik zw. Platon und Augustinus stattgefunden: die Ideen, bei Platon noch in ungeklärter Stellung zw. den Einzeldingen und der ureinen Idee des Guten, werden zu urbildlichen Gedanken Gottes. Damit schwindet das Problem eines Dualismus in der Letztbegründung (viele Ideen – eine Idee des Guten), es bleibt das Problem der Pluralität der Ideen in Gott.

Das Übereine der Neuplatoniker kann nicht Ort vieler Ideen sein, deshalb ist es ja auch nicht partizipabel. Plotin sieht konsequenterweise erst die erste Hypostase des Einen, den Geist – νοῦς als Gesamtheit aller Ideen an.

Die Christen haben dank ihres trinitar. Gottesbildes weniger Probleme: Die Vermittlung an die Vielheit geschieht schon innergöttlich. Ort der Ideen ist für Augustinus das Verbum, die zweite Person in der Gottheit, die Ideen gründen sich in der Selbsterkenntnis Gottes (De civ. Dei 11, 10. MPL 41, 327). Damit ist der chr. Gott letztl. dann doch partizipabel, er ist ja auch als der sich Offenbarende dem Menschen sehr viel näher als das 'übertranszendente Eine' der Neuplatoniker.

Auskünfte über Ausdifferenzierungen des T.-Denkens finden sich in Spätantike und MA v.a. bei den 'Platonikern', etwa Pseudo-→Dionysius Areopagita, →Johannes Scotus Eriugena, Schule v. →Chartres, →Bonaventura, Meister →Eckhart, →Nikolaus v. Kues. Die Aristoteliker vom 13. Jh. an, v.a. →Thomas v. Aquin, sehen in der Aussage des →Substanz-Charakters der endlich Seienden ein zentrales christl. Weltverständnis gewahrt: trotz ihrer Verwiesenheit auf den göttl. Ursprung hält die endl. Schöpfung ihren Eigenstand durch. Das »platonische« T.denken dagegen betont die Nähe des Geschöpfes, v.a. des Menschen, zu Gott. Der Mensch ist nicht Gott, aber 'göttlich' – das T.prinzip basiert auf der Andersheit zw. Participans und Participatum – so wie bei Platon das einzelne Seiende etwa nicht das Schöne an sich (= Idee), aber 'schön' ist. Das aristotel. Substanz-Denken tendiert zur Verselbständigung der Welt, das platon. T.-Denken zur pantheist. Alleinheit. Aristoteles und Platon zusammen liefern die philos. Hilfen zum Zusammenhalt der Spannungseinheit des chr.-ma. Gott- und Weltverständnisses«.

Die großen Denker des MA rezipieren deshalb vielfach beide Traditionen. So findet sich bei Thomas v. Aquin ein breiter, differenzierter Gebrauch des T.-Begriffs, der allerdings auch all die in der Tradition herausgebildeten Bedeutungserweiterungen des bei Platon streng eingegrenzten Terminus' enthält. Thomas verwendet participare aber auch, und zwar gerade an themat. zentralen Stellen, im präzisen platon. Sinne: »Was nicht das Sein ist, es aber hat (quod habet esse et non est esse), ist Seiendes durch T.« (S. Th. I, 3, 4). »Durch T. ist etwas in irgendeiner Sache, wenn das, was irgendeinem zukommt, nicht in seiner ganzen Fülle in ihm sich findet, sondern defizient (quando illud, quod attribuitur alicui, non plenarie invenitur in eo, sed deficienter)« (S. Th. I, 108, 5). In diesem engen, aber metaphys. schwerwiegenden Sinne sagt Thomas das Höchste, was christl. über den Menschen gesagt wurde, die gnadenhafte Überhöhung seiner Natur (→Gnade), mit Hilfe des T.-Begriffes: Die Gnade ist »eine gewisse T. an der Göttlichen Natur – sc. gratia est quaedam participatio divinae naturae« (S. Th. I–II, 112, 1 c et passim).

Diese ontolog., partizipative Gnadenlehre hat ihren Höhepunkt bei Thomas, die Würde des Menschen aufgrund seiner T. an der Göttl. Natur kennt aber die ganze christl. Tradition: Die Hinzufügung eines Tropfen Wassers in den Wein bei der Gabenbereitung in der Eucharistiefeier wird (heute verkürzt) in dem bereits altchristl. Ordo Missae mit dem Gebet begleitet. ... »laß uns teilhaben an der Gottheit dessen (eius divinitatis esse consortes), der unsere Menschennatur angenommen hat« (consortes lt. Kontext gleichbedeutend mit particeps). H. Meinhardt

Lit.: LThK², s.v. Partizipation – HWP, s.v. Idee, Chorismos, T. [in Vorber.] – H. MEINHARDT, T. bei Platon, 1968 – DERS., Das Eine vor den Gegensätzen, Arch. f. Begriffsgesch. XXII, 2, 1978, 133–153 – CH. P. BIGGER, Participation. A Platonic inquiry, 1968 – G. v. BREDOW, Platonismus im MA, 1972 – W. J. CARROL, Participation in Selected Texts of Pseudo-Dionysius the Areopagite's The Divine Names, 1981 – s.a. →Idee, →Platon – Platonismus, →Substanz, →Eine (das) – Einheit, →Neuplatonismus.

Teilpacht → Pacht, →Teilbau

Teke-oğullari, Zweig der Ḥamīd-oğullarï und Dynastie eines türk. Emirates um →Antalya und Korkuteli (Istanoz). Die Eroberung Antalyas (wohl zw. 1314 und 1319) durch den Hamīd-oğli Felek ed-Dīn Dündar markiert den Beginn der Dynastie. Erster →beg war der Bruder Dündars, Yūnus, dessen Söhne sich das Territorium der T. ztw. teilten. Als kleine Macht behaupteten sich die T. zw. den →Ilchānen, den Karamaniden (→Karaman), den ägypt. →Mamlūken und dem lat. Kgr. →Zypern, das zw. 1361 und 1373 Antalya hielt, bis 1391 Bāyezīd I. ihr Territorium für die Osmanen eroberte. Auch nach der Schlacht v. Ankara 1402 verloren die Osmanen die Kontrolle nie ganz und beseitigten den letzten Prätendenten der T. 1423. Ch. K. Neumann

Lit.: B. FLEMMING, Landschaftsgesch. von Pamphylien..., 1964 – M. C. Ş. TEKINDAĞ, Teke-ili ve Tekeoğulları, Tarih Enstitüsü Dergisi 7/8, 1977, 55–95.

Telec, bulg. Khan 761–764, aus dem Geschlecht Ugain, gelangte durch einen Umsturz zur Herrschaft, bei dem Khan Vinech und das ganze herrschende Geschlecht der Wokil ermordet wurden. T.s antislav. Politik ließ einen gr. Teil d. slav. Stämme in Byzanz Zuflucht suchen. In Angriffen gegen das Byz. Reich verwüstete er Ostthrakien. Ks. Konstantin V. unternahm einen Feldzug gegen Bulgarien zu Land und zu See. Die Schlacht auf dem Anchialosfeld (30. Juni 763) führte auf beiden Seiten zu großen Verlusten. Schließlich entschieden seine Mißerfolge in den Kriegen gegen Byzanz sein Schicksal: Er wurde mit seinem gesamten Anhang ermordet, und Sabin bemächtigte sich der Herrschaft. V. Gjuzelev

Lit.: ZLATARSKI, Istorija, I/1, 208–215.

Telerig, bulg. Khan 768–777, unmittelbarer Nachfolger des ermordeten Khans Pagan. T. vermochte zu Anfang seiner Regierungszeit die unsichere Lage im Innern des bulg. Reiches zu stabilisieren und erlangte nach dem gescheiterten Feldzug Ks. →Konstantins V. ztw. Frieden mit Byzanz. 773 gelang es ihm, den slav. Stamm der Berziti, der im zentralen Teil →Makedoniens siedelte, zum Anschluß an Bulgarien zu bewegen. Seine Heerzüge stießen auf den militär. Widerstand von Byzanz. T. machte durch List die »geheimen Freunde« des byz. Basileus in Bulgarien ausfindig, ließ sie gefangensetzen und umbringen (774). Seine proslav. Politik weckte die Opposition eines Teils des protobulg. Adels. T. mußte in Byzanz Zuflucht suchen, wo er zum Patrikios (→Patricius, II) ernannt wurde und unter dem Namen Theophylaktos zum Christentum übertrat. V. Gjuzelev

Lit.: ZLATARSKI, Istorija, I/1, 226–238

Telesphorus v. Cosenza, angebl. Priester und Eremit, nach dem sich die im Abendland. Schisma verbreitete Schrift »Libellus de causis, statu, cognitione ac fine instantis schismatis et tribulationum futurarum« (Erstdr. Venedig 1516) nennt. Ausgehend von der Vision endzeitl. Erneuerung der Kirche (→Joachim v. Fiore) greift sie die Ideen vom anti-chr. Ks. »Friedrich« und kommenden »Engelpapst« (→Pastor angelicus) auf, der mit Hilfe des frz. Ks.s »Karl« die Kirche aus Bedrängnis befreien und zur apostol. Armut zurückführen wird. Neben Schriften Joachims sind ps.-joachit. Texte wie Spiritualenkreisen und weitere Schriften prophet. Anspruchs (z.B. →Arnalds v. Villanova) verarbeitet. Die 1. Fassung (ca. 1356) wurde 1386 dem nun eingetretenen Schisma angepaßt. Dagegen wendet sich 1392 der dt. Theologe→Heinrich v. Langenstein. J. Schlageter

Lit.: LThk² IX, 1347 – E. DONKEL, AFrH 26, 1933, 29–104, 282–314 – B. MCGINN, »Pastor angelicus«: Santi e Santità nel sec. XIV (Atti XV Conv. Internaz. Assisi, 1989) – Il Profetismo gioachimita tra Quattrocento e Cinquecento (Atti III Congr. Internaz. di Studi Gioachimiti, 1989).

Tell (Weißes Buch v. Sarnen 1470: *were ich witzig, ich hiessi anders und nit der Tall*; Bundeslied [→Historisches Lied] 1477: *Wilhelm Thell*), galt seit dem 15. Jh. als einer der Gründerväter der schweiz. →Eidgenossenschaft und war deren Landesheld. Mit seinem Tyrannenmord – gemäß Aegidius Tschudi 1307, gemäß K. MEYER 1291 – soll der Urner dem im Zusammenhang mit dem sog. →Ewigen Bund angebl. erfolgten Befreiungskampf der drei Waldstätte Uri, Schwyz und Unterwalden zum Durchbruch verholfen haben. Die T.geschichte ist in sagenhafter Überlieferung nach der Mitte des 15. Jh. erstmals faßbar; aber noch im 16. Jh. wurde sie sehr unterschiedl. erzählt. Aegidius Tschudi gab dem komplexen Sagenstoff im »Chronicon Helveticum« die heute geläufige Form. Friedrich Schiller folgte im Drama »Wilhelm T.« (1804) Tschudis Darstellung, in den entscheidenden Szenen bis in den Wortlaut, und machte damit den altschweizer Mythos zu einem Thema der Weltlit. T.s hist. Existenz wurde seit dem 16. Jh. immer wieder angezweifelt; die eigtl. Kontroverse begann aber erst mit der wiss. Gesch.sschreibung des 19. Jh. (ablehnend J. E. KOPP [1835], krit. W. OECHSLI [1891], bejahend K. MEYER [1927]). Beim heutigen Stand der Forsch. läßt sich nur sagen, daß es für die Existenz T.s vor der Mitte des 15. Jh. keine eindeutigen Zeugnisse gibt und das angebl. Befreiungsgeschehen samt T. und Tellentat in keiner Weise in den polit. und sozialen Rahmen der Zeit um 1300 paßt. B. Stettler

Q. und Lit.: Das Weiße Buch v. Sarnen (Q.werk zur Entstehung der schweiz. Eidgenossenschaft, III/1, 1947) – Das Lied von der Entstehung der Eidgenossenschaft (ebd. III/2. 1, 1952) – Aegidius Tschudi, Chronicon Helveticum III, ed. B. STETTLER (Q. zur Schweizer Gesch. NF I, VII/3, 1980) [mit ausführl. Einl.].

Teller. Nach Ausweis der schriftl. und archäolog. Q. hat es T. als Bestandteil des Tischgeschirrs im heutigen Sinne im frühen MA nur sehr selten gegeben. So fand sich in dem unter dem Kölner Dom ausgegrabenen Knabengrab des 6. Jh. das Frgm. eines gedrechselten Holztellers, dem die flachen Holzscheiben mit erhöhtem Rand des hohen MA sehr ähnlich sind (DOPPELFELD). Die runden Brettchen, z. T. auch ohne bes. Profilierung des Randes, wurden als Unterlagen für Speisen benutzt. Schon in der älteren Lit. werden Scheiben aus Brot als T. erwähnt. Die durch archäolog. Funde bereits seit langem bekannten flachen Holzteller mit profiliertem Rand des 13. Jh. sind auf Bildern des hohen und späten MA und der Frühen NZ häufig vertreten. Zur Dokumentation des Hausrates gehobener Qualität werden die Eßbrettchen gelegentl. auch als Metallteller dargestellt (HUNDSBICHLER, Abb. 276). In Spezialarbeiten zum flachen Holzteller (SCHIEDLAUSKY, RENAUD) wird deutl., daß diese T.form noch lange auf den Eßtischen benutzt wurde.

Die vielfach geäußerte Ansicht, daß T. der heute geläufigen Form erst im 15. oder 16. Jh. aufkommen, ist seit langem nicht mehr haltbar. Bereits im 12. Jh. gibt es sie in flacher Ausführung mit breitem oder schmalem Rand und vertiefter Innenfläche (NEUGEBAUER, Abb. 1A–E). Auch aus dem 13. Jh. und der Zeit bis um 1500 sind profilierte T., z. T. mit steilen oder geschwungenen Rändern, bekannt (MÜLLER, 288ff.; KOLCHIN, 51ff. Pl. 44–46; FALK, Abb. 2, 3, 5, 7, 8; NEUGEBAUER, Abb. 5B–D). Bei allen Stücken handelt es sich um gedrechselte Holzteller, die z. T. mit eingeritzten Marken auf der Standfläche oder an anderen Gefäßteilen besetzt sind. Aufgemalte oder eingebrannte Verzierungen sind selten. Bei den Exemplaren des späten MA und der Frühen NZ sind die zwangsläufig entstehenden Drehrillen innen und gelegentl. auch außen als z. T. sehr feine Verzierungselemente anzusprechen. T. aus Ton gehören zum Programm der Töpferei in Siegburg (→Steinzeug; →Töpfer). Von der Mitte des 12. Jh. an werden dort flache Irdenware-T. mit erhöhtem Rand hergestellt. In den Niederlanden werden T. aus roter Irdenware im 14. und 15. Jh. produziert. Z. T. sind sie mit geometr. oder figürl. Motiven, häufig Vögeln, in einfacher Maltechnik verziert (BRUIJN, 1979). T. aus Fayence werden im ma. Spanien hergestellt. Mit den Arabern erreichte die Fayencetechnik die Iber. Halbinsel offenbar bereits im 12. Jh. Gefäße, darunter auch T., sind jedoch erst für das 13./14. Jh belegt. Im 15. Jh. werden Lüsterverzierungen vielfach zusammen mit blauer Bemalung flächendeckend auf große T. aufgetragen (CAIGER-SMITH). Diese in viele Teile Europas exportierte span.-maur. Keramik wird durch Ausgrabungen in wachsenden Stückzahlen v. a. in See- und Handelsstädten nachgewiesen (HURST-NEAL). T. aus →Glas sind für die zweite Hälfte des 15. Jh. durch ven. Produktion belegt. Metallteller sind sehr selten. Im 15. Jh. gibt es kleine Schalen aus Zinn und ab etwa 1500 sind auch Zinnteller bekannt (Keur van Tin, Kat. Nr. 52, 53, 139, 140, 266–268).

Definiert werden T. als runde oder scheibenförmige Geräte von flacher oder tiefer Form mit erhöhtem Rand, auf die Speisen gelegt und zerteilt werden und von denen gegessen wird. Um auf neutralem Wege die richtige Bezeichnung zu finden, hat es sich als praktikabel erwiesen, Maßverhältnisse zu ermitteln. Ist das Verhältnis Durchmesser zu Höhe größer als 1:5, handelt es sich um einen T. Sind die Proportionen geringer als 1:5, liegt eine Schale (Durchmesser unter 20 cm) oder eine Schüssel (Durchmesser über 20 cm) vor.   A. Falk

Lit.: J. G. N. RENAUD, Houten gedraaide gebruiksvoorwerpen uit de middeleeuwen, Oudheidkundig Jaarboek 12, 1943, 41–47 – W. NEUGEBAUER, Typen ma. Holzgeschirrs aus Lübeck (Frühe Burgen und Städte, Beitr. zur Burgen- und Stadtkernforsch. 1954), 174–190 – G. SCHIEDLAUSKY, Über den flachen Holzteller, Anz. des Germ. Nationalmus. 1954-59, 170–191 – O. DOPPELFELD, Das frk. Knabengrab unter dem Chor des Kölner Domes, Germania 42, 1964, 156–188 – A. CAIGER-SMITH, Tin-Glaze Pottery in Europe and the Islamic World, 1973 – Keur van Tin uit de havensteden Amsterdam, Antwerpen en Rotterdam, 1979 – A. BRUIJN, Pottersvuren langs de Vecht, Rotterdam Papers III, 1979 – J. G. HURST–D. S. NEAL, Late Medieval Iberian Pottery imported into the Low Countries, ebd. IV, 1982, 83–110 – A. FALK, Holzgeräte und Holzgefässe des MA und der NZ aus Lübeck, ZAMA 11, 1983, 31–48 – H. HUNDSBICHLER, Nahrung (Alltag im SpätMA, 1986²), 196–231 – B. A. KOLCHIN, Wooden Artefacts from Medieval Novgorod, 1989 – U. MÜLLER, Die Kleinholzfunde (Die Latrine des Augustinereremiten-Kl. in Freiburg i. Breisgau, 1995), 285–316.

Temesvár (Timişoara), Stadt am Fluß Temesch, nach der ung. Landnahme im 10. Jh. Residenz des ung. Fs.en Galod (Glad) und seines Nachfolgers Ajtony (Ochtum), der gegen den Willen Kg. Stephans I. zur gr. Kirche tendierte. Nach dem Sieg über Ajtony (1008) organisierte Kg. Stephan den Komitat und die Erzdechantei um T., ein comes wird in Urkk. erst um 1117 erwähnt. Seit 1330 gab es in der Stadt drei Pfarrkirchen (õ Eligius, Georg, Martin) und die Kl. der Minoriten und Dominikaner. Noch bevor sich Karl I. Robert v. Anjou endgültig als Kg. in Ungarn durchsetzen konnte, machte er T. zu seiner Residenz (1315–23) und erbaute einen Palast. Im Sept. 1397 hielt Kg. Siegmund hier eine Parlamentsversammlung ab. T. erlangte Bedeutung als Befestigung gegen die Türken, in der Banus v. →Severin und der Kapitän v. Temes residierten, sie wurde von den →Hunyadi mit einem Kastell verstärkt. 1514 war T. letzter Stützpunkt des Bauernführers Georg Dózsa, und 1552 fiel es schließlich in die Hände der Türken.   Gy. Györffy

Lit.: D. CSÁNKI, A Hunyadiak kora Magyarországon, VII, 1–92 – T., red. S. BOROVSZKY, 1914, 1–43.

Tempel v. Jerusalem. Die Zerstörung des von →Salomo errichteten, nach dem Exil und seit 20/19 v. Chr. unter Herodes erneuerten T. durch Titus i. J. 70 n. Chr. galt in der chr. Lit. als Erfüllung der Weissagungen Jesu, die Vereitelung des von →Julianus Apostata geplanten Wiederaufbaus durch Brand (Erdbeben: BROCK) und frühen Tod als Gottesurteil. Der T. wurde im frühchr. und ma. typolog. Denken Vorbild der Kirche Christi, aber auch des →Himmlischen Jerusalem. Um 600 ist der Kirchenbezug in einem Mosaik des T.s vor dem Altar der Marienkapelle des Mosesheiligtums am Berg Nebo verbildlicht, ein Gegenstück zu Bildern in palästinens. Synagogen, die z. T. den T. und den Thoraschrein verbinden und, wie schon Münzen des Bar-Kochba-Aufstands (132–135) mit T.fassade und Bundeslade, die Hoffnung auf Wiederaufbau und messian. Zeit zum Ausdruck brachten. In chr. Lit. und Kunst des MA nahm der T., bes. nach Eroberung der Stadt i. J. 1099 (→Jerusalem, →Kreuzzüge), erhebl. Rang ein, was auch seine Ausstattung betraf: Bundeslade (Mosaik in →Germigny-des-Prés, Anfang 9. Jh.), »Salomon.« Säulen des 12./13. Jh. (z. T. nach 1 Kön 7, 21 mit Jachin und Boas beschriftet; Beispiele: v. NAREDI-RAINER, 139–154), Taufbecken in Form des Ehernen Meeres (1 Kön 7, 23–26; Belege: BLOCH, 1963/64), große →Siebenarmige Leuchter (als Nachbildung der →Menora lit. gesichert; Stellen: BLOCH, 1961, 55f.). Ma. Erwähnungen des T.s selbst sind trotz Kenntnis der islam. Entstehung der Bauten auf dem Tempelberg legendär und zwiespältig. Der Zentralbau des Felsendoms galt als Templum Salomonis (z. B. Wiener Hs. der →Bible moralisée, Chronik des Hartmann →Schedel) oder als Templum Domini; dann war die Al-Aqṣa-Moschee Templum Salomonis. Vor diesem liegt in Kreuzfahrerplänen (Belege: KRINSKY, KÜHNEL) ein Claustrum Salomonis, das in der ma. Lit. bisweilen als Vorbild des Kreuzgangs im →Kloster galt (Belege: Dynes).

J. Engemann

Lit.: LCI IV, 255–260 – P. Bloch, Siebenarmige Leuchter in chr. Kirchen, Wallr.-Rich. Jb. 23, 1961, 55–190 – Ders., Nachwirkungen des Alten Bundes in der chr. Kunst, Monumenta Judaica, Ausst.kat. Köln 1963/64, Hb 735–786 – R. Haussherr, Templum Salomonis und Ecclesia Christi, ZK 31, 1968, 108–121 – C. H. Krinsky, Representations of the Temple of J. Before 1500, JWarburg 33, 1970, 1–19 – Th. A. Busink, Der T., 1–2, 1970–80 – W. Dynes, The Medieval Cloister as Portico of Solomon, Gesta 12, 1973, 61–69 – The Temple of Solomon, hg. J. Gutmann, 1976 – S. P. Brock, PalExpl. Quart. 108, 1976, 103–107 – H. Rosenau, Vision of the Temple, 1979 – B. Kühnel, From the Earthly to the Heavenly Jerusalem, 1987 – P. v. Naredi-Rainer, Salomos Tempel und das Abendland, 1994 – Die Reise nach Jerusalem, Ausst.kat. Berlin 1995/96.

Temperamentenlehre. Grundelemente der durch das Viererschema der →Humoralpathologie bestimmten ma. T. finden sich bereits im antiken Corpus Hippocraticum (Peri diaites, Peri physeos anthropou), wo körperl. Disposition und geistige Verfassung des Menschen auf bestimmte Kombinationen der Qualitäten (Feucht, Trokken, Warm, Kalt) zurückgeführt werden. In den (pseudo)aristotel. Problemata werden Symptome der Melancholie ausführlich beschrieben und humoralpatholog. gedeutet (Probl. XXX, 1). →Galen begründet nicht nur Krankheiten, sondern auch Charaktereigenschaften mit dem Überwiegen eines der vier Körpersäfte. Um 200 n.Chr. gebrauchte Sextus Empiricus erstmals die Begriffe polyhaimos (sanguinicus) und phlegmatodes (phlegmaticus). Zusammen werden die vier Temperamente (sanguinicus, melancholicus, cholericus und phlegmaticus) allerdings erst im 12. Jh. genannt ('Philosophia' des →Wilhelm v. Conches). →Hugo de Folieto überliefert die Meinung zeitgenöss. Ärzte, »daß die Sanguiniker süß seien, die Choleriker bitter, die Melancholiker traurig und die Phlegmatiker gleichmütig« (De medicina animae).

In Spätantike und frühem MA wurde die Abhängigkeit seel.-charakterl. Konstitutionen von den humores häufig kommentiert, ohne daß die entsprechenden Temperamente benannt wurden (Pseudo-Galen, Pseudo-Soranus, →Beda, →Isidor v. Sevilla, der Autor der Sapientia artis medicinae). Wichtig wurde der phantasiereiche, Vindicianus zugeschriebene Brief an Pentadius (4. Jh.), der den im 13. Jh. in Salerno verfaßten Vindician. Merksprüchen zugrundelag. Während die gen. Autoren die Melancholie völlig negativ werteten, vertrat Rufus v. Ephesus bereits im 2. Jh. die These, daß sie häufig »Menschen von feinem Verstand und großem Scharfsinn« auszeichne. Nach der von orthodoxen ma. Galenisten (darunter arab. Ärzten wie Haly, →Avicenna, Ḥunain b. Isḥāq (→Johannitius) oder westl. Autoren wie →Constantinus Africanus) vetretenen »strengen« Humoralpathologie galten bestimmte Qualitäten-Komplexionen allerdings nicht als Konstitutionen im Sinn der T., sondern als »klinische« Krankheitsdispositionen. In diesem Sinne ordnete Constantinus z.B. der Qualität calidus die Eigenschaften »intellectus bonus, homo multum facundus, mobilissimus, audax, iracundus, libidinosus, multum appetens et cito digerens« zu, und →Averroes schloß bei melanchol. Symptomen auf Erkrankungen bestimmter Hirnkammern ('Colliget'). Dagegen kompilierte der byz. Mönch Meletios im 9. Jh. in seiner Schrift 'Peri tes tou anthropou paraskeues' eine humorale Charakterlehre.

Im Gegensatz zum Autor der Problemata verband →Alexander Neckam intellektuelle und künstler. Leistungen mit dem sanguin. Temperament, ebenso →Albertus Magnus, der freilich durch die Konstruktion einer ebenfalls geistige Leistungen begünstigenden, wenigen Menschen vorbehaltenen Melancholia non naturalis den Brückenschlag zu Aristoteles suchte. →Wilhelm v. Auvergne hielt den Melancholiker in bes. Weise der christl. Askese fähig, während →Hildegard v. Bingen den humor melancholicus kritisch von Adams Sündenfall ableitete. Im Regimen Salernitanum erscheinen die Melancholiker als geborene Geistesarbeiter (»Hi vigilant studiis, nec mens est dedita somno«).

Über den Melancholiekult gewinnt die T. in der Renaissance ihre höchste Bedeutung (Antonio Guainerio, Marsilio →Ficino), wobei seit dem HochMA astrolog. Aspekte Einfluß gewinnen. Dürers Melencolia I (1514) gilt als Höhepunkt dieser Entwicklung. Auch die übrigen Temperamente wurden häufig dargestellt (Augsburger Kalender 1480, Straßburger Kalender 1502, Dürers Vier Apostel 1526).

K. Bergdolt

Lit.: R. Klibansky, E. Panofsky, F. Saxl, Saturn and Melancholy. Stud. in the Hist. of Natural Philos., Religion and Art, 1964 – E. Schöner, Das Viererschema in der antiken Humoralpathologie, Sud-Arch Beih. 4, 1964 – H. Flashar, Melancholie und Melancholiker in den med. Theorien der Antike, 1966 – G. Harig, Verhältnis zw. Primär- und Sekundärqualitäten in der theoret. Pharmakologie Galens, NTM 1973, 64–81 – F. Lenhardt, Temperamentenbilder (Nürnberger Kod. Schürstab II, hg. G. Keil, 1983, 182–185).

Temperantia → Mäßigkeit

Tempier, Étienne, Bf. v. →Paris seit 7. Okt. 1268, † 3. Sept. 1279. Nachrichten über Herkunft und Persönlichkeit von T. fehlen; sein erhaltenes Werk umfaßt nur drei unedierte Predigten (Paris, Bibl. Nat. lat. 16481). Bekannt ist lediglich, daß er Mag. theol. und Kanoniker an Notre-Dame de Paris war; 1263 wurde er Kanzler des Kathedralkapitels und damit auch der Univ. (→Paris, D. III), mit der er wegen der ohne Genehmigung der Magister erteilten Lehrbefugnisse (→licentia) einen Konflikt austrug. Zum Bf. erhoben, war T. einer der Testamentsvollstrecker Kg. →Ludwigs d. Hl.n, geriet aber durch Verteidigung der Rechte der Pariser Kirche in Gegensatz zu Ludwigs Sohn, Kg. →Philipp III. In der Gesch. des MA ist T.s Name aber in erster Linie verbunden mit den beiden Verurteilungen des 'lat. Averroismus' (→Averroës, II; →Aristotelesverbote) vom 10. Dez. 1270 (in 13 Artikeln) und 7. März 1277 (in 219 Artikeln). Wie groß war hieran der persönl. Anteil des Bf.s? Er wurde zweifellos durch eine Mehrheit der Theologiemagister, welche Listen der inkriminierten Lehrsätze erstellt hatten, zum Einschreiten gedrängt; darüber hinaus hatte ihn der Papst um Eröffnung eines Verfahrens ersucht. Doch darf getrost auch angenommen werden, daß der autoritäre und konservative Bf. der eigenständigen Entwicklung des philosph. Lehrbetriebes und dem massiven Einbruch des Aristotelismus in die Theologie voll Ablehnung gegenüberstand; angesichts der in seinen Augen skandalösen Unruhen, die seit mehreren Jahren die Artistenfakultät erschütterten, nahm er die Gelegenheit wahr, um seine Autorität als Hüter der moral. Grundsätze zur Geltung zu bringen.

J. Verger

Lit.: DThC XV/1, 99–107 [P. Glorieux] – R. Hissette, Enquête sur les 219 articles condamnés à Paris le 7 mars 1277, 1977 – Ders., É. T. et ses condamnations, RTh 47, 1980, 231–270 – J. Châtillon, L'exercice du pouvoir doctrinal dans la Chrétienté du XIIIe s.: le cas d'É. T. (Ders., D'Isidore de Séville à s. Thomas d'Aquin, 1985) – L. Bianchi, Il vescovo e i filosofi, 1990 – F.-X. Putallaz, Insolente liberté, 1995.

Templer
I. Gründung – II. Zwischen Orient und Okzident – III. Verteidiger des Heiligen Landes – IV. Innere Organisation – V. Vernichtung des Ordens.

I. Gründung: Der Orden der T., der erste geistl. →Ritterorden, wurde 1120 in →Jerusalem durch →Hugo v. Payns

(29. H.) aus der Champagne gegründet. Seine Aufgabe bestand im Schutz der nach dem 1. →Kreuzzug in großer Zahl nach Jerusalem strömenden →Pilger; sein Name geht zurück auf den 'Tempel', dem Haupthaus des Ordens in Jerusalem, dort, wo sich nach der Überlieferung der »Tempel Salomons« befand. Bald beteiligten sich die T. ebenso wie die →Johanniter aktiv an den Kämpfen zur Verteidigung der lat. Fsm.er. Die Regel des neuen Ordens wurde im Jan. 1129 auf dem Konzil v. →Troyes in Gegenwart des hl. →Bernhard v. Clairvaux neugefaßt. Die Vereinigung der beiden Funktionen des Gebets und des Kampfes in einer einzigen Institution widersprach der zu Beginn des 11. Jh. entwickelten Theorie (vgl. z. B. →Adalbero v. Laon) von den 'drei →ordines', die den Betenden, Kämpfenden und Arbeitenden ihren jeweiligen Platz zuwies. Der Einfluß des hl. Bernhard dominierte bei der Durchsetzung des Ideals der »nouvelle chevalerie« der T., deren Mission er in seinem Werk »De laude novae militiae« feierte. Diese Entwicklung vollzog sich mit der Übernahme der Idee des gerechten Krieges (→bellum iustum) durch Gesellschaft und Kirche des lat. Westens; sie war auch eine Folge der →Gregorian. Reform. Der Kreuzzug eröffnete dem westl. →Rittertum seinen eigenen Heilsweg. Dadurch war der T.orden (wie die anderen großen Ritterorden) für die Ritter das wichtigste Mittel, um zu →Askese und Heiligung (und damit zur Integration ihrer Existenz in die christl. Gesellschaft) zu finden; ebenso bildete er gleichsam den Stoßtrupp der expandierenden christl. Kräfte. Er war, obwohl im Orient entstanden, eine authent. Schöpfung der westl. Christenheit. Durch die Bulle »Omne datum optimum« (1139) empfingen die T. ihre Privilegien und wurden unmittelbar der päpstl. Autorität unterstellt. 1147 erhielten sie das Recht, auf weißem Mantel das rote Kreuz zu tragen.

II. ZWISCHEN ORIENT UND OKZIDENT: Der T.orden fand im Westen die materiellen und menschl. Ressourcen, die ihm das Wirken im Osten erst ermöglichten. Rasch flossen ihm Gaben und Almosen zu. Die T. galten ebenso wie die Johanniter als Männer des Gebets, deren Fürsprache als bes. wirksam galt, da sie die durch das Leben und Leiden des Erlösers geheiligten Stätten bewachten. In den west- und mitteleurop. Ländern entstand ein (bes. in Frankreich dicht geknüpftes) Netz von T.häusern, die in →Kommenden (commanderies), Balleien (baillies) und Provinzen (provinces) verwaltet wurden. Auf der Iber. Halbinsel erkannte das Kgtm. rasch den Wert des Ordens für die →Reconquista. Insbes. der Kg. v. Aragón betraute T. und Johanniter mit dem Schutz und der Wiederbesiedlung (→Repoblación) der neueroberten Grenzzonen; zu diesem Zweck errichteten die T. mächtige Burgen wie →Monzón und Miravet. Bei alledem vernachlässigte der T.orden nie seine eigtl. Bestimmung, die Verteidigung von Jerusalem; lediglich die T. in Portugal schlugen einen eigenen Weg ein und konzentrierten sich gänzl. auf ein Wirken im Rahmen des Kgr.es (ab 1319 als →Christusorden).

Die T.häuser im Westen waren in der Regel bescheidene feste Häuser mit einer einfachen Kapelle auf rechtwinkligem Grundriß (die berühmten, als Rotunden/Zentralbauten errichteten →Heiliggrabkapellen bildeten nur eine geringe Minderheit). Diese Ordensniederlassungen waren Zentren von Grundherrschaften (→Seigneurie), deren Erträge zu einem Teil in den Orient zur Deckung der militär. Kosten geschickt wurden (responsiones). Auf eine Steigerung des Profits bedacht und der Geldwirtschaft zugewandt, verstanden es die T., intensiven und innovativen →Landesausbau zu betreiben; wichtige Beispiele sind die →Bewässerung des Rio-Cinca-Tals in Aragón, die Errichtung eines Systems von Mühlen an der Aude (Südfrankreich), die Übernahme des vierjährigen Fruchtwechsels (assolement quadriennal) in der Normandie, die profitable Nutzung der Handelsmessen. Die T. gaben dem Geldverkehr wichtige Impulse, da sie zur Erfüllung ihrer Mission im Osten zu Experten der Anlage und Überweisung von Geldmitteln wurden, so daß Pilger, Fs.en, Geschäftsleute und Kleriker ihre Dienste in Anspruch nahmen. Unabhängig von ihren eigenen Fonds wickelten sie den Zahlungsverkehr von Privatpersonen ab, und namentl. die Kg. e v. Frankreich und England vertrauten ihnen ihren Schatz (→Trésor) an.

III. VERTEIDIGER DES HEILIGEN LANDES: Im lat. Orient mit seiner ständigen Verteidigungsbereitschaft stellten die Ritterorden, unter ihnen die T., mehr als die Hälfte der Kämpfer; im 13. Jh. standen fast alle großen Burgen (→Burg, D.I) in ihrer Obhut. Die T. richteten regelrechte Marken mit militär. und wirtschaftl. Kontrolle der strateg. wichtigen Grenzzonen ein: Baġras im N des Fsm.s →Antiochia; Chastel Blanc und →Tortosa in der Gft. →Tripoli; Safed, La Fère und →Chastel Pélerin im Kgr. Jerusalem. Ihr Mut und ihre Disziplin wurden allg. geschätzt, auch wenn ihr Verhalten gelegentl. durch Tollkühnheit, oft durch Arroganz geprägt war. Manchmal beeinträchtigten sie durch Ausweitung ihrer Mission in verhängnisvoller Weise die polit. und militär. Entscheidungen der Kreuzfahrerstaaten (z. B. in der Schlacht v. →Ḥaṭṭīn, 1187); die maßlose Rivalität zw. T.n und Johannitern erwies sich im Krieg v. St-Sabas (Akkon, 1258) für beide Orden als rufschädigend. Bei der aussichtslosen Verteidigung von Akkon (1291) bewiesen die T. ihren ungebrochenen Willen zur Selbstaufopferung.

IV. INNERE ORGANISATION: Das Hauptquartier der T. war anfängl. Jerusalem (al-Aqṣā-Moschee, über dem vermeintl. 'Templum Salomonis'). Nach 1187 verlegten sie ihren Sitz nach Akkon, dann auf die Burg Chastel Pélerin, die 1291 der letzte von den Lateinern geräumte Stützpunkt war. Danach zogen sie sich nach →Zypern zurück, wo sie bis zur Aufhebung des Ordens ihr Haupthaus unterhielten. Der Orden wurde geleitet von einem Meister, dem ein Rat und hohe Würdenträger (Seneschall, Marschall u. a.) zur Seite standen. Im 13. Jh. wurde der Meister im Westen durch einen Generalvisitator vertreten. An der Spitze der Ordensprovinzen war der Meister, den Kommenden stand ein →Komtur (commandeur – praeceptor) vor. Die Brüder des Ordens teilten sich in frères de couvent (Ritter, sergents, Kapläne), welche die drei Gelübde des Gehorsams, der Keuschheit und der Armut abgelegt hatten, und in frères de métiers, die für die wirtschaftl. Aufgaben zuständig waren. Die confrères des T.ordens nahmen nur zeitweilig und gleichsam als Hilfskräfte am Leben des Ordens teil; manche schlossen sich ihm im Alter an, um während des Lebensabends an den Wohltaten und Gebeten des Ordens teilzuhaben. Der T.orden rief hauptsächl. wegen seiner Privilegien und seines arroganten Auftretens Kritik hervor, so bei Publizisten und Moralisten wie dem Chronisten →Matthaeus Paris sowie den Dichtern Jacquemart →Giélée (»Renart le Nouvel«; →Renart, II) und Gervais du Bus (→»Fauvel«), die aber durchaus auch gegen andere religiöse Orden polemisierten. Im übrigen konnte der T.orden bis zu seinem gewaltsamen Ende neue Mitglieder, für welche der Orden offenbar attraktiv blieb, rekrutieren.

V. VERNICHTUNG DES ORDENS: Sie wurde ausgelöst nicht durch innere Zerfallserscheinungen, sondern durch die zielbewußte Aktion Kg. →Philipps IV. des Schönen v.

Frankreich, der am 13. Okt. 1307 alle T. des Kgr.es unter der – offensichtl. unberechtigten – Anklage der →Häresie und Blasphemie verhaften und die Güter des Ordens konfiszieren ließ. Papst Clemens V. ordnete seinerseits kurz darauf die Gefangennahme der T. in der ganzen Christenheit an. Die frz. Monarchie führte den Häresieprozeß gegen die T. (1307–10 bzw. bis 1314) offensiv als großen polit. Prozeß (→Templerprozeß), bewußt im Bestreben, die staatl. Autorität gegen die päpstl. Gewalt zu stärken. Die anderen weltl. Souveräne Europas, auch wenn sie von der Schuld der T. nicht immer überzeugt waren, taten wenig zu deren Schutz, zumal die Ausschaltung des Ordens auch ihre Machtstellung gegenüber der Kirche kräftigte. Das Papsttum vermied eine offene kirchl. Verurteilung, vollzog aber auf dem Konzil v. →Vienne (1312) die Aufhebung des Ordens, dessen Güter den Johannitern übertragen wurden.   A. Demurger

Bibliogr.: M. Dessubré, Bibliogr. de l'ordre des templiers, 1928 [Neudr. 1966] – H. Neu, Bibliogr. des T.ordens (1927–56), 1965 – *Q.:* J. Michelet, Le Procès des Templiers, 1841–51 [Neudr. 1987] – La règle du Temple, ed. H. de Curzon, 1886 – M. d'Albon, Cart. gén. de l'ordre du Temple (1119–50), 1913–22 – G. Lizerand, Le dossier de l'affaire des Templiers, 1923 [Neudr. 1989] – R. Sève – A.-M. Chagny-Sève, Le procès des templiers d'Auvergne, 1986 – *Lit.:* DSAM XV, 152–161 [Lit.] – M.-L. Bulst-Thiele, Sacrae domus Militia Templi..., 1974 – P. Partner, The murdered Magicians. The Templars and their Myths, 1981 – A. Demurger, Vie et mort de l'ordre du Temple, 1985 – R. Hiestand, Kard.bf. Matthäus v. Albano, das Konzil v. Troyes und die Entstehung des T.ordens, ZKG 99, 1988, 295–325 – F. Bramato, Storia dell'ordine dei Templari in Italia, 1991–94 – P. de Saint-Hilaire, Les sceaux templiers, 1991 – G. Martinez-Diez, Los Templarios en la corona de Castilla, 1993 – M. Barber, The New Knighthood. A Hist. of the Order of the Temple, 1994 – M. Miguet, Templiers et Hospitaliers en Normandie, 1995.

Templerkirchen, Kirchen des bes. in Frankreich begüterten →Templerordens, z.T. kleine runde oder achteckige Zentralbauten mit Chor (Paris, Laon, St. Mary in London, Cambridge Little Marplestead, Dover, Metz), aber auch einfache Saalkirchen mit Chor (St. Matthäi in Braunschweig, Berlin-Tempelhof, Tempelberg/Krs. Fürstenwalde, Lietzen/Krs. Seelow). Die T. wurden nach der Auflösung des Templerordens 1312 zumeist von →Johannitern übernommen und verändert.   G. Binding

Lit.: E. Lambert, L'architecture des Templiers, 1955 – G. Binding – M. Untermann, Kleine Kunstgesch. der ma. Ordensbaukunst in Deutschland, 1985.

Templerprozeß, spektakulärer polit. Prozeß, dessen Protagonisten der kgl. Siegelbewahrer Guillaume de →Nogaret, Papst →Clemens V. und Kg. →Philipp IV. 'der Schöne' v. Frankreich waren. Die Verhaftung der →Templer (T.) des gesamten Kgr.es →Frankreich erfolgte (nach sorgfältiger, geheimer Vorbereitung durch die kgl. Beauftragten) im Morgengrauen des 13. Okt. 1307 in »einer der außergewöhnlichsten Polizeiaktionen aller Zeiten«. Bereits am 14. Okt. machte in →Paris ein Manifest die den T.n zur Last gelegten Verbrechen öffentlich kund: angebl. →Apostasie, →Gotteslästerung (Verunglimpfung der Person Christi), obszöne Riten, Sodomie und Götzendienst; diese Anklagen wurden durch die im Verlauf des Häresieprozesses erpreßten Geständnisse »erhärtet«. Seit dem 16. Okt. ersuchte der Kg. in Briefen Fs.en und Prälaten, nach seinem Beispiel die T. in ihren Herrschaftsgebieten gleichfalls gefangenzusetzen. Die Antworten der Fs.en fielen lau und ausweichend aus.

Vom 19. Okt. bis zum 24. Nov. 1307 wurden 138 gefangene T. im unteren Saal des 'Temple' zu Paris vom Inquisitor Guillaume de Paris verhört, unter vielfacher Anwendung der →Folter durch kgl. Beamte. Ein Großteil der Gefangenen legte die geforderten Schuldbekenntnisse ab. Am 27. Okt. protestierte Papst Clemens V. beim Kg. gegen den Gebrauch der Folter; bereits am 22. Nov. aber wies er in der Bulle »Pastoralis praeeminentiae« die Fs.en der Christenheit an, auch ihrerseits alle T. festzunehmen, forderte jedoch anschließend, alle Ordensleute dem päpstl. Gericht zu überstellen. Im Dez. 1307 widerrief der Ordensmeister, Jacques de →Molay, sein anfängl. Geständnis, und der Papst suspendierte die Befugnisse des Inquisitors bis zum Febr. 1308.

Dessenungeachtet gaben der Kg. und seine Räte das Spiel keineswegs verloren. Gestützt auf eine große Versammlung in Tours (März 1308) und einen von Pierre →Dubois verfaßten Propagandatext, traf Philipp IV. mit Clemens V. in Poitiers zusammen (Mai 1308); als Sprachrohr des Kg.s bewog Guillaume de →Plaisians den Papst, das harte Vorgehen gegen die T. zuzulassen. Vom 22. Juni bis zum 1. Juli 1308 wurden 72 T. dem Papst zum Verhör vorgeführt, doch blieben die hohen Würdenträger (unter ihnen Jacques de Molay und der Visitator Hugues de Pairaud) zu Chinon in Haft. Sie wurden verhört durch drei Kardinallegaten, Bérenger Frédol, Étienne de Suisy und Landolfo Brancaccio, doch wohnten auch Nogaret und Plaisians den Einvernahmen bei. Der Papst lehnte es beim Verlassen von Poitiers zwar ab, eine Verurteilung der T. auszusprechen, machte in der Folgezeit aber zunehmend Konzessionen: Der Inquisitor Guillaume de Paris wurde im Amt bestätigt, in den Diöz. wurden Kommissionen gebildet zur Eröffnung eines regelrechten kanon. Prozesses gegen die T., die dennoch im Gewahrsam des Kg.s blieben. Zugleich wurde das Schicksal des T.ordens den Entscheidungen eines allg. Konzils, das durch die Bulle »Regnans in coelis« einberufen wurde, unterworfen. Eine päpstl. Kommission hatte die Untersuchungen über den Orden als solchen zu führen. Die erste der Diözesankommissionen eröffnete ihre Sitzungen zu Paris am 8. Aug. 1309, besetzt mit ergebenen Anhängern des Kg.s wie Gilles Aycelin, Ebf. v. Narbonne, oder Guillaume Bonnet. Bei den nun wieder verstärkt anlaufenden Verhören wurde (in Frankreich, aber nun auch in England und Dtl.) abermals die Folter eingesetzt. Im Frühjahr 1310 waren 573 T. vernommen worden.

Zwar ernannte der Orden, in einem letzten Sichaufbäumen, vier Delegierte (Pierre de Bologne, Renaud de Provins, Bertrand de Sartiges und Guillaume de Charbonnet), die vor der Kommission Protest einlegen sollten, dennoch verhängte das Provinzialkonzil v. Sens (11. Mai 1310), unter Vorsitz des Ebf.s und kgl. Gefolgsmannes Philippe de →Marigny, 54 Todesurteile gegen »rückfällige« T., die ihre früheren, erpreßten Geständnisse widerrufen hatten und deshalb am 12. Mai 1310 in Paris verbrannt wurden. Diejenigen T., die an ihren Schuldbekenntnissen festhielten, kamen dagegen frei. Vor den lodernden Scheiterhaufen brach der Widerstand des Ordens zusammen.

Nachdem die kirchl. Kommission am 5. Juni 1311 ihre Arbeit für beendet erklärt hatte, trat das Konzil v. →Vienne am 16. Okt. 1311 zusammen. Am 22. März 1312 approbierte Papst Clemens die Aufhebung des Ordens in der Bulle »Vox in Excelso«; am 2. Mai (Bulle »Ad providam«) wurden die Güter der T. den →Johannitern übertragen; am 6. Mai 1312 erging die päpstl. Weisung an die Provinzialkonzilien, ihre Prozesse gegen die T. fortzusetzen. Für die dem päpstl. Reservatrecht unterstehenden hohen Würdenträger des Ordens wurden drei Kard.e, Nicolas de Fréauville, Arnaud d'Auch und Arnaldo Novelli, als delegierte Richter eingesetzt (22. Dez. 1313). Ihr Spruch (18. März 1314) verurteilte die vier Angeklagten, den Ordensmeister Jacques de Molay, den Visitator v. Frankreich Hugues de Pairaud, die Praeceptoren (Komture) v. Normandie bzw. Poitou-Aquitanien, Geoffroy de Charnay und Geoffroy de Gonneville, zu ewigem Kerker, doch wurden Molay und Charnay, die unbeugsam auf ihre Unschuld pochten und das Urteil ablehnten, noch am gleichen Tage auf der Île de la Cité verbrannt. E. Lalou

Q. und Lit.: →Templer [bes. J. MICHELET, 1841–51; G. LIZERAND, 1923; A. DEMURGER, 1985] – M. BARBER, The Trial of the Templars, 1978 – R. SÈVE-M. CHAGNY-SÈVE, Le procès des templiers d'Auvergne, 1986.

Templon. Das Wort T. (τέμπλον oder τέμβλον) begegnet erstmals nach dem Bilderstreit in der Vita des Priesters Philippos (AASS 3, 28–33), bei →Theodoros Studites im 9. Jh. (Jamboi 43, MPG 99, 1796A) wie auch späterhin in Klostertypika und meint die Abtrennung zw. Chor (→Bema) und allg. Kirchenraum (Naos). Es ist damit die Fortsetzung der bereits in frühchristl. Zeit bestehenden Abschrankung des Altars, die *cancelli* (καγκέλλοι) oder κιγκλίδες genannt wurden und aus einfachen Pfosten mit dazwischen eingestellten Schrankenplatten bestanden, welche ihrerseits wieder auf Abschrankungen profaner Gebäude (Gerichtsgebäude, aber auch Hippodrom) zurückgreifen. Die erhöhte Form mit aufgesetzten Säulchen und abschließenden Epistylbalken entstand wohl schon im 5. Jh. Die Zwischenräume zw. den Säulchen über den Schrankenplatten waren mit Vorhängen verschließbar. An ihre Stelle traten auch, bes. später, →Ikonen. Das Wort Ikonostas(is) (→Bilderwand) taucht erst in komnen. Zeit auf und bezieht sich auf die zunehmend reicher werdende Ausstattung mit Ikonen. Als Materialien für T.a sind Mauerwerk, Stein, Holz, aber auch Metall durch erhaltene Denkmäler oder Quellen belegt. M. Restle

Lit.: RByzK III, 326–353 [M. CHATZIDAKES] – K. HOLL, Die Entstehung der Bilderwand in der gr. Kirche, Arch. für Religionswiss. 9, 1906, 365–384.

Temporale (Proprium de tempore), Bezeichnung für die Gesamtheit der Herrenfeste bzw. der Feier der Erlösungsmysterien im →Kirchenjahr, im Unterschied zum Sanktorale (Gedächtnisfeier der Hl.n), wie sie in Kalendarien und Liturgiebüchern eingetragen sind. Eine differenzierte Benennung der verschiedenen Zyklen des Jahreskreises kennt das MA nicht (RIGHETTI, 4). Die Entwicklung des T. entspricht der schrittweisen und in den einzelnen Kirchenfamilien des W und des O z. T. voneinander abweichenden Ausbildung des Kirchenjahres. Hauptkern des T. bildet die Osterfeier, mit den 50 sich anschließenden Tagen (Pentekoste) und der vorbereitenden Zeit (Quadragesima, dann um Quinquagesima, Sexagesima und Septuagesima erweitert). Parallel zu diesem formte sich bis ins 6. Jh. ein Weihnachtszyklus (Advent, →Weihnachten, Epiphanie) aus. Auch die Sonntage nach Epiphanie und nach Pentekoste sowie weitere Herrenfeste mit bestimmtem oder bewegl. Kalenderdatum (z.B. Darstellung, Verkündigung, Verklärung des Herrn, Fronleichnam) sind zum T. hinzuzurechnen. In den ältesten Kalendarien und liturg. Büchern sind T. und Sanktorale miteinander verbunden (vgl. Sakramentar von Verona, gregorian. Sakramentare, Bobbiomissale, Gelasiana des 8. Jh.). Im sog. Altgelasianum (Cod. Vat. Reg. lat. 316) sind hingegen (schon) Herrenfeste, Hl.nfeste (aber mit den Formularen für die Adventssonntage) und Sonntage per annum in jeweils drei Büchern angeordnet (s. a. →Missale, →Sakramentar). In den Plenarmissalien röm. Tradition des Hoch-MA setzte sich eine Trennung zw. Sanktorale und T. durch, mit Ausnahme der Hl.nfeste zw. Weihnachten und Weihnachtsoktav (Neujahr), die im T. blieben, sowie einiger Herrenfeste mit festem Kalenderdatum, die im Sanktorale verzeichnet wurden. P. Carmassi

Lit.: ECatt XI, 1905–1908 [G. LÖW–A. RAES] – M. RIGHETTI, Manuale di storia liturgica, II: L'anno liturgico, 1955², 1–467 – H. AUF DER MAUR, Feiern im Rhythmus der Zeit, I: Herrenfeste in Woche und Jahr, Gottesdienst der Kirche 5, 1983 – M. AUGÉ u. a., Anàmnesis 6: L'anno liturgico, 1988 – A. VERHEUL, L'année liturg.: de l'hist. à la théol., Questions liturgiques, Studies in Liturgy 74, 1993, 5–16 – PH. HARNONCOURT–J. AUF DER MAUR, Gottesdienst der Kirche 6,1, 1994, 264–271.

Temporalia (bona oder res temporalia, bona ecclesiastica) sind der Gesamtbesitz einer kirchl. jurist. Person an bzw. die Ausstattung eines Kirchenamtes mit Gütern und Rechten. Die Trennung von →Spiritualia und T., basierend auf der von →Ivo v. Chartres und dessen Schüler →Hugo v. Fleury vorgenommenen Unterscheidung von T. und Spiritualia, führte zur Beendigung des →Investiturstreits im →Wormser Konkordat (1122). In den ma. Q. ist der Begriff der T. nicht immer eindeutig zu bestimmen. Der Übergang zu den Spiritualia ist fließend. Dies gilt ganz bes. für den Inhalt des Rechts an den T. einer Kirche. Neben dem Begriffspaar Spiritualia und T. treten als weitere Kategorie die res spirituali adnexae (vgl. →Patronatsrecht, Alexander III.), über die die Kirche, wie über die Spiritualia, das Jurisdiktionsrecht beanspruchte.

Die T. umfaßten alle Rechte und Güter, die nicht unmittelbar geistl. Charakter hatten. Dazu gehörten dos ecclesiae, Widum, regalia usw. Von Anfang an haben die Ortskirchen auch unbewegl. Vermögen erworben. Seit den ksl. Edikten v. 313 und 321 waren corpora fidelium und auch Kirchen vermögensfähig. Nach dem Untergang des Röm. Reiches blieben Kirchen, Diöz.n und Abteien rechtsfähig. Ab dem 9. Jh. wurde das Vermögen der Diöz.n und Abteien geteilt, daraus entwickelten sich die →Benefizien. Die Rechte der Eigenkirchenherren (→Eigenkirche) wurden sukzessive zurückgedrängt. Am Ende der Entwicklung war jede kirchl. Funktion, jedes kirchl. Amt mit einem →Vermögen verbunden.

Verfügungsberechtigt über die T. waren der Bf., die Pfarrer, die Kanoniker und sonstige Inhaber von Benefizien. Sie hatten allerdings nur ein Nutzungsrecht. Hier war der Laieneinfluß bes. groß. Die Kirche versuchte, bei den T. möglichst freie Hand zu gewinnen. Vgl. dazu die Entwicklung im Benefizialwesen, die langsame Zurückdrängung des Eigenkirchenwesens durch Patronat und →Inkorporation.

Neben die alte ecclesia, die das ganze Pfarrvermögen umfaßte, trat auf Pfarrebene die neue ecclesia, später als →fabrica ecclesiae, auch Lichtergut, bezeichnet. Sie unterschied sich vom Pfarrbenefizium, war dem vermögensrechtl. Zugriff des Pfarrers entzogen und wurde von eigenen Organen verwaltet. Die Frage der Nutzung der T. war zu klären, der die Unterhaltsrechte des Amtsträgers gegenüberstanden. Der Ausgleich wurde z.B. bei Kl. zugehörenden Pfarreien in den verschiedenen Pertinenzverhältnissen und nachfolgend in den Inkorporationsverhältnissen (pleno iure bzw. quoad t. tantum) gefunden. In der Frage, ob Kirchengründung Nutzungsrechte entstehen läßt, war die ma. Lehre uneins. Die Temporalienpertinenz schloß den Nutzgenuß an den T. ein. R. Puza

Lit.: HRG V, 144f. – Nov. Dig. It. XIII, 184ff. [proprietà ecclesiastica] – PLÖCHL II, 406 – D. LINDNER, Die Lehre von der Inkorporation in ihrer gesch. Entwicklung, 1951.

Temura → Buchstabensymbolik, II

Tendilla (Guadalajara), Gf.en v., seit 1467 Titel eines Zweiges des um Guadalajara begüterten Geschlechts der →Mendoza, der ebenso wie die Hzg.e v. →Infantado (seit

1475) und die Gf.en v. La Coruña del Conde (Burgos, seit 1468) von Iñigo López de →Mendoza († 1458; 1. M.), dem ersten Marqués v. Santillana, abstammte und große Wertschätzung bei den →Kath. Kg.en genoß. Zum ersten Gf.en v. T. wurde 1467 Iñigo López de Mendoza († 1479) erhoben, zweiter Gf. wurde sein gleichnamiger Sohn (1442–1515), der zugleich den Titel eines Marqués v. →Mondéjar (1512) trug und 1492–1515 Generalkapitän v. Granada war, dritter Gf. und zweiter Marqués v. Mondéjar dessen Sohn Luis Hurtado de Mendoza. Die Gf.en v. T. hatten noch Loranca, Meco, La Guardia, Aranda del Duero und Mondéjar inne und erhielten die Ermächtigung, ein →Mayorazgo zu bilden. L. Vones

Lit.: A. GONZÁLEZ PALENCIA–E. MELE, Vida y obras de Don Diego Hurtado de Mendoza, 3 Bde, 1941–43 – J. R. L. HIGHFIELD, The Catholic King and the Titled Nobility of Castile (Europe in the Late MA, 1965), 358–385 – J. CEPEDA ADÁN, El Gran T., Cuadernos de Hist. 1, 1967, 159–168 – Iñigo López de Mendoza, Correspondencia del conde de T., I (1508–09), ed. E. MENESES GARCÍA, 1974 – H. NADER, The Mendoza Family in the Spanish Renaissance, 1979, bes. 150ff. – E. COOPER, Castillos señoriales de Castilla de los siglos XV y XVI, 2 Bde, 1980–81 – s.a. Lit. zu →Mendoza (F. LAYNA SERRANO, 1942), →Mondéjar (J. CEPEDA ADÁN, 1962).

Tenedos (heute Bozcaada, Türkei), fruchtbare Insel (39 km²) in der N-→Ägäis. Infolge ihrer geogr. Lage am Eingang der →Dardanellen (20 km ssw.) seit der Antike von naut. und militär. Bedeutung und Station der byz. Kriegsflotte. Frühbyz. der Prov. Insulae (Nesoi) der Diöz. Asiane und mittelbyz. dem →Thema Aigaion Pelagos zugehörig, ist T. spätestens 431 (wahrscheinl. bereits 342) Bm. (spätestens ab 10. Jh. Suffragan v. Mitylene) und ab dem 2. Viertel des 14. Jh. ztw. eigener Metropolitensitz. Die Polis von T. wurde durch ein Erdbeben zw. 478 und 491 zerstört; vielleicht auch deswegen unter Justinian I. Neubau eines Getreidespeichers (Kapazität eine »volle Flottenladung«) zwecks Zwischenlagerung des von Alexandria für Konstantinopel gelieferten Getreides (Prokop, aed. 5. 1. 7–16). Nach der Eroberung v. Byzanz durch die Kreuzfahrer wurde T. 1204 wahrscheinl. der 'secunda pars domini imperatoris' zugeschlagen, doch dürfte es zunächst Piratennest, dann unter ven. und später unter byz. Kontrolle gewesen sein. Während des Bürgerkrieges auf der Seite →Johannes' V. Palaiologos, wurde T. von der genues. Flotte geplündert und 1352 gegen 20000 Dukaten an die Venezianer verpfändet. 1376 Besetzung durch Venedig, wodurch 1377 der Krieg mit Genua ausgelöst wurde; die im Frieden v. Turin (1381) vereinbarte Entmilitarisierung und Entvölkerung wurde erst 1385 abgeschlossen. Wahrscheinl. bereits ab 1405 erneute Besiedlung und etwas später Befestigungspläne, wogegen Genua 1431 opponierte. 1454 türk. Inbesitznahme von T. und 1478/79 Neubau der – trotz mehrfacher Umbauten erhaltenen – Festung durch Meḥmed II. J. Koder

Lit.: A. PHILIPPSON–E. KIRSTEN, Die gr. Landschaften, IV, 1959, 219f. – Oxford Dict. of Byzantium, 1991, 2025 – F. THIRIET, Vénise et l'occupation de T. au XIVᵉ s., MAH 65, 1953, 219–245 – M. BALARD, La Romanie Génoise, 1978, 85–91 – F. THIRIET, Le transfert de Ténédiotes en Romanie Vénitienne (1381–85), TM 8, 1981, 521–529 – E. MALAMUT, Les îles de l'empire byz., 1988, passim – A. E. MÜLLER, Getreide für Konstantinopel, JÖB 43, 1993, 5–11.

Tenencia, Begriff des aragones. Rechts, der Amtslehen (honores) in Form von Burgen oder befestigten Orten bezeichnete, die vom Kg. unmittelbar und nur auf Zeit an Adlige vergeben wurden, wobei oft mehrere T.s in einer Hand lagen. Der *tenente* war zur Leistung von Rat und Heerfolge verpflichtet, v.a. aber zur Stellung von Mannschaft zur Bewachung und Verteidigung der T. Er verfügte dort über die Gerichtsrechte und Regalien sowie über die dem Kg. zu leistenden Abgaben (die diesem in Aragón zur Hälfte weiterhin zustanden). Die T. trat zuerst im 11. Jh. in Navarra-Aragón auf, möglicherweise nach maur. Vorbild. Das unter →Sancho III. Garcés (1004–35) bereits voll ausgebildete System diente v.a. der Grenzsicherung. Später wurde es auch zur Sicherung der Herrschaft im Inneren verwandt, so 1076, als Sancho I. Ramírez Navarra seinem Reich inkorporierte und es mit einem Netz von T.s an strateg. wichtigen Punkten überzog, oder als Alfons I. nach der Heirat mit Urraca v. Kastilien-León aragones. *tenentes* in Kastilien (u.a. Soria, Burgos, Alava) einsetzte. Als die Institution später auch in Kastilien-León übernommen wurde, führte dies zu einer Feudalisierung öffentl. Ämter. Der *tenente* oder *senior* fungierte hier als Vertreter des Kg.s zur Sicherung der Verteidigung von Städten, die unmittelbar zum →Realengo zählten. Für administrative Aufgaben war ihm häufig ein →Merino beigegeben, in Städten fungierte ein →Alcalde als sein Stellvertreter und Anführer der Bürgerwehr. Ab dem 13. Jh. verschwand die T. in Aragón – die rein verwaltungstechn. Aufgaben wurden von einem Baile übernommen – und verlor auch in Kastilien ihren amtsrechtl. Charakter. U. Vones-Liebenstein

Lit.: C. CORONA BARATECH, Las t.s en Aragón desde 1035 a 1134, EEMCA 2, 1946, 379–396 – J. M. LACARRA, »Honores« et »t.s« en Aragón (XIᵉ s.), AM 80, 1968, 485–528 – AG. UBIETO ARTETA, Los »Tenentes« en Aragón y Navarra en los siglos XI y XII, 1973 – L. G. DE VALDEAVELLANO, Curso de Hist. de las Instituciones españolas, 1975⁴ – A. UBIETO ARTETA, Hist. de Aragón: Divisiones Administrativas, 1983, 83–90.

Tenor, Terminus zur Benennung bestimmter musikal. Phänomene und Funktionen in der Ein- und Mehrstimmigkeit, sowie eine Stimm- bzw. Stimmlagenbezeichnung; von lat. *tenere* ('halten') abgeleitet, entstammt er der lat. Grammatik und bezeichnet dort die Gruppe der Tonhöhenakzente.

[1] *Einstimmigkeit:* In der Musiktheorie bezeichnet T. Tonhöhe oder Saitenspannung (→Cassiodor), Länge des Atems (→Hucbald), Tondauer (→Guido v. Arezzo), →Finalis (→Jacobus v. Lüttich), die nach Tonarten verschiedenen Vortragsmodelle (→Rezitationstöne) der →Psalmodie (→Aurelian) sowie den Reperkussionston, also den Ton innerhalb der Vortragsmodelle, auf dem im wesentl. rezitiert wird (Aurelian, bes. →Johannes Affligemensis), schließlich den ersten Ton des *saeculorum amen* und auch die gesamten Psalmen- →Differenzen.

[2] *Mehrstimmigkeit:* Seit dem 13. Jh. wird die den vorgegebenen Cantus tragende Tiefstimme T. genannt (→Johannes de Garlandia, →Franco v. Köln, Anonymus St. Emmeram). Es handelt sich um einen →gregorian. Gesang oder ein Stück daraus, dem zur Ausschmückung eine oder mehrere Stimmen beigegeben sind; die liturg. Ausgangsmelodie steht dabei zunächst im Vordergrund, wird in der →Notre-Dame-Schule und der →Ars antiqua jedoch zunehmend zur Konstruktionsbasis: sie wird gedehnt, rhythmisiert, wiederholt etc. und verliert mitunter ihre liturg. Funktion. Folgerichtig kann ein T. schließlich nichtliturg. Musik entnommen oder frei erfunden werden (→Johannes de Grocheo), er gibt in diesem Stadium jedoch noch nicht seine Basisfunktion des musikal. Satzes auf. Diese Aufgabe geht allmähl. verloren, wenn dem T. ein →Contratenor gegenübertritt und dieser nicht mehr allein tiefste und damit Fundamentstimme ist. Während im Lauf dieser Entwicklung in verschiedenen frz. Satztypen im 14./15. Jh. die Oberstimme zum Melodieträger wird, bleibt dem T. bes. im dt. Bereich die Fundamentfunktion erhalten, etwa im T.lied oder in der mehr-

stimmigen Bearbeitung liturg. Cantus firmi, wobei der T. als melodietragende Hauptstimme häufig hervortritt. Der Terminus T. wird seit dem 13. Jh. auch zur Stimmbezeichnung in prakt. Quellen, schließlich zur Bezeichnung für eine an einen bestimmten Ambitus gebundene Stimmlage. Bei der Entstehung des zykl. →Ordinarium missae spielt die sog. T.-Messe eine Rolle: Eine nicht dem gregorian. Meßrepertoire entnommene Melodie wird allen Sätzen des Ordinariums als T. zugrundegelegt und schafft so zykl. Einheit.   B. Schmid

Lit.: Hwb. der musikal. Terminologie, 1972ff. s.v. – MGG s.v. – NEW GROVE s.v. – RIEMANN s.v. – D. HOFFMANN-AXTHELM, T./Contratenor und Bourdon/Fauxbourdon [Diss. masch. Freiburg/Br. 1970].

Tenorio, Pedro, Ebf. v. →Toledo 1377–99, * um 1328, † 18. Mai 1399 in Toledo, ▭ Kapelle San Blas im Klaustrum der Kathedrale v. Toledo, gehörte einer aus Galizien stammenden, im Kgr. Toledo ansässigen Familie aus der Oligarchie von →Talavera an (Eltern: Diego Alfonso T. und Juana Duc). T., Kanoniker des Kathedralkapitels v. Zamora, Archidiakon v. Toro und Calatrava im Kapitel v. Toledo, stand im kast. Bürgerkrieg auf seiten →Heinrichs (II.) v. Trastámara, was ihm und zwei seiner Brüder die Verbannung eintrug. Diese nutzte er zur weiteren Ausbildung in Toulouse, Perugia und Rom, v.a. im kanon. Recht, das er bei →Baldus de Ubaldis hörte und in dem er den Doktorgrad erwarb. Mit Hilfe des avign. Papsthofes nach Kastilien zurückgekehrt, geriet er 1367 in der Schlacht v. →Nájera in Gefangenschaft, aus der ihn der Kard.legat Gui de →Boulogne befreite. Seit 1371 Bf. v. →Coimbra, wurde er am 13. Jan. 1377 von Gregor XI. als Nachfolger des Gómez Manrique († Ende 1375) zum Ebf. v. Toledo bestellt. Er entfaltete in seiner Erzdiöz. eine reiche, v.a. auf den Klerus gerichtete Reformtätigkeit (Synode v. Alcalá 1379, ed. SÁNCHEZ HERRERO, 243–281) und eine bemerkenswerte Bautätigkeit. Mit der Thronbesteigung Johanns I. v. Kastilien 1379 und der Mitgliedschaft im →Consejo Real begannen sein polit. Einfluß und die Phase seiner reichsweiten, von Bf. →Gutierre v. Oviedo und Kard. Pedro Fernández de Frías unterstützten Kirchenreform, sowie seine um die Haltung Kastiliens bestimmenden Bemühungen zur Lösung des Großen Schismas. Nach dem Tod Johanns I. gehörte er führend dem Regentschaftsrat für den minderjährigen Thronfolger →Heinrich (III.) an, in dem er auf die Opposition seines alten Feindes Juan García →Manrique, Ebf. v. Santiago, traf. Wegen des (wohl unberechtigten) Verdachts des Hochverrats 1393 in Haft genommen, konnte er sich erst spät wieder rehabilitieren, ohne seine frühere Stellung wiederzugewinnen. Die Sedisvakanz nach seinem Tod (Testament vom 4. Nov. 1398) dauerte bis 1403.   L. Vones

Lit.: DHEE IV, 2549f. – Eugenio Narbona, Vida y hechos de don P. T., Madrid 1624 – L. SUÁREZ FERNÁNDEZ, Don P. T. (Estudios dedicados a MENÉNDEZ PIDAL, IV, 1953), 601–627 – DERS., Castilla, el Cisma y la crisis conciliar (1378–1440), 1960 – J. GOÑI GAZTAMBIDE, La embajada de Simón de Cramaud a Castilla en 1396, Hispania Sacra 15, 1962, 165–176 – J. F. RIVERA RECIO, Los arzobispos de Toledo en la baja edad media, 1969, 95–98 – L. SUÁREZ FERNÁNDEZ, Nobleza y Monarquía, 1975² – J. SANCHEZ HERRERO, Concilios Provinciales y Sínodos Toledanos de los siglos XIV y XV, 1976 – F. J. FERNÁNDEZ CONDE, Gutierre de Toledo, obispo de Oviedo, 1978 – M. del Pilar GARCÍA GUZMÁN, El Adelantamiento de Cazorla en la Baja Edad Media, 1985, bes. 60–62 – R. SÁNCHEZ SESA, Don P. T. y la reforma de las Órdenes monásticas, En la España Medieval 18, 1995, 289–302.

Tenso → Tenzone

Tenure, die sich aus Landübertragung ergebenden Rechtsbeziehungen zw. Lehnsherren und Vasallen (→Lehen, IV). Nach der norm. Eroberung bildeten sich verschiedene Arten der T. heraus, die sich nach den zu erbringenden Leistungen unterschieden. Für Ritterlehen war ursprgl. Waffendienst zu leisten, die Entsendung eines Vertreters war jedoch – außer bei den Kronvasallen – möglich. Der Vasall mußte Gerichtsfolge leisten und unterlag Zwangsmaßnahmen, wenn die geschuldeten Dienste oder Abgaben nicht erbracht wurden. Bereits im 12. Jh. wurden Rechtsstreitigkeiten zunehmend vor kgl. Gerichten ausgetragen. Der Militärdienst konnte zunächst durch die Zahlung von Schildgeld (→scutage) abgelöst werden, er trat schließlich ganz in den Hintergrund. Wichtig wurden die dem Lehnsherren zustehenden Rechte der →Vormundschaft (custodia) über den minderjährigen Erben, der Verheiratung der Erbin (maritagium) und des →Heimfalls (escheat). Außerdem standen dem Herren einmalige Sonderzahlungen zu (Ritterschlag des ältesten Sohnes, Heirat der ältesten Tochter, Lösegeld), deren Sätze im 1. Statut v. Westminster (1275) festgelegt wurden. Dem volljährigen Erben war die Übernahme des Ritterlehens nach Zahlung der Erbschaftsabgabe (→relevium) gesichert. Die Witwe hatte auf Lebzeiten Anrecht auf ein Drittel des Landes des Ehemanns (dower); wenn Nachkommen geboren worden waren, hatte der Witwer Anrecht auf das Lehen seiner Frau (t. by curtesy of England). Unfreie T. (villeinage) war nicht durch kgl. Gerichte garantiert, eine gewisse Rechtssicherheit bot das ortsübliche Hofrecht, im 15. Jh. der Übertragungsvermerk in der Akte des Gutsgerichts (→copyhold). Der Besitzer, dessen persönl. Status von der T. unberührt blieb, hatte bei Heirat der Tochter eine Abgabe (merchet) zu leisten, nach seinem Tode stand dem Herren das →Besthaupt (heriot) zu. Kirchen konnten Land für undefinierte spirituelle Dienste erhalten, das außerhalb der weltl. Gerichtsbarkeit war (libera elemosina, frankalmoin). Bei Streitfällen um den Status des Landes entschied ab 1164 eine Jury (Assise »Utrum«). Daneben bestanden regionale Arten der T. (z.B. in Kent [→gavelkind] und Northumberland [drengage]).   J. Röhrkasten

Q. und Lit.: Glanvill, ed. G. D. G. HALL, 1965 – J. HUDSON, Land, Law and Lordship in Anglo-Norman England, 1994.

Tenxwind v. Andernach, † nach 1152. Aus rhein. Ministerialengeschlecht stammend, gehörte sie mit ihrem Bruder Richard der Springiersbacher Observanz der Regularkanoniker an, dessen weibl. Zweig sie dort, vermutl. seit dem Tod ihrer Mutter Benigna, nach Maßgabe ihres Bruders leitete. Als magistra des 1129 nach Andernach verlegten Nonnenkonvents schrieb sie zw. 1148 und 1150 an →Hildegard v. Bingen und kritisierte aufgrund ihres Armutsideals die soziale Zusammensetzung und litur. Praxis des Benediktinerinnenkl. Überlieferungsgeschichtl. setzte sich Hildegards autoritativ vorgetragene, aber schwach begründete Antwort durch und führte zu einer redaktionellen Verfälschung der Anfrage T.s.   M.-A. Aris

Ed. und Lit.: Hildegardis Bingensis Epistolarium, ed. L. VAN ACKER (CChrCM 91), 1991, EP LII und LIIr S. 125–130 – A. HAVERKAMP, T. v. A. und Hildegard v. Bingen (Institutionen, Kultur und Gesellschaft im MA [Fschr. J. FLECKENSTEIN, 1984]), 515–548 – L. VAN ACKER, Der Briefwechsel der Hl. Hildegard v. Bingen, RevBén 98, 1988, 141–168, hier 144–146.

Tenzone, Tenso, (von 'tendere', kämpfen, sich auseinandersetzen), Gattung der Troubadourlyrik mit charakterist. Dialogform in Kanzonenstrophe. Auf die Einladung oder Herausforderung des Dichters, der zuerst das Wort nimmt, diskutieren zwei Dialogpartner, im allg. von Strophe zu Strophe abwechselnd Themen verschiedenster

Art (polit., moral., lit. Fragen; auch Invektiven und persönl. Angriffe sind nicht selten). Knapp hundert Beispiele sind erhalten. Handelt es sich bei einem der beiden Dialogpartner um keine reale Person und ist die T. das Werk eines einzigen Dichters, spricht man von fiktiver T. Die T. folgt üblicherweise dem metr.-musikal. Vorbild der höf. →Canzone und weist ihrer Natur gemäß eine gerade Zahl von Strophen auf (die Ausnahmen werden als unvollständig angesehen), sie bevorzugt Doppelstrophen mit gleichem Reimschema (*coblas doblas*), um die dialog. Struktur zu betonen. Entsprechend dieser Definition weist die T. einige verwandte Züge mit der →Pastourelle auf (dialog. Struktur mit alternierenden Strophen, Vorliebe für die *coblas doblas*), zeigt aber v.a. starke Ähnlichkeit mit dem Partimen. Die beiden Gattungen werden überdies in den ma. Hss., die den Dialogdichtungen gesonderte Abteilungen widmen, vermischt. Der Unterschied, der in einigen Fällen, was die Form des Textes betrifft, so gut wie nicht hervortritt, scheint in der Art und Weise zu bestehen, in der die Debatte vorgeschlagen wird: Im Partimen präsentiert der Dichter, der die Diskussion eröffnet, zwei Alternativen und bietet dem anderen die Wahl der Position an, die er verteidigen will, in der T. geht hingegen die Diskussion durch eine an den Dialogpartner gestellte Frage oder Bitte sofort in medias res. Während im prov. Partimen oder im Jeu-parti, seinem frz. Äquivalent, in der Regel fiktive, fast theoret. Fragen höf. Kasuistik behandelt werden, mit denen sich beide Diskussionsteilnehmer in gleichem Maße beschäftigen, geht die Debatte in der T. von – zumindest in den Prämissen – real erscheinenden Situationen und Problemen aus, die die Diskussionspartner persönlich und individuell betreffen. Durch das breite Spektrum der behandelten Themen, die Vielfalt der Töne und Ausdrucksmöglichkeiten bezeugt die T. vielleicht mehr als jede andere Gattung der Troubadourdichtung, wie tief diese lyr. Tradition mehr als eineinhalb Jahrhunderte lang in der Gesellschaft verwurzelt war. Ein beachtl. Teil der von Frauen (*trobairitz*) verfaßten Dichtung ist ebenfalls in Dialogform gehalten (T., Partimen, Coblatausch).

Die kennzeichnenden Merkmale der Gattung erscheinen bereits in den ältesten erhaltenen Beispielen, die um 1140 anzusetzen sind, der T. zw. Uc Catola und →Marcabru, Ausdruck gegensätzl. Auffassungen der Liebe in der höf. Gesellschaft, man könnte sagen, von zwei Kulturen und zwei Modellen der menschl. Lebens, sowie in der T. zw. »Maistre« (→Cercamon) und Guillalmi, dessen polit.-institutionellen Hintergrund das heikle Problem der Nachfolge in der Herrschaft über Poitou bildet. In der 2. Hälfte des 12. Jh. nimmt die T. am Prozeß der Durchsetzung der Troubadourdichtung als lyr. Diskurs über die »höfische« Liebe teil und manifestiert die für die Bildung dieser Tradition so wichtigen Phänomene der Intertextualität und Interdiskursivität. V.a. sind zu beachten die beiden T.n von →Bernart de Ventadorn mit »Lemozi« und mit einem »Peire«, in denen Bernart seine eigenen Enttäuschungen ausdrückt, und die T. zw. →Guiraut de Bornelh und Kg. Alfons II. v. Aragon, in denen eine Kernfrage der höf. Gesellschaft diskutiert wird, d.h., die – von dem Herrscher verteidigte – Möglichkeit, daß ein Ritter aus den höchsten Schichten ein guter »fin aman« sein kann. An die Seite dieser Streitgedichte kann die (fiktive?) T. zw. einer »domna« und einem »amic« gestellt werden, die in den Hss. →Raimbaut d'Arenga zugeschrieben wird und als Protagonisten Raimbaut und Azalais de Porcairagas gelten. Mit seltener dramat. Intensität stoßen hier die männl. und die weibl. Auffassung der Liebe in der höf. Gesellschaft aufeinander. In die gleiche Zeit wird das berühmte Streitgedicht über den →»trobar clus« und den »trobar leu« zw. Guiraut de Bornelh und Raimbaut d'Aurenga datiert: die beiden setzen sich für eine dunkle und elitäre Dichtung bzw. für ein einfacher zugängl. Liebeslied ein (es ist wahrscheinl., daß in scherzhaft-iron. Weise die Dinge auf den Kopf gestellt sind, d.h. daß jeder die Position verteidigt, zu der in Wirklichkeit der andere tendierte). Einige folgende Beispiele sind Symptome für einen gewissen Kristallisationsprozeß der höf. Kultur: so wird z.B. in den beiden fiktiven T.n mit Gott Amor, die gegen Ende des 12. Jh. von Raimon Jordan und von →Peirol verfaßt wurden, die in den Texten der vorhergehenden Generation spürbare Intensität schwächer, der Geschmack, der das Thema bestimmt und der Ton der Diskussion ist der gleiche, der den Erfolg des zeitgenöss. höf. Partimen herbeiführt. Gleichzeitg huldigen die fiktiven T.n des Mönchs v. →Montaudon (zwei mit Gott, eine mit dem hl. Julianus, dem hl. Petrus und dem hl. Laurentius) der Mode der scherzhaften, leichtfüßigen Texte. Scherzhaften und selbstiron. Hintergrund hat auch die fiktive T. des →Raimbaut de Vaqueiras, in der einem prov. Spielmann (Gegenbild des Autors) eine Frau aus Genua gegenübergestellt wird, die ihm in ihrem Dialekt erwidert. Die Situation ist ähnlich wie in der Pastourelle, jedoch in das städt. Milieu Norditaliens transponiert. Gegensatzpaare sind das sprachl.-kulturelle System der aristokrat. geprägten höf. Dichtung (das auch in dieser Situation als der Verlierer erweist) und die im Aufstieg begriffene Welt der Kommunen. – Natur und Thema der Diskussionen scheinen bisweilen zu degenerieren: In Texten wie der T. zw. Raimbaut de Vaqueiras und Mgf. Alberto Malaspina und einigen der Debatten, an denen →Aimeric de Peguilhan während seines Aufenthaltes in Italien teilnahm, tritt der persönl. Angriff (bis hin zu Beleidigungen und Schmähungen) stark in den Vordergrund. Auch dies sind Aspekte der Entwicklung der T. im Lauf des 13. Jh. Einerseits geht die Vorliebe, mehr oder weniger traditionelle Themen in den gewohnten Formen zu debattieren, nicht völlig verloren und bleibt v.a. im eher engeren Milieu erhalten: so z.B. die verschiedene T.n zw. Gui und Eble d'Ursel, Gui de Cavaillon, Lanfranc →Cigala und →Guiraut Riquier am Ende des Jh. am Hof v. Rodez. Andererseits führten die Kriege in Okzitanien (ein Echo findet sich in der fiktiven T. zw. zwei Kriegsmaschinen »gata« und »trabuquet«, die Raimon Escrivan während der siegreichen Verteidigung von Toulouse gegen das Kreuzfahrerheer unter Simon de Monfort verfaßte) und die Verschärfung der polit. und institutionellen Konflikte dazu, daß die T. anderen, schärferen Formen des Streitgedichtes wich, dem Tausch von Coblas und kurzen Sirventesen (immer mit gleichen Reimschemen), in denen die Verfasserschaft des Textes jedes der Protagonisten gesichert ist: Es handelt sich dabei um eine fast symbol. Auflösung der höf. »guten Gesellschaft« des 12. Jh. Derartige Formen können als Abkömmlinge der T. angesehen werden, reduziert auf das Minimum (die Nähe ist v.a. bei den metr. Strukturen mit *coblas doblas* evident); durch sie läßt sich auch die strukturelle Verwandtschaft mit dem (ebenfalls zu Recht T. gen.) Sonettentausch der it. Lyrik des 13. Jh. erkennen. St. Asperti

Lit.: R. ZENKER, Die provenzal. T., 1888 – D. J. JONES, La tenson provençale, 1934 – M. L. MENEGHETTI, Il pubblico dei trovatori, 1984, 1992² – GRLMA II/1, fasc. 5, 1–15 [s.v. T.; E. KÖHLER] – DLFMA, 1416f. – D. RIEGER, Formen trobadoresker Streitkultur, RF 106, 1994, 1–27.

Teodosije (s.a. →Theodosie), serb. Schriftsteller, * um die Mitte des 13. Jh., † um 1328. Über sein Leben ist nur bekannt, daß er als Priestermönch im Kl. →Hilandar lebte und im Auftrag des Kl. nach →Serbien reiste. In seiner lit. Tätigkeit knüpfte T. an das Werk →Domentijans an. Er überarbeitete die Vita des hl. →Sava und verfaßte Offizien für die beiden serb. Heiligen (hl. Simeon [→Stefan Nemanja], hl. Sava). Der Inhalt wurde beibehalten (außer einigen latinophilen Stellen), an die Stelle der hochstilisierten Rhetorik des Domentijan trat jedoch eine konkrete farbige Erzählweise. Selbständig ist die Vita des hl. Petar Koriški, der um die Mitte des 13. Jh. als Einsiedler in der Höhle Koriša(bei Prizren) lebte. T. schrieb um 1310 nach Erzählungen der Schüler und der lokalen Tradition folgend. Der Stoff wurde jedoch in eine strenge hagiograph. Form gepreßt. →Hagiographie, C. II; →Serb. Sprache und Lit. S. Ćirković

Ed. und Lit.: N. RADOJČIĆ, Dva Teodosija Hilandarca, Glas 218, 1956, 1–26 – M. DINIĆ, Domentijan i T., Prilozi za književnost, jezik, istoriju i folklor 25, 1959, 5–12 – C. MÜLLER-LANDAU, Stud. zum Stil der Sava-Vita T.s, 1972 – T., Žitije svetog Save, ed. L. MIRKOVIĆ, 1984 [SS. VII–XL, Vorw. D. BOGDANOVIĆ].

Tephrike (arab. Abrīq, armen. Tiwirik, heute Divriği), Stadt und Festung in der Osttürkei, an einem Zufluß des Euphrat und einer ma. Route von Syrien/Mesopotamien über →Melitene nach Ostanatolien. Um 850 vom Führer der →Paulikianer, Karbeas, im Gebiet des Emirs v. Melitene und mit dessen Hilfe gegr., wurde es unter seinem Nachfolger Chrysocheir Hauptstadt eines Paulikianer-Staates, der mit Byzanz kämpfte. Um 870 führte der byz. Gesandte Petros Sikeliotes vergebl. Friedensverhandlungen in T., denen 878 die Eroberung durch Ks. Basileios I. folgte. Unter Ks. Leon VI. wird T. mit dem Namen Leontokome →Kleisura und um 940 eigenes →Thema. 1019 bekam der Armenier David von Vaspurakan als Ersatz für sein Land neben anderen Gebieten in →Kappadokien auch →Sivas mit T. Nach der Schlacht von →Mantzikert (1071) kam T. in den Besitz einer Nebenlinie der in Erzincan residierenden Mengücekiden, die seit 1228 unter der Oberhoheit der →Selǧuqen standen und großartige Bauten errichteten (1180 Kale Camii; 1229 Ulu Cami mit Hospital). Erstmals 1398 im Besitz der →Osmanen, dann wieder der →Mamlūken, wurde T. 1516 endgültig osmanisch. F. Hild

Lit.: EI² II, 349f. – Tabula Imperii Byzantini II, 1981, 294f.. – V. EID, Ost-Türkei, 1990, 100–106 – Oxford Dict. of Byzantium, 1991, 2025.

Tepl, Kl. OPraem in Böhmen. Als Kompensation für ein nicht erfülltes Kreuzzugsversprechen gründete der westböhm. Adlige Hroznata 1193 an einem der böhm. Landestore beim Ort T. das Stift, das von Mönchen aus →Strahov besiedelt wurde. Hroznata trat selbst in das Kl. ein und verwaltete als Propst die von ihm eingebrachten bedeutenden Besitzungen. In Zusammenarbeit mit den Päpsten Coelestin III. und Honorius III. und den mit ihm befreundeten Herrschern →Heinrich Břetislav (87. H.) und →Otakar I. Přemysl sicherte er seine Gründung. Im Verlauf einer Fehde eingekerkert, starb er 1217 und wurde in T. als Märtyrer verehrt. 1232 wurde die roman. Stiftskirche in Anwesenheit Kg. Wenzels I. geweiht. 1233 besaß T. 90 Ortschaften, darunter die durch →Bergbau wichtige Propstei Lichtenstadt. Nach der Schlacht v. →Dürnkrut 1278 wurde T. vom Heer Rudolfs v. Habsburg geplündert, im 14. Jh. durch Geldforderungen Kg. Johanns bedrückt und durch die Pest 1380/81 fast ausgelöscht. Abt Bohusch († nach 1423) suchte die wirtschaftl. Lage durch Förderung der Städtchen T. und Lichtenstadt und durch das Anwerben dt. Siedler zu verbessern. Das Stift überstand die Hussitenzeit unbeschadet, doch der benachbarte Adel (Plauener, Schwamberger) beraubte es z. T. seines Besitzes. Abt Sigismund († 1506) gelang es, das 1467 geplünderte Kl. durch Förderung von Bergbau und Teichwirtschaft, durch Unterwerfung der widerspenstigen Stadt T. sowie durch geistl. Reformen zu neuer Blüte zu bringen; er schuf die Grundlage der berühmten Bibliothek. P. Hilsch

Lit.: S. BRUNNER, Ein Chorherrenbuch, 1883, 589–637 – NOVOTNÝ I/3 – K. DOLISTA, Tepelský klášter v pozdní gotice a renesanci, Minulostí západočeského kraje 5, 1967, 173–197 – J. ČECHURA, Vývoj pozemkové držby kláštera v Teplé v době předhusitské, ebd. 24, 1988, 205–225.

Teppiche, orientalische, mobile Bodendekorationen, sind seit dem frühen MA in Europa sehr begehrt, v. a. für kirchl. und höf. Gebäude, wohl wegen der Abstraktion ihrer Muster sowie der Leuchtkraft und Dauerhaftigkeit ihrer Farben. Ein Knüpft. besteht immer aus waagerechten Reihen von Knoten, die einzeln um eine oder mehrere senkrechte Ketten des Grundgewebes geknüpft werden; durch dicht angepreßte waagerechte Schüsse, die sich mit weiteren Knotenreihen abwechseln, bildet sich der Flor. Zu den Knüpft.n zählen nicht die sog. aufgeschnittenen Noppent. aus Reihen von gewebten, dann aufgeschnittenen Schlaufen, die auch schon sehr früh vorkommen, ebenso wie Flachgewebe, darunter Kelims. Knüpft. werden bis heute auch außerhalb der Länder des Islams produziert. Knotenarten, unabhängig von den Ländern ihrer Entstehung und ihres Vorkommens, sind: symmetrische, türkisch genannte, asymmetrische, persische sowie spanische. Für Grundgewebe und Knoten werden mehrere Arten von Wolle, Baumwolle und Seide verwendet. Immer ist ein inneres T.feld von den rahmenden Bordüren umgeben. Im Feld werden meistens hochstilisierte, geometrisierte Muster, auch von Blüten, bevorzugt, die theoret. im sog. unendl. Rapport unbegrenzt fortsetzbar sind; die Bordüren schneiden einen Teil daraus aus. Wie sehr Zufälle der Erhaltung unser Wissen einschränken, läßt sich aus dem 1949 in Pasyrik im Altaigebirge gefundenen, techn. wie künstler. erstaunl. perfekten T. eines skyth. Fs.engrabs folgern (4. Jh. v. Chr., St. Petersburg). Vereinzelte Fragmente (Chotscho bei Turfan, Ostturkestan, jetzt Berlin) erlauben die Vermutung einer T.produktion im 5. Jh. in Zentralasien. Die Herstellungsländer vieler heute verstreut aufbewahrter kleiner Fragmente aus Fusṭāṭ, Ägypten, ließen sich bisher nicht verbindl. nachweisen. Die 1906 in Konya gefundenen acht T. und Fragmente einer Gruppe wurden wohl für eine dort um 1230 vollendete Moschee der Selǧuqen geknüpft (Istanbul, Türk ve Islam Eserleri Müzesi), 1930 fand man andere im ebenfalls anatol. Beyşehir; Felder mit geom. Musterreihen werden meistens von Bordüren mit Sternderivaten oder breiten kufischen, wohl nicht lesbaren Buchstaben gerahmt. Wenige erhaltene Beispiele sowie Abbildungen auf europ. Gemälden beweisen die Herstellung von selǧuq. T.n im späten 13. und frühen 14. Jh., darunter einer kleinen Gruppe mit hochgeometrisierten emblemartigen Tieren in Quadraten oder Achtecken. Im 15. Jh. beginnt die Produktion zweier – vermutl. in der Region von Uşak hergestellten – Gruppen osman. T., die konventionell nach ihrem Vorkommen auf Gemälden von Holbein und Lorenzo Lotto benannt werden. Eine Gruppe ägypt. T., durch die begrenzte Zahl ihrer Farben, überwiegend Blau, Rot und Grün, und unverwechselbare geom. Konstellationen oftmals abwechselnd um Acht- und Vielecke gekennzeichnet, werden nach den →Mamlūken benannt. Als ältester span. T. (14. Jh., Berlin, Mus. für Islam. Kunst) gilt der sog. Synagogen-T., der einen Baumstamm mit waagerechten Ästen und mit darauf registerartig angeordneten Motivpaaren aufweist, sowie eine

Bordüre mit dem wiederholten Kürzel für das islam. Glaubensbekenntnis. Erhaltene iran., armen., kaukas. und zentralasiat. T. sind sicher erst in das 16. Jh. zu datieren. Das Ende der islam. Kunst 1492 in Spanien sowie die osman. Eroberungen von Tabriz 1514 und von Kairo 1517 bedeuten einen Einschnitt: oftmals neuerfundene Gruppen kommen bei den safavid. T.n des Irans wie bei den osman. der Türkei auf, liegen aber außerhalb unseres zeitl. Rahmens. Aus den Archiven der Türkei, Indiens und Venedigs u. a. könnten in Zukunft unsere Kenntnisse noch sehr erweitert werden.   K. Brisch

Lit.: EI², Suppl. fasz. 3–4, 1981, s.v. Bisāṭ – W. v. BODE–E. KÜHNEL, Vorderasiat. Knüpft., 1955⁴ – E. KÜHNEL–L. BELLINGER, Cairene Rugs and others technically related, 15ᵗʰ–17ᵗʰ Cent., 1957 – A. C. EDWARDS, The Persian Carpet, 1960² – K. ERDMANN, Europa und der Orientt., 1962 – S. I. RUDENKO, Frozen Tombs of Siberia, 1970 – K. ERDMANN, Der oriental. Knüpft., 1975⁴ – G. SCHWARZ, Orient und Okzident: Der oriental. T. in der westl. Lit., Ästhetik und Kunst, 1990 – V. ENDERLEIN, Wilhelm v. Bode und die Berliner T.sammlung, 1995.

Terbunien → Travunien

Terenz im Mittelalter und im Humanismus. Der lat. Dichter Publius Terentius Afer (um 195/190–159 v. Chr.), dessen sechs Komödien erhalten sind, gehört zu den meistgelesenen Schriftstellern der Spätantike und des MA. Er fungiert neben Vergil und den Prosaautoren Sallust und Cicero bereits in der »Quadriga« des Arusianus Messius (4. Jh.), erscheint dann wieder in karol. Zeit (Bücherkatalog im Codex Diez B 66, Berlin) und erlebte eine starke Verbreitung, wie die überaus umfangreiche hsl. Überlieferung beweist, die nur der Vergil- und Horaz-Tradition nachsteht. Bis heute sind rund 750 Hss. bekannt, die – ohne Unterbrechung – aus der Zeit vom 9. bis zum 15. Jh. stammen. Noch auf die Spätantike geht der Codex Vat. lat. 3266 zurück (nach seinem späteren Besitzer, dem Humanisten Bernardo Bembo als Cod. Bembinus bezeichnet).

Der Erfolg des T. im MA beruhte weniger auf einem Interesse für das dramat. Genre an sich als auf seinen stilist. Qualitäten und dem Reichtum der Komödien an Versen, die sich als Sentenzen mit Lebensweisheit und moral. Belehrung verwenden ließen und daher vielfach in →Florilegien (z. B. Floril. Gallicum 120 Verse) erscheinen. Deshalb wurde T. früh in den Kanon der Schulautoren, den →Gerbert v. Aurillac während seiner Lehrtätigkeit in Reims erstellte, als Beispiel für den komischen Stil aufgenommen. Ohne Unterbrechung blieb T. bis zum Humanismus Bestandteil der Schullektüre. Im Rahmen des Lehrbetriebs wurde der Text kommentiert, mit einem Epitaph und verschiedenen →Accessus sowie Inhaltsangaben in Prosa nach ma. Tradition oder in Versen (spätantiken Ursprungs, die Sidonius Apollinaris zugeschrieben wurden), ausgestattet. Die spätantiken Kommentare des →Aelius Donatus und Eugraphius lebten hingegen nur bis in das 11. Jh. weiter und wurden bald durch einfacher strukturierte, dem Schulgebrauch angepaßte Kommentare ersetzt. Bereits um die Mitte des 9. Jh. sind das Commentum Monacense (München Clm 14420, mit Material aus Brescia) sowie das bereits Sedulius Scotus bekannte (der daraus die Einleitung zum »Eunuchus« zitiert) Commentum Brunsianum bezeugt. Im 11./12. Jh. entstanden die »Expositio« und andere Kommentare mit fortlaufendem Text, die ein reges Interesse für stilist. Fragen widerspiegeln und wichtige Nachrichten über das antike Theater und die Aufführungspraxis der Komödien bringen.

Die T.-Hss. sind häufig von Viten begleitet. Die älteste, die sog. »Vita Ambrosiana« ist anscheinend spätantiken Ursprungs; ihr Name geht auf die Hss. in der Bibl. Ambrosiana zurück, die Angelo Mai seiner Edition zugrundelegte. Der älteste Textzeuge dieser Vita, der Cod. Oxford, Bodl. Auct. F. 6. 27, entstand Ende des 10. Jh. im Umkreis des otton. Hofes und bewahrt die Subscriptio von drei ksl. Prinzessinnen, Verwandten Ks. Ottos III. Die »Vita Monacensis« und die »Vita Brunsiana« sind mit den erwähnten Kommentaren verbunden. Sie vermischen Terentius Afer mit dem röm. Senator Terentius Culleo. Der bereits in Orosius, Advers. Paganos IV, 19, 6 begegnende Irrtum wurde erst von →Petrarca in seiner »Vita Terentii« bereinigt, der sich auf die Zeugnisse bei Livius und Valerius Maximus stützte.

Die in den ma. Lateinschulen übliche T.-Lektüre setzte sich auch im 14. Jh. fort: Giacomino da Mantova schrieb, gestützt auf frühere Materialien, einen T.-Kommentar (Incipit »Circa expositionem huius libri«). In seiner Edition verschmolz Pietro da Moglio, ein Freund Petrarcas und Professor in Bologna, alte Kommentare wie das »Commentum Monacense« und die »Expositio«. Ende des 14. Jh. wurde T., wie Sozomeno da Pistoia bezeugt, in der Schule des Francesco da Buti gelesen, der auch eine Einleitung zu den Komödien schrieb. In Frankreich verfaßte Anfang des 15. Jh. der frz. Humanist Laurent de Premierfait, der dem Kreis des Hzg.s Jean de Berry nahestand, einen T.-Kommentar. T. erscheint weiterhin im Lehrprogramm der humanist. Schulen: Um die Mitte des 15. Jh. wurde er von Lorenzo Guglielmo Traversagni an der Univ. Wien eingeführt, danach las Caius Auberinus in Cambridge über ihn. Unter den dt. Humanisten von →Schedel bis →Albrecht v. Eyb genoß T. großes Ansehen. In den humanist. Miszellanhss. der Univ. Basel, Leipzig und Freiburg ist er häufig vertreten.

Obwohl T. ein gerngelesener Schulautor war, scheinen die Versuche, ihn nachzuahmen, nicht eben zahlreich gewesen zu sein. Im 10. Jh. versuchte →Hrotsvit v. Gandersheim gegen die am otton. Hof, v. a. vom Kanzler Brun v. Köln geübte Lektüre, ihre eigenen Komödien an die Stelle der »unmoralischen« Stücke des lat. Komödiendichters zu setzen. Ein weiterer Versuch, eine Komödie zu schreiben, wurde erst von Petrarca unternommen, der jedoch seine »Philologia Philostrati« selbst wieder vernichtete, da sie das Vorbild T. seiner Meinung nach nicht erreichte.

Erst in humanist. Zeit wurden im Umkreis der Universitäten Italiens dramat. Texte verfaßt, die sich erklärtermaßen an den Komödien des T. inspirierten und zur Aufführung geeignet waren. Im 15. Jh. hatte T. nicht nur als Theaterautor eine Vorbildfunktion, sondern galt weiterhin als Muster des eleganten Gesprächsstils. Zu seinem Erfolg trug auch die Wiederentdeckung und Verbreitung des Kommentars des Aelius Donatus bei.

T. war einer der wenigen klass. Autoren, deren Werke mit großen Illustrationszyklen ausgestattet wurden. Eine Gruppe karol. Hss. reproduziert mit geradezu archäolog. Werktreue ein spätantikes Vorbild, das in den östl. Reichsteilen entstanden ist. Hervorzuheben sind ferner die in Paris in Auftrag gegebenen Miniaturenzyklen einer Gruppe von Hss. aus dem Umkreis des Hzg.s Jean de Berry.   C. Villa

Lit.: J. ABEL, Az-ó-és közérkori Terentiusbiographiak, 1887 – R. SABBADINI, Biografi e commentari di Terenzio, SIFC 5, 1897, 289–397 – L. W. JONES–C. R. MOREY, The Miniatures of the Mss. of Terence Prior to the Thirteenth Cent., 1931–32 – Y.-F. RIOU, Essai sur la tradition manuscrite du »Commentum Brunsianum« des comédies de Térence, RHT 3, 1973, 79–113 – G. BILLANOVICH, Terenzio, Ildemaro, Petrarca, IMU 17, 1974, 1–60 – C. BOZZOLO, Laurent de Premierfait et Térence (Vestigia [Fschr. G. BILLANOVICH, I, 1984]), 93–129 – C. VILLA, La »lectura Terentii«, 1984.

Teresa

1. T. v. Portugal, Kgn. v. →León, * um 1177, † 1250, Eltern: Kg. →Sancho I. v. Portugal und Dulce v. Barcelona, ⚭ 1191 Kg. →Alfons IX. v. León. Papst Coelestin III. verweigerte aus polit. Erwägungen die notwendige Dispens und löste die Ehe 1194 ungeachtet dreier bereits geborener Kinder wegen zu naher Verwandtschaft unter Androhung von Exkommunikation und Interdikt auf. Nachdem die bei der Hochzeit übertragenen, reichen *arras* (→Arra, Arras) wieder restituiert und ihr die Einkünfte von Villafranca del Bierzo zugesprochen worden waren, betrieb T. die leones. Thronfolge ihres Sohnes Fernando († 1214), griff nach dem Tod Alfons' IX. (1230) wieder aktiv in das polit. Leben ein und verfocht die im Vertrag v. Benavente an Ferdinand III. v. Kastilien abgetretenen Rechte ihrer Töchter Sancha und Dulcia. Später zog sie sich in die von ihr gegr. Zisterze Villabuena im Bierzo, dann in das ptg. Kl. →Lorvão zurück.   L. Vones

Lit.: J. GONZÁLEZ, Alfonso IX, 2 Bde, 1944 – DERS., El reino de Castilla en la época de Alfonso VIII, 3 Bde, 1960 – M. RODRIGUES PEREIRA, Um desconhecido tratado entre Sancho I de Portugal e Afonso IX de Leão, RevPort 17, 1978, 105–135 – J. GONZÁLEZ, Reinado y diplomas de Fernando III, 3 Bde, 1980–86 – L. VONES, Gesch. der Iber. Halbinsel im MA, 1993, 99–101, 104.

2. T., Frau →Heinrichs v. Burgund, Gf.en v. →Portugal, Kgn., * um 1070 als älteste, aber illegitime Tochter →Alfons' VI. v. León und Kastilien, † 1130, ◻ Braga, Kathedrale. Seit dem Tod ihres Vaters ließ sich T. als Infantin intitulieren. Nach Heinrichs Tod (1112) führte sie für ihren minderjährigen Sohn →Alfons (I.) Henriques die Herrschaft in Portugal, seit 1117 mit dem Titel einer Kgn. Wiederholt fiel sie in das von ihrer Halbschwester Kgn. →Urraca v. León und Kastilien beherrschte →Galicien ein, wurde aber im Gegenzug 1120 von Urraca belagert. T. verband sich damals mit dem Gf.en Ferdinand aus dem Geschlecht der →Traba, das Urracas »Fremdherrschaft« über Galicien bekämpfte. Die sich verstärkende Machtposition Ferdinands, dem T. eine Tochter gebar, stand zunehmend den Interessen des heranwachsenden Sohnes Alfons (Schwertleite 1125) im Wege. 1127 kam es zur Kraftprobe zw. T. und Urracas Sohn und Erben →Alfons (VII.) v. León und Kastilien, der Portugal wieder seinem Reich eingliedern wollte. Sein Sieg über T. und das mit ihr getroffene Arrangement (eine Art der Lehnsabhängigkeit) wurden für Alfons Henriques zum Signal: Er besiegte Ferdinand in Guimarães (24. Juni 1128) und übernahm selbst die Herrschaft in Portugal, während T. sich mit Ferdinand nach Galicien zurückzog.   P. Feige

Q.: Doc. Medievais Portugueses. Doc. Régios, I, hg. R. PINTO DE AZEVEDO, 1958 – *Lit.:* J. FERRO COUSELO, A Rainha Dona T. (Bracara Augusta 14–15, 1963), 378–381 – P. SEGL, Kgtm. und Kl.reform in Spanien, 1974 – P. FEIGE, Die Anfänge des ptg. Kgtm.s und seiner Landeskirche, GAKGS 29, 1978, 139–193 – s.a. Lit. zu →Alfons I., →Heinrich v. Burgund, →Portugal.

3. T. de Entenza (d'Entença), Gfn. v. →Urgel, Vizegfn. v. Ager, Baronin v. →Entenza, Alcolea de Cinca und Antillón (1314–27), * um 1301, † 28. Okt. 1327 in Zaragoza, ◻ Zaragoza, Franziskanerkonvent; Eltern: Gombald de Entenza, Baron v. Alcolea de Cinca, und Konstanze v. Antillón (Tochter des Gf.en Alvar I. v. Urgel); ⚭ 10. Nov. 1314 Infant →Alfons v. Aragón (3. A.). Aufgrund einer Übereinkunft ihres kinderlosen Großonkels Gf. Ermengol X. (de Cabrera) v. Urgel und Kg. Jakobs II. v. Aragón wurde sie Erbin der Gft. Urgel. Durch ihre nach dem Tod Ermengols geschlossene Ehe fiel die Gft. an die Krone. Als der erstgeborene Infant und Thronerbe Jakob verzichtete, wurde Alfons 1319 Thronfolger (Krönung Anfang April 1328 in Zaragoza). T., Teilnehmerin am Feldzug zur Eroberung Sardiniens und Mutter des späteren Peter IV. v. Aragón, war jedoch fünf Monate vor der Krönung (Testament am 23. Okt. 1327) im Kindbett gestorben.   L. Vones

Lit.: Gran Enc. Catalana XIV, 334 – Dicc. d'Hist. de Catalunya, 1992, 1044 – J. E. MARTÍNEZ FERRANDO, Jaime II de Aragón. Su vida familiar, 2 Bde, 1948 – DERS., Jaume II o el seny català – Alfons el Benigne, 1963² – S. SOBREQUÉS, J. E. MARTÍNEZ FERRANDO, E. BAGUÉ, Els descendents de Pere el Gran [Nachdr. 1968] – S. SOBREQUÉS I VIDAL, Els barons de Catalunya, 1970³, bes. 82f. – A. DE FLUVIÀ, Els primitius comtats i vescomtats de Catalunya, 1988, 32.

Ternant, burg. Adelsfamilie, Stammburg T. (in der Gft. →Nevers), fügte ihr am Ende des 14. Jh. die Burg La Motte d'Othoisey (die fortan La Motte-T. hieß), gelegen im eigtl. Hzm. →Burgund, hinzu. *Hugues de T.* fungierte als →Chambellan und Rat Philipps v. Burgund, Gf. v. Nevers (1406–14). Hugues' Sohn *Philippe de T.* († 1458 [?]) war einer der führenden Ratgeber Hzg. →Philipps des Guten, der ihn zu einem der ersten Ritter des →Goldenen Vlieses erkor. 1437 →Prévôt de Paris, tat sich T. durch glänzende Tjosts und Waffentaten hervor, bes. bei der burg. Eroberung v. →Luxemburg (1443: vom Hzg. mit der Beuteteilung betraut). Er gründete in T. eine Kollegiatkirche (1444: Marmorgrabmal, Stiftung zweier [erhaltener] Altäre). Aus seiner Ehe mit der pikard. Adligen Isabeau de →Roye gingen mehrere Töchter hervor; eine heiratete Hugues de Thoisy, der 1478 La Motte-T. gegen Kg. →Ludwig XI. verteidigte, eine andere war vermählt mit Louis de →La Trémoille, dem sie 22 Kinder gebar; der einzige Sohn, *Charles,* der zusammen mit →Karl d. Kühnen erzogen wurde und das Amt des →Capitaine v. Château-Chinon erhielt, starb jedoch, ohne legitime männl. Erben zu hinterlassen.   J. Richard

Lit.: G. DE SOULTRAIT, Inventaire des titres de Nevers de l'abbé de Marolles, 1873 – Les chevaliers de la Toison d'Or au XV^c s., hg. R. DE SMEDT, 1994 [M. TH. CARON].

Terra. [1] Der Begriff 't.' wird nach herrschender Meinung in frühma. Q. (bis ca. 1100) untechn. benutzt. In Übers.en entspricht ihm meist *erda,* nur selten der (nicht polit. gemeinte) Begriff *lant.* T. meint demnach a) den festen Teil der Erdoberfläche im Gegensatz zu Wasser/Himmel; b) den Raum in einem unbestimmten Sinn; c) ein bestehendes Gebiet, das durch Angaben zu Geographie und Bevölkerung spezifiziert werden kann. Am geläufigsten ist die Bedeutung d) Wirtschaftsland im allg. bzw. e) Acker(land) im speziellen. – [2] Als Rechts- und Herrschaftsbegriff: a) T. kann Land unter einem bes. Recht bezeichnen (t. salica). b) T. wird von der Forsch. als einer von mehreren Q.begriffen für das (ggf. erst im Entstehen begriffene) Territorium der Landesherren betrachtet (neben »territorium«, »provincia«, »regio«; krit. dazu: SCHUBERT). In diesem Sinne wurde T. wohl zuerst in geistl. Territorien verwendet. Gegenüber BRUNNERS Frühdatierung geht die Forsch. heute erst vom 12. Jh. an von einer techn. Verwendung des Begriffs aus. Bei der näheren verfassungsrechtl. Bestimmung des Begriffs wird teils der verbandsmäßige Aspekt der T. (als Rechtsgenossenschaft/Landesgemeinde), teils die von den »domini terrae« beherrschte Fläche betont. In früheren Q. überwiegt der Verbandscharakter, seit dem Beginn des 14. Jh. gewinnt im Kontext des Ausbaus der →Landesherrschaft der Gebietsaspekt an Bedeutung. Der genaue verfassungsgeschichtl. Gehalt des Begriffs T. wird regional zu differenzieren sein. BRUNNER betrachtete T. als lat. Äquivalent des von ihm zum verfassungsgeschichtl. Zentralbegriff erklärten »Landes«. Dieses definierte er auf der Basis südostdt. Q. als Rechtsgemeinschaft der das Land bebauenden und beherrschenden »Leute«, die nach einheitl. Landrecht lebte und sich im Landgericht organisierte. Seine Kritiker prononcierten teils die Rolle der Landesherren bei der Entstehung von Ländern, teils bestritten sie die Präexistenz des Landrechts vor der Landesherrschaft. G. DROEGE hielt die Existenz autogener Herrschaftsträger, die sich dem landrechtl. Schutz eines »dominus terrae« unterstellten, für konstitutiv für eine (rhein.). T. W. JANSSEN definierte T. als Bannbezirk und betonte die Bedeutung der Ausbildung einer Ämterstruktur für die Entstehung einer T. im modernen Sinne. Für das Erzstift Trier kann M. NIKOLAY-PANTER eine techn. Verwendung des Begriffs T. erst im 14. Jh. nachweisen. c) Ausgehend von der administrativen Durchdringung des werdenden Landes kann T. auch Amt bedeuten. Ch. Reinle

Lit.: O. BRUNNER, Land und Herrschaft, 1965⁵ – G. DROEGE, Landrecht und Lehnrecht im hohen MA, 1969 – G. KÖBLER, Land und Lehnrecht im FrühMA, ZRGGermAbt 86, 1969, 1ff. – W. JANSSEN, Niederrhein. Territorialbildung (Soziale und wirtschaftl. Bindungen im MA am Niederrhein, hg. E. ENNEN–K. FLINK, 1981), 95ff. – M. NIKOLAY-PANTER, T. und Territorium in Trier an der Wende vom Hoch- zum SpätMA, RhVjbll 47, 1983, 67ff. – C. HAGENEDER, Der Landesbegriff bei O. BRUNNER, Annali dell'Istituto italo-germanico in Trento 13, 1987, 153ff. – M. WELTIN, Der Begriff des Landes bei O. BRUNNER..., ZRGGermAbt 107, 1990, 339ff. – K. GRAF, Das »Land« Schwaben im späten MA, ZHF Beih. 14, 1992, 127ff. – E. SCHUBERT, Fsl. Herrschaft und Territorium im späten MA, 1996.

Terra di Lavoro, Provinz von →Kampanien. Das von Plinius als Liburia bezeichnete Kerngebiet (zw. Pozzuoli, Cuma und Capua) erfuhr im MA Erweiterungen. Der Name änderte sich zu Leboria, Terra Laboria und Terra Laboris. Die Grenze zur »Campania Romana« bildete im Norden San Germano. In geograph. Hinsicht reichte das Gebiet vom Taburno an den Grenzen des Principato Ultra, dem Matese an den Grenzen des Molise zu den Monti Aurunci im Westen, wobei Bergland und Ebenen miteinander abwechselten, was sich in einem ausgewogenen demograph. Verhältnis der städt. und ländl. Bevölkerung widerspiegelte, die aus verschiedenen ethn. Komponenten, mit einem sehr aktiven jüd. Anteil, bestand. Die wichtigsten Städte waren →Capua, ein Zentrum langob. Kultur, →Gaeta, das mit der byz. Tradition verbunden war und →Aversa, die Normannenfestung. Große Bedeutung hatten auch die Abteien OSB →Montecassino, →San Vincenzo al Volturno und San Lorenzo (Aversa), die ihre Besitzungen und vor allem ihren kulturellen und institutionellen Einfluß auf die ganze Provinz ausdehnten. In den kleineren Zentren Arce, Aquino, →Caserta, →Nola, Pozzuoli, Sora, Telese und Vairano blieb die röm. Tradition verwurzelt. Die fruchtbare T. d. L. litt häufig unter Kriegsschäden als Schauplatz vieler Kämpfe zw. dem Hzm. →Neapel, dem Fsm. Capua und dem normann. Aversa, und später der Machtkämpfe nach dem Tode →Wilhelms II., die unter dem Feudaladel ausbrachen, der verschiedenen, im →Catalogus Baronum verzeichneten Traditionen folgte (in Capua herrschten die milites von T., in Aversa war der Adel hingegen an den »mos Francorum« gebunden). In der von Friedrich II. mit der Schaffung der Justitiariate durchgeführten polit.-administrativen Reform wurde die Terra Laboris mit dem Molise verbunden und verlor einen Teil an das Fsm. Benevent. Diese Neuordnung blieb jedoch auf die rechtl. Ebene beschränkt, da die traditionelle Konnotation der Provinz in der Mentalität und den Traditionen der Bevölkerung erhalten blieb. Die T. d. L. zeichnete sich weiterhin durch besondere Dynamik aus, hatte mit Sicherheit die stärkste Bevölkerungszahl und bildete die größte Einnahmequelle für den Fiskus, wie die Abgabenlisten zeigen. Auch in der Entwicklung städt. Selbstverwaltung in Süditalien hatte sie eine Vorreiterrolle inne: beispielhaft ist dafür Gaeta, das erst 1233 seine polit. Autonomie verlor, jedoch zumindest seine früheren Steuerfreiheiten bewahren konnte.

P. De Leo

Lit.: IP VIII, 62ff. – A. LEPRE, T. (Storia del Mezzogiorno, V, 1986), 97–234.

Terra sigillata → Siegelerde

Terracina, Hafenstadt im südl. Latium an der Küstenstraße nach Kampanien in strateg. günstiger Lage. Die volskische Gründung (Anxur) wurde 406 v. Chr. von den Römern erobert und entwickelte sich durch den Bau der Via Appia im 3. Jh. v. Chr. zum Stützpunkt der röm. Kontrolle über das südl. Latium und zu einem Zentrum blühenden städt. und religiösen Lebens (Jupiter Anxur-Tempel). Auch in der Spätantike bildete T. einen wichtigen Verkehrsknotenpunkt zw. Rom und Kampanien, wie die Erhaltungsarbeiten an der Via Appia (mindestens bis zur 1. Hälfte des 6. Jh.) bezeugen. Seit dem Ende des 5. Jh. ist T. Bf.ssitz. Procopius v. Caesarea betont die militär. Bedeutung der Stadt. Ein Brief Gregors d. Gr. an Bf. Agnellus bezeugt die Existenz einer Stadtmauer, deren Erhaltung dem Bf. und der gesamten Bevölkerung oblag. Neuere Untersuchungen datieren die außergewöhnl. gut erhaltenen Reste des spätantiken Mauerrings eher in die erste Hälfte des 5. Jh. (Honorius/Valentinian III.) als in die Zeit der Gotenkriege. In der 2. Hälfte des 8. Jh. wurde die Stadt zum Streitobjekt zw. dem Papsttum und den Byzantinern, als diese nach dem Verlust Roms den mittleren und südl. Küstenstreifen am Tyrrhen. Meer von den Stützpunkten Neapel, Gaeta und T. aus kontrollieren wollten. T. kam wahrscheinl. zw. 780 und 790 (Daten ungesichert) wieder unter päpstl. Kontrolle und blieb mit wenigen Schwankungen bis 1870 unter päpstl. Oberherrschaft. Briefe Johannes' VIII. (872–882) bezeugen, daß T. und sein Umland von den Angriffen der Araber gegen die Küste Latiums betroffen waren. Im 10. und 11. Jh. erwarben Seitenlinien der Familie der Duces v. Gaeta ebenso wie mächtige stadtröm. Familien wie die Crescentier Besitzungen in T. und in seinem Territorium. Die Bf.e standen in enger Verbindung zum Benediktinerorden, in erster Linie zu →Montecassino. Die Kathedrale (eines der Hauptwerke der Romanik im südl. Latium) wurde 1074 von Bf. Ambrosius OSB geweiht und dann mit allen Pertinenzen Abt →Desiderius v. Montecassino (bis zu seiner Papstwahl 1086) unterstellt. 1088 wurde in der Kathedrale das Konklave abgehalten, in dem Urban II. gewählt wurde. Im 12./13. Jh., als sich der stadtröm. und päpstl. Einfluß auf ganz Latium konsolidierte, unterstand die Stadt der Signorie wichtiger röm. Familien, die in enger Verbindung mit den päpstl. Interessen standen: →Frangipani, →Annibaldi und →Caetani. Im 13. Jh. erlebte T. jedoch auch eine Periode kommunaler Selbstverwaltung. Während der Kämpfe zw. den Päpsten und den letzten Staufern und dem Aufkommen der Anjou in der 2. Hälfte des 13. Jh. war T. wie die anderen Städte des südl. Latium an der Grenze von Kirchenstaat und Kgr. Sizilien dem polit. Wechselspiel der Großmächte unterworfen und wurde zusehends in seiner Autonomie eingeengt. Zum Teil war seine Schwäche auch auf seine mangelnde wirtschaftl. Entwicklung zurückzuführen. Trotz seiner Küstenlage war T., im Unterschied zur Nachbarstadt →Gaeta, nie stricto sensu allein auf das Meer ausgerichtet. Obgleich der Fang von Seefischen zu den wirtschaftl. Ressourcen zählte, war die Wirtschaft T.s auch stark durch die Pontin. Sümpfe im Hinterland geprägt. F. Marazzi

Lit.: N. Christie–A. Rushworth, Urban fortification and defensive strategy in fifth and sixth cent. Italy: The case of T., Journ. of Roman Archaeology 1, 1988, 73–88 – G. Falco, I Comuni della Campagna e della Marittima nel Medio Evo (Studi sulla storia del Lazio nel Medioevo II, 1988), 419–690 – E. Parlato–S. Romano, Roma e il Lazio, 1992 – M. R. Coppola, T. Il foro emiliano, 1993² – M. Di Mario, T., urbs prona in paludes., 1994 – P. Skinner, Family power in Southern Italy. The Duchy of Gaeta and its neighbours, 850–1139, 1995 – F. Marazzi, Il Patrimonium Sancti Petri dal IV. s. agli inizi del X. Struttura amministrativa e prassi gestionali, 1996 – Ders., Proprietà pontificie lungo il litorale tirrenico laziale (Castelporziano III, scavi e ricerche, hg. M. G. Lauro, Sopr. Archeol. di Ostia) [im Dr.].

Terragium (terraticum, *terrage*), in sehr allg. Sinne eine →Abgabe, die einen proportionalen Anteil des Ertrags einer landwirtschaftl. Fläche (terra) umfaßt. Ursprünglich, d.h. vom 9. bis in die Mitte des 12. Jh., hatte t. eine stärker eingegrenzte, spezif. Bedeutung: Es bezeichnete in der Regel den Anteil, der für neugerodetes Land (→Rodung) an den Grundherrn zu entrichten war. In dieser Bedeutung kann t. nicht mit dem üblichen Grundzins gleichgesetzt werden. Vielmehr mußte t. häufig (und das gilt insbes. für Regionen im heut. Nordfrankreich und südl. Belgien: →Hennegau, →Picardie) für neugebrochenes Land neben dem Grundzins geleistet werden, belief sich auf einen festgelegten Teil der Ernte (1/9, 1/11) und wurde erhoben zusammen mit einem →Zehnt (1/10), der auch nicht dem üblichen Kirchenzehnt entsprach. Beide, t. und Zehnt (*disme et terrage*), bildeten, wenn sie in bezug auf neugerodetes Land genannt sind, anscheinend ein Herrenrecht, das dem früheren Eigentümer des Ödlandes auch noch zustand, wenn er es an einen anderen Eigentümer veräußert hatte. T. wurde daher als Abgabe für die ursprgl. Genehmigung des Grundherrn zur Rodung erklärt, eine Art des *Rottzehnt*, als dessen Ursprung das karol. *Medem* gelten kann, das auch ursprgl. nur für zeitweilige Überlassung von Rodungsland entrichtet wurde. Letzteres ist noch im 13.–14. Jh. bei t. auf 'sarts' (von frz. *essarts*, 'Rodungen') in der Gft. →Namur der Fall. Nach einem gewissen Zeitraum konnten der temporäre Erwerb von Rodungsland dauernden Charakter erhalten. Im Laufe des 12. Jh. ging (außer in den genannten Gebieten) die ursprgl., spezif. Bedeutung von t. verloren; das Wort bezeichnete nunmehr den eigtl. Grundzins, der ebenfalls aus einem Anteil am Ernteertrag, der aber zumeist höher lag (1/7, 1/4, 1/2), bestand. →Champart, →Teilbau.

A. Verhulst

Lit.: J. F. Niermeyer, Lex. Minus, 1976, s. v. terraticus – L. Genicot, L'économie rurale namuroise au bas MA, I, 1943, 251–253 – J. Estienne, L'agriculture en Picardie aux XIIe s. (Position Thèses Éc. d. Chartes, 1946), 53 – R. Fossier, La terre et les hommes en Picardie, 1968, 323, 328f.

Terrassa (arab. Tarrája; Katalonien, comarca Vallès Occidental, Bm. Barcelona), ursprgl. Grenzbefestigung nahe des Sitzes des westgot. Bm.s →Ègara, dessen Besatzung sich 801 den Franken ergab, während die Burg 856 bei einer maur. →Razzia völlig zerstört wurde. Ab dem 10. Jh. ist die Burg im Besitz der Gf.en v. →Barcelona bezeugt, die dort einen Vikar einsetzten und ab dem 12. Jh. die Vgf.en v. →Cardona, später die →Montcada damit belehnten. Um die gfl. Präsenz in der Stadt zu sichern, errichtete Anfang des 12. Jh. der gfl. Dienstmann Berengar Sanla, dessen Familie sich nach T. nannte, eine weitere Burg. Seine Erben stellten sie 1344 zur Errichtung einer Kartause zur Verfügung (Sant Jaume del Valparadís; im 15. Jh. nach Montealegre verlegt). Die ursprgl. Bf.skirchen v. Ègara, Sant Pere, Sant Miquel und Santa Maria, mit ihrem ausgedehnten Parrochialbezirk kamen 1113 im Tausch gegen die Besitzungen des Stiftes Sant Adrià de Besòs an die Abtei →St-Ruf in Avignon, die dort Priorat Santa Maria errichtete, das wie die Stifte Santa Maria in Besalú und Sant Ruf in Lérida bis zur Säkularisierung 1592 den katal. Zweig der Kongregation bildete. T., dessen Wollfabrikation seit dem 13. Jh. einen Aufschwung nahm, besaß seit dem Privileg Peters IV. von 1336 einen Stadtrat (4 Geschworene und 10 Räte). Entscheidenden Einfluß auf die Bürgerschaft nahm der Stadtrat v. Barcelona (1391–1473), dem →Martin I. die Stadt verpfändet hatte.

U. Vones-Liebenstein

Q. und Lit.: J. M. Martí Bonet u. a., Pergamins de l'Arxíu hist. de T. 1208–76, 1976 – P. Puig i Ustrell, Pergamins del Priorat de Santa Maria de T., 1979 – S. Cardús, T. medieval, 1984² – J. M. Benaul u. a., Hist. de T., 1987 – P. Puig i Ustrell u. a., Pergamins de l'Arxíu hist. comarcal de T., 1278–1387, 1988 – Simposi Internacional sobre les Esglésies de Sant Pere de T., 1992 – P. Català i Roca, Els Castells Catalans, II, 1991², 144–160 – Catalunya romànica XVIII, 1991, 231–367 – U. Vones-Liebenstein, St-Ruf und Spanien, 1996.

Terrisius v. Atina, wohl Zögling des Kl. Montecassino, dem sein Heimatort gehörte, Schüler des →Bene Florentinus in Bologna, Rhetoriklehrer an der Univ. Neapel, erscheint erstmals 1237 im Dienst des →Thaddaeus v. Suessa bei der Untersuchung einer Abtswahl in Montecassino. Als Literat am Hofe →Friedrichs II. verfaßte er 1246 einen Brief über die Verschwörung gegen den Ks. Erhalten sind ferner kulturgesch. interessante Briefe und Gedichte, darunter eines auf Friedrich II.

H. M. Schaller

Ed. und Lit.: W. Wattenbach, Über erfundene Briefe in Hss. des MA, SPA.PH, 1892, 93–95 [dazu H. M. Schaller, Stauferzeit, 1993, 135] – F. Torraca, Maestro Terrisio di A., ASPN 36, 1911, 231–253 – C. A. Garufi, Ryccardi de Sancto Germano Chronica, Muratori², 7, 2, 1938, 193 – H. M. Schaller, Zum Preisgedicht des T. v. A. (Ders., Stauferzeit, 1993), 85–101 – M. Feo, Il cavallo perfetto, Invigilata Lucernis 15–16, 1993–94, 99–145.

Terryglass, Treffen v. Diese Königsbegegnung (*dál*) fand 737 in T. (Tír dá glass, Gft. Tipperary, südl. Irland) zw. →Aéd Allán mac Fergaile, dem Kg. der →Cenél Eógain, und Cathal mac Finguine, dem Kg. der →Eóganachta (→Munster), statt; beide bewarben sich um die Würde des →Hochkönigs. Voraussetzung des Treffens waren die Erfolge Aéd Alláns (736–743), der eine lange Vorherrschaft seiner Dynastie innerhalb des Verbandes der nördl. Uí Néill begründete und 738 sich das Kgr. Leinster (→Laigin) entscheidend besiegen sollte. Aéd Alláns wichtigster Konkurrent aus Munster, Cathal, hatte zwar in begrenztem Maße die inneren Auseinandersetzungen der Uí Néill auszunutzen verstanden (733 Angriff auf →Brega), konnte aber (im Unterschied zu Aéd Allán) seine Oberherrschaft über Leinster nicht wahren. Die Begegnung v. T. signalisiert daher das Wiedererstarken der Solidarität im Lager der Uí Néill; sie führte wohl zu einer formellen Absprache zw. den beiden Kg.en (Abgrenzung der Einflußsphären. Die Inkraftsetzung der 'Lex Patricii' weist daraufhin, daß nun auch Kg. Cathal die Suprematie der Kirche v. →Armagh anerkannte.

D. Ó Cróinín

Lit.: F. J. Byrne, Irish Kings and High-Kings, 1973, 209f.

Tertiarier, Bezeichnung für Laien, die sich der geistl. Leitung eines →Bettelordens (→Franziskaner, →Dominikaner, →Augustiner, →Karmeliter, →Serviten) anvertrauen und häufig dessen Disziplin und Lebensform übernehmen, dabei jedoch weiterhin in der Welt leben. Neben dem männl. Zweig des Ordens (Erster Orden) und dem weibl. Zweig (Zweiter Orden) entsteht so ein Dritter Orden (daher die Bezeichnung T.), der sich aus Laien zusammensetzt, die als Einzelpersonen oder in Gemeinschaften leben können. Um Entstehung und Entwicklung der Dritten Orden zu verstehen, muß man bis auf die evangel. Armutsbewegung des 12. Jh. zurückgehen, die ganz vom Bußgedanken durchdrungen war. Nicht zuletzt durch die Auswirkungen der →Gregorian. Reform wuchs in dieser Zeit die Zahl der Laien gewaltig an, die danach strebten, das Seelenheil zu erlangen, das ein alleiniges Anrecht der Kleriker und Mönchen zu sein schien. Einerseits entstanden dabei heterodoxe, sich an den Evangelien inspirierende Bewegungen, andererseits nahmen die Fälle zu, in denen Laien, sowohl Männer als auch Frauen, sich dazu entschlossen, den Rest ihrer Tage im Kl. zu beschließen, nachdem sie einen Großteil ihres Lebens in der Welt zugebracht hatten (z. B. die Konversen bei den →Zisterziensern). Viele, die nicht völlig in eine klösterl. Gemeinschaft eintreten wollten oder konnten, wurden →Oblaten (einer Kirche oder eines Benediktiner- oder Prämonstratenserkl.), indem sie »se et sua« schenkten und dem Superior der Kommunität, der sie sich offerierten, Gehorsam gelobten. Vielfach blieben diese Oblaten oder Oblatinnen außerhalb der Kl.mauern und konnten ein intensives Gebetsleben mit prakt. Tätigkeiten, v.a. der Fürsorge für Arme und Kranke, verbinden. Alle diese Lebensformen waren jedoch nicht für Laien geeignet, die nicht auf ihre Arbeit und den Ehestand verzichten wollten oder konnten, den die Kirche immer stärker als Kennzeichen des Laienstandes ansah (ordo coniugatorum) und der – zumindest prinzipiell – nicht als Hindernis für die Erlangung der christl. Vollkommenheit betrachtet wurde. Die Röm. Kirche zeigte sich bereit, diesem v.a. im städt. Bereich verbreiteten Trend entgegenzukommen, und erkannte unter Innozenz III. im ersten Jahrzehnt des 13. Jh. den Dritten Orden der →Humiliaten an, nachdem sich diese mit der Kirche versöhnt hatten, sowie die Lebensform der →Pauperes catholici des →Durandus v. Huesca. Anfang des 13. Jh. verbreiteten sich immer stärker die Büßergemeinschaften oder Bußbruderschaften: Männer und Frauen, die in der Welt lebten und eine ähnl. Lebensform wählten, wie sie in der Urkirche den bekennenden und reuigen Sündern auferlegt worden war, bevor sie wieder mit der Kirche ausgesöhnt wurden. Diese Lebensform erhielt in Italien erstmals eine ausgebildete Organisation und schriftl. Fixierung (1221–28) im »Memoriale propositi fratrum et sororum de poenitentia in propriis domibus existentibus«, das vom apostol. Legaten Hugolin, Kard. v. Ostia, ratifiziert und von allen Büßergruppen der Romagna übernommen wurde. Wer diesem Regelwerk folgte und sich den Büßern anschloß, verzichtete auf Spiel, Prunk, ausgesuchte Speisen und Schauspiele, verpflichtete sich zu einem ernsten und bescheidenen Leben und mußte sich öffentl. und privat jeder Gewalttätigkeit enthalten. Die Brüder und Schwestern sollten sich in ungefärbte und geringwertige Stoffe kleiden, auf kostbare Schleier, gefältelte Hauben, auffällige Hüte und betont mod. Schuhe verzichten und sich stattdessen mit Schleiern aus Hanf oder Leinen begnügen und Ledergürtel tragen, um sofort für ihre Umwelt als Büßer erkennbar zu sein. Außerdem sollten sie häufiger als »normale« Christen die Sakramente empfangen, d.h., dreimal im Jahr beichten und zur Kommunion gehen. Sie verpflichteten sich auch zum →Stundengebet oder ersatzweise zu einer entsprechenden Zahl von Gebeten. Man verpflichtete sich auch zur materiellen und moral. Unterstützung der Kranken, zur Teilnahme an Begräbnissen und zu Gebeten für die verstorbenen Bruderschaftsmitglieder. Schwerer in der Tat umzusetzen waren andere Pflichten der Büßer: Führung eines »enthaltsamen« Lebens (das heißt in Befolgung der kanon. Vorschriften für das Eheleben) und Ablehnung des →Eides und des Militärdienstes, was die Büßer häufig in Konflikt mit den korporativen Organisationen, für die ein Eid konstitutiv war, und mit den kommunalen Autoritäten brachte, die im Kriegsfall nicht auf die Hilfe so vieler Mitbürger verzichten wollten. Der hl. →Franziskus v. Assisi galt lange Zeit als »Erfinder« dieser Form des Büßerlebens, die ihm auch Papst Nikolaus IV. in der Bulle »Supra montem« (1289) zuschreibt. In Wirklichkeit führten Franziskus selbst und seine ersten Gefährten in einer Frühphase ihrer Konversion ein Büßerleben in Formen, die man sich als sehr ähnl. den im »Memoriale« beschriebenen vorstellen muß. Sicher ist jedoch, daß die Bußpredigten der Franziskaner und Dominikaner und später der anderen Mendikantenorden zu einer gewaltigen Bekehrungswelle unter den Laien führten. Bereits in den ersten Jahrzehnten des 13. Jh. gab es zahlreiche Menschen, v.a. Frauen, die den Lehren der Fratres folgten und den Weg zur spirituellen Vollkommenheit beschritten, dabei jedoch weiterhin in der Welt, häufig in ihren eigenen Häusern, lebten. Es waren oft die Büßer des hl. Franziskus und des hl. Dominikus, die die Güter verwalteten, die von Wohltätern den Bettelorden geschenkt worden waren, die diese jedoch aufgrund ihrer Verpflichtung zu freiwilliger Armut und zum Verzicht auf Besitz und Einkünfte aller Art nicht annehmen konnten. Die begeisterte Aufnahme dieser neuen Lebensformen, die sich oft jeder Kontrolle durch die kirchl. Hierarchie entzogen, begann jedoch die kirchl. Autoritäten zu beunruhigen. In den laikalen Gruppen der →Beghinen, →Begarden und wirklichen oder vermeintlichen Büßer erkannte man den Nährboden für viele heterodoxe Strömungen. So bemühte sich die röm. Kirche, v.a. seit dem Konzil v. →Lyon (1274), die Laienbewegungen in zuverlässige religiöse Einrichtungen einzubinden. Der Franziskanerpapst Nikolaus IV. wollte sie alle unter die geistl. Leitung der Franziskaner stellen, deren Habit sie auch tragen sollten. In der bereits zitierten Bulle »Supra montem« unterstrich der Papst die Verantwortlichkeit der T. nunmehr auch im jurid. Sinn der T. zu Bezeichnenden für die Verteidigung der Orthodoxie und die Bewahrung des Friedens. Diese im Sinne des Franziskanerordens getroffene Lösung konnte jedoch von den anderen Bettelorden und den mit ihnen verbundenen Laien nicht akzeptiert werden. Entschiedenen Widerstand leisteten v.a. die Dominikaner, deren General Munio v. Zamora bereits 1285 eine Regel für die Bußbrüder des hl. Dominikus ausgearbeitet hatte, die sich im wesentl. auf das »Memoriale« von 1221–28 stützte. Sie geben, entsprechend dem geistl. Anliegen des Predigerordens, als Aufgaben der Mitbrüder die Verteidigung des Glaubens und das Apostolat. Die Regel des Dritten Ordens der Dominikaner wurde jedoch viel später bestätigt. Erst nachdem →Katharina von Siena am Beispiel ihres eigenen Lebens durch die Orthodoxie ihrer Lehre und durch ihre Treue zum röm. Papsttum die Verdienste der Büßer des hl. Dominikus, zu denen sie gehörte, aufgezeigt hatte, wurde die Lebensform dieser Bußbrüder approbiert (1405, 1439). Der Generalminister →Raimund v. Capua setzte sich, v.a. mit Hilfe von Thomas (Tommaso) →Caffarini, für die Approbation der Regel der Büßer des hl. Dominikus und für die Heiligsprechung Katharinas v. Siena ein.

Auch bei den anderen Bettelorden gab es ähnl. Entwicklungen, wenngleich die Approbation ihrer Dritten Orden oft sehr spät erfolgte. Die Augustiner erhielten in einer Bulle v. 1399 das Recht anerkannt, »mantellati und pinzochere« in ihre Obödienz aufzunehmen und sie der Privilegien des Ordens teilhaftig werden zu lassen. 1470 folgte eine analoge Konzession für Männer. Ähnl. verlief die Entwicklung der Karmeliter-T., deren vorwiegend kontemplativer Charakter jedoch früh zu einer Klausur der Frauengemeinschaften führte, die sich viel stärker dem Gebet als karitativen Tätigkeiten widmeten. Allen Drittordensregeln war das Verbot gemeinsam, den T. orden zu verlassen, ausgenommen bei Eintritt in einen religiösen Orden mit Ablegung feierl. Gelübde. Bereits gegen Ende des 14. Jh. nahm die Zahl der T.-, bes. aber der T. innengemeinschaften zu, die nicht mehr in der Welt, sondern in Klausur lebten. Die Lebensweise der Regulart. glich sich immer stärker dem Leben der Mitglieder der Ersten und Zweiten Orden an. Auf diese Weise ging jedoch ein Großteil der religiösen Aufbruchsstimmung verloren, die für die Anfänge der Dritten Orden kennzeichnend war, als es mögl. schien, das Streben nach christl. Vollkommenheit mit einem – wenn auch strengen und verzichtreichen – Leben in der Welt in Einklang zu bringen. Nicht von ungefähr wurden diese ursprgl. Funktionen der Dritten Orden zusehends häufiger von den →Bruderschaften übernommen (Zusammenschlüsse von Laien zu Gebet und karitativem Wirken), die am Ende des MA eine großartige Blütezeit erlebten. G. Barone

Lit.: LThK² IX, 1374–1378; III, 492–493 – DSAM XII, 1011–1023 – DIP I, 372–374; IV, 511–515; 960–965 – G. G. Meersseman, Dossier de l'Ordre de la Pénitence au XIII° s., 1961 – L'Ordine della Penitenza di S. Francesco d'Assisi nel sec. XIII, hg. O. Schmucki, 1973 – Francescanesimo e vita religiosa dei laici nel '200, 1981 – La »Supra montem« di Niccolò IV (1289): genesi e diffusione di una regola, hg. R. Pazzelli–L. Temperini, 1988 – E. Menestò, Problemi di identità cristiana di ieri e di oggi nella »Supra montem« di Niccolò IV (Niccolò IV: un pontificato tra Oriente ed Occidente, hg. E. Menestò, 1991), 157–170.

Tertry. Der Erbe der austras. Hausmeierdynastie →Pippin II. (der Mittlere) erreichte nach der Ermordung →Ebroins 680 die Anerkennung seiner austras. Vormachtstellung durch den neuen neustr. Hausmeier →Waratto, der aber schon 686 starb; dessen Nachfolger, sein Schwiegersohn →Berchar, hatte starke Gegner im neustr. Adel, die nun Pippin zum Eingreifen ermunterten. Bei T. an der Somme (zw. Péronne und St-Quentin) erfocht er 687 den entscheidenden Sieg. Nach Berchars Ermordung im folgenden Jahr übernahm er das Hausmeieramt, respektierte aber das Thronrecht der →Merowinger: er »nahm Kg. Theuderich (III.) samt seinen Schätzen bei sich auf« (Cont. Fredeg.). In der Rückschau sahen schon karol. Annalen den Sieg v. T. als gesch. Wende (Ann. Mett. pr.: »Pippinus singularem Francorum obtinuit principatum«), und auch die moderne Historiographie bewertet 687 als Epochenjahr, das den endgültigen Aufstieg der →Karolinger einleitete. U. Nonn

Q.: Cont. Fredeg. 5; Liber hist. Fr. 48 (MGH SRM II) – Annales Mettenses priores ad a. 690 (MGH SRG 10) – *Lit.:* H. Bonnell, Die Anfänge des karol. Hauses, 1866, 125–127 – I. Haselbach, Aufstieg und Herrschaft der Karlinger in der Darstellung der sog. Annales Mettenses priores, 1970 – R. A. Gerberding, The Rise of the Carolingians and the Liber hist. Francorum, 1987 – R. Schieffer, Die Karolinger, 1992, 25f.

Tertullian im MA. Der chr. Schriftsteller Quintus Septimius Florens Tertullianus († nach 220) wurde in frühchr. Zeit vielfach mit hoher Wertschätzung genannt, freil. auch wegen seiner späteren Wendung zum →Montanismus mit Vorbehalt zitiert; Augustinus nennt ihn unter den Häretikern, das um 500 entstandene →Decretum Gelasianum führt ihn unter den Apocrypha auf. Anders als bei den meisten Autoren der frühchr. Zeit, von denen zahlreiche Werke wenigstens in Resten aus der Spätantike unmittelbar erhalten geblieben sind und die insges. ein Mehrfaches von dem ausmachen, was an Resten profanantiker Lit. direkt erhalten geblieben ist, besitzen wir von T. keine Zeile aus dem Altertum selbst. Bekannt war T. dem MA namentl. aufgrund seiner Nennung in der Chronik und der Schrift »De viris illustribus« des →Hieronymus (c. 53), und sein Name wird nicht selten, v. a. in hist. Werken genannt; doch sind Kenntnis seiner Werke und direkte Zitate aus diesen vergleichsweise selten.

Die zahlreichen Traktate T.s sind in mehreren Slg.en verschiedenen Umfangs, die zu verschiedener Zeit unter verschiedenen Aspekten angelegt wurden, auf uns gekommen: dem sog. corpus Trecense (Troyes 523), angelegt vielleicht von →Vincentius v. Lérins; dem corpus Ottobonianum (Vatic. Ottob. lat. 25) mit gutem Text; dem corpus Corbeiense (ehem. in Corbie und Köln, Hss. verloren, erhalten nur durch alte Drucke); dem corpus Agobardinum (Paris lat. 1622, im Auftrag →Agobards v. Lyon geschrieben); dem corpus Cluniacense (2 Cluniacenser Hss., 10. und 11. Jh.), vielleicht im Kreise des →Isidor v. Sevilla entstanden.

Eine bes. Überlieferung weist die berühmteste Schrift T.s, das »Apologeticum«, auf. Es ist nicht nur am häufigsten abgeschrieben worden, sondern läßt (was erst nach langem Bemühen erkannt wurde) zwei auf den Verf. selbst zurückgehende Fassungen erkennen. Von diesen ist die ältere nur durch ein Frgm. einer Hs. erhalten, die sich – wahrscheinl. bereits in karol. Zeit – in Fulda befunden hat, dann jedoch, als sie von Franciscus Modius kollationiert worden war, mit dem Großteil der alten bibliotheca Fuldensis verloren ging. Die übrigen vergleichsweise zahlreichen Hss. des Apologeticum geben, mit manchen Korruptelen und Spuren der Kontamination, in etwa die endgültige Fassung des Autors wieder.

Die wenigen tatsächl. Benützungen und Zitate aus T. beschränken sich auf eine Slg. von Exzerpten, die man, ohne einen Beweis zu haben, mit →Wilhelm v. Malmesbury in Verbindung gebracht hat (London B. L. Harley 2969, 14. Jh.), und auf →Vinzenz v. Beauvais, der Stellen aus dem Apologeticum zitiert, die nicht zuletzt bei Kirchenvätern wie Hieronymus beruhen können. In humanist. Zeit hat T. seit dem frühen 15. Jh. starke Beachtung gefunden. F. Brunhölzl

Lit.: Manitius I–III – Schanz-Hosius III, 330ff. – P. Lehmann, T. im MA (Ders., Erforschung des MA, V, 1962), 184ff. – C. Becker, T.s Apologeticum. Werden und Leistung, 1954 – W. Bühler, Philologus 109, 1965, 121ff. – Praefationes der krit. Ausgaben.

Teruel (Turolium), Stadt in der Estremadura →Aragóns. Im 11. Jh. Etappe auf dem Weg von Córdoba nach Zaragoza, wurde T. nach der Eroberung →Valencias durch die →Almohaden (1171) von →Alfons II. gegr., um die Grenze seines Reiches nach S militär. abzusichern. Unter Jakob I. wurde T. dann Ausgangsbasis für die Eroberung des Kgr.es Valencia, an dessen Wiederbesiedlung sich seine Bewohner aktiv beteiligten. Ursprgl. innerhalb der 1142 dem Concejo v. Daroca zugewiesenen Grenzen gelegen, konnte T. erst nach 1177 und der Gewährung eines eigenen →Fuero durch Alfons II. entwickeln. Dieses bedeutende Stadtrecht wurde noch 1482 von den →Kath. Königen beschworen, nachdem der Stadt bereits 1347 von Peter IV. v. Aragón als Dank für ihre Haltung im Kampf gegen die Adelsunionen der Titel einer *ciudad* zuerkannt worden war. Gemäß dem Fuero regelte ein durch Säckelwahl bestimmter Stadtrat (ein Richter, ein Schreiber, acht [später vier] →Alcalden, vierzehn [später acht] Geschworene) die Geschicke der Bürgerschaft und der zur Stadtmark (*comunidad de villa y tierra*) zählenden Gemeinden, im ganzen 64 Ortschaften (*aldeas*, zunächst in vier, später sechs sog. *sesmas* zusammengeschlossen). Ein seit 1331

(Privileg Alfons' IV. zugunsten der Gemeinden) schwelender Konflikt bezügl. der Ausübung der Jurisdiktionsgewalt in minderschweren Fällen (bis zu einem Streitwert von 30, später 200 Solidos) wurde erst 1450 mit Waffengewalt gegen den Willen des Stadtrats gelöst. Als Vertreter des Kg.s fungierte 1171–1257 ein *tenente* (→Tenencia), im SpätMA wurde er durch einen Alcalden abgelöst, dem ein *Justicia* beigegeben war. Das 15. Jh. war von Kämpfen zw. den Familien Marcilla und Muñoz bestimmt, die zum Caballero-Adel zählten. 1484 widersetzte sich die Stadt, die eine bedeutende jüd. Aljama besaß, vergebl. der Einrichtung eines Inquisitionstribunals. Die folgenden Prozesse schwächten die städt. Wirtschaft, die v.a. in den Händen von Konvertiten lag. Von den 505 Feuerstellen (1488) verblieben nach der Pest v. 1492 nur noch 395 (1495). Kirchl. zählte T. bis 1577 zum Bm. →Zaragoza und war Sitz eines Archipresbyterats. Die Pfarrkirche Santa Maria de Mediavilla wurde 1342 zur Kollegiata erhoben, daneben gab es ein Hospital (12. Jh.), ein Klarissenkl. (seit 1368) und einen Franziskanerkonvent (1391/92). U. Vones-Liebenstein

Lit.: zahlreiche Artikel in der Zs. »T « – M. Gorosch, El fuero de T., 1950 – J. Caruana, Fuero latino de T., 1974 – Ders., Hist. de la provincia de T., 1956 – S. Sebastián – A. Solaz, T. monumental, 1969 – R. Ferrer Navarro, Aspectos económicos de la Inquisición turolense a fines del s. XV, Ligarzas (Valencia) 7, 1975 – A. M. Barrero, El Fuero de T., 1979 – A. Ubieto Arteta, Los Amantes de T., 1979 – D. J. Buesa Conde, T. en la Edad Media, 1980 – A. Ubieto Arteta, Hist. de Aragón: La formación territorial de Aragón, 1981; Divisiones administrativas, 1983; Los pueblos III, 1986, 1241–1243 – M. I. Falcón Pérez, Las ciudades medievales aragonesas (La ciudad hispánica, II, 1985), 1195–1198 – Aragón en al Edad Media VIII (Fschr. A. Ubieto Arteta, 1989) [Beitr. M. D. Cabanes Pecourt, J. J. Morales Gómez, M. J. Torreblanca Gaspar, C. Orcástegui Gros].

Tervel, bulg. Khan 701–721, Sohn von Khan →Asparuch, aus dem Geschlecht Dulo, verhalf dem entmachteten byz. Ks. →Justinian II. 705 erneut zur Herrschaft. Zum Dank erhielt T. den →Caesar-Titel und das Gebiet →Zagora südl. des Balkangebirges. Der Versuch Justinians, diese Vereinbarung rückgängig zu machen, scheiterte in der Schlacht bei →Anchialos (708). T. nutzte die Zwietracht im Byz. Reich, verwüstete Ostthrakien und rückte bis Konstantinopel (712) vor. 716 schloß T. mit Byzanz einen polit. wie wirtschaftl. Klauseln enthaltenden Friedensvertrag. Byzanz wurde dem bulg. Staat gegenüber zu Abgaben verpflichtet, andererseits leistete T. kraft dieses Vertrags bei der Abwehr der arab. Belagerung Konstantinopels (717–718) entscheidende Hilfe. Seine aktive Politik stärkte die Autorität des jungen Staates. Erhalten ist ein Bleisiegel mit einem Brustbild T.s und der gr. Umschrift: »Gottesmutter, hilf dem Caesar Tervel«. V. Gjuzelev

Lit.: Zlatarski, Istorija, I/1, 162–192 – V. Gjuzelev, La participation des Bulgares à l'echec du siège arabe de Constantinople en 717–718, Études hist. 10, 1980, 91–113 – M. Kajmakamova, T. – pălkovodec i politik, Voennoistoričeski sbornik, 50/2, 1981, 101–107.

Terzi, Adelsfamilie in →Parma. Nach einer panegyr. Tradition, die mit der Überlieferung vieler anderer Familien des nordit. Kleinadels gemeinsame Züge aufweist, stammen die T. von Parma angeblich wie die gleichnamigen und mutmaßl. verwandten Familien in anderen Städten von Longofredus ab, der um die Mitte des 10. Jh. in der Mark Treviso und im Territorium von Bergamo Jurisdiktionen erworben haben soll. Mit viel größerer Wahrscheinlichkeit verknüpft eine Urk. Kg. Wenzels von 1387 die T., Herren v. Sissa, mit den Cornazzani, Nobiles dieser Gegend, die von Pietro dei Rossi, dem Parteigänger Ludwigs d. Bayern, verfolgt wurden. Das Vorkommen gleicher Namen in beiden Geschlechtern könnte ein weiteres Indiz für die aufgrund der Urk. vorgeschlagene Herleitung sein. Die T. könnten demnach einen der Zweige einer Familie bilden, die Ende des 11. Jh. aufstieg, als Oddo da Cornazzano »cortem de Pizo cum castro« erhielt. Durch die Gunst Friedrichs I. und Friedrichs II. erlebten sie eine Machtentfaltung. Die T. von Sissa waren, wie bereits die Cornazzano, treue Anhänger der kaiserl. Partei und verbündeten sich später mit den →Visconti, in deren Dienst Mitglieder der Familie als Heerführer, Kommissare und Gouverneure wirkten. Die Familie konnte sich trotz des Hasses und Grolls, den die unselige Signorie des Ottobono T. (→T., Ottobono) erregt hatte, halten und blieb vom 16.–18. Jh. eine der bedeutendsten Familien Parmas. P. M. Conti

Lit.: I. Affò, Storia di Parma, 1792ff., passim – A. Pezzana, Storia di Parma, 1837ff., passim – A. Manni, T. ed Estensi, Atti e memorie della Deput. ferrarese di storia patria, 1925.

T., Ottobono, † 1409, galt als einer der fähigsten und tapfersten →Condottieri seiner Zeit; hauptsächlich ihm verdankt Gian Galeazzo →Visconti seine militär. Erfolge. Nach dem plötzl. Tod Gian Galeazzos (1402) geriet die Visconti-Herrschaft in eine Krise, die sich O. T. wie andere Heerführer zunutze machte. 1403 wurde er Kommissar der Visconti in →Parma und übernahm im folgenden Jahr zusammen mit Pier Maria dei →Rossi die Signorie über die Stadt, geriet jedoch mit diesem sofort in einen heftigen Konflikt. Er setzte sich durch und regierte in Alleinherrschaft die Stadt mit so unerhörter Grausamkeit, daß er im Mai 1409 von Niccolò III. d'→Este in einen Hinterhalt gelockt und getötet wurde. Seine Leiche wurde, was auch für die damaligen Sitten ungewöhnlich war, auf brutale Weise geschändet. Parma blieb einen Monat unter der nominellen Signorie des Sohnes von O., Niccolò, und wurde dann von dem Mgf.en Este erobert, der die Stadt bis 1420 hielt, danach fiel es wieder unter die Herrschaft der Visconti. P. M. Conti

Lit.: →Terzi.

Terzine, it. Strophenform; Metrum der »Divina Commedia« (ABA BCB CDC usw.), über dessen Erfindung verschiedene Hypothesen bestehen: →Dante Alighieri soll es aus einer Sonderform der Sirventesenstanze oder aus dem Schema der kettenförmig verbundenen Terzette des →Sonetts oder aus der vorangegangenen Erprobung der Doppelsestine abgeleitet haben. Das Vorbild der »Commedia« bewirkte eine rasche Rezeption der »verketteten« T. durch die lehrhafte und allegor. Dichtung; seit dem Humanismus wurde sie auch als Metrum für die satir.-burleske (»capitolo bernesco«), für die religiöse und die bukol. Dichtung und für Versepisteln verwendet. Im 19. Jh. erlebte die T. eine neue Blüte, die ursprgl. der Danteverehrung der klassizist. Dichter (Monti, Foscolo) zu verdanken ist, aber auch der Wertschätzung ihrer narrativen Funktionalität (Carducci, Pascolis »Poemetti«, D'Annunzio). Auch im 20. Jh. fand das Metrum das Interesse von Dichtern wie Saba, Pasolini, Fortini, Bertolucci usw. G. Capovilla

Lit.: F. Gavazzeni, Approssimazioni metriche sulla terza rima, Studi danteschi, LVI, 1984, 1–82 – G. Gorni, Metrica e analisi letteraria, 1993, 95–111, 301–310 – P. Beltrami, La metrica it., 1994², 279–283.

Teschen (poln. Cieszyn), Stadt und Kastellaneiburg in Oberschlesien am Fluß Olsa, heute z.T. in Polen (ma. Siedlungszentrum am rechten Ufer der Olsa), z.T. in Böhmen (neues Stadtviertel Český Těšín am linken Ufer) gelegen. Die 1155 erstmals erwähnte Burg T. sicherte den Olsaübergang an der Kreuzung der wichtigen Handelsstraßen von der Mähr. Pforte und dem Flußtal der Waag nach Schlesien und Kleinpolen. Sie wurde im Verlauf der 2. Hälfte des 10. Jh. auf dem Schloßberg errichtet (archäolog. Befund), die einfache roman. Nikolaus-Kapelle in der Burg wahrscheinl. in der 1. Hälfte des 11. Jh. Am Ende des 13. Jh. wurde T. Hauptstadt des Fsm.s der T.er →Piasten. Anstelle der Holz-Erde-Burg erbauten sie im 14. Jh. ein steinernes Schloß. Die Siedlung vor der Burg wird 1223 erwähnt, die Stadt T. um 1260 zu dt. Recht gegr. Damals entstand auch das neue, Ende des 15. Jh. ummauerte Siedlungszentrum im SO der Burg. Das Dominikanerkl. ist hzgl. Gründung (vor 1263). Nach dem Aussterben der Piasten fiel T. 1653 an die Habsburger. A. Wędzki

Lit.: Katalog zabytków sztuki w Polsce. VI Województwo katowickie, H. 3: Miasto Cieszyn i powiat cieszyński, 1974 – W. Kuhn, Die Städtegründungspolitik der schles. Piasten im 13. Jh., 1974 – M. Landwehr v. Pragenau, Gesch. der Stadt T., bearb. W. Kuhn, 1976 – B. Trelińska, Kancelaria i dokument książąt cieszyńskich 1290–1573, 1983 – K. Żurowska, Studia nad architekturą wczesnopiastowską, 1983.

Teschen, Johannes v., Verf. alchem. Schriften, 14. Jh. Sein Herkunftsname (v. Tetzen, T., Thesen, Theschin, Thessin; J. Ticinensis) bezieht sich vermutl. eher auf →Teschen (Oberschlesien) als auf Tetschen (Nordböhmen); die Identität mit J. Thessin/de Theschin, 1392/97 Rektor der Kirche in Kazimierz, Altarist und Vizedekan des Domkapitels in Krakau, ist ungesichert. T.s Name ist mit einem Lehrgedicht »Lumen secretorum« (auch: »Processus de lapide philosophorum«) verknüpft, das das 'mysterium' der alchem. Kunst unter Gebrauch von Decknamen und allegor. Rätselreden beschreibt, ferner mit einem Prosa-»Aenigma« metalltransmutator. Inhalts und einer Antiphona in phryg. Tonart (Mellon Ms. 5, aufgezeichnet um 1400; bislang ältestes Zeugnis vertonter Alchemica). Die lat. Überlieferung in Hss. und Drucken, aber auch dt. Übers.en zeigen, daß die Rezeption des T.-Corpus bis in das 18. Jh. anhielt. J. Telle

Lit.: Verf.-Lex.² IV, 774–776 [J. Telle; Drucke, Lit.] – Thorndike III, 642f. – Thorndike-Kibre, s.v. John of T. – W. Schmitt, Eine hsl. Slg. alchem. Traktate aus Böhmen, Stifter-Jb 7, 1962, 179, 189 – L. C. Witten-R. Pachella, Alchemy and the Occult. A Catalogue of Books and Mss. from the Collection of Paul and Mary Mellon given to Yale Univ. Libr., III, 1977, 26–41 [mit Antiphona-Reproduktion] – P. Vágner, Příspěvek ke starším dějinám české chemie, Dějiny věd a techniky 17, 1984, 98f.

Tesserae → Mosaik

Testa, Heinrich → Pappenheim

Testament

A. Recht – B. Politisches Testament – C. Literatur

A. Recht

I. Römisches und gemeines Recht – II. Rechte einzelner Länder Europas – III. Judentum – IV. Byzantinisches Recht.

I. Römisches und gemeines Recht: T. (lat. testamentum, 'Zeugnis', 'Mittel zur Bezeugung', näml. des Willens des Erblassers) war im röm. und gemeinen Recht ein einseitiger, widerrufl., an persönl. Errichtung gebundener, förml. Rechtsakt, der als Geschäft von Todes wegen mit dem Tod des Erblassers wirksam wurde. Nach dem Recht des →Corpus iuris civilis konnte der Erblasser ein T. mündl. oder schriftl. vor sieben, auf dem Lande (ruri) auch vor fünf Zeugen entweder diktieren oder selbst schreiben. Er mußte den Text in Anwesenheit aller Zeugen als sein T. bezeichnen und unterschreiben; am selben Tag mußten die Zeugen unterschreiben und siegeln. Der Inhalt des T.s brauchte den Zeugen nicht bekannt zu sein; der Erblasser konnte ihnen eine verschlossene Urk. vorlegen. Für manche Personen und für Ausnahmesituationen waren Formerleichterungen vorgesehen. Auch durch Einreichung zu den Akten des Gerichts oder der Munizipalbehörde (apud acta) konnten T.e errichtet werden. Im MA wurde die Beiziehung eines Notars üblich, und Form und Inhalt der T.e waren ein Gegenstand auch der Notariatskunst (→ars notariae). Eigenhändige, ohne Zeugen errichtete T.e (holograph. T.e) kamen erst im 15. Jh. in Nordfrankreich auf.

Ein gültiges T. konnte nur errichten, wer die Testierfähigkeit (testamenti factio) hatte. Unfähig waren u. a. Unmündige, Geisteskranke und entmündigte Verschwender, nicht jedoch Frauen. Ein T. mußte eine Erbeinsetzung (heredis institutio) enthalten, der Gebrauch bestimmter Worte war dafür aber nicht (mehr) vorgeschrieben. Der Erblasser konnte auch eine Gemeinde (civitas), eine öffentl. oder private Körperschaft (corpus) oder die Kirche (den Bf.) als Erben einsetzen oder sein Vermögen frommen Zwecken (piae →causae) widmen. Es war mögl., einen Ersatzerben zu berufen für den Fall, daß der Erstberufene nicht Erbe werde (substitutio vulgaris); auch konnte der Erblasser für seinen Erben, falls dieser als Unmündiger sterben sollte, einen Erben bestimmen (substitutio pupillaris). Dagegen war es nicht möglich, einen Erben auf Zeit zu berufen (Semel heres, semper heres); einer Erbeinsetzung beigefügte Befristungen und Bedingungen waren wirkungslos. Der Erbe oder Erbeserbe konnte jedoch verpflichtet werden, die Erbschaft einem Dritten herauszugeben (substitutio fideicommissaria). Darin liegen Ansatzpunkte für die moderne Nacherbeneinsetzung und für das Institut der T.svollstreckung. Neben Erbeinsetzungen konnten T.e Vermächtnisse (legata) und Fideikommisse enthalten, auch unter Befristungen, Bedingungen und Auflagen, insbes. die Zuwendung einzelner Sachen und Rechte, z.B. die Bestellung eines →Nießbrauchs, ferner die Berufung eines Vormunds und die Freilassung von Sklaven. Durch →Fideikommiß, d.i. 'der Treue (scil. des Bedachten) aufgetragen', konnte der Erblasser seiner Familie oder einem bestimmten Kreis von Nachkommen sein ganzes Vermögen oder Teile desselben (meist Grundbesitz) auch so zuwenden, daß es nicht veräußert werden konnte. Daraus sind die späteren Familienfideikommisse entstanden. Enthielt die Urk. keine Erbeinsetzung, so konnte sie als Kodizill gültig sein, wenn der dahin gehende Wille des Erblassers in der Urk. ausgedrückt war (Kodizillarklausel). Kodizille (lat. 'Schreibtäfelchen', 'kleine Schr.en') konnten keine Erbeinsetzungen enthalten. Sie wurden vor fünf Zeugen errichtet und mußten durch ein T. bestätigt werden, doch war die Bestätigung (confirmatio) für Vermächtnisse und Fideikommisse nicht erforderlich.

Der Erblasser mußte seinen Kindern ein Drittel oder die Hälfte des Vermögens als Pflichtteil hinterlassen (Nov. 18), sofern kein Enterbungsgrund gegeben war (Nov. 115, 3–4), oder, falls er kinderlos starb, seinen Eltern und Geschwistern ein Viertel, sog. falzid. Quart (nach der lex Falcidia, 40 v.Chr.). Über den Rest konnte er anders verfügen.

Nicht vorgesehen war die Möglichkeit einer erbvertragl. Bindung an Verfügungen von Todes wegen; die Verpflichtung zu einer solchen unter Lebenden galt als sittenwidrig und war unwirksam. Die ma. Juristen suchten vergebl., eine Bindung des Erblassers zu ermöglichen. Der Widerruf des T.s erfolgte durch ein neues gültiges T. oder durch Vernichtung oder Durchstreichung der Urk., ausnahmsweise durch mündl. Erklärung vor drei Zeugen. →Erbrecht, A. P. Weimar

Lit.: M. Kaser, Das röm. Privatrecht, 1971–75², I, 678ff.; II, 475ff. – E. Bussi, La formazione dei dogmi di diritto privato nel diritto comune II,

1939, 153–231 – E. M. Meijers, T.s olographes (Ders., Études d'hist. du droit, I, 1956), 246–264 – H. Coing, Europ. Privatrecht, I, 1985, 564ff. – G. Vismara, Scritti di storia giuridica, VI, 1988 – P. Weimar, Erbvertrag und gute Sitten (Misc. D. Maffei IV, 1995), 231–246.

II. Rechte einzelner Länder Europas: [1] *Deutsches Recht*: Die Germanen kannten kein T., sondern nur geborene, nicht gekorene Erben. Der Befriedigung zweier Bedürfnisse diente (in der Antike wie im MA) das Aufkommen von T.en: Bei vielen Kindern erlaubt es zwecks Vermeidung existenzgefährdender Nachlaßzersplitterung bäuerl. Betriebe die Auswahl eines Hof- oder Anerben (→Anerbenrecht) und die Versorgung der übrigen durch Abfindungen. Kinderlosen Erblassern ermöglicht es überdies eine Erbenwahl; ihr dienen auch die röm. →Adoption (minus plena) und die frk. →Affatomie.

a) *Frühmittelalter:* Das zeugenlose privatschriftl. T. führte Valentinian III. 446 n. Chr. für die w. Reichshälfte ein. In Justinians Corpus iuris civilis wurde es nicht übernommen, überlebte aber seit der →Lex Romana Visigothorum unter Westgoten und in frk. Auszügen aus dem »Breviarium Alarici«. Nach der klass., bis heute gültigen Definition →Isidors (Etym. 5, 24, 7) muß der Testator eigenhändig den ganzen Text schreiben und unterschreiben.

Mit der Christianisierung förderte die Kirche als Vorkämpferin des T.sgedankens (eigennützig) entgegen germ. Rechtsüberzeugung die Freiheit zu Vergabungen mortis causa zu frommen Zwecken (ad pias causas); sie brachte letztl. das T.srecht unter ihre Jurisdiktion. Nach →Augustinus' Lehre vom Sohnesteil Christi (Sermo 86 c. 13, MPL 38, 529) sollte jeder Gläubige zum eigenen Seelenheil (in bonum animae, →Ablaß) einer kirchl. Institution eine gleiche Erbportion zuwenden wie einem leibl. Kinde (→Seelgerät). Die Spende der Sterbesakramente (→Sakrament) und die Gewährung des kirchl. Begräbnisses (→Begräbnis, C) ließen sich an entsprechende Bedingungen knüpfen; in der →Beichte war ihre Erfüllung überprüfbar. In merow. T.en leben röm. Urkk.klauseln fort. Anderwärts erfolgten →Schenkungen von Todes wegen (donationes post obitum).

b) *Hoch- und Spätmittelalter:* Nach dem →Sachsenspiegel mußte der Verfügende bei der donatio post obitum, gegürtet mit Schwert und Schild, ohne fremde Hilfe ein Roß besteigen können: Aus körperl. Leistungskraft schloß man auf geistige Gesundheit. Später genügte die »sana mente«-Klausel (»bei meinen vernünftigen Sinnen«). Auf dem Siechbett waren Verfügungen nicht oder nur eingeschränkt statthaft.

Um das Vermögen Geistlicher (zumindest das bewegl.) aus den familiären Bindungen zu lösen, schuf die Kirche entgegen dem von den weltl. Obrigkeiten beanspruchten →Spolienrecht das Kleriker-T. vor dem Pfarrer und zwei bis drei Zeugen. Seit Ende des 13. Jh. begegnen in den Städten Bürger-T.e vor dem Rat (in Köln und Lübeck ca. ab 1280) in vielfach variierender Gestalt, auch als gemeinschaftl. T.e, meist von Ehegatten, sowie Erbverträge. In Pestzeiten stieg ihre Zahl an. Strikte Formgebote bestanden nicht. Eine Erbeinsetzung war unnötig, solange das Prinzip der Universalsukzession noch nicht galt; gebündelte Vermächtnisanordnungen (Verteilungst.e) genügten. Caput et fundamentum bildeten jetzt die Zuwendungen für das Seelenheil. Widerrufsverzichte hielt die Kirche für verbindl. – Die Reichsnotariatsordnung v. 1512 kodifizierte das Siebensiegel-T. Für notarielle T.e genügten vielfach nach kanon. Vorbild zwei bis drei Zeugen. Die meisten röm. T.sregeln wurden vom gemeinen Recht rezipiert.

c) *Testamentsvollstrecker:* Seit dem langob. →Salmann förderte die Kirche nachdrückl. das Institut der T.svollstreckung zwecks Ausführung des Testatorwillens, namentl. der Verfügungen zugunsten kirchl. Zwecke. Sie war um so wichtiger, solange noch keine Erben als Universalsukzessoren bestimmt werden mußten. Der oder die vom Testator benannten Exekutoren (oft Ordensgeistliche, später Schöffen, bei größeren Nachlässen zwei bis vier; oft Verwandte, zuweilen auch ein Miterbe) unterstanden der Aufsicht des Bf.s, in den Städten des Rates (die als Vorläufer der Nachlaßgerichte sie auch ernennen und abberufen konnten). Sie mußten u. U. für das Begräbnis sorgen, jedenfalls den Nachlaß in Besitz nehmen (→Gewere) und verwalten, ein →Inventar errichten, die Schulden begleichen, die testamentar. Anordnungen ausführen, die Auseinandersetzung unter mehreren Erben vollziehen und etwaige Prozesse führen. Meist wurde ihnen eine Vergütung zugewendet; sie fiel höher aus, wenn (z. B. für minderjährige Erben) ein Wirtschaftsbetrieb fortzuführen war. →Pfleger, →Erbrecht, B. I.   A. Wacke

Lit.: HRG V, 152–166 – K. Kroeschell, Dt. Rechtsgesch. II, 1973, 1989[7], 77, 81f. – G. Köbler, Bilder in der dt. Rechtsgesch., 1988, 200–206 – B. Kasten, Erbrechtl. Verfügungen des 8./9. Jh., ZRG GermAbt 107, 1990, 236–338 – M. Beutgen, Gesch. der Form des eigenhändigen T.s, 1992 – Actes à cause de mort, RecJean Bodin 60, 1993, I, II [bes. 257–266] – Fr. Bauer-Gerland, Das Erbrecht der Lex Romana Burgundionum, 1995, 78ff., 166ff. – A. Offergeld, Die Rechtsstellung des T.svollstreckers, 1995, 17–40.

[2] *Englisches Recht:* Das T., aus der ags. *cwithe,* einer Schenkung, die erst nach dem Tod des Schenkers rechtskräftig wird, sowie der letzten Verfügung des Sterbenden hervorgegangene Form der Übertragung des Nachlasses, konnte schriftl., aber auch mündl. abgelegt werden. Die Anwesenheit von Zeugen war notwendig. Formale Kriterien gab es nicht, das T. konnte aus den Notizen nach mündl. vorgebrachten Wünschen ebenso wie aus einer vollständigen Notariatsurk. bestehen. Übliche Elemente waren die auf eine Invokation folgende Übertragung der Seele an Gott und die Hl.n, Anweisungen, das Begräbnis, karitative Spenden und Seelgerätstiftungen betreffend, sowie eine Liste der restl. Legate. Schließlich wurden die Vollstrecker, manchmal auch Überwacher, außerdem die Zeugen genannt. Die Besiegelung des Schriftstücks durch den Testator war üblich, aber nicht zwingend vorgeschrieben. Während Testatoren zu ags. Zeit ihr Land noch weitervererben konnten, war im 12. Jh. dazu bereits die Zustimmung des Erben notwendig. Es erfolgte schließlich eine strikte Trennung: der nach Primogenitur bestimmte Erbe erhielt das Land, während sich das T. nur auf die →Fahrhabe bezog. Ausnahmen waren das unter →*socage* und unter *burgage* gehaltene Land, über das gemäß dem ortsüblichen Gewohnheitsrecht testamentar. verfügt werden konnte. Zuweilen wurden die Bestimmungen über Land und Fahrhabe getrennt, so daß sich eine Unterscheidung zw. der das Land betreffenden »ultima voluntas« (*will*) sowie dem sich auf die Fahrhabe beziehenden »testamentum« andeutete. Sie hat sich jedoch in der Praxis nicht durchgesetzt. In einigen Gebieten Englands bestand der Brauch, die Fahrhabe zw. Ehefrau, Kindern und Testator gleichmäßig zu teilen, das T. bezog sich dann nur auf das dem Ehemann zur freien Verfügung verbleibende Drittel. Vor dem zuständigen Kirchengericht erfolgte die Eröffnung des T.s sowie die Einsetzung der benannten Vollstrecker, die ein Inventar des Nachlasses zu erstellen hatten und zu rechtl. Vertretern des Verstorbenen wurden. Beim Fehlen eines T.s oder wenn keine Vollstrecker benannt waren, setzte der kirchl. Ordinarius einen Ver-

walter des Nachlasses ein. Erst ab 1285 konnten die Vollstrecker auch den Rechtsgang vor kgl. Gerichten wählen. Verheiratete Frauen besaßen nach dem Common Law keine Fahrhabe und konnten nur mit Zustimmung des Ehemannes ein T. aufsetzen. →Erbrecht, B. III.

J. Röhrkasten

Lit.: F. POLLOCK–F. W. MAITLAND, Hist. of English Law..., II, 1898² [Neudr. 1968], 314–356 – W. HOLDSWORTH, A Hist. of English Law, III, 1923³, 547–595 – M. M. SHEEHAN, The Will in Medieval England, 1963.

[3] *Skandinavien:* Im spät christianisierten Skandinavien (um 1000) mußte die Kirche das röm. rechtl. und kanonist. begründete Schenkungs- und T.srecht gegen die Vorstellungen und Bestimmungen des einheim. Erbrechts durchsetzen, nach dem altererbtes Gut durch das Mitsprache- und Wiederkaufsrecht der Erben von individueller Veräußerung prakt. ausgeschlossen war (→Erbrecht, B. II; →Odal). Anknüpfend an das einheim. Institut der Gabe und der (notwendigen) Gegengabe konnte die Kirche schon früh erreichen, daß ein Christ einmal in seinem Leben des zehnten Teiles seines gesamten Vermögens zum eigenen Seelenheil der Kirche geben sollte. Dieser sog. 'Hauptzehnt' fiel mit der frühen Einführung des →Zehnten weg. Der entscheidende Durchbruch zu einer unanfechtbaren, individuell bestimmten Vergabe zumindest eines Teils des Familienerbes erfolgte in Norwegen bei der Errichtung des Ebm.s Nidaros 1252/53 (→Drontheim). Bei dieser Gelegenheit wurde zw. Kgtm. und Kirche ausgehandelt, daß jedermann den vierten Teil seines ererbten Gutes und ein Viertel des hinzuerworbenen Gutes entweder an eine kirchl. Institution zu seinem Seelenheil, an Verwandte oder an andere Personen vermachen darf. Dieser Kompromiß fand Eingang in die norw. →Landschaftsrechte (außer →Gulaþingslǫg) und in das Reichsrecht v. 1274/75. Das Wort T. erscheint zum ersten Mal im 'Christenrecht' des Ebf.s Jon Raude v. 1273, der damit und auf einem Provinzialkonzil v. 1280 versuchte, ein unbegrenztes Testationsrecht einzuführen. Unter dem Druck des Adels mußten diese Forderungen jedoch zurückgenommen werden, das 'Christenrecht' erlangte niemals Rechtsgültigkeit, und die Kirche mußte unter Kg. →Hákon V. Magnússon (1308/09) wieder auf den Kompromiß in den Landschaftsrechten zurückgehen.

Auch in Schweden waren die Widerstände gegen die kirchl. Ansprüche stark. In mehreren päpstl. Bullen an schwed. Kg.e (Ersterwähnung des Wortes T. 1171/72) wird beklagt, daß bei testamentar. verfügten Schenkungen an die Kirche immer noch die Zustimmung der Erben notwendig sei und daß ein Unterschied zw. gesunden und kranken/sterbenden Testatoren gemacht werde. Generell gilt auch in Schweden, daß über ein Zehntel des ererbten Gutes testamentar. verfügt werden kann. In den Götalagar kann ein Gesunder seinen gesamten Kopfteil am Erbe geben, ein Kranker/Sterbender dagegen nur die Hälfte. In den Svealagar kann das gesamte hinzugewonnene Gut testamentar. vermacht werden. Hier haben aber gegenüber den Götalagar die Erben ein größeres Mitspracherecht.

In Dänemark gilt seit dem Privileg Kg. →Waldemars I. für das Kl. Tømmerup v. 1161 die Regel, daß Schenkungen an kirchl. Institutionen ein halbes Kopfteil (am erbl. Vermögen) nicht überschreiten dürfen. Diese Regelung wird von den meisten dän. Landschafts- und Kirchenrechten übernommen. Das erste bekannte T. stammt von 1201 (Ebf. →Absalon). Wie auch im übrigen Skandinavien sind die meisten T.e an kirchl. Institutionen gerichtet.

Ein T. erlangt Rechtsgültigkeit, wenn es vor mindestens zwei Zeugen ausgefertigt und dem Erblasser vorgelesen wurde, und wenn dieser dabei im Vollbesitz seiner geistigen Kräfte war. In vielen Fällen wird ein T. sexecutor benannt.

H. Ehrhardt

Lit.: KL III, 224–233; V, 653–663; XV, 310–315; XVIII, 218–233 [Lit.].

[4] *Italienisches Recht:* Die Antike überlieferte dem MA einen einseitig getroffenen Akt der letztwilligen Verfügung, mit welchem der Erblasser (de cuius) über den ihm zustehenden Vermögensanteil für einen frommen Zweck verfügte (pro anima). Er stand auf der gleichen Ebene der Schenkungen und Legate in der Kategorie der ultimae voluntates: Erbe (heres) war der legitime Erbe, gewöhnlich der erstgeborene Sohn.

Im Langobardenreich verfügte der Erblasser über die eigenen Güter durch Schenkungen, die erst nach seinem Tode wirksam werden sollten (»donationes reservato usufructu«, mit dem Vorbehalt der Nutznießung zu Lebzeiten oder »post obitum«). Nach Liutprand c. 6 kann ein Kranker eine einfache mündliche Erklärung seines Letzten Willens abgeben. Im FrühMA ist die Vergabung von Todes wegen im allgemeinen nicht widerrufbar: dies erforderte die Garantie der Ausführung der Schenkungen um des Seelenheils willen.

Um das Jahr 1000 ist eine Evolution zu erkennen: das Rechtsgeschäft mortis causa nähert sich wieder dem röm. Vorbild, wie man im Libellus de verbis legalibus sieht. Mit der Schule v. →Bologna wird das T. in den Formen des röm. Rechts perfektioniert, enthält aber nicht notwendigermaßen die Einsetzung des Erben und bewahrt als »caput« die Verfügung »pro anima«; aus religiösen Gründen bleibt ein gewisser Vorbehalt gegen die Zulassung des freien Widerrufs des T.s. Zivilrechtler und Kanonisten (→Dinus de Rossonis, →Johannes Andreae, Guillelmus →Duranti, Jacques de →Revigny, →Petrus de Bellapertica, →Cino da Pistoia) diskutierten die Gültigkeit eines T.s, das unwiderruflich mit einem Eid bekräftigt wurde. Die Bedeutung, die dieser Frage beigemessen wurde, beweist, wie lebendig noch die Tradition des unwiderrufl. Rechtsakts von Todes wegen war, der die Gültigkeit und Erfüllung des frommen Legates sichern sollte. →Bartolus schloß dann definitiv aus, daß ein T., mochte es auch beschworen sein, unwiderrufl. sei. Die T.slehre kehrte damit wieder zur Testierfreiheit zurück.

G. Vismara

Lit.: E. BESTA, Le successioni nella storia del diritto it., 1961 – G. VISMARA, Appunti intorno alla heredis institutio. La successione volontaria nelle leggi barbariche, Heredem instituere nelle fonti medievali, La revocabilità del testamento giurato nella dottrina da Guglielmo Durante a Bartolo da Sassoferrato (Scritti di storia giuridica, Le successioni ereditarie), 1988.

[5] *Recht der Iberischen Halbinsel:* Das Rechtsinstitut des T.s geriet in spätröm. und westgot. Zeit in eine Krise und erfuhr gegenüber der strengen, von der röm. Rechtskultur geprägten Form manche Modifikation. Nach den ersten Jahrhunderten der Reconquista, während derer das T. zeitweilig zu verschwinden drohte, gewann es im SpätMA, v. a. unter dem Einfluß des Gemeinrechts, wieder an Bedeutung.

Bereits in westgot. Zeit war die Einsetzung eines Erben, die 'heredis institutio', nicht mehr einziger Zweck und Grundlage des T.s. Die →Siete Partidas insistierten auf der Notwendigkeit der Einsetzung eines Erben, ohne jedoch – in Übereinstimmung mit denjenigen Gebieten, die keinen gemeinrechtl. Einfluß erfahren hatten – die Abfassung eines T.s verbindl. vorzuschreiben. Später kam dem T. in Katalonien, mit Ausnahme von Tortosa, und in Navarra wieder die klass. Rolle bei der Einsetzung des Erben zu.

Andererseits führte die Möglichkeit, den Erben einzusetzen, auch dazu, daß ein Erblasser vorsorgl. einen Ersatzerben bestimmen konnte.

Vor der Rezeption des Gemeinrechts waren die verschiedenen Formen des T.s aus dem 'Liber iudicum' (→Liber iudiciorum) oder dem kanon. Recht übernommen worden. Als Sonderform hatte sich das kommissar. T. herausgebildet. →Erbrecht, B.VI; →Testament, literar., C. II. J. Lalinde Abadía

Lit.: P. Merêa, Sobre o t.o hispánico no século VI, Acta Univ. Conimbrigensis, 1948, 105–119 – M. Alonso y Lamban, Les formas testamentarias en la alta edad media en Aragón, Rev. de Derecho Notarial 5, 1954, 7–196 – J. Bastier, Le t. en Catalogne du IX^c au XII^c s., RHDFE, 1973, 374–417 – M. de Cérez de Benavides, El t.o visigótico, 1975 – A. García Gallo, Del t.o romano al medieval. Las lineas de su evolución en España, AHDE 47, 1977, 425–497 – A. M. Vidina Abelló, La Successió Testada a la Catalunya Altomedieval, 1984.

III. Judentum: Jüd. Erbrecht (→Recht, C) ist in seinen bibl. Grundsätzen vom Intestatprinzip (→Erbrecht, A. I) gekennzeichnet. Erbberechtigt waren auch beim Vorhandensein von Kindern beiderlei Geschlechts nur die Söhne, wobei der Erstgeborene doppelt so viel erbte wie seine Brüder. Bei vier Brüdern erhielt der älteste also zwei Fünftel, die anderen drei bekamen jeweils nur ein Fünftel. Waren nur Töchter vorhanden, erbten diese den väterl. Nachlaß zu gleichen Teilen. Diese Gesetze galten grundsätzl. auch im ma. Judentum. Doch schon in der Spätantike ermöglichte das rabbin. Recht (→Rabbinat) dem Erblasser, über eine testamentar. Schenkung zu Lebzeiten die bibl. Vorschriften zu umgehen und sein Vermögen nicht nur an seine gesetzl. Erben nach eigenem Belieben zu verteilen, sondern es auch an gar nicht Erbberechtigte weiterzuvermachen.

Im MA sind uns aus dem muslim. und chr. Spanien (11./12. Jh.) sowie aus Südfrankreich (12. Jh.) hebr.-aram. Formulare (→Urkunde) erhalten, die Aufschlüsse über Form und Inhalt jüd. T.e liefern. Das gewöhnl. T. bestand in Anlehnung an die Vorschriften des spätantiken rabbin. Rechts aus einer Verfügung, die ein Sterbender in schwerkrankem Zustand und in sicherer Erwartung des Todes, aber noch im Vollbesitz seiner geistigen Kräfte, von seinem Bett aus vor Zeugen erließ; diese brachten seine Worte in Schriftform. Ein solches T. verlor seine Rechtskraft, wenn der Testator von seiner Krankheit genas oder wenn er es vor seinem Tod noch durch ein anderes ersetzte. Eine weitere Form des T.s bestand in der Übereignung des Grundstocks eines Vermögens zu Lebzeiten an den Begünstigten, wobei sich der Testator bis zu seinem Tode den Nießbrauch an den verschenkten Werten vorbehielt. Rechtl. zulässig war auch das 'lieblose T.', in dem der Erblasser sein Vermögen so gut wie gänzlich an nicht erbberechtigte Personen vermachte und den eigtl. Erben (aus Rücksicht auf das bibl. Gesetz) nur symbol. Minimalbeträge hinterließ. Seit dem 11. Jh. sind aus der europ. wie oriental. Judenheit T.e überliefert, die auch ausführl. Ermahnungen an die Erben (gottesfürchtiges Leben, Vermeiden von Lastern, Erwerb von Gelehrsamkeit im jüd. Gesetz) enthalten. Diese T.e gehören in erster Linie der ethischen Traktatlit. an; die darin enthaltene rechtserhebl. Materie ist von eher nachgeordneter Bedeutung.

H.-G. v. Mutius

Lit.: I. Abrahams, Hebrew Ethical Wills, I–II, 1948 – M. Cohn, Wb. des jüd. Rechts, 1980, 112ff. – H.-G. v. Mutius, Jüd. Urk.formulare aus Marseille, 1994, 24f. – J. Rivlin, Schiṭre Qehillat Al-Yassana min ha-Mea ha-achat 'esre, 1994, 217ff. – H.-G. v. Mutius, Jüd. Urk.formulare aus Barcelona, 1996, 48ff.

IV. Byzantinisches Recht: In die byz. Gesetzesslg.en und -kompendien sind die das T. ($\delta\iota\alpha\theta\acute{\eta}\varkappa\eta$) betreffenden Normen des justinian. Rechts weitgehend unverändert übernommen worden. Die Einführung einer beschränkten Testierfähigkeit des Gewaltunterworfenen reflektiert den Wandel sozialer Verhältnisse, einige andere, eher periphere Erweiterungen oder Einschränkungen der Testierfreiheit wurden ethisch motiviert. Bei den Formvorschriften herrscht eine Tendenz zur Vereinfachung; insbes. wurde die Zeugenzahlen herabgesetzt. Was die inhaltl. Erfordernisse (Erbeinsetzung, ggf. ausdrückl. und begründete Enterbung, Berücksichtigung des Pflichtteils u. a.) anbelangt, so zeugen gelegentl. reformator. wirkende Formulierungen eher von moral. Bemühen als von normativer Stringenz. Auf derselben Linie liegt die Begünstigung von Vermächtnissen zu frommen Zwecken. Der nach der lex Falcidia auf ein Viertel festgesetzte Teil der Erbmasse, der dem mit Legaten belasteten Erben bleiben mußte, wurde in Anlehnung an den Pflichtteil auf ein Drittel erhöht. Die T.seröffnung sollte nach Nov. 44 von →Leon VI. nicht mehr allein dem Quaestor, sondern allen Jurisdiktionsbeamten obliegen. Fast ohne gesetzl. Normierung entwickelte sich das Institut des T.svollstreckers, für den bezeichnenderweise dasselbe Wort wie für den Vormund ($\dot{\epsilon}\pi\acute{\iota}\tau\rho o\pi o\varsigma$) verwendet wurde. Beinahe gegen das Gesetz wuchs die Bedeutung von bei Gelegenheit von Eheschließungen getroffenen erbvertragl. Regelungen. – Die wenigen überlieferten T.e, die überwiegend zugunsten von Kl. und wohltätigen Einrichtungen errichtet worden sind oder solche stiften, ergeben vermutl. kein repräsentatives Bild von der byz. Testierpraxis. Eine Zusammenstellung und systemat. Unters. fehlt.

L. Burgmann

Lit.: K. E. Zachariae von Lingenthal, Gesch. des gr.-röm. Rechts, 1892³ [Nachdr. 1955], 146–185, 202–207 – D. Simon, Erbvertrag und T., ZRVI 24/25, 1986, 291–306 – Ders., Vertragl. Weitergabe des Familienvermögens in Byzanz (Hommes et richesses dans l'Empire byz., II, hg. V. Kravari, J. Lefort, C. Morrisson, 1991), 183–196.

B. Politisches Testament

Der Ausdruck 'polit. T.' wurde erstmals 1752 von Friedrich d. Gr. in Anlehnung an frz. Vorbilder gebraucht, als er die Erfahrungen seiner Regierungstätigkeit für die Nachwelt niederschrieb. Obwohl er – im Bewußtsein, daß »der Augenblick des Todes den Menschen und seine Projekte zerstört« – seinem Nachfolger ausdrückl. keine Vorschriften über die künftige Regierung des Landes machen wollte, hat sich der Begriff polit. T. in einem weiteren Sinne für alle Verfügungen eingebürgert, in denen Regenten ihre Nachfolge regeln und Maßnahmen für die Herrschaftsausübung nach ihrem Tod treffen. Gelegentl. wurde zusätzl. noch ein »privates« T. ausgestellt, in dem persönl. Wertsachen vermacht, Stiftungen für das Seelenheil errichtet oder Schulden geregelt wurden, doch vermischen sich häufig beide Materien in einer Urk. Fungierte das polit. T. als Nachfolgeordnung, dann wurde es meist gar nicht als letztwillige Verfügung, sondern vorausschauend Jahre vor dem Tod ausgefertigt. Es begegnet auch als Eventualverfügung vor Antritt eines Kriegszuges oder einer Pilgerfahrt. Da Veränderungen in der polit. oder persönl. Konstellation zu Revisionen führten, gibt es von einigen Herrschern mehrere polit. T.e

Von besonderer Bedeutung, aber noch nicht vollständig erfaßt und vergleichend interpretiert sind die T.e der ma. Kg.e. Für die 36 frk.-dt. Kg.e von Pippin bis Konrad IV. sind 39 (Schlögl), für die 13 röm.-dt. Kg.e von Rudolf I. bis Maximilian I. sechs Stücke (Heimann) überliefert, doch handelt es sich nicht ausschließl. um polit. T.e. So liegt für Karl d. Gr. neben der zu dieser Q.gattung zählenden →Divisio regnorum v. 806 auch noch das von →Einhard überlieferte »private« T. des Jahres 811 vor. Weitere bekannte polit. T.e sind die →Ordinatio imperii Ludwigs d. Frommen v. 817, das sog. Staats-T. Ks. Friedrichs II. und die beiden Erbfolgeregelungen Karls IV. Zählte in frk. Zeit das Reich selbst zur Erbmasse, über die der Kg. zugunsten seiner Söhne verfügte, so zielte in der Folgezeit in Dtl. das polit. Vermächtnis auf die Designation eines Nachfolgers, während in den Erbmonarchien eine eventuelle Vormundschaft des Kronprinzen im Mittelpunkt stand. Hinzu trat in beiden Fällen die Versorgung nachgeborener Söhne, der Ehefrau und der Töchter.

Auf der Ebene der Fsm.er und Gft.en führte das Verblassen des Amtsgedankens seit dem 13. Jh. zu einer Patrimonialisierung der Herrschaft, die jetzt insgesamt als disponible Erbmasse angesehen und somit zum Objekt von Nachfolgeregelungen wurde. Die seit der Mitte des 15. Jh. stark zunehmenden polit. T.e der Landesherren befassen sich zusätzl. zur Erbfolge mit Vormundschaftsfragen, künftigen Bündnissen zw. den Söhnen, gemeinsamen Eroberungen, der Verheiratung der Töchter, der Beilegung von Rechtsstreitigkeiten oder der Aufbewahrung von Hauskleinodien und Büchern. Seit der Reformation kommen noch kirchl.-religiöse Anweisungen hinzu. Dank ihrer auf die nächste Generation zielenden Planungsperspektive sind die landesherrl. T.e höchst aufschlußreiche Zeugnisse für den polit. Gestaltungswillen und das dynast. Selbstverständnis der Aussteller (→Dispositio Achillea). K.-H. Spieß

Ed.: H. Schulze, Die Hausgesetze der regierenden dt. Fs.en, 3 Bde, 1862–83 – H. v. Caemmerer, Die T.e der Kfs.en v. Brandenburg und der beiden ersten Kg.e v. Preußen, 1915 – Florilegium testamentorum ab imperatoribus et regibus sive principibus nobilibus conditorum..., hg. G. Wolf, 1956 – Die polit. T.e der Hohenzollern, bearb. R. Dietrich, 1986 – *Lit.*: A. Schultze, Das T. Karls d. Gr. (Aus Sozial- und Wirtschaftsgesch. Gedächtnisschr. G. v. Below, 1928), 46–81 – W. Schlögl, Diplomat. Bemerkungen über die T.e dt. Herrscher des MA (Grundwiss.en und Gesch. [Fschr. P. Acht, 1976]), 157–168 – A. Gerlich, Seelenheil und Territorium. T.recht von Fs.en und Gf.en im SpätMA (Land und Reich ... [Festg. M. Spindler zum 90. Geb. I, 1984]), 395–414 [Ed.] – H.-D. Heimann, »T.«, »Ordenung«, »Giffte under den Lebendigen«. Bemerkungen zu Form und Funktion dt. Kg.s- und Fs.en-T.e sowie Seelgerätstiftungen (Ecclesia et Regnum [Fschr. F.-J. Schmale, 1989]), 273–284 – K.-H. Spiess, Erbteilung, dynast. Räson und transpersonale Herrschaftsvorstellung... (Die Pfalz, hg. F. Staab, 1990), 159–181 – H.-D. Heimann, Hausordnung und Staatsbildung..., 1993 – K.-H. Spiess, Familie und Verwandtschaft im dt. Hochadel des SpätMA, 1993, 199–289.

C. Literatur
I. Französische und altprovenzalische Literatur – II. Literatur der Iberischen Halbinsel – III. Englische Literatur.

I. Französische und altprovenzalische Literatur: Als selbständige lit. Texte treten T.e in der frz. Lit. erst im SpätMA auf. Die größte Verbreitung fand das »T.«, das Jean de Meun gegen Ende des 13. Jh. verfaßt hat (116 Mss., oft zusammen mit dem →Roman de la rose; ca. 530 Alexandriner-Vierzeiler). Es enthält keine Vermächtnisse, ist auch keine →Ars moriendi, sondern ein Rückblick von religiöser und moral. Warte aus, mit z. T. satir. Handlungsanweisungen »ad status«. Die anderen T.e sind alle als Parodien oder Persiflagen zu lesen; sie verwenden ein jurid. Vokabular und enthalten ein Inventar von Legaten (frz. »legs«, afrz. »lais«). Singulär ist hier das altprov. bissige polit. T. des Katalanen →Cerverí de Girona (1274). Hundert Jahre später gibt sich ein in Briefform gehaltenes T. »par esbatement« von E. →Deschamps schon im Titel als Persiflage zu erkennen. Im höf. Bereich entsteht in der Nachfolge der »Belle dame sans merci« von Alain →Chartier (1424) die »Confession et t.« von Pierre de Hauteville († 1488), eine Parodie der Ars moriendi und der Legate, welche der aus Liebe Todkranke den verschiedensten Liebhabern vermacht. Der »Lais« (1456) und das »T.« (1461) von →Villon setzten neue Maßstäbe. Wenn das burleske »T. de la mule Barbeau« von Henri →Baude (1465) noch einer der wenigen volkssprachl. Texte im Gefolge des »testamentum asini« ist, stehen alle andern T.e in der Nachfolge Villons. Es handelt sich um kürzere, für ein populäres Theaterpublikum bestimmte T.e, die bis weit ins 16. Jh. belegt sind. M.-R. Jung

Ed. und Lit.: W. H. Rice, The European Ancestry of Villon's T.s, 1941 – V. R. Rossman, François Villon. Les concepts médiévaux du t., 1976 – J. Cl. Aubailly, Le monologue, le dialogue et la sottie, 1976 – Pierre de Hauteville, La Confession et Testament de l'amant trespassé de deuil, ed. R. M. Bidler, 1982 – Ders., La Complainte de l'amant trespassé de deuil [...], ed. R. M. Bidler, 1986 – D. Ingenschay, Alltagswelt und Selbsterfahrung. Ballade und T. bei Deschamps und Villon, 1986 – S. Buzzetti Gallarati, Le T. de Jehan de Meun, 1989 [mit Ed.].

II. Literatur der Iberischen Halbinsel: Letzte Willenserklärungen sind bereits aus westgot. Zeit erhalten. Die Überlieferung wird jedoch erst mit dem 12. Jh. reichhaltiger. Unter Kg. →Alfons X. v. Kastilien nehmen die T.e jene feste formale Gestaltung an, die sie bis in das 16. Jh. bewahren. Die →Siete Partidas (p. VI) und auch die Stadtrechte regeln Einzelheiten des T.swesens. Weisheitssprüche und Erbauungslit. empfehlen die rechtzeitige Abfassung eines rechtsgültigen T.s. In der sprachl. Ausformung werden die T.e immer stärker vom Kanzleistil und kirchl. Redeformeln geprägt. Die letzten Verlautbarungen hoher geistl. oder weltl. Persönlichkeiten nehmen als Vermächtnis oft einen feierl. belehrenden Ton an und enthalten kultur- und mentalitätsgeschichtl. aufschlußreiche Hinweise. Das T. des Prinzen Carlos (→Karl) de Viana (Documentos inéd. Archivo de la Corona de Aragón, 26, 1864, 111ff.) bietet ein Beispiel hochstilisierter fsl. T.e. Das T. der →Katholischen Könige stellt ein bedeutendes polit. und geistl. Dokument dar (R. García y García de Castro, Virtudes de la Reina cat., 1961, 391–421). In bürgerl. Kreisen erstarren die Sprachformen unter der Tradition berufsmäßiger Schreiber schneller. Mit dem Aufkommen des Buchdrucks wurden Werke und Musterslg.en it. Juristen verbreitet (Andreas Barbatia, Barcelona 1493; Arnaldo Barbarzano, 1501). Die Verwendung solcher Vorlagen trug zur stereotypen Vereinheitlichung in der Ausdrucksweise beim Aufsetzen von T.en bei.

Bes. Ausformungen sind apokr. T.e Adams, Hiobs, Abrahams, Salomos oder der Patriarchen. Auch Jesus wurde ein vor dem Kreuzestod abgefaßtes T. zugeschrieben. Als Erzeugnis der Volksfrömmigkeit fand das sog. T. Christi Aufnahme in geistl. Spielen, Traktaten und Andachtsbüchern, z. B. in der katal. 'Passió de Jesucrist' (14./15. Jh.) oder im 'Pèlerinage de la vie humaine' des →Guillaume de Degulleville. Seit dem späten 14. Jh. sind zahlreiche satir., burleske und erot. T.e bekannt. Das Testament d'en Bernat Serradell de Vich (1429, von Fr. Bernat de Vinclera?) besteht aus einem T. und der Beschreibung einer Jenseitsreise. Schon →Cerverí de Girona hatte in sein Verstestament (1274) satir. Anspielungen und Scherze eingestreut. Im Testament d'en Bernat Serradell vermacht der Vater seinem Sohn die Sünden und den schlechten Ruf sowie Seele und Leib der Hölle. Das Fernando de la Torre zugeschriebene Testamento del Maestre de Santiago verwendet das T. als Rahmen für die Selbstdarstellung des Alvaro de →Luna im polit. Gedicht. Die Romanze Aquella Luna hermosa gibt sich als T. des verurteilten Luna. Das burleske Tier-T. (z. B. Esel) hat eine lange Überlieferung.

In der konventionellen Liebesdichtung des 15. Jh. auf der Iber. Halbinsel fanden sich zahlreiche Parodien des T.s, in denen der unglückl. Liebhaber vor seinem Liebestod den Letzten Willen verfügt. →Testament, rechtl., A. II. 5.

D. Briesemeister

Lit.: DHE III, 756–769 – I. SICILIANO, F. Villon et les thèmes poétiques du MA, 1934, 190ff., 313ff. – P. GARCÍA DE DIEGO, El testamento en la tradición, Revista de dialectología y tradiciones populares 3, 1947, 551–557; 9, 1953, 601–666; 10, 1954, 300–377, 400–472 – J. PÉREZ VIDAL, Testamentos de bestias, ebd. 3, 1947, 524–550 – P. LE GENTIL, La poésie lyrique esp. et port. à la fin du MA, 1, 1949 – H. GARCÍA GARCÍA, La forma del testamento en la España visigotica, Estudios hist. y documentos de los Archivos de Protocolos, Barcelona, 3, 1955, 218–228 – J. AMADES, El testamento de animales en la tradición catalana, Rev. de dialectología y trad. pop. 18, 1962, 339–394 – G. SCALIA, Il Testamentum asini e il lamento della lepre, StM 3, 1962, 129–151.

III. ENGLISCHE LITERATUR: Volkssprachl. T.e sind aus der ae. Zeit (vgl. CAMERON; WHITELOCK) und dann wieder ab dem späten 14. Jh. (vgl. WELLS; FURNIVALL) überliefert. Das T. als literar. Form tritt ebenfalls ab dem späten 14. Jh. auf, und zwar mit ganz unterschiedl. Zielen. Das früheste ist →Usks († 1388) »T. of Love«, eine von →Boethius beeinflußte Allegorie mit polit.-autobiograph. Hintergrund, die Usk schrieb, um seine Freilassung aus dem Gefängnis zu erreichen. Usks Werk ist in Prosa, die späteren sind in Versen. →Lydgates († 1449/50) »T.« ist eine Mischung aus Gebet, Sündenbekenntnis und →Autobiographie. →Henryson († ca. 1500) verfaßte »The T. of Cresseid« dagegen als eine Art Fortsetzung und Korrektur zu →Chaucers »Troilus and Criseyde«: zur Strafe für ihre Treulosigkeit wird Criseyde aussätzig, während Troilus weiterlebt und sie nicht mehr erkennt. →Dunbars († um 1513) komisches und makkaron. »T. of Maister Andro Kennedy« ist eine →Parodie auf die Form des T.s; vgl. auch »Colyn Blowbol's T.« (BROWN-ROBBINS, 4020). →Lindsays († 1555) »The T. and Complaint of Our Sovereign Lord's Papingo« (1530) leitet schon zur Renaissancelit. über.

H. Sauer

Bibliogr.: CAMERON, OE Texts, B.15.6 – NCBEL I, 506f., 639–646, 658–662. 2426f. – Manual ME, 4.X [Nr. 4, 61]; 6.XVI [Nr. 177] – J. E. WELLS, A Manual of the Writings in ME, 1916 (und 9 Suppl.e), Kap. X.9 [Nr. 48; 62] – C. BROWN–R. H. ROBBINS, The Ind. of ME Verse, 1943 – Ed.: [ae.]: D. WHITELOCK, Anglo-Saxon Wills, 1930 – [me.]: F. J. FURNIVALL, The Fifty Earliest English Wills ... 1387–1439, EETS 78, 1882 – W. W. SKEAT, Chaucerian and Other Pieces, 1897 [Usk] – H. N. MACCRACKEN, EETS, E. S., 107, 1911, 329–362 [Lydgate] – Lit.: A. C. BAUGH, A Lit. Hist. of England, 1967² – J. A. W. BENNETT–D. GRAY, ME Lit., 1986 – Old and ME Lit., hg. J. HELTERMAN–J. MITCHELL, 1994.

Zum Testament im irischen Bereich →Audacht, →Edocht.

Testamentum Domini Nostri Jesu Christi, angebl. von den Aposteln Johannes, Petrus und Matthäus verfaßt, gehört zu den kirchl. Kirchenordnungen. Der Text wurde sicher erst nach 450 geschrieben, wahrscheinl. in monophysit. Kreisen →Syriens, vorgeschlagen werden auch Ägypten und Kleinasien. Ursprgl. gr., blieb er nur in syr., kopt., äthiop. und arab. Übersetzungen erhalten. Der Text geht von einem fiktiven Gespräch Jesu mit den Aposteln vor seiner Himmelfahrt aus: Zeichen des Antichristus vor dem Weltende. Dann folgen Vorschriften für Bau und Einrichtung der Kirche, über Klerus, Eucharistiefeier und chr. Leben; in seinem ordnenden Teil ist das T. von der Traditio apostolica (→Hippolytus v. Rom) abhängig.

K. S. Frank

Ed.: J. E. RAHMANI, 1899 [Neudr. 1968[– Lit.: B. STEIMER, Vertex traditionis. Die Gattung der altkirchl. Kirchenordnung, 1992 [Lit.].

Testone (von it. *testa* 'Kopf'), ursprgl. Bezeichnung für Mailänder Goldmünzen (um 1450), seit 1472 für erstmals in Mailand in Anlehnung an die ven. →*Lira tron* geprägte Silbermünze im Gewicht von 9,65 g, bald darauf Bezeichnung für andere größere it. Silbermünzen des ausgehenden 15. Jh. Der T., in vielen it. Münzstätten geschlagen, wurde alsbald auch im Ausland übernommen, so als *Tostão* in Portugal, als *Teston* in Frankreich und als →Dikken in der Schweiz und in Süddtl. Auch der 1482 erstmals in Tirol ausgebrachte →Pfundner ist in der Reihe der T.i zu sehen.

P. Berghaus

Lit.: Wb. der Münzkunde, hg. F. v. SCHROETTER, 1930, 688 – P. GRIERSON, Coins of Medieval Europe, 1991, 182, 227.

Teterow (Mecklenburg-Vorpommern), slav. Inselburg auf der Nordspitze einer Insel im T.er See; eine südl. anschließende befestigte Vorburgsiedlung bildet wahrscheinl. die älteste Anlage (9. Jh.), im 10. Jh. wurde an diese eine kleinere Burg (40×70 m) angefügt, deren starker Holz-Erde-Wall an der Vorderfront eine Kastenkonstruktion und dahinter eine Rostkonstruktion aufwies. 1057 bei der Eroberung Zirzipaniens durch den Abodritenfs.en →Gottschalk teilweise zerstört, wurde die Burg anschließend wieder aufgebaut. Im 12. Jh. wurden Burg und Vorburg aufgelassen. Die Verbindung zu dem in Ufernähe moorigen Festland erfolgte über eine 750 m lange Holzbrücke und einen anschließenden, mit Knüppeldämmen und Erdanschüttungen befestigten Weg.

P. Donat

Lit.: W. UNVERZAGT–E. SCHULDT, T., ein slaw. Burgwall in Mecklenburg, 1963 – HERRMANN, Slawen, 1985, insbes. 224f.

Tetrachord, konstitutives Element des griech. und ma. →Tonsystems, das aus vier Tönen im Umfang einer Quart (2 Ganztöne und 1 Halbton) besteht. Das Tonsystem setzt sich aus einer Folge von miteinander verbundenen oder unverbundenen T.en zusammen. Im griech. diatonischen System, das von →Boethius dem MA vermittelt wurde, liegt der Halbton zw. dem 1. und 2. Ton jeden T.s (H-E, E-a, h-e, e-aa). Die →Musica enchiriadis (9. Jh.) propagiert ein System aus unverbundenen T.en (Γ-C, D-G, a-d, e-aa mit B und F in der unteren und h und fis in der oberen Oktave), in dem auf jeder Stufe eine Quinte, nicht aber eine Oktave gebildet werden kann. Durchgesetzt hat sich im MA das ausführl. bei →Hermann v. Reichenau behandelte System (A-D, D-G, a-d, d-g). Seit →Guido v. Arezzo löst die Hexachordlehre die T.lehre weitgehend ab.

M. Bernhard

Lit.: M. MARKOVITS, Das Tonsystem der abendländ. Musik im frühen MA, 1977 [Lit.].

Tetraevangelium. Die Festlegung des bibl. ntl. Kanons auf die vier kanon. Evangelien in ihrer bis heute in allen Überlieferungsträgern üblichen Reihenfolge (Mt, Mc, Lc, Jo; →Evangeliar) ist bereits im Papyrus 45 aus dem 3. Jh. bezeugt, der nach den 4 Evangelien auch die Apostelgeschichte enthält. Von den großen Unzialhss. sei hier der Cod. Basel, Univ. Bibl. AN III 12 aus dem 8. Jh. (Nr. 07) genannt. Das älteste datierte gr. T. liegt im Cod. St. Petersburg, Russ. Nat. bibl. gr. 219 aus dem Jahre 835 (Nr. 461) vor. Für die liturg. Verwendung des T.s sowie zu Konkordanzzwecken dienen die eusebian. →Kanonestafeln und die entsprechenden Sektionen (1162) sowie die Kephalaia, die Überschriften tragen können. Verhältnismäßig selten weisen T.a für den liturg. Vortrag bestimmte Zeichen der ekphonet. Notation auf.

Im slav. Bereich beginnt die Tradition der T.a mit den zwei glagolit. Codices Marianus und Zographensis aus dem 10.–11. Jh., die aus dem (west-)bulg. Raum stammen.

Ch. Hannick

Lit.: C. Höeg, La notation ekphonétique, 1935 – R. Devreesse, Introduction à l'étude des mss. grecs, 1954 – Ch. Hannick, Das NT in altkirchenslav. Sprache (Die alten Übers.en des NT, die Kirchenväterzitate und Lektionare, hg. K. Aland, 1972), 403–435 – K. Aland–B. Aland, Der Text des NT, 1982 – K. Aland, Kurzgefaßte Liste der gr. Hss. des NT, 1994².

Tetragamiestreit, polit.-kirchl. Kontroverse um die vierte Ehe Ks. →Leons VI., der nach dem Tod von drei Ehefrauen seine Geliebte Zoe Karbonopsina, die ihm 905 den Thronerben →Konstantin VII. geboren hatte, zu heiraten wünschte. Die Orthodoxie, die in der monogamen →Ehe ein Abbild der myst. Beziehung zw. Christus und der Kirche sieht, gestattet eine Wiederverheiratung nach dem Tod des Ehepartners allenfalls einmal, ausnahmsweise zweimal. So erhob sich gegen das Vorhaben des Ks.s heftiger kirchl. Widerstand. Der amtierende Patriarch →Nikolaos Mystikos zeigte sich zunächst nachgiebig, taufte den Thronerben am 6. Jan. 906, schien anfangs auch die im April 906 vor einem Priester geschlossene Ehe zu akzeptieren, schloß sich aber im Jan. 907 der rigorist. Gegenpartei an. →Euthymios, der ihn im Febr. 907 ablöste, duldete nunmehr die Ehe mit Zoe, die inzwischen auch von Papst →Sergius III. genehmigt worden war. Auch Ks. Leon verstand seinen Fall als Ausnahme, denn er erließ selbst Gesetze gegen die vierte Ehe. Nach seinem Tod 912 dauerte die kirchl. Auseinandersetzung an, bis mit dem Tomus Unionis 920 eine Einigung der Parteien erzielt wurde. F. Tinnefeld

Q.: Vita Euthymii Patriarchae CP., ed. P. Karlin-Hayter, 1970 [ausführl. Bibliogr.] – *Lit.:* Oxford Dict. of Byzantium, 1991, 2027 [s.v.; Lit.], 2093 [Tomus Unionis] – P. Karlin-Hayter, Le synode à Constantinople..., JÖB 19, 1970, 59–101 – N. Oikonomides, Leon VI's Legislation..., DOP 30, 1976, 173–193.

Tetragramm ist eine erst bei Philon, De vita Moisis II, 132, aufgekommene, nicht bibl. belegte Bezeichnung für den aus vier Konsonanten (Radikalen) bestehenden göttl. Eigennamen *jhwh* (Ex 3, 14). Man sah durch das T. bes. die Unaussprechlichkeit des Wesens Gottes bezeichnet (Hieron, Epist. 25; Isidor, Etymol. VII, 1, 16; Moses Maim., Doctor perplex. I, 61; Thomas v. A., S. th. I, 13, 9; Heinrich v. Gent, Summa 73, 9; Arnald v. Villanova, Allocutio de T. aton). Vokalisation (Lesart 'Iehova' hsl. bei Raimundus Martin, Pugio fidei III, 3, 2; Nikolaus v. Kues, Serm. I Op. omn. XVI, 1991, 1–19, vgl. App. z. St.) und Schreibung (Transliteration ΠΙΠΙ durch unkundige griech. Bibelkopisten) waren oft ungewiß. M. Laarmann

Lit.: →Name Gottes – HWPh VI, 389–396 [Lit.] – Celui qui est. Interpretations juives et chrétiennes d'Exodes 3, 14, hg. A. de Libera–E. zum Brunn, 1986 – W. Beierwaltes, TFil 56, 1994, 313–336 [Giov. Pico della Mirandola, Reuchlin] – F. Muller, Bibl. d'Humanisme et Renaissance 56, 1994, 327–346 [dt. und ndl. Kunst].

Tetrameter, in der antiken griech.-lat. Metrik Bezeichnung für einen aus vier rhythm. Einheiten (Metren) bestehenden Vers. Vor allem der trochäische und daktyl. T. leben im MA in größerem Umfang fort. Der trochäische katalekt. T. (–∪–⏑,–∪–/–∪–⏑,∪–) ähnelt stark dem trochäischen Septenar der archaischen Zeit. Im lat. MA tritt zu der metr. Verwendung infolge des Verschwindens der Silbenquantitäten eine rhythm. Form. Beim ma. metr. trochäischen T. gibt es im wesentl. drei Neuerungen: Verschwinden der letzten beiden Silben; Verschwinden der Elisionen und der möglichen Ersetzung von einer Länge durch zwei Kürzen (wobei die ma. Prosodie in gewissem Umfang von der klassischen abweicht; vgl. die Verslehre →Bedas). Auch die Struktur der Akzentuierung variiert: Im allg. ist der Rhythmus im 2. Halbvers regulär: am verbreitetsten ist die Form –́∪–́∪–́∪–́⏑, im Lauf der Zeit findet sich häufiger die Struktur –́⏑–́⏑⏑–́⏑⏑–́⏑, die dem rhythm. Versbau entstammt. Im MA bedienen sich u. a. folgende Autoren des metr. trochäischen T.s: →Eugenius v. Toledo, →Walahfrid Strabo, →Smaragdus und zahlreiche Hymnographen.

Einige der frühesten Belege für die Verwendung des rhythm. trochäischen T.s finden sich bei dem Mythographen →Fulgentius, der im Carmen »Thespiades, Hippocrene quas spumanti gurgite« vom Schema der klass. Prosodie abweicht, aber auf den akzentuierenden Rhythmus und die Einhaltung der Silbenzahl (15, im Griech. als »polit. Vers« bezeichnet) achtet, gleiches gilt für das vielleicht bekannteste Stück dieser Dichtungen »Apparebit«.

Unter den verschiedenen metrischen und akzentuierenden Formen, die die Dichter für den trochäischen T. entwickeln, gewinnt die stärkste Kontur der Typus 4p + 4p + 7pp, wobei die Einführung des Reims zu größerer Eleganz und Raffinesse beiträgt (vgl. Abaelards Hymnus »Illi sursum, hi deorsum iuges agant gratias, / caeli summa, terrae ima laudes reddant consonas, / nullas laude fas sit esse partes mundi vacuas«). Rhythm. trochäische T., oft in dreizeiligen Strophen wie die metr. Entsprechungen bei →Prudentius und →Venantius Fortunatus wurden in den Kriegs- und Siegesliedern MGH PP I 116, II 138, in PP I, 19, 119 (s. a. PP III, 815f., PP IV 1162 und PP V, 776) angewendet, ferner auch von →Paulus Diaconus, →Petrus v. Pisa, →Gottschalk, →Adam v. St-Victor, →Thomas v. Aquin. In die roman. und slav. Sprachen wurde dieses Versmaß nie als ganzes übernommen, sondern nur in der Form von Halbversen (woraus sich z.B. der Achtsilber [Ottonario] herleitet): Noch in der mlat. Periode war die Strophe 8p, 8p, 7pp entstanden, die sich auch als 8p + 8p + 7pp deuten läßt, der sog. tripertitus caudatus (vgl. das →Stabat mater) sowie der Typus 8p, der in dem →Dies irae begegnet.

Der daktyl. T. (–́⏑⏑–́⏑⏑–́⏑⏑–́⏑⏑) ist in das MA v.a. in der monostich. Form des →Prudentius (Peristephanon III) und des →Boethius (Cons. phil. V 2) gelangt, findet sich im mlat. Versbau jedoch nur relativ selten. Er begegnet bei →Sedulius Scotus, in reindaktyl. Form im c. XXII des Walahfrid Strabo, bei Gottschalk, vielleicht auch →Hrabanus Maurus, →Ademar v. Chabannes und →Alfanus v. Salerno. Bes. interessant ist die von →Heiric v. Auxerre (Vita sancti Germani) geschaffene Distichenstrophe, die aus einem Phalacaeus und einem daktyl. T. besteht: Heiric will damit Boethius, Cons. phil. III 4 (Phalacaeus + alkaischer Zehnsilber) nachahmen, folgt dabei aber der Lehre seines Lehrers →Lupus v. Ferrières, der irrtüml. den alkaischen Zehnsilber des Boethius als »dactilicum archilocheum tetrametrum catalecticum« deutete. Einige sehen im daktyl. T. den Ursprung des frz. Decasyllabe und des it. Endecasillabo. E. D'Angelo

Lit.: W. Meyer, Ges. Abhandl. zur mlat. Rhythmik, 1905 – D. Norberg, Introduction à l'étude de la versification lat. médiévale, 1958 – P. Klopsch, Einf. in die mlat. Verslehre, 1972 – L. Coronati, La dottrina del tetrametro trocaico di Beda, Romanobarbarica 6, 1981/82, 53–62 – A. Menichetti, Problemi della metrica (Letteratura it., V, 1, 1984), 349–390 – D. Norberg, Les vers lat. iambiques et trochaïques au MA et leurs répliques rythmiques, 1988 – J. Leonhardt, Dimensio syllabarum, 1989 – D'A. S. Avalle, Dalla metrica alla ritmica (Lo spazio letterario del Medioevo, I, 1, 1992), 391–476 – M. Gasparov, Storia del verso europeo, trad. it., 1993.

Tetramorph, 'Viergestaltiges Wesen' (griech.), bildl. Darstellung der in Ez 1 und 10 beschriebenen Cherubim mit den Gesichtern von Mensch, Stier, Löwe und Adler (→Evangelistensymbole), vier Flügeln, Händen und Rädern, allerdings schon im Himmelfahrtsbild des →Rabbula Codex mit den sechs Flügeln der Seraphim (Is 6, 1–3) versehen. Im MA wird die menschl. Gestalt stärker sichtbar, z. B. bei den inschriftl. als Seraphim bezeichneten, mit den Füßen auf zwei Rädern stehenden T.en im Weltgerichtsbild des Hortus deliciarum (→Herrad v. Landsberg), in der Gewölbemalerei der Krypta der Kathedrale v. Anagni, auf byz. liturg. →Fächern (MANGO, 147–154). Der inhaltl. Bezug des Bildmotivs zu den vier Evangelisten ist beim tiergestaltigen T. mit vier unterschiedl. Köpfen und Füßen betont, das als Reittier der Ecclesia dient (z. B. Kreuzigungsbild des Hortus deliciarum; Worms, Skulptur am s. Portal des Domes). J. Engemann

Lit.: LCI IV, 292–295 – M. M. MANGO, Silver from Early Byzantium, 1986.

Tetricus. 1. T., hl., Bf. v. →Auxerre 691–706, † an einem 18. März (Fest 6. Juni), ▭ Auxerre, St-Eusèbe, stammte aus dem 'pagus' v. →Sens, besaß dort die 'villa' Marsangis, die er seiner Kirche hinterließ. Abt v. St-Germain, wurde er zum Bf. geweiht und empfing nunmehr die Priesterwürde. Er setzte vier Archipresbyter in seiner Kathedrale ein, gab den Klerikern Statuten und verlieh dem liturg. Gebet aller Pfarreien seiner Diöz. eine Ordnung, die die von seinem Vorgänger →Aunacharius eingeführten Gewohnheiten modifizierte. T. wurde von seinem Archidiakon Raginfred ermordet und genoß die Verehrung eines Märtyrers. Der Bf.ssitz blieb drei Jahre nach seinem Tode vakant. J. Richard

Q. und Lit.: Gesta pontificum Autissiodorensium, ed. L. M. DURU, I, 1850 – H. ATSMA, Kl. und Mönchtum im Bm. Auxerre bis zum Ende des 6. Jh., Francia 11, 1983, 11f. [Lit.].

2. T., hl. (Fest 20. März), Bf. v. →Langres, † 18. März 572/573; aus einer Familie des →Senatorenadels, Sohn v. Gf. Gregor v. →Autun und der Armentaria, folgte 539/540 seinem Vater auf dem Bf.ssitz v. Langres nach, auf den dieser als Witwer gewählt worden war. Wie Gregor residierte auch T. in →Dijon. Er war ein Großonkel →Gregors v. Tours. T. nahm an mehreren Konzilien teil (Orléans 549, Paris 551/552, vertreten 567/570 in Lyon)). Er errichtete eine Kapelle über dem Grab seines Vaters in St-Jean de Dijon. Als der aufständ. Sohn von →Chlothar I., Chramn († 560), vor Dijon erschien, befragte T. ein frommes Orakel, aufgrund dessen er dem Empörer den Einlaß in die Stadt verwehrte. T. verstarb mit 90 Jahren; sein Verwandter Silvester, der ihm nachfolgen sollte, starb vor der Weihe. Venantius Fortunatus schrieb sein Epitaph (Carm. IV 3). J. Richard

Q.: Gregor v. Tours, Hist. IV, 16. V, 5; Vita Patrum VII, 4 – Lit.: M. HEINZELMANN, Gregor v. Tours, Zehn Bücher Gesch., 1994, 12, 16f., passim.

Tetschen (Děčín), Stadt am rechten Ufer der →Elbe in Nordböhmen; Name (zuerst 'provincia Dechinensis', 'Dazana') wohl von der přemysl. Burg auf dem Areal der späteren got. Burg und des Schlosses abgeleitet. Unter der Burg entstand eine kleine Siedlungsagglomeration mit Zollstelle (Salzzoll, erwähnt 1146). Um 1260 gründete Kg. Otakar II. Přemysl s. der Burg eine befestigte Kg.sstadt (erwähnt 1283), die aber Mitte des 14. Jh. verlassen wurde; erst jüngst konnte sie archäolog. nachgewiesen werden. Um 1305/06 errangen die →Wartenberger die Herrschaft T. (bis 1511). Sie errichteten und befestigten n. der Burg eine neue Stadt (Stadtrechte bestätigt 1406, 1412), die in den Hussitenkriegen große Schäden erlitt. 1444 nahm das Heer der Sachsen und des Oberlausitzer Sechsstädtebundes Stadt und Burg T. ein. P. Hilsch

Lit.: L. KÄS, Die Stadt T., 1888 – H. PREIDEL, G. HANKE, A. HERR, Heimatbuch T.-Bodenbach, 1969 – M. ZÁPOTOCKÝ, Slovanské osídlení Děčínska, Archeologické Rozhledy 29, 1977, 521–533 – J. SMETANA, K počátkům města Děčína, Z minulosti Děčínska a Českolípska 4, 1985, 241–277 – T. VELÍMSKÝ, Město na Louce, 1991 – DERS., Die präurbanen Zentren in Nordwestböhmen auf dem Weg zur Stadt (Burg–Burgstadt–Stadt, 1995), 241–255.

Tetzen, Johann v. → Teschen, Johannes v.

Teufel

A. Christliche Glaubensvorstellungen – B. Volkskunde – C. Ikonographie – D. Literatur

A. Christliche Glaubensvorstellungen

I. Bibelexegese – II. Theologie.

I. BIBELEXEGESE: Im AT spielt »hasatan« ('der Verleumder'; von der Septuaginta mit »diabolos« wiedergegeben) eine untergeordnete Rolle. Er zählt zu den Gottessöhnen (vgl. Ijob 1 und 2), tritt vorwiegend als Kläger auf (Sach 3, 1f.; Ps 109, 6) und ist die Personifikation der ursprgl. Gott allein zukommenden Funktion (Am 3, 6; Jes 45, 7), das vom Menschen ausgehende Böse aufzudecken (1 Chr 21, 1). Das Wissen, daß der Mensch vor Gott verantwortl. ist, bleibt auch im Judentum erhalten. Zwar stärker dualist. gefärbt (Jub und Test XII), bleibt der T. Geschöpf Gottes, das – einmal abtrünnig geworden (slav Hen 29, 4f.; Vita Ad. et Ev. 12–16) – als Gegner Gottes und Verführer der Menschen auftritt. Die Vielfalt synonymer Bezeichnungen (u. a. Mastema, Beliar/Belial, Sammael) zeigt, daß er – einem mytholog. Wesen gleich – nur undeutlich umschrieben werden kann; dennoch wird Satan (T.) mehr und mehr zum Eigennamen.

Das NT behält alle jüd. Motive bei, versucht aber den T. noch stärker in seinen Aggressionen gegen Gott und den Menschen darzustellen. Er ist der »Feind« (Mk 4, 15; Mt 13, 39), der »Böse« (Mt 13, 19. 38), der »Herrscher dieser Welt« (Joh 12, 31; Apg 26, 18) und nach apokalypt. Sprechweise der »Gott dieses Aions« (2 Kor 4, 4). Er versucht, die kommende messian. Heilszeit zu verhindern, wird aber – vgl. die zahlreichen Exorzismen – durch das »eu-anggelion« seiner Macht beraubt (Mk 3, 22; 3, 27; Lk 10, 18; Joh 12, 31). Endgültig überwunden wird er durch den Kreuzestod Jesu (1 Kor 2, 8; Joh 12, 31; Apk 12, 7–12). In der Zeit der nachösterl. Gemeinde ist ihm noch eine kurze Frist vergönnt, seine Wut auszutoben (Apk 12, 12; →Antichrist); doch im Glauben vermag der Christ zu widerstehen. A. Sand

Lit.: Bibl.-hist. Handwb. III, 1966, 1674–1676 [G. MOLIN] – LThK² X, 1–4 [R. SCHNACKENBURG] – RGG VI, 705–707 [F. HORST] – Theol. Begriffslex. zum NT, II, 1977, 1057–1064 [H. BIETENHARD] – Theol. Wb. zum NT II, 1935, [Nachdr. 1957], 69–80 [W. FOERSTER-G. VON RAD].

II. THEOLOGIE: In der Vorstellung breiter Volksschichten des MA verschmolzen die wenigen T.saussagen der Bibel (s. Abschn. I) mit heidn. Götter- und Dämonenglauben. Auch das Dämonische wurde als teuflisch gesehen. Vom T. (ahd. tiufal) wurde im Singular (Satan, Luzifer) wie im Plural gesprochen. Dualist. Irrlehren wie der Priszillianismus (→Priscillian) veranlaßten →Leo I. 447 zu erklären, daß der T. keineswegs »aus dem Chaos und der Finsternis« entsprungene Ursubstanz und damit Prinzip des Bösen, sondern ursprgl. ein gutes Geschöpf Gottes gewesen sei. »Daher wäre auch der T. gut, wenn er in dem, als was er gemacht wurde, verblieben« wäre (DH 286). 574 bestätigte die Synode v. Braga diese Lehre und verwarf die Meinung, der T. könne »Donner, Blitz und Unwetter« oder gar »die Bildung des menschl. Leibes« im Mutterschoß bewirken (DH 462). Dennoch wurde im Volksglauben des FrühMA vielfach dem T. ein eigener dämon. Helfern Macht über Leben und Tod eines Menschen zugesprochen. Mittels der schwarzen Magie glaubten einige, sich den T. und den Seinen dienstbar machen zu können. Schon unter →Karl d. Kahlen wurden solche Praktiken verboten (vgl. auch Decretum Gratiani II causa 26. 5. 12). Im 11./12. Jh. konnten →Albigenser und →Katharer, dualist., bogomil. Gedankengut aufgreifend, im 12./13. Jh. dem T.sglauben bes. in Südfrankreich, im Rheinland und Ober- und Unteritalien neue Impulse geben. Ihnen gegenüber betonte das 4. Laterankonzil 1215, daß der T. und die anderen Dämonen »von Gott ihrer Natur nach gut erschaffen«, aber »durch sich selbst böse« wurden. Am Ende der Zeit werden alle Menschen gerichtet, »damit jene die ewige Strafe und diese mit Christus die immerwährende Herrlichkeit empfangen, je nach ihren Werken, ob sie gut waren oder schlecht« (DH 800, 801). Am Ende des MA ist wieder verstärkt von den seit dem 11. Jh. erwähnten Sekten der Satanisten oder Luziferaner, von Hexenkonventen und T.spakten die Rede. Die Schultheologie des 12. Jh. (→Anselm v. Laon) konzentrierte das Augenmerk auf die teufl. Dämonen in der sittl.-religiösen Lebenswelt und widmete den kosm. Dämonen wenig Beachtung (nach C. PAYEN eine epochale Wende). Im 13. Jh. schrieb der schles. Magister →Witelo (um 1268) den 1. philos. Traktat über die Dämonen und grenzte die Frage nach den gestürzten →Engeln aus. Darüber handelte auch →Roger Bacon im unvollständig überlieferten Opus minus (»De caelestibus«). Ein Engelsturz ist philos. nicht denkbar! Die scholast. Theol. sah aber die teufl. Dämonen im ganzen Werk der Schöpfung; Volksglaube und Lehramt bejahten auch das Dasein von →Hexen und Zauberern (vgl. die Bulle →Innozenz' VIII. »Summis desiderantes« [1484] und den Hexenhammer des Heinrich Institoris [1487]).

Die theol. Reflexion über den T. fußte auf den bibl. Grunddaten und den Aussagen der Kirchenväter, v. a. auf Augustinus (de civ. dei IX, 1; 13; 19). Betont wurde, 1. daß die T. ursprgl. →Engel waren, von denen sich ein Teil unter der Führung Luzifers aus Stolz, freiwillig und endgültig von Gott abgewandt habe; deswegen sei 2. der »Ort« der T. die Hölle, die schreckl. Gottferne; 3. bemühten sich die T. darum, den einzelnen Menschen wie auch die Menschheit insgesamt von der Vollendung in Gott abzubringen. In der Endzeit sucht der T. mit Hilfe des →Antichrist selbst die Heilsgeschichte des Menschen zu verwirken. Er scheitert an der größeren Erlösungsmacht Christi. →Alkuin sah den T. als einen gefallenen Engel, der sich aus Stolz ein für allemal gegen Gott entschieden habe (Interr. et resp. in Gen. II; MPL 100, 526 B). Für →Anselm v. Canterbury zeigt sich im T. das Wesen der Ursünde und im Sturz des T.s (De casu diaboli) das Unheilsgeschehen der →Sünde: Der T. verwirkte die ursprgl. Gnade der Rechtheit des freien Willens, entzog sich selbst dem Anspruch der zum Heil führenden Freiheits-Ordnung und setzte so, unendl. schuldhaft geworden, selbst das ihn in den Ruin treibende Unheil. Der erlöste Mensch soll die Stelle der gefallenen Engel in der himml. Ordnung einnehmen (Cur deus homo I c. 16–18), wie auch →Bernhard v. Clairvaux, augustin. Gedankengut aufgreifend, betonte (Dom. in Kal. Nov.; opera omnia V, 306). Während →Hugo v. St. Victor die spätpatrist. T.slehre zusammenfaßte und Luzifer als einen Engel dachte, der bereits im Moment seiner Erschaffung begehrte, Gott überlegen zu sein, rückte für →Rupert v. Deutz die Frage nach der Überwindung des T.s durch Christus ins Zentrum seiner Überlegungen. Für Rupert besteht der erste Sieg des Wortes Gottes im Sieg über den T. Dieser habe sich der Anmaßung der Gottgleichheit schuldig gemacht, wird aber nicht sogleich aus dem Himmel vertrieben, sondern läßt sich von anderen Engeln anbeten (De victoria Dei Verbi I, 8–9). Der Logos bezeugt Luzifers Geschöpflichkeit. Erst als der T. und seine Anbeter dieses Zeugnis bestreiten und damit von neuem sündigen, werden sie von den gottgetreuen Engeln unter der Führung →Michaels aus dem Himmel gestoßen (ebd. I, 18). Die Scheidung der guten Engel von den bösen, den T.n, sieht Rupert am ersten Schöpfungstag mit Blick auf Gen 1, 4 vollzogen. Diese Genesisinterpretation findet im MA v. a. durch die »Historia scholastica« des →Petrus Comestor weite Verbreitung. Der Fall des T.s wirkt den antagonist. Charakter der Gesch., der sich auf das Ende der Zeit hin verschärft. Nur dank des göttl. Wortes kann der gefallene Mensch von der Sogkraft dieses sich negativ verdichtenden Geschichtsprozesses erlöst werden. →Petrus Lombardus, der in seinen Sentenzen (Sent. II d. 2 c. 6–d. 8) die Fragen zur Dämonologie zu sammeln und die Aussagen über den T. zu systematisieren sucht, unterstreicht den Prozeßcharakter der Engel und der T. Die Frage, ob die Engel vollkommen und glückselig geschaffen worden seien, verneint er. Sie hätten aber allesamt die vollkommene Glückseligkeit (beatitudo) erlangen können, sofern sie ihre Freiheit in rechter Weise gebraucht und mit der göttl. Gnade kooperiert hätten. Die Sünde und das Unglück eines Teils der Engel, der T., bestehen darin, nicht mit der Gnade Gottes mitwirken zu wollen (Sent II d. 5, c. 6). In dieser Entscheidung haben die T. endgültig den Himmel (Empyreum) verlassen und befinden sich teils auf der Erde, teils in der Hölle (d. 6, c. 5). Die Macht Luzifers ist gewaltig, aber durch den Willen Gottes begrenzt. Das Innerste des Menschen vermag der T. nicht zu erfassen, nicht sich substantiell mit der menschl. Geist-Seele zu vereinigen (d. 8, c. 4). Am Ende der Zeit wird der Antichrist nochmals von der Macht und Ohnmacht des T.s beeindruckendes Zeugnis ablegen (d. 6, c. 6). Damit schuf der Lombarde die theol. Grundlage für weitere philos.-theol. Reflexionen. Bei →Thomas v. Aquin (Com. Sen. II, d. 1–11; De malo q. 14; S. th. I, 63 und 64) setzt die Lehre über den T. die Angelologie voraus. Der Engel wird als reiner, im Stande der Gnade geschaffener Geist angesehen, dem auf Grund seines geschaffenen Willens die natürl. Fähigkeit eignet, sich wider besseres Wissen nicht für das ihm vom Schöpfer gesetzte Endziel zu entscheiden. Aus Stolz verweigerte der T. seinem Schöpfer den Gehorsam und strebte danach, wie Gott der Urheber seiner eigenen Seligkeit zu sein (S. th. I, 63 a. 3). Nicht im Augenblick seiner Erschaffung, wohl aber im Moment seiner ersten geistigen Entscheidung stand der Engel am »Ende des Weges«: als T. (Quol. 9, 8 ad 2). Er verwirkte damit endgültig seine Seligkeit. Schuld- und Straf-Übel treffen seine Geistnatur. Luzifer und seine Anhänger haben zwar nicht ihr natürl. Wissen von Gott verloren. Ihr Wissen aber führt nicht zur Liebe, sondern zum Haß. Ihr Wille verharrt im Bösen (S. th. I, q. 64 a. 1–2). In der Hölle empfinden sie Schmerz über ihre Verdammnis und über die Erkenntnis ihres Selbstwiderspruchs: nicht zu wollen, wozu der Wille geschaffen ist (a. 3). Um den Heilsplan Gottes zu boykottieren, suchen sie die Menschen von Gott abzubringen und für das Böse zu gewinnen (a. 4). →Bonaventura sieht den T. dadurch konstituiert, daß dieser als Engel nicht zum Höchsten strebt, sondern in Selbstüberschätzung sich selbst zum Prinzip nimmt und ehrgeizig sich selbst zu seinem eigenen Zweck macht (Sent. II d. 5 a. 1 f und d. 6; Brev. II. c. 7). So ist er auch darauf bedacht, den Menschen von Gott ab- und auf sich selbst hinzulenken. →Johannes Duns Scotus widmet dem T. in seinem Werk keine bes. Aufmerksamkeit. Er erwähnt ihn innerhalb seiner Angelologie. Der Fall des T.s geschieht erst nach einer gewissen

Zeit seines noch engelhaften Daseins (Reportata Parisiensia II d. 4 q. un). Das, was einen Teil der Engel zu T.n macht, ist nicht die Selbstüberhebung und der Stolz, sondern die überzogene Selbstliebe. Obwohl im Bösen verstockt, gibt es T., die gute Willensregungen und gute Einzeltaten vollbringen (d. 7 q. 3 schol. 7); zwar nicht absichtl. (ex bonitate completa in specie), aber doch objektiv (ex genere). Mit Verweis auf die eigene Lebenserfahrung und die Universalität der Herrschaft Gottes betont auch Martin Luther, daß der Mensch den T. letztl. nicht zu fürchten braucht. M. Gerwing

Lit.: Dict. du Diable et de la Démonologie, hg. J. TONDRIAU u. a., 1968 – TRE VIII, 286–300 – G. ROSKOFF, Gesch. des T.s, 2 Bde, 1869–73 [Neudr. 1987] – A. JAULMES, Essai sur le satanisme et la superstition au MA [Diss. Montauban 1900] – E. LANGTON, Supernatural. The Doctrine of Spirits, Angels and Demons from the MA until the Present Time, 1934 – A. VALSENSIN, P. MESSIAEN, A. BÉGUIN u.a., Satan, Ét. Carmélitaines 27, 1948, 521–666 – E. v. PETERSDORFF, Daemonologie, 2 Bde, 1956–57 – H. A. KELLY, The Evil, Demonology and Witchcraft, 1968 – A. WINKLHOFER, Traktat über den T., 1969 – B. P. MCGUIRE, God – Man and the Devil in Medieval Theology and Culture, Cah. de l'Inst. du MA Grec et Latin de L'Univ. de Copenhague 18, 1976 – Die Mächte des Guten und Bösen. Vorstellungen im 12. und 13. Jh. über ihr Wirken in der Heilsgesch., hg. A. ZIMMERMANN, 1977 – T., Dämonen, Besessenheit, hg. W. KASPER-K. LEHMANN, 1978 – Le diable au MA. Doctrine..., Senefiance 6, 1979 – J. B. RUSSELL, Lucifer. The Devil in the MA, 1984 – J. DELUMEAU, Angst im Abendland, 2 Bde, 1985 – P. DINZELBACHER, Die Realität des T.s im MA (Der Hexenhammer. Entstehung und Umfeld des Malleus maleficarum von 1487, hg. P. SEGL, 1988), 151–175 – A. ANGENENDT, Das FrühMA, 1990 – I. GRÜBEL, Die Hierarchie des T.s, 1991 – J. HÖDL, Dämonologie und Aufklärung im 12. und 13. Jh. Theol. und Aufklärung (Fschr. G. HORNIG, 1992), 8–28 – H. VORGRIMLER, Gesch. der Hölle, 1993 – A. DI NOLA, Der T. Wesen, Wirkung, Gesch., 1994² – K. HEDWIG, Sub ratione mali, Salzbg. Jb. für Philos. 39, 1994, 93–107 – M. GERWING, Vom Ende der Zeit. Der Traktat des Arnald v. Villanova über die Ankunft des Antichrist in der akadem. Auseinandersetzung zu Beginn des 14. Jh., BGPhMA NF Bd. 45, 1996.

B. Volkskunde

T. ist Sammelbegriff für das Prinzip des absolut Bösen und zugleich Synonym für zahlreiche, in der Magiologie der frühen NZ systematisierte T.sgestalten wie Belial, Behemoth, Luzifer, Satan usw. Der T. begegnet im populären Glauben sowohl als Einzelgestalt, als Anführer der teufl. Heerscharen als auch als plurales dämon. Wesen. Die T.svorstellungen sind in allen sozialen, intellektuellen und kulturellen Schichten präsent. Die frühchr. Theol. unterstellt in ihrer Auseinandersetzung mit der gnost. und manichäist. →Dualismus den T. der Allmacht Gottes und integriert damit das Prinzip des Bösen in den Heilsplan. Dies findet u. a. seinen Ausdruck in der Verehrung des Erzengels →Michael, der in Vertretung Gottes den Kampf mit dem T. aufnimmt. Dennoch sieht der Volksglaube im T. den gleichwertigen Gegenspieler Gottes.

Der T. war, so für das MA v. a. Thomas v. Aquin, in allen Bereichen des Lebens und Denkens gegenwärtig (»Omnia, quae visibiliter fiunt in hoc mundo, possunt fieri per daemones«; Quaest. disp. de malo, qu. 16, 9). Treten Krankheiten, Naturkatastrophen oder Todesfälle plötzlich und außerhalb des empir. erfahrbaren Rhythmus auf, führte man sie auch auf teufl. Verursachung zurück (→Besessenheit). Der T. wurde damit nicht nur zum Höllenfürsten und Peiniger der auf ewig Verdammten, sondern auch zum Handlanger des Todes, wie es etwa der Text »Himmel und Hölle« umschreibt: »In dero hello da ist dot ane tod« (Bamberg?, 2. H. 11. Jh.). Als konsequente Fortsetzung dieser Vorstellung erweist sich die im MA v. a. durch bildl. Darstellungen weit verbreitete, auf die apokryphen »Acta Pilati« zurückgehende Erzählung von der Fahrt Christi in die Vorhölle. In dem Bedeutungsspektrum von Tod, →Hölle, verbotener Magie und dem mit der Abwendung von Gott verbundenen unchr. Lebenswandel machten die ma. Dämonologie und Satanologie die T.svorstellung zu einem umfassend einsetzbaren gesellschaftl. Erziehungs- und Disziplinierungsinstrument und zur Legitimation des Vorgehens gegen nichtkonforme Ideen, Verhaltensweisen und Gruppen; hierzu gehörten im MA Minoritäten wie die Juden, die man u. a. mit dem →Antichrist in Verbindung brachte (Adso v. Montier-en-Der, † 992: »Libellus de ortu et de tempore Antichristi«), aber auch polit. oder religiös abweichende Gruppen wie die →Katharer, denen man ähnl. wie den aufständ. →Stedinger Bauern 1233/34 oder den Angehörigen des →Templerordens T.sverehrung vorwarf.

Das ma. T.sbild erweist sich nur innerhalb der Aberglaubenskritik als einheitl.; Gott, nicht jedoch einem anderen Wesen oder Objekt darf ein Kult zukommen. Dahinter aber verbergen sich unterschiedl. hist. Überlieferungs- und Glaubensschichten. So wird die Durchsetzung chr. T.svorstellungen im »Sächsischen Taufgelöbnis« (um 772) sichtbar, das den Täufling anhält, sowohl den Werken und Worten des T.s wie den nun dämonisierten Göttern Donar, Wotan und Saxnôt abzuschwören. Hinzu kommen bibl., spätantike, neuplaton. und gnost. Spekulationen, ferner vielfältige Synkretismen, wie sie v. a. durch den →»Picatrix« des Ps.-Maǧrīṭī vermittelt worden sind. Dies führte zu einem umfassenden Repertoire an Bildern, Funktionen und Vermittlungsprozessen. Der T. begegnet etwa in der Gestalt von Tieren (z. B. Kröte, Schlange, Drache). Leviathan (u. a. Ijob 3, 8; Ez 29, 3–4) wurde im MA zum Symbol für Satan (Isidor v. Sevilla, Etym. VIII, 11, 27; Hrabanus Maurus, De univ. VIII, 3: »serpens diabolus«). Das apokryphe »Evangelium des Bartholomäus« (5. Jh.) schildert ihn als tausendsechshundert Ellen lang, vierzig Ellen breit, mit achtzig Ellen langen Flügeln, von finsterem Wesen und stinkenden Rauch aus den Nasenlöchern ausstoßend (IV, 12). Er tritt in menschl. Gestalt, v. a. aber als Monstrum auf; so bilden Darstellungen des Jüngsten Gerichts ihn häufig als ein Unwesen ab, dessen Gesicht sich auf dem Bauch befindet. Dieser Bildtyp geht auf die antike laograph. und naturwiss. Lit. zurück (z. B. Plinius, Hist. nat. V, 46), wurde etwa von Isidor v. Sevilla (Etym. XI, 3, 17) dem MA vermittelt und reicht weit in die NZ hinein. Ebenso besitzt die Vorstellung von der Materialisation der dämon. Wesen ihren Ursprung in der u. a. von Augustinus tradierten neuplaton. Diskussion über die Körperlichkeit medialer Wesen: Der T. oder Dämon bildet sich einen sichtbaren Leib aus Faulstoffen an abgelegenen Plätzen in Wald- und Moorgebieten. Daraus ergibt sich einerseits die Überzeugung vom (Schwefel-)Gestank des T.s wie die Angst vor Plätzen wie Mooren, andererseits die Vorstellung von der Unvollkommenheit der Körperbildung: Der Incubus, obwohl häufig mit außergewöhnl. Schönheit begabt, ist am kalten Sperma zu erkennen.

Eine zentrale Rolle spielt der T. als Verursacher mag. Effekte innerhalb der ma. Magietheorie. Aus der von Augustinus formulierten Theorie vom Kommunikationsvertrag, der den Dämonen durch eine vereinbarte (Zeichen-)Sprache an den Menschen bindet, entwickelte Thomas v. Aquin den stillschweigenden wie ausdrückl. T.spakt, der zugleich die offizielle Abschwörung von Gott bedeutet. Der Vertrag verpflichtet den T., dem Menschen bei allen Formen der verbotenen Magie (magia daemonica, magia illicita) zu helfen. Damit schuf Thomas v. Aquin die Grundlage für die Verrechtlichung des crimen magiae und damit auch für die Hexenverfolgung der frühen NZ.

Die Vermittlungsträger und -stränge elitären Wissens an die Ungebildeten waren vielfältig. Neben dem überreichen Bilderangebot in den Kirchen (s. Abschnitt C. I.) und den Predigten stellte v. a. die →Exempel-Lit. ein wichtiges Tradierungsmedium zur Verfügung (vgl. →Caesarius v. Heisterbach). Weit verbreitet war die den späteren Fauststoff präfigurierende →Theophiluslegende; sie prägte die antijüd. Vorstellung vom Juden als rechter Hand des T.s und als T.sbündner. Die Auseinandersetzung mit dem T. bzw. den Dämonen zählt seit der Kirchenväterzeit zum festen Bestandteil der Hagiographie (z. B. Versuchung des hl. →Antonius Eremita). Eine wichtige Rolle als Retterin vor dem T. kommt hier insbes. →Maria zu; als apokalypt. Frau zertritt sie den Kopf der Schlange, in der ma. Legende, etwa vom »T. und dem Maler«, fungiert sie ähnl. wie in der Theophiluserzählung als unerbittl. Widersacherin Satans.

Eine weitere Schaltstelle populären Wissens um den T., aber auch für kollektive Ängste bildete das ma. →Mysterienspiel, das zahlreiche T.szenen, unter ihnen den »Höllenrat«, enthält, eine Beratung zw. Luzifer, Satan und Belial über die Art der Aufnahme des Kampfes mit Gott (z. B. Egerer Fronleichnamsspiel). Aus solchen Traditionsträgern entwickelten sich zahllose Sagen vom betrüger. Wirken des T.s auf Erden, etwa als Baumeister von Kirchen und Brücken, bei denen er sich stets als der geprellte und unterlegene Partner erweist. Ma. T.sglaube und T.sängste erreichten nicht von ungefähr gerade in den Wirren der Reformation ihren Höhepunkt und führten nun nicht nur zu einer eigenen T.slit. (z. B. J. Weier, De Praestigiis Daemonum, 1563; Theatrum Diabolorum, 1569), sondern auch zu den um Kabbalistisches und Esoterisches angereicherten Systematisierungsversuchen der frühnzl. Naturphilosophie und -mystik (z. B. H. C. Agrippa v. Nettesheim, De occulta philosophia sive de magia libri tres, 1531).

Ch. Daxelmüller

Lit.: G. Roskoff (s. Abschn. A. II) – H. Loewe, Die Juden in der Marienlegende, Monatsschrift für Gesch. und Wiss. des Judentums 56, NF 20, 1912, 257–284, 385–416, 612–621 – O. H. Moore, The Infernal Council, MP 16, 1918, 169–193; 19, 1921/22, 47–64 – M. Rhodes, The Apocryphal New Testament, 1924, 174 – M. J. Rudwin, The Devil in Legend and Lit., 1931 – E. v. Petersdorff, Daemonen, Hexen, Spiritisten. Mächte der Finsternis einst und jetzt, 1-2, 1960 – R. Villeneuve, Le Diable, 1963 – H.-G. Richard, Marienlegenden aus dem Alten Passional, 1965, 84–86 – A. Rosenberg, Die Praktiken des Satanismus vom MA bis zur Gegenwart, 1965 – L. Kretzenbacher, Eschatolog. Erzähltes in Bildkunst und Dichtung (Volksüberlieferung [Fschr. K. Ranke, 1968]), 133–150 – E. Lehner-J. Lehner, Devils, Demons, Death and Damnation, 1971 – H. Haag, T.sglaube, 1974 – W. Brückner–R. Alsheimer, Das Wirken des T.s Theol. und Sage im 16. Jh. (Volkserzählung und Reformation, hg. W. Brückner, 1974), 393–519 – Witchcraft. Cat. of the Witchcraft Collection in Cornell Univ. Libr., hg. M. J. Crowe, 1977 – D. Harmening, Superstitio, 1979 – C. Lecouteux, Les monstres dans la litt. allemande du MA, 1-3, 1982 – B. Gloger–W. Zöllner, T.sglaube, 1984 – A. Borst, Die Katharer, 1991, 115–119, 258 – H. Vorgrimler, Gesch. der Hölle, 1993 – Ch. Daxelmüller, T.spakt. Gestalt und Gestaltungen einer Idee (F. Möbus, F. Schmidt-Möbus, G. Unverfahrt, Faust. Annäherung an einen Mythos, 1995), 11–20.

C. Ikonographie
I. Westen – II. Osten.

I. Westen: Die ma., von antiken Dämonenbildern abgeleitete T.sdarstellung übernimmt aus ihren vorchristl. Quellen wesentl. Darstellungselemente wie die schwarze oder blaue Körperfarbe, die Menschen- oder Eidolongestalt sowie Flügel und Schlangenhaar. Dennoch gibt es während des MA anders als für Hl.e und bibl. Personen keine allgemeinverbindl. Ikonographie: Grundsätzlich lassen sich zwar ikonograph. zwei Gattungen von T.n unterscheiden, deren Darstellungsmodi sich jedoch gegenseitig beeinflussen und überschneiden können: solche in Tiergestalt und monströse menschengestaltige T. Als tiergestaltige Verkörperungen des T.s fungieren meist →Schlange, mitunter mit Menschengesicht (v. a. in →Sündenfall-Darstellungen), und →Drache (→Michael, →Margareta v. Antiochien), aber auch →Löwe (→Daniel in der Löwengrube), →Bär, →Bock und →Fledermaus sowie Mischwesen wie Sirenen, Kentauren und Satyrn (→Fabelwesen), dies außer auf roman. Kapitellen vorwiegend in den Höllendarstellungen hoch- und spätma. Weltgerichtsbilder. Menschengestaltige T. treten meist als kleine (geflügelte, nackte) Knaben, Engel, Eidola oder Äthiopier auf, seit dem 6. Jh. oft im ikonograph. Zusammenhang der Heilung der Besessenen, der →Höllenfahrt Christi (z. B. Torcello, 12. Jh.) und der Scheidung der Schafe und Böcke (hier die erste Darstellung des T.s als blauer Engel in S. Apollinare Nuovo in Ravenna), seit dem 8. Jh. auch bei der Versuchung Christi (z. B. Arnulf-Ciborium), der →Simon-Magus-Geschichte der Petrus-Vita (Müstair, Wandmalereien, um 800), als Seelenwäger in Psalterillustrationen, und im Weltgericht, hier meist als ausgemergelte Eidolontypen mit fratzenhaften Gesichtern, aber auch als muskulöse Hadestypen. Mit Hörnern und Fledermausflügeln, oft mit fellbedeckten Körpern, erscheinen T. seit dem 12./13. Jh., so in Florenz, Baptisterium, und in Venedig, San Marco.

Bes. in der Kunst des SpätMA werden T. und →Hölle zum Gegenstand oft phantast. Imaginationen. Seit dem 15. Jh. entsteht eine große Zahl neuer T.stypen: menschl.-tier. Mischwesen, meist unbekleidet, behaart und unbehaart, mit Ziegen- und Widderhörnern, Hufen oder Klauen, geflügelt und ungeflügelt, mit Schwänzen und fratzenhaften, mitunter hundeähnl. Gesichtern, platten oder langen, korkenzieherartigen Nasen und langen Ohren, oft einem zweiten Gesicht an Stelle des Geschlechts. Trägerszenen sind seit dem HochMA häufig Hl.n- und Mönchslegenden, so die →Theophiluslegende (z. B. Moissac und Notre Dame de Paris), die Versuchung des hl. Antonius (z. B. Grünewalds Isenheimer Altar in Colmar, Kupferstich Schongauers) oder Philippus als Teufelsaustreiber (z. B. Menabuoi, Belludi-Kapelle in Padua), im SpätMA, v. a. in Hss.illustrationen und Frühdrucken, Ars-moriendi-Texte (T. und Engel am Bett des Sterbenden) und Satansprozesse, so der in der volkssprachl. Fassung reich illustrierte »Belial« des »Jacobus de Theramo, wo der Protagonist seiner Funktion als Rechtsgelehrter entsprechend auch bekleidet und mit Attributen seines Juristenstands ausgestattet dargestellt ist.

Szen. Höllendarstellungen bieten während des ganzen MA vielfältige Möglichkeiten zu äußerst phantasiereichen Verbildlichungen des T.s. Neben Höllenbildern (mit den Minimalelementen Finsternis, Feuer, Höllenfürst, T. und Sünder) in karol. Psaltern (z. B. Stuttgart, Biblia Fol. 23; Utrecht Cod. 484), im »Hortus deliciarum«, um 1170, und in Stundenbüchern (z. B. »Très Riches Heures du Duc de Berry) tauchen die Hölle bevölkernde T. v. a. in Darstellungen des Jüngsten Gerichts und des →Descensus Christi auf. Erster Höhepunkt der Höllendarstellung im Kontext der Weltgerichtsikonographie sind die Tympana frz. Kathedralen des 12. Jh., häufig mit Höllenrachen oder Höllentor (z. B. Amiens, Bourges, Chartres, Bayeux, Conques, Poitiers), zuweilen mit dem schlangenumwundenen Hades (Conques). Im Zentrum der Hölle thront mitunter Luzifer als Menschenfresser (z. B. Florenz, Baptisterium; Fresken von →Giotto, Padua, Arena-Kapelle, und Nardo di Cione, Florenz, S. Maria Novella). Mit →Signorellis Fresken im Dom von Orvieto endet die ma. Höllenikonographie Italiens, während die nördl. Tafelmalerei des 15. Jh. (van →Eyck, →Memling, →Petrus Christus, →Bosch) das Thema mit neuen Akzenten versieht.

Frühestes westl. Denkmal der oft in Psalter- und Biblia-pauperum-Illustrationen dargestellten Höllenfahrt Christi ist ein Fresko in Müstair, um 800. Im 10./11. Jh. tritt die Fesselung Satans hinzu (z. B. Elfenbeinbecher in St. Petersburg, Eremitage, um 980), der meist an eine Säule gebunden und von weiteren T.n umringt im weit geöffneten Höllenrachen steht. Auch in den spätma. Darstellungen (z. B. Illustrationen des »Belial« oder der »Biblia pauperum«, Holz- und Metallschnitte des 15. Jh.) wird die Hölle vorwiegend als von T.n bevölkerter Tierrachen, seltener als mit Fratzen verzierte Festung dargestellt.   N. H. Ott

Lit.: De duivel in de beeldende Kunst. Ausst.-Kat. Stedelijk Mus. Amsterdam 1952 – D. Grivot, Le diable, 1960 – H. Daniel, Devils, Monsters and Nightmares, 1964 – D. Grivot, Images d'anges et des démons, 1981 – The Iconography of Hell, ed. C. Davidson – T. H. Seiler, 1992 – L. Link, The Devil. A Mask without a Face, 1995.

II. Osten: Als Name neben T. (Diabolus, διάβολος 'Verwirrer') auch →Satan (as, hebr.). Die Darstellung als Tier oder Zwitterwesen (Schlange, Drache, Löwe) im Anschluß an Ps 90.13 (super leonem et draconem ambulabis…) in Repräsentationsbildern, wo Christus auf das böse Prinzip vertretende Tier oder Fabelwesen tritt, es mit der Lanze ersticht und besiegt (Ebfl. Kapelle, Ravenna). Auch auf hl. Krieger (→Georg u.a.) übertragbar, bes. in Ägypten, bald auch sonst verbreitet. Tier oder Fabelwesen ist aber auch bei diesen Repräsentationsdarstellungen durch Dämon oder gar hist. böse Personen wie Diokletian (als Ausbund des Bösen) ersetzbar. Als Fabelwesen tritt der T. auch – durch den Text angeregt – in »narrativen« Illustrationen zur Versuchung der Stammeltern Adam und Eva im Paradies auf: vor der bösen Tat als Schlange auf Beinen (einer Giraffe ähnlich), danach durch den Schöpfer zur Strafe ihrer Beine beraubt und als kriechende Schlange dargestellt (Oktateuch in der Saray-Bibl. Cod. 8, Istanbul). Die Darstellung in Menschengestalt mit Flügeln und blau wie ein Dämon beginnt in S. Apollinare nuovo zu Ravenna, wo der gute Lichtengel (in Hellrot) neben dem gefallenen, bösen (in der Nachtfarbe Blau) gestellt wird (Luzifer, der Lichtträger, vor und nach seinem Fall?). Dunkles Blau (Grau) bleibt die Grundfarbe bei der Darstellung von T., Dämon und Versucher, sei es im AT bei Job (Patm. 71, fol 25) oder im NT bei der Versuchung (Par. gr. 74 und den Mosaiken von S. Marco in Venedig), der Austreibung von Dämonen (bereits Rabula-Cod., 6. Jh.) und im Weltgericht (Torcello). Die Flügel können dabei auch wegfallen, insbes. wenn es um den Fall der Götzenbilder (als Dämonen angesehen) geht (Flucht nach bzw. Einzug in Ägypten), bes. bei der Übertragung auf Historienbilder (Einzug [adventus caesaris] Konstantins in Rom nach der Schlacht an der Milvischen Brücke in paläolog. Malereien von Pyrgos auf Kreta [1314/15]). Über die Darstellungsweise als Dämon auch mit Hades, dem Herrscher der Unterwelt (mit Flammenhaar und Büschelschoß), verbunden in Darstellungen der Anastasis und des Weltgerichts sowie den reichen Prassers. Die Darstellung des Hades auf einem Elfenbeintäfelchen des Metropolitan Museum, New York, mit der Kreuzigung Christi, bei der das Kreuz durch den aufgerissenen Leib des Hades in den Boden gepfählt erscheint (nach Hymnen von →Romanos Melodos; nicht unumstritten, doch erlaubt die Beischrift AΔOY ohne den in den übrigen Inschriften des Elfenbeins üblichen Kürzungsstrich keinesfalls die Lesung AΔ(αμ)OY für Adam anstelle von Hades).   M. Restle

Lit.: LCI IV, 295–300 [B. Brenk] – M. Frazer, Hades Stabbed by the Cross of Christ, Metropolitan Mus. Journal 9, 1974, 153–161.

D. Literatur

I. Mittellateinische Literatur – II. Romanische Literaturen – III. Englische Literatur – IV. Deutsche Literatur – V. Skandinavische Literatur – VI. Slavische Literaturen.

I. Mittellateinische Literatur: T., Dämon, Satan, Draco, Adversarius u.v.a.m. 150 verschiedene Dämonen, nicht Namen des Teufels zählte Johannes v. Scheven in seiner »Margarita exorcistarum« (B. Bischoff, Anecdota novissima, 1984, 96f.). Die im Lebensgefühl des ma. Menschen stark verwurzelte Angst vor der Hölle und vor der Bedrohung durch den T. tritt auch in der Lit. an vielen Stellen zutage. Der T. steht hier gewöhnl. anstelle der psycholog. Motivierung böser Taten und Gedanken. So dürfte er nächst Gott die in der ma. Lit. am meisten genannte Person sein. Er übt Einfluß aus, ohne daß er dabei in sichtbarer Gestalt erscheinen muß. An seine ständige Präsenz mahnt den Kleriker das tägl. Abendgebet (Komplet). Sichtbar und oft auch greifbar tritt der T. in zahllosen Erzählungen in Erscheinung. Dabei nimmt er vielerlei Gestalten an, er erscheint als Mann oder Frau unterschiedl. Stände, auch als Mönch, sogar als Jungfrau Maria, als Tier (Hund, Schwein, Fledermaus, Krähe, Kröte u.a.) oder als Phantasiefigur. Mit dem T. wirkt eine Vielzahl von Dämonen, die z.T. eigene Namen tragen. Als Versucher und Verführer wird der T. in den Hl.nlegenden und Wundererzählungen (→Mirakel) dargestellt. Die →Exempla des hohen und späten MA sind voll von T.sgeschichten, z.T. mit komischem Einschlag. Der T.s-Pakt – er wird vom T. immer eingehalten, während der Mensch sich am Ende zu entziehen sucht – ist Gegenstand der Legenden von →Theophilus und →Robert dem Teufel. →Hexen und Zauberer stehen mit dem T. im Bunde, Zauberwesen (Merlin) und bes. böse Menschen sind seine Kinder (→Antichrist). Gelegentl. ergreift der (oder ein) T. von Menschen gegen deren Willen Besitz (→Besessenheit); einen poet. Exorzismus bieten die →Carmina Burana (= CB) mit Nr. 54, desgleichen einen 'Teufelsspruch' (Nr. 55). Viele lat. Sprichwörter und Redensarten handeln vom T. (vgl. H. Walther, Proverbia sententiaeque latinitatis medii aevi, 1963ff., Register s. v. 'Daemon'). Mindestens seit dem 12. Jh. kursierten satir. →'Teufelsbriefe' (P. Lehmann, Die Parodie im MA, 1963², 58ff., 69). →Visionen zeigen T. als Akteure, v. a. bei den Qualen der Verdammten. Die lat. geistl. Spiele des MA geben dem T. – im Gegensatz zu vielen volkssprachl. Spielen – nur ausnahmsweise eine Rolle, doch tritt er z. B. im Benediktbeurer Weihnachtsspiel auf (CB 227 ff.), als stumme Figur auch schon im →Sponsus, ferner im Benediktbeurer Passionsspiel (CB 16*, vgl. Vs. a 123). Im →Belial führt der T. einen Prozeß gegen Christus.   G. Bernt

Lit.: s.a. Abschnitt A; →Dämonologie – F. C. Tubach, Index exemplorum, 1969 – Santi e demoni nell'alto medioevo occidentale, Sett. stud. it. 26, 1989.

II. Romanische Literaturen: Die bibl. Erzählungen von T.n (Sündenfall, Austreibung von Dämonen durch Jesus, Offb) sind in zahlreichen →Bibelübersetzungen enthalten (älteste frz. Fassung der Genesis v. Evrat, Ende 12. Jh.; mindestens acht Versionen der Offb Ende 12.–Anfang 14. Jh.). Auch das Evangelium Nicodemi (→Apokryphen) mit dem Bericht über Christi Abstieg zur Hölle wurde mehrfach übersetzt.

In der Hagiographie und im moral.-didakt. Schrifttum erscheint der T. als allgegenwärtiger Versucher der Menschen. V. a. fromme Einsiedler sind seinen Nachstellungen ausgesetzt (zahlreiche Beispiele in den afrz. 'Vies des pères' ca. 1250). In der 'Vida de San Millán' berichtet →Gonzalo de Berceo z. B., wie die T. versuchen, Milláns Bett in Brand zu stecken. Hl.e wie →Antonius der Eremit widerstehen schwersten Anfechtungen, andere lassen sich (meist zur Unzucht) verführen, können allerdings durch Reue und Buße gerettet werden. Unter den Sünderhl.n liefern die T.sbündner den spektakulärsten Beweis für Gottes Barmherzigkeit; v. a. die →Theophiluslegende ist in zahlreichen (meist frz.) Fassungen behandelt worden. →Robert le Diable dagegen büßt für eine Sünde seiner Mutter und entgeht so der Verdammnis.

Der T. erscheint in vielerlei Gestalt (männl. Asketen etwa als schöne Frau) und zieht Nutzen auch aus kleinen Sünden: Ein T., der auf einem Kohlblatt sitzt, wird von einer Nonne verschluckt, als sie gierig ißt, ohne das Kreuzzeichen zu machen; er entweicht erst, als ihr der Priester die Kommunion bringt (Vies des pères XXXVIII, auch lat. Fassg. überliefert). Als →Exempel warnen derartige Erzählungen vor den Gefahren des Lasters oder propagieren religiöse Praktiken (wer bestimmte Feiertage einhält, tägl. die Messe hört o. ä., ist vor dem T. sicher).

Widersacher des T.s sind die Hl.n (die zu Lebzeiten und nach ihrem Tode den Sündern beistehen, Besessene heilen etc.), und v. a. Maria: In der narrativen Kurzform des Marienmirakels (→Maria) beschützt sie nicht nur die Frommen, die regelmäßig zu ihr beten und sie verehren, sie tritt auch für Sünder ein, die sie erst in höchster Not anrufen. Da der T. gegen die Gottesmutter immer unterliegt, verliert er seinen Schrecken und kann zum Gegenstand des Spottes werden: Im afrz. →Fabliau 'Saint Pierre et le jongleur' (13. Jh.) wird berichtet, wie die T. auf Seelenfang gehen und die Hölle in der Obhut eines Spielmanns zurücklassen; der hl. Petrus kommt und verführt ihn zum Würfelspiel um die Seelen der Verdammten, die er nach und nach alle befreit (vgl. auch die unerfreul. Erfahrungen des T.s mit einer Bauernseele in 'Le pet au vilain' von →Rutebeuf). In mündl. Überlieferung leben solche schwankhaften T.sgeschichten bis in die Gegenwart fort.

Vom komischen T. der Fabliaux führt der Weg zu den *diableries* der spätma. →Mysterienspiele. Noch ohne komische Untertöne ist der Auftritt des T.s bei der Darstellung des Sündenfalls im afrz. 'Jeu d'Adam et Eve'; in →Rutebeufs 'Miracle de Théophile' (ca. 1260) muß sich der T. von Maria den von Theophilus unterschriebenen Pakt mit Gewalt entreißen lassen. Während in diesen frühen Stücken gewöhnl. nur ein T. auftritt, lassen die Mysterienspiele seit der 'Passion du Palatinus' (14. Jh.) die →Hölle mit all ihren Heerscharen erscheinen; die einzelnen T.sfiguren tragen meist bibl. Namen. Arnoul →Grébans monumentaler 'Mystère de la Passion' zeigt die T. als Antagonisten des göttl. Erlösungsplans. In späteren *Mystères* werden die *diableries* mehr und mehr zu Intermezzi, die durch drast. Komik das Unterhaltungsbedürfnis des Publikums befriedigen; in den →Moralitäten dagegen können T., etwa als Ankläger der Sünder vor Gottes Gericht, eine durchaus ernsthafte Rolle spielen.

In der Romanlit., speziell in der Artustradition (→Artus), kommt es zu einer Symbiose chr. und vorchr. (antiken oder kelt.) Dämonenglaubens: Der Zauberer →Merlin gilt als Sohn des T.s; die beiden Ungeheuer, mit denen der Yvain →Chrétiens de Troyes im Château de Pesme-Aventure zu kämpfen hat, werden unterschiedslos als T. und als Söhne eines *netun* (»Kobold, Dämon«, < lat. Neptunus) bezeichnet. Eine eindeutige Unterscheidung zw. T.n und Dämonen ist nicht möglich.

Die Hölle als Sitz des T.s wird in Jenseitsreisen bzw. -visionen (→Vision) dargestellt: Die →Navigatio sancti Brendani wurde ins Frz. (12. Jh.), Okzit. und It. übersetzt. In →Raouls de Houdenc 'Songe d'enfer' werden die Örtlichkeiten der Hölle allegor. gedeutet; ein moral.-didakt. Anliegen verfolgt auch der 'Livre de la Deablerie' des Eloi d'Amerval (Ende 15. Jh.). Die umfassendste und tiefgründigste Deutung ma. Höllenvorstellungen bietet →Dante Alighieri im ersten Teil (Inferno) der Divina Commedia.

A. Gier

Lit.: GRLMA VI/2, Nr. 1404-1924 [Bibel-Übers.en] – DLFMA² [s. Bible française; Vie des Pères; Eloi d'Amerval] – EncDant II, s.v. Demonologia – H. Wieck, Die T. auf der ma. Mysterienbühne Frankreichs, 1887 – A. Graf, Miti, leggende e superstizioni del Medio Evo, 2 Bde, 1892/93 – A. Wünsche, Der Sagenkreis vom geprellten T., 1905 – D. D. R. Owen, The Vision of Hell. Infernal Journeys in med. French Lit., 1970 – Le Diable au MA. Doctrine, problèmes moraux, représentations, 1979 – A. Garrosa Resina, Magia y superstición en la lit. cast. med., 1987.

III. ENGLISCHE LITERATUR: Der T. als Gegenspieler Gottes ist fester Bestandteil der religiös geprägten ma. engl. Lit.: Luzifer, Fs. eines der zehn Engelchöre im Himmel, empört sich aus Neid und Stolz gegen Gott, wird in die Hölle gestürzt und dort zum Satan. Von da führt er mit seinen aus Engeln zu T.n gewordenen bösen Geistern den Kampf gegen die für den Platz des gefallenen Engelchors im Himmel bestimmten Menschen. Als Schlange verführt er Eva im Paradies (→»Genesis A«, »Genesis B«, →»Christ and Satan«; →»Cursor Mundi«). In der Wüste bekämpft er als Versucher Christus (→»Christ B«, »Christ and Satan«, »Cursor Mundi«). In Christi Höllenfahrt unterliegt der T. mit seinen höll. Heerscharen dem siegreichen Christus (»Harrowing of Hell« [→»Descent into Hell«], »Christ and Satan«, »Cursor Mundi«). Bis zum Jüngsten Gericht tritt der T. mit seinen bösen Geistern in Gestalt der Schlange, des Drachens oder anderer Monster als Versucher und Verderber auf, um die Menschen durch Schreckensvisionen und ird. Verlockungen in die Qualen der Hölle zu stürzen. Hl.e widerstehen heroisch, oft mit Hilfe eines Apostels oder Engels (→»Guthlac A«, →»Juliana«, →»Katherine«-Gruppe). Die endgültige Niederlage erleidet der T. beim Jüngsten Gericht, wenn die gerettete Menschheit seine Stelle im Himmel einnimmt, während er mit den Verdammten in den ewigen Qualen der Hölle jammernd versinkt (»Christ and Satan«, →»Judgement Day I«, »Judgement Day II«, »Christ C«, »Cursor Mundi«, »Doomsday« [Wakefield]). In der homilet. und paränet. Lit. ist der T. die Schreckgestalt, die die der ungehorsamen und verdammten Seele drohenden Höllenqualen verkörpert. Generell wird der T. in der ma. Lit. immer für moral.-didakt. Zwecke verwendet, jedoch erreicht auch selbständigen literar. Wert, etwa in der ae. Epik, wo er heroische oder gar trag. Züge annehmen kann, oder in den spätme. Dramenzyklen (und ihren Vorläufern, etwa dem →»Northern Homily Cycle«): Hier wird er dem Publikum als Versucher und Verderber vor Augen geführt, aber auch schon als 'dummer' T., der gegen Gott den kürzeren zieht. Im ae. →»Physiologus« (III, 3) und im me. »Bestiary« (→Bestiarium, A. VII) wird der T. als die sorglose Seele anlockende und in den Abgrund der Hölle reißende T. durch den Wal symbolisiert, der die auf seinem Rücken als scheinbarer Insel Feuer machenden Seeleute in die Tiefe reißt. Im spätme. →Drama (VI) taucht mit Titivillus ein kurioser weiterer T. namentl. auf, der alle während des Gottesdienstes verschluckten oder ausgelassenen Gebetsteile aufsammelt und in einem Sack als Beweisstücke gegen die zu richtende Seele vorbringt.

R. Gleißner

Lit.: J. B. RUSSELL, Lucifer: The Devil in the MA, 1984 – W. BOMKE, Die T.sfiguren der me. Dramen, 1990 [Lit.].

IV. DEUTSCHE LITERATUR: Der T. als ein existentielle Grundfragen aufgreifendes Motiv ist lit. vielfältig bearbeitet worden. So taucht er v. a. in lit. Variationen bibl. und apokrypher Texte (so etwa ausführlich in der Schilderung von Christi →Descensus im 'Evangelium Nicodemi'; Apokryphen, A), in der →Visions- und Jenseitslit. wie in allegor. Werken (z. B. als Seelenwäger in »Der Seele Rat«, Anf. des 14. Jh.) auf. Das noch in der karol. Mission wurzelnde »Sächs. Taufgelöbnis« (9. Jh.) setzt in seiner Absage (abrenuntiatio) die 'diaboles' mit den heidn. Gottheiten Donar, Wotan und Saxnôt gleich. In zwei Reimpaarsprüchen Trierer Provenienz vom Ende des 9. Jh. wird die Hilfe Christi gegen den T. (vielleicht als Einleitung eines →Exorzismus) angerufen. Die in einem alem. Arzneibuch vom Ende des 15. Jh. überlieferte »Teufelsbeschwörung« versucht den offensichtl. für gefährlich gehaltenen, dem Bereich der kirchlich unerlaubten Nigromantie zugehörigen Text durch Runenschriftverwendung zu verschlüsseln.

Wohl aus der 1. Hälfte des 13. Jh. stammt das Reimpaarfragment »Lucifer und Jesus«, das wie das →»Anegenge« (um 1180) Schöpfung, Luzifers Sturz, Sündenfall und Erlösung zum Thema hat und das Erlösungswerk als Streit Gottes gegen den T. darstellt. Die bibl. Reimpaarerzählung »Von Luzifers und Adams Fall« thematisiert die Erschaffung der Engel, die Auflehnung Luzifers und seinen Sturz und im Schlußteil (»Des teuffels buch«) Luzifers und seiner Gesellen Wirken in der Hölle.

Seit dem 13. Jh. ist der T. beliebter Gegenstand der zuweilen ins Obszöne gewendeten Mären- und Bispellit.: In »Des Teufels Ächtung« wird einem unerfahrenen Mädchen der Beischlaf als den 'tiuvel aehten' erklärt (T. und Hölle fungieren als Metaphern für das männl. und weibl. Genitale); nach der Hochzeitsnacht findet das Mädchen diese Bußleistung anderen, wie Pilgerfahrten, Fasten und Beten, weit überlegen. Das Schwankmäre »Der Teufel und der Maler« steht im Traditionszusammenhang von Kurzerzählungen, die, wie »Bruder Rausch« u. a., über das Treiben des T.s im Kl. berichten, um Mißstände zu kritisieren. Im »Ritter in der Kapelle« widersteht ein Ritter während einer nächtl. Bußübung den ausführlichst geschilderten Anfechtungen des T.s und erlangt Gottes Gnade. Die ebenfalls anonyme rheinfrk. »Teufelsbeichte« variiert die häufiger tradierte Episode vom T., der beichtet, aber dennoch die Absolution nicht erlangen kann. Im »Richter und T.« des →Strickers holt der T. einen betrüger. und ungerechten Richter zu sich.

Zentrale Handlungsfigur ist der T. im ma. →geistl. Spiel (→Drama, V). Sowohl in den frühen liturg. Ausformungen als auch im Oster-, Passions- und Weihnachtsspiel, in Weltgerichts-, Antichrist- und Legendenspielen (z. B. die Spiele von »Theophilus« und »Frau Jutten«) hat der T. einen festen Platz; die zunächst streng dem liturg. Ritus eingegliederten Auftritte weiten sich zu umfängl., oft burlesken T.szenen mit häufig ständesatir. Ausrichtung (→Ständelit.). In der wohl zu Anfang des 15. Jh. am Bodensee entstandenen Reimpaardichtung »Des →Teufels Netz«, die mit einem Dialog zw. Christus und Satan schließt, ziehen die T. mit einem Seelenfangnetz durch die Welt, um alle Stände in ihre Gewalt zu bringen.

Wo in den geistl. Spielen nach Christi erfolgreicher Befreiung der Vorväter im Descensus die Verwirrung der T. Anlaß zu burlesken Szenen gibt, setzt der populärkanonist. →»Belial« des →Jacobus de Theramo (→Satansprozesse) mit einer strengen jurist. Regeln folgenden Beratung der T. über das weitere Vorgehen ein. Der in den Volkssprachen breit überlieferte Text dient sowohl der Diskussion der Erlösungstheologie als auch als formalisiertes Prozeßhandbuch: Der rechtskundige T. Belial vertritt als Kläger die Höllengemeinde in einem förml. Besitz- bzw. Eigentumsverfahren gegen Christus. Knüpften Jakob Ayrer (1597) und Sebastian Wild (Dramatisierung 1566) noch an den ma. »Belial« an, so sind die Lasterteufel-Bücher der 2. Hälfte des 16. Jh. eigenständige Schöpfungen der frühen Neuzeit ohne unmittelbare Wurzeln in der ma. T.sliteratur.

N. H. Ott

Lit.: G. ROSKOFF, Gesch. des T.s, 1869 – H. W. SCHMIDT, Die Darst. von Christi Höllenfahrt in den Spielen des MA, 1915 – weitere Ed. und Lit. s. unter den einzelnen Stichwörtern.

V. SKANDINAVISCHE LITERATUR: Die seit dem 11. Jh. zunehmend konkrete Vorstellung des T.s (altnord. *djǫfull*, *fjándi*, *úvinr*) ist ab dem frühen 13. Jh. auch in der skand. Lit. greifbar, und zwar einerseits in Gestalt der →Dämonen, andererseits in Form der Diabolisierung alter Götter (→Polytheist. Religionen, I) und drittens in den vom Kontinent übernommenen T.s- und T.sbundlegenden. Die Vorstellung von T.n in der Gestalt der antiken 'daimones' begegnet uns neben der direkten Übers. von dæmon = djǫfull in der Hagiographie sogar bei →Snorri Sturluson, wo sie auch die mythograph. Beschreibung der heidn. 'Schwarzalben' (*dǫkkalfar*) durchdringt, die u. a. als »dunkler als Pech« und damit gemäß der ikonograph. Tradition der T. und Dämonen als nachtschwarz = unsichtbar dargestellt werden; möglicherweise spielen alte Troll-Vorstellungen in diese Alben-Beschreibungen hinein. Diese nachtschwarzen teufl. Dämonen finden sich häufig in den got. →Kalkmalereien. Auch die Episode der →»Grettis saga« (Kap. 39), in der ein häßl. Jüngling Grettir in der Kirche – erfolgreich – in Versuchung führt, dann plötzlich verschwunden ist und als unreiner Geist interpretiert wird, zeigt diesen Aspekt des T.sglaubens, der dem kontinentalen, über die hagiograph. Lit. nach Skandinavien gelangten Volksglauben entspricht. In dieser hagiograph. Tradition steht auch der »Thorsteins Þáttr skelks«, in welchem der T. die ängstl. Protagonisten der höll. Qualen der alten Sagenhelden Hilditönn, Sigurðr Fáfnisbani (→Siegfried) und Starkaðr beschreibt. Der T./Dämon als Versucher nimmt auch eine zentrale Stellung in den Revelationes der hl. →Birgitta v. Schweden (nach Mitte des 14. Jh.) ein.

Die Diabolisierung bzw. Dämonisierung der heidn. Hauptgötter hat schon ältere Wurzeln, wie das »Sächs. Taufgelöbnis« aus dem 9. Jh. (abrenuntiatio) zeigt: »end ec forsacho allum diaboles uuercum and uuordum, Thunaer ende UUôden ende Saxnôte ende allum thêm unholdum thê hira genôtas sint«; in der skand. Lit. findet sich diese Diabolisierung – wohl wegen des beträchtl. zeitl. Abstands zur Christianisierung – jedoch eher in der spätma. Schemalit. der →Fornaldarsögur und Märchensagas, wo etwa eine Riesin dem T., der als →Odin gezeichnet wird, einen mag. Mantel stehlen muß (»Egils saga einhenda«). Wenn dagegen der Gott →Loki als T. dargestellt wird, dann wohl wegen seiner zwiespältigen Stellung im nord. Pantheon und seinen Tierverwandlungen (Fliege, Pferd). Andererseits findet sich jedoch die Identifikation der von

→Thor geköderten Midgardschlange (→Midgard) als T. entsprechend dem atl. Bild des Leviathan als T.

Direkt der europ. Lit. entnommen sind die T.sbundlegenden der »Callinius saga« (beruhend auf der →Theophiluslegende) und der erst nachma. »Faustus saga« sowie eine T.slegende über den hl. →Dunstan unter dem Titel »Af hinum helga Dunstano«. In diese Tradition der Volkserzählung gehört wohl auch ein als T. entlarvter Zauberer in der »Dínus saga dramblátá«.   R. Simek

Lit.: KL III, s.v. Djævel – J. B. RUSSEL, Lucifer: The Devil in the MA, 1984 – G. W. WEBER, Siðaskipti, Sagnaskemmtun, 1986.

VI. SLAVISCHE LITERATUREN: Der T. nimmt eine hervorragende Stellung in den südslav. bzw. in der russ. Lit. des MA ein. Meistens in »Satanael« umbenannt, taucht Satan in Apokryphen auf, wo er als der erstgeborener Sohn Gottes und als Herrscher über die sündhafte Welt erscheint. Dem Einfluß des →Bogomilentums wird diese dualist. Sichtweise der Welt zugeschrieben, die in Texten wie →»Interrogatio Johannis« die Erde als Reich Satans, den Himmel als Kgtm. Gottes versteht. In einem Gespräch zw. Jesus und seinem Schüler Johannes beschreibt z.B. der anonyme Autor des genannten – in zwei lat. Abschriften vom 12. und 14. Jh. erhaltenen – Textes die Entstehung der Erde und des Lebens auf ihr als T.s Werk, dem nur das Kommen Christi entgegentreten konnte. Offensichtl. wird dabei der Einfluß kanon. Schriften, v.a. der Offb. Die als Übers. aus dem Gr. erkennbaren altbulgar. Texte »Vision des Isaia« und »Der Streit Christi mit dem Teufel« werden in das 11.–13. Jh. datiert. Auch sie beziehen sich auf den Kampf zw. Gut (Jesus) und Böse (T.) um die Herrschaft der Menschheit. Ähnlich wird Satan in dem apokryphen Enoch-Buch und Baruch-Buch dargestellt. Sicherlich unter dem Einfluß dieser Texte handeln viele Erzählungen der südslav. Volkslit. von der Übereinkunft Adams mit dem T., von dem Kampf zw. Jesus und Satan(ael) um die Seele des verstorbenen Adam, von dem Kampf zw. Erzengel Michael und Satan (von einem Text in einer allerdings aus dem 16. Jh. stammenden Slg. beeinflußt) usw. Nicht selten wird die Feindschaft zw. Gott und T. durch den Bruch einer anfänglich tiefen Freundschaft erklärt. Gott hat in diesen Texten den T. vom eigenen Schatten geschaffen, oder ihm die Erde bis zum Kommen Christi überlassen.   A. Ioannidou

Lit.: D. ANGELOV, B. PRINOV, G. BATUKLIEV, Bogomilstvoto v Bălgarija. Vizantija i zapadna Evropa v izvori, 1967 – P. DINEKOV, Bălgarski folklor, 1972 – V. TERRAS, Handbook of Russian Literature, 1975 – J. IVANOV, Livres et légendes bogomiles, 1976 – D. PETKANOVA-TOTEVA, Apokrifna literatura i folklor. Apokrifnata chudožestvena proza i folkolrăt, 1978 – Pamjatniki literatury Drevnej Rusi XII v., 1980, 148–153 – Slavjanskie drevnosti, I, hg. N. I. TOLSTOJ, 1995, 113–115.

Teufels Netz, des, eine um 1420 im Bodenseegebiet entstandene, zw. sozialeth. Ständekritik (→Ständelit.) und geistl. Didaktik oszillierende, in vier voneinander unabhängigen Redaktionen (4 Hss. mit 700–13700 Vv.) überlieferte Reimpaardichtung, schildert in der Form eines Dialogs zw. einem Eremiten und dem →Teufel die Verführbarkeit des Menschen: Wer sich vor den ihr Schleppnetz durch die Welt ziehenden Knechten des Teufels (den Sieben →Todsünden, die, obgleich satirisch verfremdet, nach katechet. Systematik ausführlich erläutert werden) nicht hütet, verfängt sich unweigerlich darin. Die Antwort des Teufels auf die Frage des Einsiedlers nach dem Leben in der Hölle mündet in eine detaillierte Ständecharakteristik und -kritik. Nicht zuletzt in der abschließenden Diskussion zw. Christus und dem Teufel über ihren Anspruch auf die guten bzw. bösen Seelen zeigt sich der Appellcharakter des Werks: nur die Beachtung geistl. Unterweisung schützt davor, dem Teufel anheimzufallen.   N. H. Ott

Ed.: Des T. N., hg. K. A. BARACK, 1863 [Neudr. 1968] – Lit.: Verf.-Lex.² IX, 723–727 – G. FRIEBERTSHÄUSER, Unters. zu »Des tüfels segi«, 1966 – B. BOESCH, Zu Sprache und Wortschatz der alem. Dichtung »Von des tüfels segi«, Alem. Jb. 71/72, 1973, 46–73 – A. EHLERS, Des T. N. Unters. zum Gattungsproblem, 1973 – F.-J. SCHWEITZER, Tugend und Laster in illustrierten didakt. Dichtungen des späten MA, 1993, 249–325.

Teufelsbriefe, fingierte anonyme schriftl. Äußerungen des →Teufels oder anderer Protagonisten der Unterwelt. An die chr. Kirche, den Klerus oder Teile desselben gerichtet, enthalten sie zunächst den Dank der Hölle für die ihr durch Vernachlässigung der Seelsorge und klerikale Verderbtheit zahlreich zugeführten Seelen. Seit dem 12. Jh. überliefert, befassen sich die am weitesten verbreiteten Langformen des späten 14. und 15. Jh. im Rahmen satir.-polem. Klerus- und Ordenskritik mit der Situation der spätma. Kirche und werden in der Reformationszeit (im weiteren bis ins 19. Jh.) adaptiert.

Die T. des 12. und 13. Jh. bestanden aus einer kurzen Botschaft innerhalb eines →Exempels, wie dies zuerst →Wilhelm v. Malmesbury in den »Gesta regum Anglorum« (beendet um 1125) über zwei sehr gebildete Kleriker aus Nantes erzählt; intendiert ist eine Umkehr zum Mönchtum. Über →Hélinand de Froidmont (Chronik zu 1094–95, eine Predigt) gelangte das Exempel in das »Speculum historiale« des →Vincenz v. Beauvais und (u. U. verändert) in Exempelslg. und Predigthandbücher. Ein formelhaftes Modell eines sehr kurz eingeführten T.s erscheint bei →Jakob v. Vitry (erster »Sermo vulgaris«) und →Odo v. Cheriton (Sermo de tempore zu Joh 10, 11), als T. vor einer Synode bei →Salimbene (MGH SS 32, 419) und →Thomas v. Cantimpré (»Bonum Universale de Apibus« I, 20, 8).

Der älteste selbständige T. »Beelzebub princeps demoniorum…« an Klerus und Mönchtum, ein Nachtrag wohl des späten 12. Jh. in Clm 22201, fand (bearb. zusammen mit der Erzählung über die Kleriker v. Nantes) eine gewisse Verbreitung im dt. sprachigen Raum. Im späten 13. Jh. (nach 1261) entstand ein sich auch gegen die (Bettel-) Orden richtender T. »Princeps regionis Jehennalis…« mit einem langen, rhetor.-stilist. ausgefeilten Antwortschreiben des Papstes.

Am weitesten verbreitet (mehr als 100 Hss., 14.–18. Jh.) ist die »Epistola Luciferi« (EL; »Lucifer princeps tenebrarum…«), die Matteo Villani und der erste Fortsetzer des →Matthias v. Neuenburg in ihren Berichten zu 1351 (ohne Text) im Umkreis Clemens' VI. und der Kurie in Avignon auftauchen lassen. Die zeitgenöss. Kirchen- und Kleruskritik widerspiegelnd, ist sie an die infolge teufl. Eingebungen lasterhaften, vom apostol. Ideal abweichenden Kirchenoberen als Wegbereiter des →Antichrist gerichtet. 1353 verband Pierre de Ceffons sie in Paris u. a. einem Antwortschreiben Christi an Innozenz VI. Ihre Verbreitung in der Zeit des Großen Schismas (1378–1417) und der Konzilien ist im deutschsprachigen Raum mit Namen und Schrr. →Heinrichs v. Langenstein verbunden, ihre Überlieferung auch weiterhin überwiegend dt. Provenienz (Zuschreibungen u. a. an Nicole Oresme, die Hussiten). Adressaten und hsl. Überlieferungsverbände verweisen auf wechselnde propagandist. oder lit. (fingierter →Brief) Funktionen der EL, insbes. in Zusammenhang mit dem →Konziliarismus und der böhm. Reformbewegungen sowie später im Protestantismus (erste Drucke). Die EL als Modell nutzen die Pierre d'→Ailly zugeschriebene, die Konziliaristen verspottende »Epistola Leviathan« (»Leviathan, princeps mundi...«, um 1381), die an Giovanni →Dominici gerichtete »Epistola Sathanae« (»Sathanas, Regnorum Acherontis Imperator...«), die →Dietrich v. Nieheim 1408 im »Nemus unionis« (VI, 29) überliefert, die »Epistola sub tipo dyaboli directa domino Clementi« (»Princeps tenebrarum, speculator...«), d. h. an Clemens VII. als Robert v. Genf, in Hs. Wolfenbüttel, HAB, 32. 10 Aug. 2° (vor 1409), sowie die vielleicht aus franziskan. Milieu stammende, engl. Mönche in ihren teufl. inspirierten Lebensformen bestärkende »Epistola Belial« (»Belial apostatarum prepositus...«; Hs. Oxford, Bodl., Digby 98) und ein »Mandatum perversi decani ac iniqui« aus universitär-student. Umkreis (Clm 22404, wohl 1455). Vom 15. bis 18. Jh. entstanden volkssprachl. (engl., frz., dt., tschech.) T. als Bearbeitungen der EL oder freie Nachbildungen. S. Schmolinsky

Q. und Lit.: EM II, 786 – RGG III¹, 30f. – P. LEHMANN, Die Parodie im MA, 1963², 58–70 – G. ZIPPEL, La lettera del Diavolo al clero, dal secolo XII alla Riforma, BISI 70, 1958, 125–179 – F. C. TUBACH, Ind. exemplorum, 1969, Nr. 3032 – H. C. FENG, Devil's Letters: Their Hist. and Significance in Church and Society, 1100–1500 [Diss. Northwestern Univ. Evanston 1982] – J. B. RUSSELL, Lucifer, 1984, 87–89.

Teurnia (Name vorkelt., spätantik Tiburnia, heute St. Peter in Holz, 4 km westl. Spittal/Drau), an der Drautalstraße, Ausgangspunkt der Straße zum Radstädter Tauernpaß mit Siedlungsspuren auf dem Holzer Berg seit dem 11. Jh. v. Chr. Unter Ks. Claudius (41–54) wurde T. municipium, und es folgte der Ausbau der Stadt (17 ha): Wohnterrassen, Forum, Therme, Grannus-Apollo-Tempel. 275 führten Alamanneneinfälle zur Aufgabe der Wohnterrassen am Bergfuß. Um die Hügelkuppe wurde schließl. eine Stadtmauer errichtet. Vermutl. seit dem beginnenden 5. Jh. war T. Hauptstadt Binnennoricums (453 Tiburnia metropolis Norici; →Noricum), wurde 468 durch die Goten und in den folgenden Jahrzehnten durch die Alamannen belagert, nach 493 bis 536/539 Sitz der militär. und zivilen Provinzverwaltung im Ostgotenreich; vermutl. wurde auch eine arian.-got. Kirchenorganisation eingerichtet. Der schismat. Bf. Leonianus nahm an der Synode (572–577) in Grado teil. Letzte Nennung des Bm.s 591, gegen 610 Ende der Stadt mit der Slaveneinwanderung. Durch archäolog. Grabungen wurde die Bf.skirche am westl. Ausläufer des Stadthügels entdeckt (2 Bauperioden: Apsidenkirche [Anfang 5. Jh.], Kirche mit Trikonchos und seitl. Hallen [1. Hälfte 6. Jh.]). Außerhalb der Stadtmauern befindet sich die Kirche mit dem bekannten Mosaik in der seitl. Memorialkapelle. Bestattungen fanden sich v. a. im Narthex und in den seitl. Hallen. Westl. schloß ein Friedhof (2. H. 6. Jh.) an. Ein zweites Gräberfeld (5./6. Jh.) lag an der Ostseite des Holzer Berges in den Ruinen der ehem. Wohnterrassen. Die Bf.skirche wurde im Zuge der Karantanenmission (nach 756) nicht wieder aufgebaut. Frühma. Kirchen (8. Jh.) und eine Burg sind östl. von Spittal faßbar. F. Glaser

Lit.: R. EGGER, Die frühchr. Kirchenbauten im südl. Norikum, 1916, 12ff. – F. GLASER, T.: Römerstadt und Bf.ssitz, 1992.

Teuzo

1. T., Diakon und Mönch, lebte wahrscheinl. im 11. Jh. Verfaßte zwei kurze grammatikal. Abhandlungen (Wolfenbüttel Gud. lat. 2° 64, fol. 91v–92r) »De quinque generibus verborum« und »De appellatione scilicet et vocabulo secundum dialectiam« sowie eine Versifizierung (in Hexametern) von drei Kapiteln der Vita des hl. →Saba(s) v. Palästina (Bibl. Vat. Arch. S. Pietro A 5, fol. CCLVIIr–CCLXv), die ein beachtl. hohes kulturelles Niveau zeigen. T. war anscheinend mit den Kl. Montecassino und S. Saba in Rom verbunden. M. Cortesi

Ed. und Lit.: M. CORTESI, Teuzone e Bellizone tra grammatica e agiografia (La biblioteca di Pomposa, 1994), 67–150.

2. T., Schüler des hl. →Johannes Gualbertus, † 1095, Abt v. S. Paolo di Razzuolo (Diöz. Florenz). Die Vallombrosian. Tradition schrieb ihm eine als verloren geltende Vita seines Lehrers zu, die der von Andreas v. Strumi verfaßten Biographie vorangging. Die neuere Forsch. zieht jedoch deren Existenz in Zweifel. Als T.s Werk galt auch ein Kommentar zur Regula s. Benedicti mit einem Widmungsbrief an einen Bf. Odalricus (FABRICIUS 515; MONGELLI, 446). Die Zuschreibung wird von J. LECLERQ jedoch in Frage gestellt (vgl. auch G. MICCOLI). M. Cortesi

Lit.: T. SALA – B. DOMENICHETTI, Diz. storico biografico... dell'ordine di Vallombrosa, II, Florenz o. J. [1929], 276 – Bibl. SS 12, 446 [G. MONGELLI] – J. A. FABRICIUS, Bibliotheca latina mediae et infimae aetatis, VI, 1858, 515 – J. LECLERQ, Le Commentaire de T. sur la Règle Bénédictine, SMBO 64, 1952, 5–12 – G. MICCOLI, Pietro Igneo, 1960, 134 – S. BOESCH GAJANO, Storia e tradizione vallombrosane, BISI 76, 1964, 105.

3. T. (Teuço), Mönch v. Pomposa, Neffe eines Bf.s Teuzo (vielleicht Teuzo v. Chieti, 1073–74), agiert im Namen des Abtes Hieronymus v. Pomposa in Urkk. vom 17. März 1087 und Jan. sowie Dez. 1103 (Grunderwerb bei Galliera und Budrio [Bologna]). T. war auch (bis 1115) Abt v. Pomposa und schrieb 1087 hier die Hs. der Epitome des Justin mit Kolophon, die von Lovato Lovati gerettet wurde (Brit. Libr. Add. 19906). M. Cortesi

Q.: A. SAMARITANI, Regestae Pomposiae, I, 1962, nrr. 333, 335, 387 (s. a. M. FANTI, Fonti bibliogr. ed archivist. per la storia delle chiese pomposiane della dioc. di Bologna [Anal. Pomposiana 1, 1965, 297]) – Lit.: G. BILLANOVICH, La bibl. dei papi, la bibl. di Pomposa e i libri di Lovato Lovati e del Petrarca (La civiltà comacchiese e pomposiana dalle origini preistoriche al tardo medioevo, 1986), 619–623 – DERS. Tradizione classica e cultura letteraria (Dall'eremo al cenobio, 1987), 285–287, 290 [mit älterer Lit.] – M. CORTESI, Teuzone e Bellizone tra grammatica e agiografia (La bibl. di Pomposa, 1994), 68f., 104–106.

Tewkesbury, ehem. engl. OSB-Abtei in Gloucestershire am Zusammenfluß von Severn und Avon, erhielt ihren Namen angebl. von Theokus, einem Einsiedler mit unbekannter Herkunft, der dort im 7. Jh. lebte. Eine kleine religiöse Gemeinschaft von vier oder fünf Mönchen wurde 715 in T. gegründet. Aber sie war bereits lange aufgelöst worden, als im Jahre oder um 980 das Kl. T. als Tochterkl. der Abtei Cranborne in Dorset erneut gegründet wurde. 1102 kehrte sich die Beziehung zw. beiden Häusern unerwartet um: Geraldus v. Avranches, Abt v. Cranborne, verlegte seine Abtei nach T., wo sie durch rasch zu einem der bedeutendsten Kl. im w. England entwickelte. Im Okt. 1123 wurde die großartige neue Abteikirche in Gegenwart von fünf Bf.en geweiht. Im späten 12. Jh. umfaßte der Konvent mehr als 50 Mönche, deren Zahl bis 1347 allmähl. auf 37 sank, aber dann bis zur Auflösung der Abtei bei 35 oder 37 Mönchen stehenblieb. Ein anderer Beweis für den Einfluß der Gemeinschaft v. T. ist ihr Besitz von nicht weniger als sechs Tochterkl. (Bristol, Cardiff, Deerhurst, Goldcliff, Llantwit-Major und Cranborne) und eines Armenhauses im *borough* T. Die Abtei erfreute sich bes. einer umfangreichen Patronage durch die Adelsfamilien der →Clare und der →Despenser. Glücklicherweise blieb nach der Übergabe der Abtei durch Abt Wakeman am 9. Jan. 1540 an Heinrich VIII. die Kirche als Pfarrkirche der Stadt weitgehend erhalten.
R. B. Dobson

Q. und Lit.: W. DUGDALE, Monasticon Anglicanum, II, 1830 – Annales Monastici, I, RS, ed. H. R. LUARD, 1864 – VCH Gloucestershire, II, 1907 [R. GRAHAM] – C. L. KINGSFORD, English Historical Lit. in the Fifteenth Century, 1913.

Tewkesbury, Schlacht v. (4. Mai 1471), beendete die zweite Phase der →Rosenkriege. Der Sieg Eduards IV. stärkte das Haus York und vernichtete die Lancaster-Partei. Eduard hatte zuvor seinen Bruder →George, Duke of Clarence, wieder für sich gewinnen können, London besetzt, sich Kg. Heinrichs VI. bemächtigt und am 14. April 1471 eine siegreiche Schlacht in →Barnet geführt, während Kgn. →Margarete v. Anjou, Gemahlin Heinrichs, in Weymouth (Dorset) landete, wo sich ihr Adlige der Lancastrians (Duke of Somerset, Earl of Devon) anschlossen. Die lancastr. Streitkräfte rückten bis Exeter und Bristol vor. Eduard, der sie verfolgte, holte sie in der Nähe der →T. Abbey ein. Das kleinere lancastr. Heer befand sich in der Defensive. Als seine Vorhut dem Angriff einer Reitertruppe Eduards aus dem Hinterhalt nicht standhalten konnte, löste sich die ganze lancastr. Kampflinie in wilder Flucht auf. Viele der gefangengenommenen oder in die Abtei geflüchteten Lords und Ritter der Lancastrians wurden hingerichtet. Margarete v. Anjou, deren Sohn →Eduard zu den Gefallenen gehörte, geriet in Gefangenschaft. Bis zur Usurpation des Throns durch Richard (III.) kam die Partei der Lancastrians fast völlig zum Erliegen. →England, E.II.   A. Goodman

Lit.: →Rosenkriege.

Textilien
A. Westen – B. Byzanz – C. Osmanisches Reich

A. Westen

I. Herstellung und Verarbeitung – II. Handel und Gewerbe.

I. Herstellung und Verarbeitung: Im FrühMA wurden Woll- und Leinentuche für Eigenbedarf und Handel auf dem vertikalen Gewichtswebstuhl gefertigt, bei dem durch Schrägstellung eine Fachbildung über die Webgewichte an den Kettfäden ermöglicht wurde. Daneben existierte der senkrechte Rahmenwebstuhl mit beidseitig am Gestänge befestigten Kettfäden, auf dem von unten nach oben gewebt wurde. Die Tuchherstellung war außer in den wenigen (prä)urbanen Siedlungen auf dem Lande verbreitet und, abgesehen vom Walken, Frauenarbeit. Materialbeschaffung und Produktion waren z.T. innerhalb der Grundherrschaft getrennt, wo die einen Flachs zu liefern, die anderen zu verarbeiten hatten (→Prümer Urbar). Bisweilen in größerem Stil erfolgte die Weberei in den schon im 6. Jh. bezeugten grundherrl. →Gynäceen. Die in Webkellern bzw. -häusern z.T. abgeschlossen arbeitenden Frauen (um 735 bei Ellenweiler/Elsaß sogar ca. 40) erhielten neben Verpflegung, Unterkunft und Kleidung allenfalls begrenzte Zuteilungen. Spätestens im ausgehenden 12. Jh. machten diesen Einrichtungen die Entfaltung des städt. Gewerbes und die zunehmende Auflösung der →Villikationsverfassung ein Ende.

Im hohen MA wandelten sich mit Bevölkerungszunahme, Siedlungsverdichtung und Urbanisierung, verstärkter Mobilität, Wirtschaftswachstum und »kommerzieller Revolution« die Bedingungen. Das sich in den Städten konzentrierende, aufblühende Gewerbe organisierte, differenzierte und spezialisierte sich; Tuche einzelner Orte (z.B. →Stamford, →Arras) erlangten einen solchen Ruf, daß sie andernorts nachgeahmt wurden. In der Wollweberei wurde der Grad an Zerlegung der Produktion bes. stark. Neben Unternehmergruppen bildeten sich verschiedene, meist (wie →Weber, →Walker, Scherer, seltener →Färber) in eigenen Zünften zusammengeschlossene zentrale Berufszweige und etliche, z.T. von Frauen ausgeübte Hilfsgewerbe. In →Florenz umfaßte der techn. Prozeß der Wolltuchherstellung im 14./15. Jh. als Hauptarbeitsgänge nach dem Sortieren der Wolle die Wäsche und mechan. Reinigung durch Wollzupfer und Wollschläger, entweder das Färben der Wolle oder die Vorbereitung zum Spinnen durch Wollkämmer und Wollkratzer, das Spinnen, Kettschären, Markieren und Schlichten, Weben, Noppen (mechan. Glätten mit kleinen Messern und Zangen), Waschen und Walken, Scheren, Strecken auf dem Tuchrahmen, Aufrauhen mit der Kardendistel und das erneute Scheren, evtl. das Färben des Tuchs und das erneute Aufspannen, schließlich die letzte Vorbereitung zum Verkauf. Ähnl. aufwendige Verfahren sind aus anderen Tuchgewerbezentren und -landschaften wie →Flandern bezeugt; an weniger bedeutenden Standorten war der Grad berufl. Spezialisierung weitaus geringer.

Der Aufschwung des Textilgewerbes wurde durch techn. →Innovationen begünstigt. Wesentl. war im hohen MA die Einführung des im 11. Jh. in Osteuropa, im 12. Jh. im Westen nachgewiesenen horizontalen Trittwebstuhls. Er erleichterte die Arbeit v.a. über die Fachbildung durch Heben und Senken der Schäfte mit den Füßen und ermöglichte kompliziertere Webmuster. Eine weitere, die Produktivität vergrößernde Innovation war der seit dem 13. Jh. u.a. in Flandern eingesetzte Zweimannwebstuhl für breitere Stoffbahnen. Das →Spinnen hingegen, für das vielfach auf überschüssige Arbeitskräfte auf dem Lande zurückgegriffen wurde, erfolgte auch später noch häufig vom Rocken auf die Spindel. Daneben wurde im Baumwoll- und Wollgewerbe seit dem 13. Jh. das Handspinnrad üblich, das die zwei- bis dreifache Garnmenge in derselben Zeit ermöglichte, jedoch aus qualitativen oder sozialen Gründen z.T. der Beschränkung unterlag (Zulassung für Schußgarn in Speyer um 1260/80). Erst im 15. Jh. kam das Flügelspinnrad auf, das ein gleichzeitiges Drehen und Aufwickeln des Fadens ermöglichte. Das Radprinzip wurde auch zum Spulen verwendet. Im Leinengewerbe gab es in →Köln im 14. Jh. 13 Garnzwirnräder; die 1478 belegten vier Räder wurden sogar mit Pferdekraft betrieben. Ein größeres Gerät war auch das Lucchesser Seidenzwirnrad, dessen Einführung in der Metropole 1412/13 verboten wurde. Im Leinengewerbe fand ferner vereinzelt das Mühlenprinzip zum Flachsbrechen Anwendung.

Insgesamt blieb der Grad der Mechanisierung im Textilgewerbe freilich relativ gering. Als größere Anlage im Wollgewerbe setzten sich – jedoch nicht für die hochwertigen fläm. Tuche – die Walkmühlen (→Mühle, II.1) stärker durch, die durch Schlagen die in einer Lauge befindl. Tuche verfilzten und deren spätere Festigkeit erhöhten. Walkmühlen, die das mühevolle Stampfen der Tuche mit den Füßen ersetzten, sind seit dem 10. Jh. in Italien (962 bei Penne, 973 Diöz. Parma, 985 bei Verona), seit dem 11. Jh. in Frankreich belegt. Sie lassen sich im 12. Jh. in weiteren Räumen (Katalonien, Steiermark, Südschweden, England, Lothringen) nachweisen und nahmen seit dem 13. Jh. beträchtl. zu. Zunächst v.a. im Besitz von Kl. (bes. →Zisterziensern), arbeiteten mehr und mehr Anlagen für Städte, befanden sich – von Wasserkraft abhängig – aber z.T. außerhalb der urbanen Zentren. Im kleinstädt. und ländl. Bereich konnten sie eine Zentralfunktion für die Umgebung erfüllen, waren Kristallisationspunkte des Gewerbes sowie Koordinierungs- und Herrschaftsinstrumente.

Produktinnovationen ergaben sich durch die Verwendung neuer oder durch die andersartige Kombination vorhandener Rohstoffe und Techniken in Tuchherstellung und Färberei. In letzterer, für die seit dem 12. Jh. der gezielte Anbau von Färbepflanzen wie →Krapp, →Waid oder →Wau als Sonderkulturen wichtig wurde, gewannen mit weitgespannten Handelsverbindungen einzelne neue Farbstoffe an Bedeutung (Brasilholz, →Indigo). Bei den verwendeten Fasern ist bes. die Umstellung auf →Baumwolle hervorzuheben, die in Italien seit dem endenden 12. und dem 13. Jh. in größerem Umfang verarbeitet wurde, in Mitteleuropa mit Schwerpunkt in Oberdeutschland ab der 2. Hälfte des 14. Jh. (→Barchent). In der Weberei kamen neben der traditionellen Leinwand- und Köperbindung neue Muster auf, bes. im Seidengewerbe (→Atlas, →Damast, →Seide). Als Erzeugnis der Seidenweberei, die in Italien, v. a. in Lucca, in größerem Umfang im 12. Jh. einsetzte, wurde mit einer Änderung des Geschmacks in der Zeit der Renaissance anstelle der traditionellen Luccheser Stoffe mit Darstellungen von Tieren, Menschen und Fabelwesen der →Samt beliebt. Kennzeichnend ist für die Herstellung von Tuchen insgesamt eine zunehmende Diversifizierung an Sorten, im späten MA und in der NZ ein vermehrter Übergang von schweren Tuchen zu leichteren Erzeugnissen und Mischgeweben. Als Wolltuche gewannen die engl. *Worsteds* und die Produkte der »neuen« und der neuen »leichten« Draperie in den Niederlanden an Bedeutung, und es wurde hier z. T. an ältere Traditionen wie die bereits im 13. Jh. übl. Fertigung von Sayen angeknüpft (Sayetterie von →Hondschoote). In Deutschland ging längerfristig ein Trend zu den Zeugen als glatten, wenig oder gar nicht gewalkten T. aus Kammwolle. Neben ältere Mischgewebe aus Wolle und Leinen, die wie das bes. in Frankreich und den Niederlanden verbreitete Tirtei z. T. verdrängt wurden, traten v. a. Tuche mit Baumwoll- (Barchent, Bombasinen, Fusteinen) bzw. Seidenanteil (z. B. Burrat, Trippen).

Nachfrage und Absatzchancen führten im Hoch- und SpätMA nicht zuletzt zur Ausschöpfung weiterer Kapazitäten, zu produktivitätssteigernden organisator. Veränderungen und Maßnahmen der Marktsicherung. Das Interesse an einer exportfähigen, standardisierten Massenware schlug sich in einem Bestreben nach Qualitätssicherung nieder (Produktionsvorschriften, Schau, Warenzeichen; →Beschauzeichen). Die Besiegelung von Tuchen, für die bes. Bleiplomben verwendet wurden, findet sich seit dem 13. Jh. etwa gleichzeitig in Italien, Frankreich, Flandern, England und Deutschland und wurde für Handelsprodukte mehr und mehr üblich. Eine Warenzeichennachahmung oder -fälschung ließ sich indessen nicht verhindern und kam ebenfalls bereits im 13. Jh. vor.

Zentralisierte Großbetriebe in der Art von Manufakturen entstanden in der hoch- und spätMA. Tuchherstellung nur partiell. Die Anbindung an den Fernhandel förderte aber die Einschaltung kaufmänn. Kapitals, die Zerlegung des Arbeitsprozesses die Herausbildung von Koordinatoren und Produktionslenkern aus dem Handwerk. Gerade in der Textilherstellung setzte sich so – im Wollgewerbe NW-Europas seit dem 13. Jh. faßbar – der →Verlag stärker durch, der – verbunden mit Vorschußleistungen – die wirtschaftl. Nutzung fremder Arbeitskraft und Zusammenfassung einer dezentralisierten Produktion bis hin zur Anpassung an Marktbedürfnisse erlaubte. Speziell im spätma. Baumwoll- und Seidengewerbe mit den teuren Rohstoffen spielte er eine entscheidende Rolle, weniger im Leinengewerbe, wo im Bodenseeraum erst mit dem Färber und Kaufmann Ulrich Imholz in der 1. Hälfte des 15. Jh. ein Unternehmer im großen Stil begegnet. Das Spektrum der Verleger im Wollgewerbe reichte von Großhändlern und Gesellschaften über spezialisierte Kaufleute (Wollhändler, Gewandschneider) bis zu Handwerkern aus verschiedenen Berufen, bes. aber Webern. V. a. in Verdichtungszonen bildete sich neben dem innerstädt. ein stadtübergreifender, umlandbezogener, vereinzelt sogar ein überregionaler Verlag heraus.

Durch eine gesteigerte Nachfrage und eine Produktion in größerem Umfang wurden im hohen und späten MA überhaupt die Erschließung des (Um-)Landes von Zentren aus bis hin zur Bildung von Wirtschaftseinheiten sowie die Entstehung ganzer Textilgewerbelandschaften gefördert. Das Umland fungierte speziell als Lieferant von Rohstoffen (Flachsanbau, Schafzucht), sofern diese nicht aus der Ferne bezogen wurden, und stellte ein billiges Arbeitskräfteangebot bes. für vorbereitende Tätigkeiten zur Verfügung, v. a. das →Spinnen (im spätma. Oberdeutschland auch Herstellung von Wepfen, d. h. gezetteltem Leinengarn). Einzelne Woll- und Leinenverarbeitungszentren banden eine größere, relativ fest umrissene Zone in ihrem Umkreis an sich, aus der sie Garn bezogen, und trafen hierüber sogar mit anderen Städten Vereinbarungen (1476 in Oberschwaben). Darüber hinaus verdichtete sich das Gewerbe durch eine Weberei in kleineren Städten und auf dem Lande, die das vorhandene städt. Marktangebot vergrößerte und z. T. mit anderen (geringerwertigen) Sorten ergänzte (z. B. *draps enversins* in Lothringen im 15. Jh.), mehr und mehr aber zur Konkurrenz wurde.

Dies und das Hinzukommen oder Aufsteigen neuer Gewerbelandschaften (bes. in England, Holland) trugen im SpätMA zu Krisenerscheinungen in älteren Zentren bei. Letztere reagierten auf Beeinträchtigungen durch die Umlandweberei mit der Verschärfung von Kontrollen, Verboten und weiteren Gegenmaßnahmen bis hin zur Gewalt (→Gent 1314, →Ypern 1322 u. ö.). Z. T. veränderten sie aber auch ihr Warenangebot, indem sie Tuche von geringerer Qualität produzierten oder die Herstellung von Luxuserzeugnissen forcierten (Seide, Tapisserie). Ebenso suchte man – bes. in weniger bedeutenden Zentren – durch Imitation bekannter Sorten neue Marktanteile zu gewinnen (1476 Ypersches Tuch in Freiburg i. Br., neue Draperie in Göttingen). Kennzeichnend für das SpätMA und die frühe NZ ist eine Zunahme von Maßnahmen zur Gewerbeförderung, die parallel zur herrschaftl. Durchdringung und Ausbildung frühmoderner Staaten auch auf territorialer Ebene erfolgten. R. Holbach

Lit.: W. ENDREI, L'évolution des techniques du filage et du tissage du MA à la révolution industrielle, 1968 – W. v. STROMER, Die Gründung der Baumwollindustrie in Mitteleuropa, 1978 – A. GEIJER, A Hist. of Textile Art, 1979 – A. BOHNSACK, Spinnen und Weben, 1981 – Produttività e tecnologie nei secoli XII–XVII, ed. S. MARIOTTI (Atti III Sett. di Prato, 1981) – M. F. MAZZAOUI, The Italian Cotton Industry in the Later MA, 1981 – W. ENDREI-G. EGAN, Sealing of Cloth in Europe, Textile History 13, 1982, 47–75 – Cloth and Clothing in Medieval Europe, hg. N. B. HARTE–K. G. PONTING, 1983 – R. KAISER, Fälschungen von Beschauzeichen als Wirtschaftsdelikte im spätma. Tuchgewerbe (Fälschungen im MA, 5, 1988), 723–752 – P. MALANIMA, I piedi di legno. Una macchina alle origini dell' industria medievale, 1988 – B. TIETZEL, Gesch. der Webkunst, 1988 – E. E. PLOSS, Ein Buch von alten Farben, 1989[6] – Textiles of the Low Countries in European Economic Hist., hg. E. AERTS–J. H. MUNRO, 1990 – K.-H. LUDWIG, Spinnen im MA unter bes. Berücksichtigung der Arbeiten »cum rota«, Technikgesch. 57, 1990, 77–89 – L. v. WILCKENS, Die textilen Künste von der Spätantike bis um 1500, 1991 – La draperie ancienne des Pays-Bas: débouchés et stratégies de survie, ed. M. BOONE–W. PREVENIER, 1993 – La seta in Europa, hg. S. CAVACCIOCCHI (Atti XXIV Sett. di Prato, 1993) – R. HOLBACH, Frühformen von Verlag und Großbetrieb in der gewerbl. Produktion (VSWG Beih. 110, 1994) – K.-H. LUDWIG, Die Innovation der Nockenwelle, Technikgesch. 61, 1994, 227–238.

II. HANDEL UND GEWERBE: Neben Wolltuchen waren im MA Leinen-, Baumwoll-, Seidentuche und die Mischungen aus Leinen und Baumwolle, Barchent, aus Wolle und

Leinen, Tirtei, sowie aus Wolle und Seide, Serge, im Handel. In die vorstädt. Zeit des FrühMA reicht nur der Handel mit Woll- und Leinentüchern zurück. Auf Bauernhöfen wurde beides für den Eigenbedarf und für den Handel erzeugt. Tuche gehörten zu den jährl. Abgaben der Hintersassen an den Grundherrn. Allein das Kl. →Fulda bezog im 10. Jh. von seinen fries. Besitzungen jährl. 600 Wollmäntel. Der Umschwung zu einer städt. Tuchproduktion für den Fernhandel erfolgte n. der Alpen zuerst in Flandern. Eines der frühesten Zeugnisse ist das Lehrgedicht »Conflictus ovis et lini«, das etwa 1070 von Wenrich v. Trier verfaßt wurde. Darin wird neben der Herrentracht aus Flandern u. a. rotes, nicht in der Wolle gefärbtes Tuch aus Schwaben und naturfarbenes, regendichtes Tuch, Loden, von der Donau genannt. Es gab also neben teurem Tuch aus Flandern weitverbreitet einheim., schlichtere Ware. Wie der Titel des Gedichtes sagt, gab es auch eine heftige Konkurrenz mit den auf den Markt strebenden Leinentüchern. Ypern scheint die erste fläm. Stadt gewesen zu sein, die für den Fernhandel produziert hat. Erst in der 2. Hälfte des 11. Jh. gegründet, werden ihre Tuche schon um 1100 in Novgorod als gängige Ware genannt. Kaum später tauchen diese Tuche in den Notariatsregistern von Genua auf, vier Sorten aus Ypern, zwei aus Gent, eine aus Arras und anderen Orten. Ein wichtiges Dokument der fläm. Tuchproduktion des 13. Jh. ist das Testament des Jehan →Boinebroke aus Douai, dessen Rolle als Kaufmann-Verleger allerdings lange Zeit überschätzt wurde. In dem Testament wird eine Vielzahl von Gliedern des Tuchgewerbes genannt, die ihm gegenüber Forderungen hatten. Wenn er auch nicht als ihr Verleger angesehen werden darf, so war er doch mit dem Handel der Rohstoffe und der verschiedensten Zwischenprodukte beschäftigt.

Das fläm. Tucherzeugungszentrum, eine Stadtlandschaft, dehnte sich zieml. auf ganz Nordwesteuropa aus, wobei sich das Schwergewicht im ausgehenden MA auf Brabant, Holland und dann auch auf Mittelengland verlagerte. Obwohl es zieml. bald ein vergleichbares Zentrum in Ober- und Mittelitalien gab, waren Tuche die wichtigsten Waren, die im 13. Jh. über die →Champagnemessen von Flandern nach Italien gehandelt wurden. Lange Zeit behielt Flandern einen Vorrang wegen der Färberei, insbes. der Rotfärbung (→Scharlach). Es war das Schicksal der Zentren, daß sich mehr und mehr die fortgeschrittenen Techniken auf andere Landschaften übertrugen. Schon 1208 hießen die Färber in Wien Flandrer. Außerdem hingen die Tuchstädte von der – bald auswärtigen – Versorgung mit →Wolle ab, Flandern von der engl., Italien von der span. Wolle. Die Schwierigkeiten der Wollversorgung scheinen eine Ursache für die Ausbildung des Barchentgewerbes in Oberitalien gewesen zu sein. In Genua gab es am Anfang des 16. Jh. 2303 Seidenweber gegenüber 423 Wollwebern. In der Städtelandschaft von Flandern selbst ist die Verlagerung der Produktion von größeren Städten wie Ypern auf neue, kleinere wie Dixmude, Langemark und Hondschoote zu beobachten. Alle Städte achteten auf ihre Spezialität, und ihre Namen waren im Fernhandel Sortenbezeichnungen. Als 1287 an der engl. Küste ein Schiff unterging, waren darin Tuche aus Ypern, Gent, Poperinge, Dixmude, Brügge, Ghistelles, Tournai. In den entsprechenden Aufzählungen des 14. Jh. treten die Brabanter Sorten stärker in den Vordergrund. Allein das Geschäftsbuch eines einzigen Hamburger Kaufmanns, Vicko v. Geldersen, 1367–92, nennt 40 Sorten der Niederlande und Frankreichs. Ein Genueser Notariatsregister 1308/09 gibt Preisunterschiede. Die fläm. Tuche, insbes. die roten aus Ypern, stehen weit an der Spitze. Frz. Tücher kosten die Hälfte oder Dreiviertel, einheim. Tücher, darunter auch Serge aus Genua selbst, noch weniger.

Der Produktionsprozeß ist in mehrere Etappen vom Spinnen der Wolle bis zum Gewandschnitt auf verschiedene Branchen, die oft eigene Zünfte bilden, aufgegliedert. Eine Sonderrolle spielt das Walken auf Walkmühlen, die nur selten im Besitz von Walkmeistern sind, sonst in dem von Zünften oder gar der Stadt. Im übrigen verbindet sich die Zunftverfassung verschiedentl. mit Großproduktion, entweder in Form von Manufakturen oder häufiger – dezentralisiert – in Form von Verlagen. Die Inhaber von Großbetrieben können Mitglieder von Zünften sein, etwa der der Gewandschneider (→Schneider) oder – wie in Straßburg – der der Walker. In dem letzteren Fall spielt es eine Rolle, daß der Aufbau einer Walkmühle Kapital voraussetzt, das dann auch etwa zum Aufbau von Webstühlen genutzt werden kann. Im übrigen war es wichtig, ob die Zünfte Zugang zum Fernhandel bekam, wodurch die Gewinne vergrößert werden konnten. Am ehesten gelang dieses den Gewandschneidern, deren Zunft dadurch zur Kaufleutezunft wurde. Sie reservierten sich das Recht zum Detailverkauf in der eigenen Stadt und kämpften um das entsprechende Recht in fremden Städten. Durch ihre Kontrolle über die Absatzpreise gerieten andere Tuchmacherzünfte unter Druck. Insbes. die Weber wurden dadurch zu Aufständen provoziert, in die sie andere mitrissen, denen sie aber den Namen gaben, wie bei dem Weberaufstand in Köln 1371.

Der große Abstand in den Verdienstmöglichkeiten zw. der Wolltuch- und der Leinentuchproduktion spiegelt sich darin wider, daß die Leinenweber viel weniger angesehen waren, manchmal sogar zu den →unehrl. Berufen gehörten. Diese Diskriminierung erstreckte sich allerdings nicht auf die Leinenproduktionslandschaften n. und s. des Bodensees und in Obersachsen (→Leinen). In →St. Gallen und in →Konstanz z. B. war man durch strenge Qualitätskontrollen bedacht, das Ansehen des Gewerbes hochzuhalten. Eine Sonderrolle spielt die Chemnitzer Bleiche, die 1357 (→Chemnitz) vom Landesherrn an vier Kaufleute verpachtet wurde, die dadurch Preise, Löhne und Qualität kontrollierten. In beiden Landschaften war die Leinenproduktion auf Stadt und Land verteilt. Nicht reibungslos stellte sich eine gewisse Arbeitsteilung ein. In den für das Land ungünstigen Fällen wurde dieses auf das Spinnen beschränkt. Das Landgewerbe war ein Betätigungsfeld von städt. Verlegern.

Im Wolltuchgewerbe gab es neben →Meistern ohne eigene Werkstatt, die z. B. in →Manufakturen arbeiteten, neben verlegten Meistern auch Gesellen oder Knechte in einem zünftler. Familienbetrieb. Insbes. die Walker- und Weberknechte oberrhein. Städte machten von sich reden, indem sie sich interregional organisierten und durch verschiedene Maßnahmen für mehr Rechte kämpften.

Die Wolltuchherstellung in it. Städten, insbes. in Florenz, ist durch die vertikale Konzentration mehrerer Produktionsvorgänge bei einem Unternehmer gekennzeichnet. Einzelne Produktionsvorgänge wurden durch Knechte ausgeführt. Die Färber, die in Städten n. der Alpen oft angesehene Zünfte bildeten, waren mit dem Knechtsstatus in Florenz nicht zufrieden, beteiligten sich an den Unruhen des 14. Jh. (→Ciompi) und strebten – schließlich ohne Erfolg – das Recht auf eine eigene Zunft und damit betriebl. Selbständigkeit an. Ein Sonderfall, auch in der Überlieferungsgesch., ist Francesco →Datini († 1410) aus Prato. Er war ein vielseitiger Geschäftsmann. Im Mittelpunkt seines Unternehmens standen Tuchproduktion und -handel. Er war in Prato dominierendes Mitglied der Arte della Lana und gründete verschiedene Gesellschaften im ganzen Mittelmeergebiet, die sich mit dem Ankauf von Wolle, der Tuchproduktion und dem Absatz beschäftigten. Aus den Geschäftsbüchern dieser Gesellschaften erfahren wir z. B., daß sich die Kosten der Herstellung zu etwa 40% auf die Wolle, 10% auf das Färben, 10% auf das Spinnen und zu 8% auf das Weben, der Rest auf die übrigen Arbeitsgänge verteilen. An der Herstellung von 223 Tuchen waren 1000 Personen beteiligt, die 6100 Teiloperationen durchführten.

Im SpätMA erlauben uns die Q. eine Vorstellung von den Quantitäten in Produktion und Handel. Gerechnet wird in Tuchen, deren Größe allerdings von Ort zu Ort schwankte. In Ypern wurden 1313 92500 mit Plomben versehen. Am Ende des Jh. war es nur ein Bruchteil davon. Dafür stieg die Produktion einer Vielzahl von fläm. Kleinstädten, mit Dixmude an der Spitze, das schon 1403 10500 Tuche hinausgehen ließ. Die Brabanter Tuchstädte sind Mecheln, →Löwen (Louvain) und →Brüssel. Die Zahlen verraten, daß diese Städte nach einem großen Aufschwung um 1300 im Verlauf des 14. Jh. ebenfalls bereits ihre Produktion einschränken müssen, in Mecheln z. B. von 30000 auf 9000. Aus Holland kennen wir die Tuchproduktion von →Leiden. Sie steigt im letzten Jahrzehnt des 14. Jh. von 2400 Tuchen auf fast 10000, 1476 sind es 21000; 1521 wird mit 29000 der Höhepunkt überschritten. In Köln stieg die Jahresproduktion im 14. Jh. wohl auf 20000 Tuche in Wolle, zuzügl. 8000 in Tirtei, um im 15. Jh. dann auf weniger als ein Viertel zu sinken. Dabei spielte die Konkurrenz der Sartuch-, d. h. Baumwolltuchproduktion, die 1460 auf mehr als 9000 stieg, wohl eine Rolle. Aus →Frankfurt a. M. kennen wir genaue Zahlen erst aus der Schrumpfungszeit des 15. Jh.: 3360 Wolltuche. In →Freiburg i. Ü. wurden in derselben Zeit allerdings noch über 10000 produziert. Über Florenz erfahren wir durch die Stadtchronik der →Villanis, daß es dort in der 1. Hälfte des 14. Jh. 300 Betriebe gab, die auf 200 absackten und zunächst 100000, dann noch 70–80000 Tuche produzierten. In St. Gallen wurden um 1400 jährl. 2000, 1530 etwa 10000 gebleichte Leinentücher produziert, in →Augsburg schon 1410 87000 Tuche Barchent. In →Brügge produzierten 1523 86 Webstühle über 40000 Baumwolltuche. Die Produktionszahlen der Städte werden durch Transitzahlen von den Zollstellen ergänzt. Der Tuchexport aus →London schwankt in der 1. Hälfte des 15. Jh. zw. 10000 und 20000, erreicht und übersteigt 1474 die 30000. Aber London war offenbar nicht der wichtigste engl. Tuchexporthafen. Aus →Hull brachten allein die →Merchant Adventurers, die Gilde der engl. Tuchexporteure, schon Ende des 14. Jh. fast 60000 Tuche fort.

Die an sich sehr ergiebigen hans. Zollisten sind damit nicht richtig vergleichbar, weil sie unterschiedl. Tuchmaße verwenden. Immerhin stehen Wolltuche mit 160000 lüb. Mark Warenwert in →Lübeck 1368 weit an der Spitze aller Handelsgüter, was etwa 16000 der vorher genannten engl. Tuche entspräche, aber es handelte sich wohl überwiegend um teurere fläm. Tuche. Der Leintuchhandel ist mit 1300 Mark vergleichsweise marginal. Nicht von allen wichtigen Handelsrouten haben wir Zollzahlen. Aber der Export von Tuchen in den Nahen Osten, der für die europ. Zahlungsbilanz wichtig war, läßt sich mit einer exemplar. Nachricht quantifizieren. Ein ven. Doge berichtet 1423, daß Florenz jedes Jahr 16000 Tuche nach Venedig liefert, die in den Nahen Osten und nach Griechenland weitergehen. Über 50000 von anderen it. Herkunftsorten kämen hinzu.   R. Sprandel

Lit.: G. DE POERCK, La draperie médiévale en Flandre et en Artois, 1951 – H. AMMANN, Dtl. und die Tuchindustrie Nordwesteuropas im MA, HGBll 72, 1954, 1–63 [Neudr.: WdF 245, 1973] – Produzione, Commercio e Consumo dei Panni di Lana, hg. M. SPALLANZANI (Atti II Sett. di Studi Prato, 1976) – W. ENDREI, Unidentifizierte Gewebenamen – namenlose Gewebe (Handwerk und Sachkultur im SpätMA, 1988), 233–251.

B. Byzanz

I. Allgemein – II. Frühbyzantinische Zeit – III. Mittelbyzantinische Zeit – IV. Spätbyzantinische Zeit.

I. ALLGEMEIN: Das Byz. Reich übernahm aus der Antike die Tradition einer breitgefächerten und hochspezialisierten Textilproduktion unter Beibehaltung vieler Formen häusl. Spinnens und Webens in Stadt und Land. Textile Rohstoffe waren bes. Schafwolle (→Wolle), Ziegenhaar, Flachs, seit dem 6. Jh. auch einheim. Rohseide, später verbreitet auch →Baumwolle, dazu vereinzelt Kamelhaar. Hergestellt wurden auch verschiedene Mischgewebe. Veredelt wurden bes. Seidenstoffe (→Seide, B), auch durch die Einarbeitung von Goldfäden. Ein hoher Bedarf bestand auch an Wohnt. (Teppiche) und Gebrauchst. für →Seefahrt (Segel, Schiffstaue, Transportsäcke) und Kriegführung (Schutzkleidung). Die Herstellungstechnik war individuell geprägt und machte kaum Veränderungen durch, als Einrichtungen zu gemeinsamer Nutzung sind nur Leinenwaschplätze auf dem Lande und Rollmagazine bzw. Tuchmangen in der Hauptstadt bekannt.

II. FRÜHBYZANTINISCHE ZEIT: In frühbyz. Zeit lagen die Zentren der Textilherstellung im O des Reiches. In der syr. Großstadt →Antiocheia wurden T. im 4. Jh. bes. aus Leinen und Wolle, aber auch aus Seide hergestellt. Sowohl die häusl. als auch die professionelle Weberei war v. a. Sache der Frauen (→Frau, D. I), verbreitet war auch die Werkstattarbeit von Sklavinnen (→Sklave, B). Die Existenz von Walkern und Färbern ist ebenfalls bezeugt. Selbst eine relativ kleine Stadt wie Korykos in Kilikien verfügte nach Grabinschriften aus dem 5./6. Jh. über Woll- und Leineweber, Zügelweber, Brokatwirker, (Purpur-)Färber im Zusammenspiel mit Purpurschneckenfischern, Walker, speziell auch für Segeltuch, und schließl. über eine Vereinigung, Korporationen der Leinenverkäufer bzw. -weber (Segelherstellung) im Hafen d. Stadt.

III. MITTELBYZANTINISCHE ZEIT: In mittelbyz. Zeit wurde →Konstantinopel zum Zentrum der Textilherstellung. Hier gab es nicht nur staatl. Seidenwebereien, sondern auch andere staatl. Tuchherstellungs- und verarbeitungsbetriebe, darunter Färbereien und Gynäceen. Das →Eparchenbuch (frühes 10. Jh.) kennt neben verschiedenen Tätigkeiten im Bereich der Seidenproduktion bes. die Leinwandhersteller und Färber, die aber nicht mit eigenen Korporationen ausgewiesen sind. Im 11. Jh. gelang es augenscheinl. den mit der Herstellung von Wollstoffen beauftragten Frauen der Hauptstadt, sich korporativ zusammenzuschließen und jährl. ein eigenes Fest zu begehen. Insgesamt waren die Textilproduktion gegenüber dem Textilhandel, die Leinen- und Wolltuchproduktion gegenüber der Seidenherst., die Neben- gegenüber den Hauptgewerben und die weibl. gegenüber den männl. Produzenten benachteiligt. Die hauptstädt. Leinwandhändler bezogen ihre Ware v. a. aus verschiedenen Reichsprovinzen, z. T. wohl von ländl. Produzenten, aber auch aus →Bulgarien und anderen Nachbarländern. Im Unterschied zu ihnen durften die Leinwandverarbeiter von Konstantinopel ihre Erzeugnisse nicht in Läden und an Ständen feilbieten, sondern mußten sie auf ihren Schultern auf die Marktplätze tragen und an den Markttagen verkaufen. Neben Konstantinopel konnten sich in mittelbyz. Zeit auch verschiedene Provinzstädte als Tuchzentren weiter behaupten bzw. neu profilieren, als Seidenzentren nach →Korinth und →Theben und zugleich mit feinen Leinengeweben →Thessalonike, mit einem bes. haltbaren Drillichstoff vielleicht →Laodikeia. Neben städt. Handwerkern und bäuerl. Rohstofferzeugern und partiellen Rohstoffverarbeitern spielten auch Frauen- und Männerkl. sowie grundherrschaftl. Haushalte als Textilproduzenten für den Eigenbedarf und als Anbieter auf dem Markt eine Rolle. Bekannt sind v. a. die (unfreien) Seidenstickerinnen (und Tuchweberinnen) und die wertvollen und umfangreichen textilen Geschenke der großgrundbesitzenden Witwe Danelis aus →Patras im 9. Jh.

IV. Spätbyzantinische Zeit: Das verstärkte Vordringen it. Händler in den byz. Raum während der Kreuzzüge und ihre Dominanz in der Romania seit dem 4. →Kreuzzug (1204) trafen die professionelle Tuchproduktion der Byzantiner, bes. ihre Seidenherstellung, aber auch die anderen textilen Bereiche in substantieller Weise. Der byz. Markt wurde mit tragleichten und wohlfeilen Tuchen aus dem Westen überschwemmt, der systemat. Aufkauf und Export von textilen Rohstoffen, bes. Rohseide und Baumwolle, schmälerte die einheim. Produktionsbasis. Byz. Tuchhändler wurden auf den Detailverkauf importierter Tuche zurückgedrängt. Die häusl. Tuchproduktion blieb aber bis zum Reichsende erhalten, auch konnten sich byz. Produzenten einige Sonderbereiche wie die Herstellung und Ausschmückung liturg. Gewänder sichern. Byz. Traditionen wirkten vielleicht auch hinein in die Entwicklung verschiedener lat. und türk. Orte und Territorien des östl. Mittelmeerraumes zu bedeutenden Textilzentren. Manche Spezialisten der byz. Textilherstellung tauchten im 14./15. Jh. erneut im lat. Westen auf, Goldfadenhersteller für die Textilproduktion siedelten sich um die Mitte des 15. Jh. sogar in →London an. Eine dem Westen vergleichbare Entwicklung spezieller Tuchstädte und ganzer Textillandschaften war aber in Byzanz durch die Spezifik der inneren Strukturen und den Druck der westl. Wirtschaftsexpansion kaum noch möglich, auch wenn einzelne textile Erzeugnisse, wie z. B. Kopfbedeckungen aus Thessalonike, bis in die Spätzeit als eine Art Handelsmarke fungieren konnten. K.-P. Matschke

Lit.: Oxford Dict. of Byzantium, 1991, s.v. textiles – F. R. Trombley, Korykos in Cilicia Thrachis: The Economy of a small Coastal City in Late Antiquity (s. V–VI), The Ancient Hist. Bull. 1/1, 1987, 16–23 – A. P. Kazhdan, Derevnja i gorod v Vizantii IX–Xvv., 1960 – A. E. Laiou, The Festival of »Agathe«, Comments on the Life of Constantinopolitan Women (Byzance. Fschr. A. Stratos I, 1986), 111–122 – K.-P. Matschke, Tuchproduktion und Tuchproduzenten in Thessalonike und in anderen Städten und Regionen des späten Byzanz, Byzantiaka 9, 1989, 49–87 – F. Hild–H. Hellenkemper, Kilikien und Isaurien (Tabula Imperii Byz. 5), 1990.

C. Osmanisches Reich
An Gebrauchst. ist kaum etwas erhalten, doch wurde nach Ausweis der osman. Steuerregister in Westanatolien →Baumwolle angebaut. Baumwollstoffe wurden auf dem Lande gewebt, bes. in Hamid (Pisidien) und Teke (Pamphylien). Beliebt war ein grober Stoff namens *bogası*, der als Futter für Kaftane in Gebrauch war. Nicht in allen Gegenden, in denen Baumwolle gewebt wurde, ist sie auch als landwirtschaftl. Produkt nachweisbar. Wahrscheinl. wurden die Weber, die an solchen Orten tätig waren, durch Kaufleute versorgt.

Luxusst., bes. →Teppiche und Seidengewebe, sind vereinzelt erhalten. Neben einigen auf das 13. Jh. datierten Teppichen aus Konya und Beyşehir sind Teppiche des 14.–15. Jh. (zwei dekoriert mit stilisierten Vogelmotiven) erhalten (vgl. auch die bildl. Darstellungen auf Gemälden der Schule →Giottos, frühes 14. Jh., sowie des Sienesen Domenico di Bartolo, 1440–45). Aus dem späten 15. und frühen 16. Jh. sind die (wegen ihrer Darstellung auf Bildnissen von Hans Holbein d. J. so bezeichneten) Holbeinteppiche erhalten (Originale im Mus. für Islam. Kunst, Istanbul). Die große Zahl der auf Bildern der Spätgotik und Renaissance überlieferten Teppiche weist auf Import (über venezian. Mittelsmänner) nach Süd- und Westeuropa hin; neben Teppichen aus Anatolien und Iran (→Persien) wurden auch ägypt. Teppiche in Europa wie am osman. Hof geschätzt.

Ist über Teppichherstellung und -handel wenig bekannt (neben Herstellung durch Nomaden gab es wohl auch organisierte Werkstätten, die aber erst in späterer Zeit bezeugt sind), so enthalten die Kadiamtsregister v. →Bursa Informationen über die Herstellung von Seidenstoffen (s. im einzelnen →Seide, C). Die Seidenweberei wurde in größeren Werkstätten betrieben, vielfach mit Sklaven und Sklavinnen, die aber oft nach einigen Dienstjahren freigelassen wurden; manche Kaufleute beteiligten ihre Freigelassenen auch am Geschäft. Daneben gab es freie, in Zünften organisierte Handwerker. Im Falle von Streitigkeiten über die Qualität der Ware berief der Kadi erfahrene Meister, die über den Handwerksbrauch Auskunft gaben. Daher sind uns einige bei der Seidenmanufaktur zu beachtende Regeln durch die Kadiamtsregister bekannt. Am osman. Hofe wurden schwere, mit Gold- und Silberfäden durchwirkte →Brokate bevorzugt. Beliebte Motive waren Blumen und Rankenwerk, bis zur Mitte des 16. Jh. nach timurid. Mustern angefertigt. Osman. T. wurden vielfach exportiert, bes. in die Gebiete nördlich des Schwarzen Meeres, v. a. auch nach Zentraleuropa. Ein Katalog der in europ. Museen vorhandenen Stücke ist in Vorbereitung. S. Faroqhi

Lit.: EI², s. v. Ḥarīr [H. Inalcik] – T. Öz, Türk Kumaş ve Kadifeleri, T. I, 1946 – F. Dalsar, Türk Sanayi ve Ticaret Tarihinde Bursa'da Ipekçilik, 1960 – K. Erdmann, Europa und der Orientteppich, 1962 – S. Faroqhi, Notes on the Production of Cotton and Cotton Cloth in 16th and 17th Cent. Anatolia, The Journal of Europ. Econ. Hist. VIII, 2, 1979, 405–417 – W. v. Bode–E. Kühnel, Antique Rugs from the Near East, 1984.

Textkritik, d. h. die Zuweisung bzw. Aberkennung von überlieferten Varianten und Texten in Bezug auf einen präsumptiven Autor und der Vorschlag neuer, als autornäher vermuteter Varianten (Konjekturen), diente als zentrale humanist. Aktivität des 14. bis 16. Jh. (→Humanismus) dem Bemühen, die in hist. Distanz neu entdeckte und als vorbildl. definierte Antike (→Antikenrezeption) zu rekonstruieren. Aus diesem Grunde kommen ihre Resultate zumal der klass. Dichtung und Kunstprosa zugute; Fachlit., patrist. und spätantike Texte treten demgegenüber zurück. Sie steht damit als Fundamentalaspekt der Texterklärung neben der Rekonstruktion von Biographie, Prosopographie, hist. Chronologie und klass. Sprachnorm, der zunehmenden Beachtung archäol. Zeugnisse und nimmt vergleichbare, systemat. umfassendere und gleichfalls humanist. wie historist. orientierte Bemühungen des frühen 19. Jh. vorweg, einer Epoche, von der sich die T. des Humanismus durch das Fehlen einer expliziten, kontinuierl. praktizierten und vermittelten Methodik abhebt. Die Forsch. ist denn auch erst auf dem Wege, vereinzelte Bemerkungen mit der textkrit. Praxis zu einzelnen Autoren durch führende Humanisten (→Petrarca, →Salutati, →Poliziano) zu einem Gesamtbild zusammenzufügen.

Kommentierung und Kritik eines bestimmten Textes

entwickeln sich im Rahmen eines immer dichter geknüpften Netzes von zahlreichen altbekannten und neu zugängl. bzw. nichtkanon. Texten, die Sacherklärungen, intertextuelle Hinweise und Varianten der 'indirekten' Tradition vermitteln. Über die punktuellen Erfolge der Frühhumanisten (→Lovato, →Mussato) seit dem ausgehenden 13. Jh. und die umfassenderen Ansätze Petrarcas hinaus – zu seiner lebenslangen Suche nach Cicero-Codices vgl. etwa sen. 16, 1 – haben Sucher und Finder wie →Poggio anläßl. der Konzilien und auf ausgedehnten Reisen bzw. →Niccoli als Spinne im Netz seiner Beziehungen stets ein waches Auge auf seltene Texte.

Humanist. Textarbeit und T. ließ sich zunächst nur auf der Basis eigener Bestände oder einer gut ausgestatteten Bibliothek eines Freundes bzw. einer (halb)öffentl. eines Mäzens praktizieren. Petrarcas Büchersammlung etwa dürfte mehrere hundert Stück betragen, die Coluccio Salutatis soll aus mehr als 800 Bänden bestanden haben, so auch die Niccolò Niccolis, die nach seinem Tod in der in San Marco eingerichteten Bibliotheca Medicea publica aufging. Petrarca allerdings hütete seine Schätze eifersüchtig; Niccoli war schon zu Lebzeiten großzügiger, und mit der Zugänglichkeit seiner Bücher in San Marco war die Hoffnung Salutatis auf Einrichtung von bibliothecae publicae (De fato 2, 6) partiell erfüllt worden. Nach dem Vorbild der alexandrin. Bibliothek und unter Florentiner Einfluß entwickelten sich auch die systematischer angelegten Bibliothekspläne von Tommaso Parentucelli, seit 1447 Papst →Nikolaus V. Im Umfeld von Papstbibliothek und röm. Universität fanden Gelehrte wie →Valla, Giovanni →Tortelli und später Polizian Anstellung, Anregungen und Arbeitsmöglichkeiten.

Der intensivere Umgang mit Codices unterschiedl. Epochen und Provenienzen führte zu vermehrter kodikolog. Erfahrung und ersten Ansätzen genauerer Hss.beschreibung, bezogen v. a. auf die äußere Gestalt und Zusammensetzung sowie Schrifttypen (litterae antiquae, Longobardae etc.) des hsl. produzierten Buches. Entsprechend häufig finden sich Hinweise, man habe Korrekturen ex litterarum similitudine o. ä. vorgenommen.

Die Auswertung der für die Beurteilung einer Hs. maßgebenden Varianten setzt mit ihrer möglichst vollständigen Vergleichung (Kollation) ein. War schon im MA eine punktuelle Übernahme einzelner Varianten zumal bei neuen Kopien häufiger vorgenommen worden, so reichte dies Verfahren dem sich herausbildenden method. Bewußtsein der Humanisten nicht mehr aus, zumal nach Einführung des Buchdrucks, als das neue Medium mit seinem festen, eindeutigeren Text in größerer Distanz zu der Kollationsvorlage wahrgenommen wurde. Wurden früher (und auch später immer wieder) nur erwägenswerte Varianten, mit eigenen Konjekturen vermischt, übernommen, so setzte Polizian auch terminolog. mit seiner Trennung der Schritte eines primären *conferre* und eines sekundären, wertenden *emendare* theoret. und prakt. neue Maßstäbe. Im Vordergrund standen dabei naturgemäß die älteren, autoritativen Exemplare, die zumal in Florenz über die Entdeckungen Poggios in Florentiner Bibliotheken zugängl. waren.

Polizian entwickelte auch als erster dank seiner Erfahrung im Umgang mit älteren Exemplaren Argumente und Kategorien im Rahmen der seit dem 19. Jh. sog. Recensio, der hist. Rekonstruktion einer Hss.genealogie zum Zweck einer von der Vulgata unabhängigen Textkonstitution bzw. als Basis überlieferungsgeschichtl. als rezeptionsgeschichtl. Untersuchungen. So hat er z. B. in dem Archetyp des Valerius Flaccus die Versetzung eines Blattes um vier Folien in der Schlußlage diagnostiziert und aus der Existenz dieser Versetzung in allen bekannten Hss. den richtigen Schluß gezogen, daß es sich in jenem Codex eben um den Archetyp handele, »e quo fluxisse opinor et caeteros, qui sunt in manibus« (Misc. 1, 5; vgl. 2, 2). Bei dieser Versetzung handelt es sich also um ein bes. sinnfälliges Beispiel eines – nach P. MAAS gesprochen – Bindefehlers. Auch im Falle der Überlieferung von Ciceros Familiares identifizierte er den Laur. Med. 49, 7 mit Hilfe eines falsch eingebundenen Quinio als Vorlage der it. Recentiores (Misc. 1, 25). Nicht nur die Bedeutung der Kategorie 'Archetypus', sondern auch der Terminus ist ihm, wie anderen Humanisten seiner Generation, geläufig. Spricht G. →Merula in seiner Plautus-Ausgabe (Venedig 1472) noch von einem liber, »a quo, velut archetypo, omnia deducta sunt quae habentur exemplaria«, so ist Polizian in seinem Komm. zu Statius' Silvae (praed. zu silv. 1) eindeutiger: »...in Poggiano libello, a quo uno archetypo cetera exemplaria emanarunt«.

Einen Text currente calamo, d.h. bei der Abschrift mit oder ohne Heranziehung einer weiteren Hs. zu emendieren, dies ist vom MA bis zum Humanismus vor der Ära des Buchdruckes, von →Lupus v. Ferrières bis zu Poggio Bracciolini immer wieder praktiziert worden. Allerdings haben sich die Humanisten, vermeintl. im Besitz besserer Lateinkenntnisse, hier bes. Freiheiten genommen. Salutati (De fato 2, 6), der im Vergleich zahlreicher Hss. zu Seneca, epist. 107, 11 und Augustin, civ. 5, 8 den lat. Wortlaut von Cleanthes, frg. 527 von Arnim festlegen wollte und über die angetroffene varietas entsetzt war, hat sich über die Ursachen dieser Irrtümer Gedanken gemacht, sie in der Unachtsamkeit der Kopisten wie in der vorschnellen Änderungssucht der Halbgebildeten aufgesucht und ausführlich beschrieben. Inwieweit dagegen Petrarca und Vallas »Emendationes Livianae« als Ausnahmen gelten müssen, bleibt noch genauer zu untersuchen. Polizians Praxis jedenfalls unterschied sich von anderen zeitgenöss. Zunftgenossen dadurch, daß er bei einem textkrit. Problem, statt eine Konjektur zu improvisieren (emendatio ope ingenii), die ältesten, präsumptiv zuverlässigsten Textquellen konsultierte und die entsprechende Provenienz seines Lösungsvorschlages skrupulös dokumentierte.

Die Anfertigung zahlreicher, relativ übereinstimmender Abschriften einer als autoritativ geltenden Vorlage hat sich schon seit dem 14. Jh., d. h. mit Ausstrahlung der Kopien Petrarcas eingebürgert. Neuere Forschungen haben z. B. die zentrale Rolle auch der Exemplare Poggios und →Guarinos, von Vorlagen aus der Vaticana seit Nicolaus V. und der Bottega Vespasiano da →Bisticcis in Florenz dokumentiert. Der Buchdruck, der den Text der Klassiker seit etwa 1470 fixierte, hat jedenfalls auch jenen 'Interpolationen' ein langes Leben in der Textvulgata gesichert. Zugleich stellte er in Sammelwerken (Observationes oder Annotationes bis hin zu Polizians Miscellanaea) den zunehmend professioneller, d. h. in der Regel als Universitätsprofessoren agierenden humanist. Philologen ab 1475 ein Medium zur Verfügung, mit dem sie aus dem Gleichmaß des laufenden Kommentars ausbrechen und das Licht der eigenen Kompetenz vor den Kollegen, ggf. in der Polemik mit ihnen, leuchten lassen konnten. In welchem Ausmaß und mit welchem method. Bewußtsein das 16. Jh. (→Erasmus, P. Victorius, J. J. Scaliger) den Anregungen des 15. Jh. folgte, bleibt im Detail noch zu erforschen.

P. L. Schmidt

Lit.: H. RÜDIGER, Die Wiederentdeckung der antiken Lit. im Zeitalter der Renaissance (Gesch. der Textüberl. der ant. und ma. Lit. 1, 1961),

511–580 – B. L. ULLMAN, The Humanism of Coluccio Salutati, 1963 – S. RIZZO, Il lessico filologico degli umanisti, 1973 – B. L. ULLMAN–P. A. STADTER, The Public Library of Renaissance Florence, 1972 – E. J. KENNEY, The Class. Text, 1974 – P. L. SCHMIDT, Die Überl. von Ciceros Schrift 'De legibus', 1974 – DERS., Polizian und der it. Archetyp der Valerius-Flaccus-Überl., IMU 19, 1976, 241–256 – R. RIBUOLI, La collazione Polizianea del codice Bembino di Terenzio, 1981 – V. BRANCA, Poliziano e l'umanesimo della parola, 1983 – A. GRAFTON, Defenders of the Text, 1991, 47–75 – M. D. REEVE, The Rediscovery of Class. Texts in the Renaissance (Itinerari dei testi ant., hg. O. PECERE, 1991), 115–157 – S. RIZZO, Per una tipologia delle tradizioni manoscritte di classici lat. in età umanistica (Formative Stages of Classical Traditions, hg. O. PECERE–M. D. REEVE, 1995), 371–407.

Textura, alte Bezeichnung für eine nichtkursive, konstruierte →got. Buchschrift. Sie hat sich aus der frühgot. Minuskel entwickelt, die gegen Mitte des 11. Jh. in N-Frankreich entstanden ist und sich in ihrer schmäleren Form gegenüber der mehr quadrat. allg. durchsetzte. Die seit Mitte des 13. Jh. bezeugte, in verschiedenen Ausprägungen vorliegende vollendete T. zeigt folgende Merkmale: Streckung und gerade Aufrichtung aller Schäfte, Betonung des Mittelbandes, Bogen- und Schaftbrechung, Aufsetzen aller Buchstaben (ausgenommen solcher mit Unterlänge und des h-Bogens) auf der Zeile, Umwandlung der älteren Gabelungen der Schaftansätze zu auf die Spitze gestellte, sich berührende Quadrate bzw. Rechtecke, Bogenverbindung sowie 'rundes' r nach Bogen. Die Ausbreitung der T. wurde wesentl. durch die von Scholaren aus ganz Europa besuchten Hohen Schulen Frankreichs gefördert. In Italien und S-Frankreich dagegen hat sich die →Rotunda ausgebildet. P. Ladner

Lit.: B. BISCHOFF, Paläographie des röm. Altertums und des abendl. MA, 1986², 171–183 – W. OESER, Beobachtungen zur Strukturierung... der T., ADipl 40, 1994, 359–439.

Thābit ibn Qurra (Tābit ibn Qurra), Abu l-Ḥasan ibn Zahrūn al-Ḥarrānī, arab. Astronom, geb. 836 in Ḥarrān (Obermesopotamien), gest. 18. Febr. 901 in →Bagdad. In seiner Jugend als Wechsler tätig, bedeutete für ihn die Begegnung mit dem ältesten der →Banū Mūsā, der als Mathematiker und Astronomen berühmten drei Brüder, eine Wende in seinem Lebensweg. Muhammad ibn Mūsā, der Th.s Sprachkenntnisse schätzte, lud ihn nach Bagdad ein. Hier bildete sich Th. unter Anleitung der Banū Mūsā als Mathematiker, Astronom und Philosoph aus, folgte den drei Brüdern als Haupt ihrer Schule nach und begründete eine eigene 'Dynastie' von Gelehrten; unter seinen in ihrer Mehrzahl als bedeutende Wissenschaftler bekannten Nachfahren ist bes. der geniale Mathematiker Ibrāhīm ibn Sinan hervorzuheben.

Das wiss. Schaffen Th.s gliedert sich in Übers.en und auf eigener Forschung beruhende Werke. Er übersetzte zahlreiche gr. Texte ins Arab., darunter »De sphaera et cylindro« des →Archimedes, Buch V–VII der »Conica« des Apollonius und die »Einführung in die Arithmetik« des Nikomachos v. Gerasa. Auch revidierte er von anderen angefertigte Übers.en (so u. a. der »Elemente« des →Euklid, des →Almagest des →Ptolemaeus). Th.s umfangreiches astronom. Werk soll (nach arab. biobibliograph. Enzyklopädien) um die 30–40 Titel umfaßt haben, doch sind – neben Fragmenten – nur neun Schriften unter seinem Namen überliefert (von denen ihm aber das Werk über die Ermittlung des Sonnenjahres fälschl. zugeschrieben wurde). Der bereits aus diesem kleinen Textcorpus erkennbare hohe Rang des astronom. Werks von Th. ist unter drei Aspekten zu sehen: 1. Verbindung von Beobachtungen und Theorie; 2. Mathematisierung der Astronomie; 3. Divergenzen zw. 'physikal. Astronomie' und 'math. Astronomie'.

In Th.s Werk findet sich eine klare Erläuterung der Beziehung zw. Theorie und fortgesetzten Beobachtungen der Gestirne. Hatte Ptolemaeus in seinen Schriften einen großen Teil von Empirismus bewahrt, so untersucht Th. eine bestimmte Anzahl von Überlegungen und geometr. Modelle des Ptolemaeus unter Reduzierung der empir. Bestandteile und betont, bes. in den Fragmenten, den Konflikt zw. einer globalen Konzeption des Universums und einer rein theoret. und math. Analyse der Bewegung eines jeden Himmelskörpers dieses selben Universums.

Abgesehen von der Anwendung in math. Problemen der →Astronomie oder der →Statik ist Th.s math. Werk auch an sich bedeutend und umfaßt sowohl Geometrie als auch geometr. Algebra und Zahlentheorie. Th. verfaßte z. B. drei meisterhafte Traktate zur Infinitesimalrechnung. Im ersten, »Über die Ausmessung der Parabel«, ermittelt er den Flächeninhalt eines Parabelsegments nach einer Methode, die sich von derjenigen des →Archimedes unterscheidet. Im zweiten Traktat, »Über die Ausmessung der Paraboloide«, berechnet er die Rauminhalte nach einer Art, die von derjenigen des Archimedes in dessen (nicht ins Arab. übersetzter) Abhandlung »Über Konoide und Sphäroide« abweicht. Im dritten Traktat, »Über die Schnitte und Oberfläche des Zylinders«, stellt er den Flächeninhalt einer Ellipse und ihrer Segmente fest und entwickelt hier von den Banū Mūsā ausgearbeitete neue geometr. Methoden weiter.

Das Studium der Infinitesimalverfahren tritt im Werk Th.s immer wieder auf. In der Astronomie benutzt er Verfahren, die das Problem der Sichtbarkeit von zunehmenden Gestirnen untersuchen, ebenso in seiner Abhandlung »Über die Verlangsamung und Beschleunigung der eklipt. Bewegung...«. Auch in der Statik wendet Th. in seinem Buch »al-Qarasṭūn« ('Über die Balkenwaage') das Infinitesimalverfahren an. Er befaßte sich noch mit weiteren Gebieten, insbes. der Zahlentheorie, wo das erste Theorem über befreundete Zahlen seinen Namen trägt.

Th., ein talentvoller Übersetzer, war vor allem einer der hervorragendsten Mathematiker aller Zeiten. Sein Ruhm im islam. Osten wie im Westen, die lat. Übers. mehrerer seiner Schriften, die hebr. Übers. anderer Werke, bezeugen seine Bedeutung. R. Rashed

Ed. und Lit.: DSB XIII, 288–295 [ältere Lit.] – SEZGIN III, 260–263; V, 264–272; VI, 163–170 et passim – F. J. CARMODY, The Astron. Works of Th., 1960 – W. R. KNORR, Ancient Sciences of the Medieval Trad. of Mechanics (Suppl. agli Annali dell' Istituto e Museo di Storia della Scienza, Fasc. II, 1982) – B. A. ROZENFEL'D–A. P. IUSKEVICH, Th. Matematicheskie traktaty, 1984 – Th., Œuvres d'Astronomie. Texte établi et traduit par R. MORELON, 1987 – R. MORELON, Th. and Arab Astronomy in the 9th cent., Arabic Sciences and Philosophy 4, 1994, 111–139 – R. RASHED, Mathématiques infinitésimales du IXe au XIe s., Bd. I, 1996.

Thaddaeus. 1. Th. v. Parma →Taddeo da Parma

2. Th. v. Suessa, ✕ 18. Febr. 1248 bei der Verteidigung der ksl. Lagerstadt Victoria vor Parma. Der städt. Richter Th. bot Ks. →Friedrich II. 1229 die Unterwerfung seiner Heimatstadt (Sessa Aurunca, Prov. Salerno) an. 1231 erscheint er im Dienste des Ks.s mit einer diplomat. Mission betraut, und seitdem war er, oft zusammen mit →Petrus de Vinea, der wichtigste Unterhändler des Ks.s bei den ober- und mittelit. Städten sowie bei Gregor IX. und Innozenz IV. Seit 1236 Großhofrichter, begegnet er im Register von 1239/40 in der hohen Stellung eines Relators. Gemeinsam mit Petrus de Vinea leitete er zstw. auch die Kanzlei; seit 1239 für Appellationen, seit 1244 auch für Petitionen an den Ks. zuständig. Zuletzt unterstand ihm dabei auch der ksl. Schatz. 1245 verteidigte er seinen Herrn auf dem Konzil v. →Lyon (1. L.). H. M. Schaller

Lit.: G. PEPE, Taddeo da Sessa e la politica religiosa di Federico II, Civiltà Moderna 3, 1931, 745–764 (auch in DERS., Lo stato ghibellino di Federico II, 1951²) – M. OHLIG, Stud. zum Beamtentum Friedrichs II. in Reichsitalien von 1237–1250 [Diss. Frankfurt a. M. 1936], 130–133 – W. HEUPEL, Der siz. Großhof unter Ks. Friedrich II., 1940.

Thaddäus, →Apostel, in den Apostellisten der Synoptiker aufgeführt; da in Joh 14,22 ein weiterer Judas neben →Judas Ischarioth und in Apg 1,13 ein Judas, Sohn des Jakobus, erscheint, ergab sich seit Origenes der Doppelname Judas Th. Seine Biographie besteht ausschließlich aus Legenden und Verwechslungen. In der Erzählung über Christus und →Abgar ist Th. der von Jesus versprochene Jünger. Bis hin zur →Legenda aurea werden sein Wirken und Martyrium in Persien angesiedelt, stets in Gemeinschaft mit Simon Zelotes (Kananäus), der in der hl. Sippe als sein Bruder gilt (→Anna; BLINZLER, 126–129). In Apostelzyklen nehmen beide von Anfang an die letzten Plätze ein, im Mosaik des Baptisteriums der Orthodoxen (Ravenna, 5. Jh.) Judas Zelotes (!) neben Simon Kananäus; bei ma. Darstellungen mit Verteilung des Glaubensbekenntnisses (→Symbolum) tragen sie Schriftbänder mit den letzten Artikeln. Wegen der unsicheren lit. Überlieferung zum Martyrium trägt der teils jugendl., teils bärtig dargestellte Th. unterschiedl. Attribute: Hellebarde, Keule, Schwert, Beil, Steine (Beispiele: LECHNER; dort auch zu den ganz seltenen szen. Darstellungen). J. Engemann

Lit.: LCI VIII, 423–427 [M. LECHNER] – P. DOUNY, Simon et Jude, Apôtres, 1947 – O. CULLMANN, Der zwölfte Apostel, 1966 – J. BLINZLER, Die Brüder und Schwestern Jesu, 1967.

Thalassios, Mönch, geistl. Schriftsteller, 7. Jh. Der Obere eines lyb. Kl. war mit →Maximos Homologetes befreundet, der ihm seine »Quaestiones« widmete. Er gehört mit Maximos zu den Erneuerern der geistl. Lehre des →Evagrios Pontikos, wobei die gegenseitige Abhängigkeit diskutiert wird. Th. verfaßte 4 Centurien »De caritate et continentia«, lose aneinandergereihte Aussprüche über das geistl. Leben, die, knapp und präzise formuliert, leicht ins Gedächtnis eingehen. Die Spruchslg. gehört zu den besten Leistungen der byz. Spiritualität des 7. Jh. K. S. Frank

Ed. und Lit.: MPG 91, 1428–1470 – DSAM XV, 323–326.

Thamar, Kgn. v. →Georgien, * um 1160, † 1213. Ihre Regierung markiert die letzte Phase des »Goldenen Zeitalters«, das von Th.s Großvater David I. (1089–1125) eingeleitet wurde und durch die Mongoleneinfälle (1220, dann 1236) sein Ende fand. Die Kgn. trat 1184 die Nachfolge ihres Vaters Georg III. an. Sie neutralisierte zunächst die feudale Opposition, um die Kräfte des Landes auf die Auseinandersetzung mit den →Selğuqen konzentrieren zu können (Siege der georg. Heere 1195 in Schamkor, 1203 in der Provinz Basian). Die Kgn. unterhielt enge Beziehungen zum 1204 errichteten byz. Ksr. v. →Trapezunt. Unter Th. erreichte die georg. Kultur, die starke iran. Einflüsse (→Persien) aufnahm, aber doch ihren eigenständigen georg. Charakter bewahrte, ihren Höhepunkt: Basili der Ezosmodzghuari ('Oberhofmeister') verfaßte eine panegyr. Vita der Kgn. (eingefügt in die georg. Annalen). Bekannter sind die Oden, in denen Schota Tschachruchadse die Kgn. und ihre Zeit feierte. Schota Rustaweli schrieb das glanzvolle Hauptwerk der georg. Lit., das Epos »Vephkhistqaosani« ('Der Mann im Pantherfell'), das als Spiegel der ma. Ideale in einer gewissen Parallele zur höf. Dichtung des abendländ. MA steht. Th. wird von der georg. Kirche als Hl. verehrt. M. van Esbroeck

Lit.: M. LORTKIPANIDZE, Istorija Gruzii XI–načala XIII veka, Tbilissi 1974 – s. a. →Georgien [D. M. LANG, 1966], →Georg. Sprache und Literatur.

Thane → Thegn

Thangmar. 1. Th. (Thankmar, Tammo), * 900/905, † 28. Juli 938, Sohn Kg. →Heinrichs I. und dessen erster Frau Hatheburg. Die zweite Ehe des Kg.s mit →Mathilde und die Nachfolgeregelung im Kgtm. zugunsten seines Halbbruders →Otto I. drängten Th. zunehmend ins Abseits. Als ihm Otto I. das Erbe Hatheburgs in →Merseburg zugunsten seines Bruders →Heinrich (30. H.) vorenthielt und die legatio des verstorbenen Gf.en Siegfried an der sächs. Ostgrenze dessen Bruder →Gero I. und nicht Th. übertrug, sah sich Th. um die beanspruchte Teilhabe an der Kg.sherrschaft gebracht und verbündete sich 938 mit Hzg. →Eberhard v. Franken gegen Otto I. Während des fehdeähnl. Konflikts besetzte Th. Burg Belecke (an der Möhne), wo er seinen Halbbruder Heinrich gefangennahm, und die Eresburg. Bei deren Rückeroberung durch Otto I. ermordete ein Vasall Heinrichs Th. in der dortigen Peterskirche; zuvor hatte Th. mit der Niederlegung seiner goldenen Halskette (kgl. Herrschaftszeichen) auf den Altar demonstrativ auf seine Rechte als Kg.ssohn verzichtet. K. Görich

Lit.: ADB XXXVII, 652f. – BWbDG III, 2862f. – W. GLOCKER, Die Verwandten der Ottonen..., 1989, 46–53 – J. LAUDAGE, Hausrecht und Thronfolge, HJb 112, 1992, 23ff.

2. Th., presbyter und decanus monasterii in →Hildesheim, * ca. 940/950, † 25. Mai (1003? 1013? 1027?), Sachse. Im Prolog der Vita Bernwardi (VB; ed. G. H. PERTZ, MGH SS 4, 1841, 754–782) bezeichnet sich Th. als deren Autor und als Lehrer Bf. →Bernwards v. Hildesheim, in dessen Auftrag er die VB zu schreiben begonnen habe. Die Urfassung der VB ist verloren, die älteste erhaltene Hs. entstand 1192/93 anläßl. der Kanonisation Bernwards. Sie integriert ältere Überlieferung, die deutl. hagiograph. Tendenz und innere Uneinheitlichkeit der VB begründen aber den Verdacht, die durchgehende Autorschaft Th.s könnte eine Fiktion sein (GÖRICH–KORTÜM). Im Konflikt zw. Ebf. →Willigis v. Mainz und Bernward um die Diözesanzugehörigkeit des Kl. →Gandersheim war Th. ein kanonistisch versierter Berater seines Bf.s. Er begleitete ihn 1000/01 nach Rom, nahm in seinem Auftrag an Synoden teil und trug im Dez. 1001 in Todi den Gandersheimer Streit Ks. Otto III. und Papst Silvester II. (→Gerbert v. Aurillac) vor. Die Identifizierung von Th.s Handschrift (SCHUFFELS) gibt Einblick in seine kanonist. Studien. K. Görich

Lit.: ADB XXXVII, 651f. – K. GÖRICH–H.-H. KORTÜM, Otto III., T. und die VB, MIÖG 98, 1990, 1–57 [Lit.] – K. GÖRICH, Der Gandersheimer Streit zur Zeit Ottos III., ZRGKanAbt 79, 1993, 56–94 – Bernward v. Hildesheim und das Zeitalter der Ottonen, 1993, I, 407ff.; II, 10ff., 476, 483, 488 [H. J. SCHUFFELS].

Thann, Stadt im →Elsaß, gegr. wahrscheinl. zw. 1287 und 1296. Die Engelburg, deren Ruinen noch heute die Stadt überragen, beherrschte das Tal der Thur, eine wichtige Handelsstraße, die das Rheintal mit Lothringen verband. Am Fuße der Burg richteten die Gf.en v. →Pfirt eine Zollstätte ein. Durch die Heirat der letzten Vertreterin dieses Hauses mit →Albrecht II. v. Österreich kam Th. 1324 an Österreich und wurde zum Hauptort einer etwa 50 Ortschaften umfassenden Vogtei. Bereits 1304 bestand eine universitas burgensium. Wirtschaftl. Wohlstand sicherten der Stadt nicht nur die Lage am Handelsweg und die Weinberge, sondern auch die Wallfahrt zum hl. Theobald. Der Bau der Kirche, die seit 1442 von dem von St-Amarin nach Th. verlegten Kollegiatstift betreut wurde, zog sich von 1324 bis 1516 hin. Durch mehrere Privilegien erlangten der Stadtrat und das Stadtgericht ein hohes Maß an Selbständigkeit (Münzrecht 1387), doch blieb der von der vorderösterr. Regierung ernannte Schaffner oberste Behörde. Gegen Peter v. →Hagenbach, der die an Karl d. Kühnen verpfändeten habsbg. Besitzungen mit Härte verwalten wollte, leisteten die Th.er Bürger 1473 Widerstand. Die blutige Unterdrückung des Aufstands führte u.a. zum Sturz des Landvogts (1474). F. Rapp

Lit.: M. BARTH, Zur Gesch. der Th.er Theobalduswallfahrt, Annuaire de la Soc. d'hist. des régions de Th.-Guebwiller, 1948–50 – J. BAUMANN, Hist. de Th. des origines à nos jours, 1981.

Theater → Drama, →Geistl. Spiel, →Mirakelspiele, →Mysterienspiele

Thebaische Legion (Fest: 22. Sept.). Eine aus dem Orient herangezogene chr. Legion, die von →Mauritius geführt wird, verweigert bei Agaune (→St-Maurice d'Agaune) den Befehl zu einer heidn. Zeremonie oder zu einer Christenverfolgung. Daraufhin läßt Ks. Maximian sie zweimal dezimieren und schließlich alle niedermachen. Da einige Truppenteile vorausgeeilt sind, zieht sich die Martyrium bis nach Xanten hin. Die behaupteten Fakten zu 285 oder 302 passen nicht zueinander. Doch beweisen eine Grabkapelle und die vor 450 aufgezeichnete Ortstradition (MGH SRM III, 32–41) die frühe Verehrung. →Gregor v. Tours kennt die Hl.n v. Agaune, die sein Kg. →Guntram verehrte, als legio sacra Thebeorum auch in Köln (MGH SRM I/1, 534f.; I/2, 80, 87). Die Legende wurde fortlaufend weiter ausgebaut (ed. CHEVALLEY) und noch um 1000 neugefaßt (Passio Geronis; AASS Oct V, 36–40). Sie spiegelt die Kultverbreitung entlang der von St-Maurice nach N, W und S führenden Römerstraßen durch Pilger und Bauleute. Zur T. L. gehören Exuperius, Candidus und ein Veteran Victor, danach Innocentius und Vitalis (MartHieron, 521f.). Früh wurden zugeordnet →Ursus und Victor in Solothurn, später Felix in Zürich, Cassius und Florentius in Bonn, Gereon in Köln und Victor in Xanten, auch Tyrsus in Trier. In Italien zählen dazu Hl. wie Adventus in Turin, Alexander in Bergamo und andere in Mailand, Pinerolo und Como, in Frankreich →Victor v. Marseille. Dargestellt werden die populären Märtyrer in der Regel als Fußsoldaten in röm. und zeitgenöss. Rüstung. Szenenfolgen finden sich in Essen-Werden und in Saanen (Kt. Bern). K. H. Krüger

Lit.: LCI VIII, 429–432 [Kartenskizze] – LThK² X, 14 – G. KENTENICH, RhVjbl 1, 1931, 339–350 – W. LEVISON, Aus rhein. und frk. Frühzeit, 1948, 59–62 – J. M. THEURILLAT, L'abbaye de St-Maurice, 1954, 11–20 – D. VAN BERCHEM, La martyre de la L. T., 1956 – F. PRINZ, Frühes Mönchtum, 1965, 107–111 – E. EWIG, Spätantikes und frk. Gallien, II, 1979, 94, 303f. – S. PRICOCCO, L'isola dei santi, 1978, 204–244 – É. CHEVALLEY, La passion anonyme, Vallesia 45, 1990, 37–120 [Ed.] – s. a. →Mauritius.

Theben (Θῆβαι; in westl. Q. [E]stivas, Destivas, Destinas u.ä., in arab. Istībās, Istīfās), Stadt in Böotien (Griechenland), ca. 28km sw. des zugehörigen Hafens Euripos (→Euboia) gelegen. Die Befestigungen der frühbyz. Metropolis von Böotien (innerhalb der Prov. Achaia/Hellas des Illyrikum) wurden nach Zerstörungen durch das Erdbeben v. 551 noch unter Justinian erneuert, so daß Th. auch während der slav. Einwanderung stets besiedelt und als Sitz des →Strategos bzw. →Dux ab Ende 7. Jh. Hauptstadt des Themas →Hellas sowie später des *horion* (Steuerbezirks) Th. und Euripos war. Vor 325 Sitz eines Bf.s, vor 870 eines autokephalen Ebf.s, vor 1048 eines Metropoliten (mit bis zu 5 Suffraganen) und nach 1204 ztw. eines lat. Ebf.s. Die blühende Produktion von Seiden- und Purpurgewändern, deren Qualität selbst bei den Selğuqen gerühmt wurde, begründete den Reichtum der Stadt (zahlreiche Kirchenbauten; erhalten die 872/877 von einem Strategen gestiftete Gregorios Theologos-Kirche). Th. wurde 1147 durch die norm. Eroberung unter →Roger II. (2. R.) kurzzeitig zerstört, welcher die Seidenarbeiter(innen) nach Palermo entführte (→Seide, A. II), doch wurde der Schaden vermutl. durch die Ansiedlung von jüd. Fachleuten (z. T.) kompensiert (Benjamin v. Tudela spricht um 1165 von etwa 2000 Juden in Th., von denen allerdings ein erhebl. Teil bereits vor 1147 dort gelebt haben mochte). Th. war bereits lange vor 1198 ven. und genues. Handelsstützpunkt. 1204 wurde das Gebiet (in der Partitio Romaniae) den peregrini zugesprochen und nach der Eroberung Konstantinopels dem Leon →Sgouros, der sich in Griechenland seit etwa 1200 ein unabhängiges Herrschaftsgebiet eingerichtet hatte, von →Bonifaz I. v. Montferrat entrissen, welchen Othon de la →Roche mit (dem Hzm v.) →Athen und Th. belehnte. Die nach ihrem Erbauer St-Omer benannte Stadtburg war bis Anfang 14. Jh. meist Herrschersitz; hier wurde im Mai 1262 der Friedensvertrag zw. Achaia, Athen, Euboia und Venedig geschlossen. 1311 eroberte die →Katal. Kompa(g)nie nach ihrem Sieg bei Halmyros Th. und das gesamte Hzm. und regierte von Athen aus. 1331 Zerstörung von St-Omer (nur Donjon erhalten) angesichts eines drohenden (letztl. mißglückten) Angriffes Gautiers VI. v. →Brienne, was die Plünderung von Th. samt Umland durch den Paša v. Aydin, Umur, 1339/40 erleichterte. 1363 erste türk. Besetzung, 1378 Eroberung durch die →Navarres. Kompa(g)nie, die von hier aus ein Herrschaftsgebiet zu erobern suchte, die Stadt jedoch bald an den Herrscher v. Korinth, den Florentiner Raineri →Acciaiuoli, abtreten mußte. Seine Nachfahren hielten Th. bis zur osman. Machtübernahme (1460), waren jedoch im 15. Jh. durch häufige Plünderungen türk., aber auch von Mistra aus operierender byz. Banden spätestens seit 1435 gezwungen, die türk. Oberhoheit anzuerkennen. J. Koder

Lit.: Tabula imperii Byzantini, I, 1976, 269–271 – S. BOWMAN, Jews in 14th cent. Th., Byz 50, 1980, 403–409 – S. SYMEONOGLOU, The Topography of Thebes from the Bronze Age to Modern Time, 1985 – A. G. K. SABBIDES, Hβυζαντινή Θῆβα 996/7–1204 μ.Χ., Historikogeographika 2, 1988, 33–52 – J. FERLUGA, Th. bizantina quale centro economico nel XII secolo, Rivista Bizantinist. 1/4, 1991, 19–29 – Oxford Dict. of Byzantium, 1991, 2032 – PH. KALAITZAKES, Διάγραμμα της ιστορίας των Εβραίων της Θήβας κατά τον μεσαίωνα, Byz. Domos 7, 1994, 23–37.

Theben (Devín) → Devín

Theben-Neudorf → Devínska Nová Ves

Thebenroman (Roman de Thèbes [R. T.]), der erste der drei afrz. Romane mit antiken Themen (→Aeneasroman, Trojaroman v. →Benoît de Sainte-Maure) und somit einer der ersten höf. Romane; entstanden um 1150; überliefert in einer kurzen (10 500 Vss., 3 Hss. 13. und 14. Jh.) und einer jüngeren langen Fassung (13 200 und 14600 Vss., 2 Hss. Ende 13. Jh.) sowie in zwei Frgm.en (um 1200). Die z. T. stark divergierenden Fassungen gehen auf einen Text eines anonymen norm. Klerikers zurück, der möglicherweise am Hof der Plantagenêt gewirkt hat. Die ersten 600 Vss. erzählen die Ödipuslegende, wohl nach Glossen gewisser Thebais-Hss. Dann folgt der Text der Thebais des →Statius, läßt aber die mytholog. und andere Teile aus, stellt manches um und fügt Neues hinzu, wie Elemente der →Chanson de geste, der →Kreuzzugsdichtung und der Liebesthematik, hier z.B. die romanhafte Verlobung der Antigone mit Parthenopeus. Der Tod der Protagonisten wird in kunstvollen Totenklagen der Frauen betrauert. Weitere Ergänzungen sind die der Kreuzzugsepik entlehnte Verproviantierungsepisode sowie die feudalrechtl. Gerichtsverhandlung gegen den theban. Überläufer Daire le Roux. Bei der Schilderung des Todes der verfeindeten Brüder und der Niederlage der Argiver lehnt sich der frz. Autor an Statius an, legt danach jedoch bes. Gewicht auf den Marsch der Argiverinnen und die Weigerung Kreons, ihnen die Bestattung der Toten zu erlauben. An der Seite des athen. Fs.en Theseus schreiten sie deshalb zur Eroberung Thebens. Eine bes. am Schluß verkürzte Prosafassung fand Anfang 13. Jh. Eingang in die →Histoire ancienne und damit weite Verbreitung. 1420–22 entstand die engl. Bearb. des John →Lydgate. C. Jacob-Hugon

Ed.: L. Constans, 2 Bde, 1890 – D. P. Ripley [Diss. Univ. of North Carolina 1960] [Vs. 1–5394] – G. Raynaud de Lage, 2 Bde, 1968–71 – Ders., Romania 90, 1969, 402–409 [Frgm.e] – F. Mora-Lebrun, 1995 – M. de Visser-van Terwisga, Hist. ancienne jusqu'à César, 1995 [Prosaversion] – Lit.: DLFMA, 1992², 1315–1317 [Lit.] – GRLMA IV – R. Blumenfeld-Kosinski, The Tradition of the Old French R. T., 1983 [Diss. Princeton Univ. 1980] – A. Petit, Naissance du roman. Les techniques litt. dans les romans antiques, 1985 – G. Widmer, Les plaintes funèbres du R. T., Studi francesi e provenzali 84/85, hg. M.-R. Jung-G. Tavani, 1986, 65–91 – Romanist. Zs. für Literaturgesch. 12, 1988 [Kolloquiumsakten] – U. Schöning, Th.-Eneasroman-Trojaroman, 1991 – M. Lynde, A Text Transformed: Prose Textuality and Notions of Hist. in the 13th-Cent. Version of the R. T. [Diss. Indiana Univ. 1993] – C. Croizy-Naquet, Thèbes, Troie et Carthage, 1994 – A. Punzi, Oedipodae confusa domus. La materia tebana nel Medioevo lat. e romanzo, 1995 – D. Blume, Motivierungstechnik im R. T. und im Roman d'Eneas, 1996.

Thedald, Ebf. v. →Mailand seit Spätherbst 1075, † 25. Mai 1085 in der ebfl. Feste Arona am sw. Ufer des Lago Maggiore. Nach dem Tode →Erlembalds, des Anführers der →Pataria, wurde der Mailänder Kleriker Th., der vielleicht der kgl. Hofkapelle angehört hat, von →Heinrich IV. anstelle des 1070/71 eingesetzten Gottfried, der sich gegenüber dem von Patarenern und Reformpapsttum unterstützten Atto nicht durchzusetzen vermochte, zum neuen Ebf. erhoben. Das kgl. Eingreifen in die Angelegenheiten der Mailänder Kirche führte jedoch zu ernsthaften Spannungen mit →Gregor VII., der im Verhalten Heinrichs IV. einen Bruch früherer Zusagen erblickte. Th., der sich in Mailand wohl nicht dauerhaft behaupten konnte und auf den Fastensynoden 1076–80 wiederholt mit Exkommunikation und Absetzung bedroht wurde, gehörte zu den zuverlässigsten Anhängern des sal. Kgtm.s in Reichsitalien. 1077 hatte der nach Dtl. heimkehrende Kg. seinen dreijährigen Sohn Konrad Th. und anderen lombard. Bf.en anvertraut. Auf der Synode zu →Brixen (1080) soll er als Kandidat für den päpstl. Stuhl in Betracht gezogen worden sein (Landulf, Hist. III, 32 = Muratori² IV/2, 126). 1081 befand er sich neben anderen Bf.en in der Umgebung des Kg.s, als das Hofgericht zu Lucca →Mathilde v. Tuszien verurteilte. Tatkräftig unterstützte er Heinrich IV. bei seinen Kämpfen um Rom und hatte wesentl. Anteil an der Einnahme der Leostadt (1083). Als führender Repräsentant des oberit. Episkopats widersetzte er sich selbstbewußt den zentralist. Bestrebungen des Reformpapsttums. T. Struve

Q. und Lit.: JDG H. IV. und H. V., 2, 1894, 573ff. und passim – IP VI/1, 51f. Nr. 112–*118 – Hauck III, 786 – G. Schwartz, Die Besetzung der Bm.er Reichsitaliens unter den sächs. und sal. Ks.n, 1913, 82f. – G. L. Barni, Dal governo del vescovo a quello dei cittadini (Storia di Milano, III, 1954), 1–236, bes. 198ff., 204ff., 212ff. – C. Zey, Die Synode v. Piacenza und die Konsekration Th.s zum Ebf. v. Mailand im Febr. 1076, QFIAB 76, 1996.

Thedbald → Theobald, →Tedbald

Thegan (Theganbertus), Biograph Ks. →Ludwigs d. Fr., * vor 800 (?), † 20. März 849/853. Th. stammte aus vornehmem frk., wohl im Maas-Mosel- oder Mittelrheingebiet ansässigen Geschlecht. Nicht vor 814 wurde Th. →Chorbf. v. →Trier und spätestens 842 Propst v. St. Cassius und St. Florentius in →Bonn; 844 setzte er in Münstereifel die aus Rom überführten Gebeine der hl. Chrysanthus und Daria bei. →Walahfrid Strabo, der 825 in einem Brief Th.s Gelehrsamkeit rühmte, war, als er (zw. 840 und 849) einen Prolog zu dessen »Gesta Hludowici imperatoris« verfaßte, zurückhaltender und suchte das unkultivierte Latein Th.s mit der Inanspruchnahme durch Amtspflichten zu erklären. Zweck des bewußt nur bis zum Sommer 835 geführten, in weiten Passagen parteiischen »Gesta« war es, den Ks. zu rechtfertigen und gegen seine Feinde – v. a. jene, die 833 an seiner Absetzung und Kirchenbuße mitwirkten, wie Ebf. →Ebo v. Reims – zu verteidigen. Letzterem brachte Th. bes. Haß entgegen, wohl auch weil dieser den Chorepiskopat entschieden bekämpfte. Dagegen setzte sich Th. für ein gutes Verhältnis zw. Ludwig d. Fr. und dessen Sohn Ludwig d. Dt. ein, während er Ks. Lothar I. ablehnte. Trotz der oft heftigen Polemik enthalten die »Gesta« viele zuverlässige Nachrichten, die Th. von bestinformierten Gewährsmännern erhielt; schriftl. Q. hat er kaum benutzt. Schon kurz nach Erscheinen von Walahfrid bearbeitet und danach immer wieder rezipiert, hat das heute noch in 14 Hss. vorliegende Werk das Bild über Ludwig d. Fr. stark bestimmt. – Ein Nachtrag, wohl von einem Angehörigen des Stifts St. Kastor in →Koblenz, behandelt die Jahre 836 und 837.
W. Eggert

Ed.: Theganus, Gesta Hludowici imp./Astronomus, Vita Hl. imp., MGH SRG 64, ed. E. Tremp, 1995, 1–52 [Vorw.], 167–278 [lat. und dt.] – Übers.: AusgQ V, 1956, 213–253 – Lit.: Verf.-Lex. IV, 422–426 – Brunhölzl I, 394f. – Wattenbach–Levison–Löwe III, 332–335 – H.-G. auf. Oomen, Zur Überlieferungsgesch. von Th.s Vita Hludowici imperatoris (Fschr. H. Löwe, 1978), 159–171 – E. Tremp, Stud. zu den Gesta Hludowici imperatoris des Trierer Chorbf.s Th., 1988 (MGHSchr. 32) – Ders., Th. und Astronomus, die beiden Gesch.sschreiber Ludwigs d. Fr. (Charlemagne's Heir, hg. P. Godman–R. Collins, 1990), 691–695.

Thegn, Angehöriger des Dienstadels im ags. England, der im Dienst der Kg.e und Adligen stand. Nach der Beschreibung des »Thegn's Law«, das am Anfang der →»Rectitudines singularum personarum« aus dem 11. Jh. erscheint, sollte dem Th. per Urk. Land übertragen werden, der sich dafür zu drei Leistungen verpflichten mußte: Dienst im *fyrd* (→Heer, A. III, 1), Instandsetzungsarbeiten bei Befestigungen und beim Brückenbau. Diese Verpflichtungen waren für alle Th.s obligator., ganz gleich, von wem sie ihr Land erhalten hatten. Doch mußten bei vielen Besitzungen auf kgl. Befehl zusätzl. Dienste versehen werden, z. B. die Instandhaltung der Wildgehege bei kgl. Residenzen und die Überwachung der Küste. Th.s, deren Grundbesitz mindestens fünf →Hufen (*hides*) umfaßte, bildeten den berufsmäßigeren »ausgewählten fyrd« der späteren ags. Kg.e. Nach den Gesetzen Knuds d. Gr. bestand das →Besthaupt (*heriot*) bzw. das →Heergewäte, das beim Tod eines dem Kg. bes. nahestehenden Th. diesem anheimfiel, aus vier Pferden, zwei Schwertern, vier Speeren und Schilden, einem Helm, einem Panzerkleid und 50 goldenen →Mancusa. Th.s hatten auch Hofämter am Kg.shof inne und bezeugten die kgl. Urkk. nach den →*ealdormen* und den *gesiths* (→Earl, I). Die Schicht der Th.s spielte eine wesentl. Rolle bei der Tätigkeit der Gft.s- (→*shire*) und Hundertschaftsgerichte (→*hundred*), und der Kg. richtete häufig seinen *writ* an den Bf., den Earl und alle seine Th.s in einem bestimmten shire. Nach der norm. Eroberung wurde 'Th.' durch den lat. Begriff 'homines' ersetzt. In Schottland blieb der Begriff bedeutend länger in der Form *thane* erhalten und bezeichnete einen Verwalter eines besonderen kgl. Besitzes. A. Harding

Q.: LIEBERMANN, Gesetze I, 1, 356–358, 444–453; 2, 218f., 680–683 – *Lit.:* H. R. LOYN, The Governance of Anglo-Saxon England, 1985 – Medieval Scotland, Crown, Lordship and Community, ed. A. GRANT–K. J. STRINGER, 1993 [A. GRANT].

Thekla, hl., Märtyrerin von Iconium (→Konya), Protagonistin der »Acta Pauli et Theclae«, eines Teils der umfangreichen »Acta Pauli«, verfaßt im 2. Jh. von einem Presbyter aus Kleinasien, der nach Tertullian wegen dieser Schrift abgesetzt worden sein soll. Inhalt: Das Mädchen Th. wird vom Apostel Paulus zum Christentum bekehrt. Wegen des Bruchs ihres Verlöbnisses und des Besuchs des Apostels im Gefängnis zum Flammentod verurteilt, aber auf wunderbare Weise gerettet, schließt sie sich Paulus an, wird in Antiochia von den wilden Tieren, denen sie im Zirkus vorgeworfen wird, verschont, gibt sich selbst die Taufe durch Sprung in ein Wasserbecken voller Seehunde, wird errettet und von einer Adligen an Kindesstatt angenommen, folgt dann Paulus nach Myra und beschließt ihre Tage friedlich in Seleukia (Isauria). Das Ende der Erzählung erfuhr in der Folge verschiedene Erweiterungen: nach einer lokalen Tradition soll Th. sich in eine Berghöhle bei Seleukia zurückgezogen haben, wo sie Angriffe des Teufels zu bestehen hatte. Der Vergewaltigung durch im Auftrag einheim. Ärzte (die über die Wunderheilungen der Jungfrau erbost waren) stehende Männer entging die neunzigjährige Th. durch Flucht in eine Felsspalte, die sich hinter ihr schloß. Nach einer anderen vermutl. in Rom entstandenen und mit dem Grab einer gleichnamigen örtl. Märtyrerin verbundenen Version gelangte Th. auf der Suche nach Paulus erst nach dessen Tod nach Rom, überlebte den Apostel nur kurze Zeit und wurde an der via Ostiense nicht weit von seinem Grab bestattet. T. war eine der berühmtesten Hl.n des frühen Christentums: ein von Basileios v. Seleukia († 468) exkommunizierter Presbyter (nicht Basileios selbst) verfaßte den Traktat »De vita et miraculis sanctae Theclae« (BHG 1717f.). Das Zentrum ihres Kultes war ein Gotteshaus auf einem Hügel bei Seleukia (heute Meriamlik); zu ihren Ehren entstanden jedoch v. a. im O, aber auch im W zahlreiche Kirchen. Fest: (byz. Synaxare) 24. Sept., (Martyrologium Romanum) 23. Sept. Sie ist Schutzpatronin gegen Feuer, wilde Tiere, Schlangen, Pest (Este, Venetien) und wird in der Todesstunde angerufen. Dargestellt wird sie meist an einen Pfahl gebunden oder in betender Haltung zw. wilden Tieren.
F. Scorza Barcellona

Q.: BHG 1710–1722 – BHG Nov. Auct. 1710–1721 – BHL 8020–8025 – BHL Nov. Suppl. 8020a – Bibliotheca hagiogr. orientalis 1152–1156 – G. DAGRON, Vie et miracles de s. Thècle, SubHag 62, 1978 – H. FROS, Inédits non recensés dans la BHL, AnalBoll 102, 1984, 375 – *Lit.:* Bibl. SS XII, 176–181 – Vie des Saints IX, 477–482 – LCI VIII, 432–436 – LThK² X, 18f. – V. RORDORF, S. Thècle dans la tradition hagiogr. occid., Augustinianum 24, 1984, 73–81 – DERS., Tradition and Composition in the Acts of T., Semeia 38, 1986, 43–52 – K. COOPER, A Saint in Exile: the early med. Thecla..., Hagiographica 2, 1995, 1–23.

Thema, gr. θέμα. Als Nachfolgeeinrichtung von →*Provincia* (griech. *eparchia*) bezeichnet Th. (pl. Themata) einen byz. Verwaltungsbezirk. Der Terminus ist entgegen anderen Erklärungen (DÖLGER und PERTUSI: Aktenbündel >militär. Stammrolle, >Truppe, Truppengebiet; HOWARD-JOHNSTON: Ableitung von mongol. 'tymen') wohl 'Zuweisungs-', im weiteren 'Aufstellungs- (und Operations-)Gebiet' derjenigen byz. Heeresteile, die zuvor andernorts stationiert waren. Durch den Verlust großer Gebiete in Ägypten und im Nahen Osten an die muslim. →Araber und die Bedrohung Kleinasiens ergab sich dort vor bzw. um Mitte des 7. Jh. die Neueinweisung der 'exercitus Orientalis', 'Armeniacus' und 'Thracensis' sowie des 'Obsequium', wodurch die kleinasiat. Th. Anatolikon, Armeniakon, Thrakesion und Opsikion entstanden (eine inhaltl. Parallelisierung zu arab. ǧund/aǧnad ist daher kaum denkbar); wenig später brachte der slav. Druck am Balkan die Einrichtung der Th. Thrake und Hellas mit sich. Existierten die von einem Strategos geleiteten militär. Th. anfangs getrennt von der Zivilverwaltung der Provinzen, so übernahmen sie allmählich die Kompetenzen der letzteren (als Vorläufer der Zusammenführung werden justinian. Maßnahmen und die →Exarchate betrachtet), um diese bis zur 2. Hälfte des 8. Jh. zu verdrängen. Parallel dazu und bedingt durch die Rückeroberung verlorener Reichsterritorien vermehrten sich die Th. (teilweise urspgl. Turmai bzw. →Kleisuren) bei gleichzeitiger – auch mit der Gefahr durch zu große Machtkonzentration und daraus resultierender Usurpationsgefahr zu begründender – Reduzierung der Größe (Teilung der »Ur-Th.«), so daß die →Konstantin VII. Porphyrogennetos zugeschriebene (vielleicht bereits unter →Leon VI. entstandene) Materialsammlung »De thematibus« 17 asiat. und 12 europ. Th. kennt. Auf dem Zenit der mittelbyz. Reichsausdehnung (1. Drittel 11. Jh.) bestanden knapp 50 Th. (hierzu im einzelnen →Byz. Reich, A. III, mit Übersichtskarte), wobei die Zivilverwaltung einem *krites* ('Richter') bzw. →Praetor oblag. Wurden die Th.-Soldaten anfangs im Prinzip besoldet, so mußten bei Ausbleiben regelmäßiger Bezahlung die (erbl.) Soldatengüter (*stratiotika ktemata*; →Stratiot) nach der Mitte des 8. Jh. als Existenzgrundlage geduldet und schließlich im 10. Jh. institutionalisiert werden. Die Struktur der Th. war ab 1071 (→Mantzikert) und insbes. unter den →Komnenen starken Veränderungen unterworfen. Nach 1204 begegnete noch fallweise der Name Th., die charakterist. Organisationsform existierte jedoch nicht mehr. →Heer, Heerwesen, B. I; →Dux, →Katepan(o), →Stratego s. J. Koder

Lit.: M. GELZER, Die Genesis der byz. Th.verfassung, 1899 – Const. Porfirog., De thematibus, ed. A. PERTUSI, 1952 – ST. KYRIAKIDES, EEBS 23, 1953, 392–394; Hellenika 13, 1954, 339 – A. PERTUSI, Nuova ipotesi sull' origine dei »temi« biz., Aevum 28, 1954, 126–150 – F. DÖLGER, Zur Ableitung des byz. Verwaltungsterminus θέμα, Historia 4, 1955, 189–198 (abgedr. in: DERS., Paraspora, 1961, 231–240) – A. PERTUSI, La formation des thèmes byz., Ber. XI. Internat. Byz.kongr., 1958, 1–40 (Korreferat v. G. OSTROGORSKY, ebd.) – J. KARAYANNOPOULOS, Die Entstehung der byz. Th.ordnung, 1959 – N. OIKONOMIDÈS, Les premières mentions des thèmes dans la chronique de Théophane, ZRVI 16, 1975, 1–8 – J. D. HOWARD-JOHNSTON, Th. (Maistor. Stud. R. BROWNING, 1984), 189–197 – R. J. LILIE, Die zweihundertjährige Reform. Zu den Anfängen der Th.organisation im 7. und 8. Jh., Byzslav 45, 1984, 27–39, 190–201 – I. SHAHID, Heraclius and the Th. System, Byz 57, 1987, 391–406; 59, 1989, 208–243 – M. GREGORIU-IOANNIDU, Στρατολογία και έγγεια στρατιωτική ιδιοκτησία στο Βυζάντιο, 1989 – A. KONSTANTAKOPULU, Χώρος και εξουσία στο έργο του Κωνσταντίνου Πορφυρογέννητου (Περί των θεμάτων) (Scopelos Symp. Proceed. 1989), 113–129 – J. KODER, Zur Bedeutungsentwicklung des byz. Terminus θέμα, JÖB 40, 1990, 155–165 – Oxford Dict. of Byz., 1991, 2034f. – M. GRIGORIOU-IOANNIDOU, Les biens militaires et le recrutement en Byzance, Byzantiaka 12, 1992, 215–226 – A. STAVRIDOU-ZAFRAKA, Slav Invasions and the Th. Organization in the Balkan Peninsula, Byzantiaka 12, 1992, 165–179 – G. PRINZING, Byz. Forsch. 19, 1993, 113–126 – TH. PRATSCH, Untersuchungen zu »De thematibus« ... (Varia V, 1994), 13–145 – M. GREGORIU-IOANNIDOU, Γύρω από την πρώτη μνεία »θεμάτων« στον Θεοφάνη, Byzantiaka 15, 1995, 225–245.

Themistios, griech. Rhetor, geb. um 317, gest. 388, entstammte einer gebildeten heidn. Landbesitzerfamilie aus Paphlagonien und lebte spätestens seit 345 in Konstantinopel (seine Schulgründung in diesem Jahr). Th.' im wesentl. dem Aristotelismus verpflichtete Philosophie orientierte sich an der polit. Praxis. Er stand in der Gunst der Ks. und war Erzieher des Thronfolgers →Arcadius, fungierte 357 als Gesandter in Rom, 358-359 als Proconsul und 383-384 als Praefectus urbis in Konstantinopel. Einflußreichster Sophist des 4. Jh., hinterließ Th. 34 (erhaltene) Reden, orientiert am Vorbild von Dion Chrysostomos. Sie bilden eine wichtige Q. für seine Zeit.

J. M. Alonso-Núñez.

Ed.: Orationes: W. Dindorf, 1832 - G. Downey-A. F. Norman, 1965-74 [ält. Lit.] - Paraphrases: M. Wallies, H. Schenkl, R. Heintze u. a. (Comm. in Aristotelem Gr. V, 1899-1900) - *Lit.*: PLRE I, 889-894 - RE VA, 1642-1680 [W. Stegemann] - Kl. Pauly V, 677f.-Tusculum-Lex., 1983³, 768f. - L. J. Daly, The Mandarin and the Barbarians. The Response of Th. to the Gothic Challenge, Historia 21, 1972, 351-379 - S. A. Stertz, Th., a Hellenic Philosopher-Statesman in the Christian Roman Empire, Class. Journal 71, 1976, 349-358 - G. Wirth, Th. und Constantians, Byz. Forsch. 6, 1979, 293-317 - L. J. Daly, In a Borderland. Themistius' Ambivalence toward Julian, BZ 73, 1980, 1-11 - B. Colpi, Die Paideia des Th., 1987.

Themo Judaei de Monasterio, aus Münster/Westfalen, 1349 erstmals quellenmäßig faßbar, als er in Paris zum Magister artium promovierte. 1350 ist er rector scolarium an der Schule des Schottenkl. in →Erfurt. Seine ausgeprägten Aktivitäten im Erfurter Wissenschaftsbetrieb belegen mehrere Texte. 1353 ist er als Procurator der Natio Anglicana wieder in Paris bezeugt. Ihm gelang die Aufnahme in das von →Robert de Sorbon gestiftete Collegium, wo er bis 1371 nachweisbar ist. Mit seinen Quaestionen zu den libri Meteorum, die nicht nur handschriftl., sondern auch in einer Reihe von Inkunabeln und Frühdrucken vorliegen, gehört Th. zu den bedeutendsten Wissenschaftlern des 14. Jh. Sein Interesse galt aber auch der →Mathematik und bes. der →Astronomie, wovon sein Komm. und seine Quaestionen zur »Sphaera« des →Johannes de Sacrobosco sowie seine Quaestionen zur Bewegung des Mondes Zeugnis ablegen. S. Lorenz

Lit.: H. Hugonnard-Roche, L'œuvre astronomique de Thémon Juif, 1973 - S. Lorenz, Studium generale Erfordense, 1989, 290-303.

Themse, einer der Hauptströme Englands; in röm. Zeit Tamesis, in frühen engl. Chroniken Tamis, Tamisa, Tamensim. Die Quelle liegt in den sw. Cotswolds bei Thameshead in Gloucestershire. Auf einer Gesamtlänge von 338km (davon rund 100 unter Gezeiteneinfluß) durchquert die Th. sechs Gft.en und mündet zw. Sheerness und Shoeburyness in die Nordsee. Zu den Nebenflüssen w. der Chilterns zählen Churn, Coln, Windrush, Evenlode, Cherwell, Ock und Thame. Nach der Durchquerung der Chilterns ändert sich der Flußverlauf abrupt nach O und nimmt das Wasser von Kennet und Loddon mit auf. Die Bedeutung der bereits im MA bis nach Oxfordshire hinein schiffbaren Th. als Verkehrs- und Transportweg für die wirtschaftl. Entwicklung des Landes und der an ihr entstehenden Städte kann nicht hoch genug eingeschätzt werden. Herausragendstes Beispiel ist das als typ. Fluß- und Hafenstadt angelegte →London (London Bridge seit röm. Zeit; *bridgemaster*-Amt seit 1300); daneben sind auch →Oxford, Maidenhead und →Reading zu nennen. Entlang der Th. entstanden zahlreiche kgl. und bfl. Paläste (u. a. Westminster, Tower, Greenwich, Richmond, Hampton).

B. Brodt

Q. und Lit.: R. Curtis, The Th. Passport, 1970 - K. Fiedler, The Th. in Story, 1971 - The Th. Book [ersch. jährl.].

Theobald

1. Th., *Ebf. v.* →Canterbury 1138-61, vorher Prior und Abt v. Le→Bec. Als Ebf. wurde er in die Rivalität zw. Kg. →Stephan v. Blois und Ksn. →Mathilde (→England, A. VII) verwickelt, doch unterstützte er meistens Stephan v. Blois, während er gleichzeitig die Nachfolge von Mathildes Sohn Heinrich v. Anjou förderte. Ein Hauptgegner in dieser Zeit war Heinrich, Bf. v. Winchester und Bruder Kg. Stephans (→Heinrich v. Blois, 80. H.), der jedoch gelegentl. auf der Seite Mathildes stand. Heinrich v. Winchester wurde von Papst Innozenz II. zum päpstl. Legaten in England ernannt und als solcher beanspruchte er eine rivalisierende Vorherrschaft in der engl. Kirche. Einige dieser Probleme wurden beseitigt, als Heinrichs Legatengewalt mit dem Tod von Innozenz II. 1143 erlosch, aber es wurde doch teilweise notwendig, Heinrichs Ansprüche zu widerlegen. Deshalb richtete Th. in Canterbury eine Rechtsschule ein, an welcher die it. Jurist →Vacarius lehrte. Berühmte Persönlichkeiten, v. a. →Thomas Becket, besuchten diese Schule. 1148 kam es zu einem Konflikt mit Stephan v. Blois, als Th. trotz des kgl. Verbots zur Synode →Eugens III. nach Reims reiste, wo er auch →Johannes v. Salisbury (170. J.) traf. Th. besänftigte den Zorn des Papstes gegen Stephan und den engl. Episkopat, von dem die meisten Mitglieder den Kg. unterstützten. Th. und Stephan versöhnten sich, aber 1152 brach erneut ein Streit aus, als Th. sich weigerte, Stephans Sohn Eustachius zu krönen, und deshalb aus England flüchten mußte. Als Eustachius 1153 starb, förderte Th. das Zustandekommen des Vertrags v. 1153 zw. Stephan und Heinrich v. Anjou und förderte die friedl. Thronbesteigung Heinrichs II. 1154. Nach der umstrittenen Papstwahl v. 1159 riet Th. 1160 Heinrich II., der frz. Partei zu folgen und Alexander III. gegen Victor IV. zu unterstützen. Vor seinem Tod schlug er Thomas Becket als seinen Nachfolger auf den Ebf.sstuhl vor.

J. S. Critchley

Q. und Lit.: John of Salisbury, Letters, ed. W. J. Millor u. a., 1955 - A. Saltram, Th. Archbishop of Canterbury, 1956 - C. R. Cheney, On the Acta of Th. and Thomas, Archbishops of Canterbury, Journ. Soc. Archivists 6, 1981, 467-481.

2. Th. *Bf. v.* Lüttich →Bar, Theobald v.

3. Th. (Thibaud) **v. Étampes,** spätes 11. und frühes 12. Jh., erster bezeugter Magister, der an den Schulen v. →Oxford lehrte, nachdem er vorher in →Caen unterrichtet hatte; seine Lehrtätigkeit in Oxford begann wohl wenige Jahre vor 1100. Aus einigen seiner Briefe wird geschlossen, daß er Theologie unterrichtete. Das Zeugnis eines zeitgenöss. Gelehrten läßt Th. dagegen nur als Magister der Artes liberales, der in Oxford um die 60 oder 100 Schüler hatte, erscheinen. Was immer auch der genaue Lehrgegenstand Th.s war, bekannt ist, daß er intellektuelle Debatten mit engl. Klerikern und dem gefeierten Logiker →Roscelin führte. Anscheinend setzte Th. seine Tätigkeit in Oxford bis in die Jahre nach 1120 fort, mehrere Jahrzehnte vor der Anerkennung Oxfords als vollentwickelte →Universität.

A. B. Cobban

Lit.: T. E. Holland, The Univ. of Oxford in the Twelfth Cent. (Collectanea II, hg. M. Burrows, Oxford Hist. Soc. 16, 1890), 141f., 151-159 - A. B. Emden, A Biographical Register of the Univ. of Oxford to A. D. 1500, III, 1959, 1754 - R. W. Southern, From Schools to University (The Hist. of the Univ. of Oxford, I, hg. J. Catto, 1984), 5f.

4. Th. (Thibault, Thibaut) **v. Langres,** Magister, Vertreter ma. →Zahlensymbolik, 2. Hälfte des 12. Jh., verfaßte den Traktat »De quatuor modis quibus significationes numerorum aperiuntur«. Unmittelbares Anliegen ist die Zählung der Sakramente. Trotz Bezugs auf die Bibel, Augustinus, Boethius, Beda Venerabilis, Hugo v. St-Victor entfaltet der Traktat keine theol. oder gesch. Inhalte; er ist eine Art Methodologie zum symbol. Gebrauch der Zahl in der Theol.; Impulse des Traktates sind nicht nachgewiesen.   F. Courth

Ed.: R. DELEFLIE, Thibaut de L. Traité sur le symbolisme des nombres, 1978 [mit Übers.] – H. LANGE, Thibault de L., De Quatuor Modis, Cah. de l'Inst. du MA grec et lat. 29, 1979, 29–108 – *Lit.*: H. MEYER, Die Zahlenallegorese im MA, 1975 – H. LANGE, Les données mathématiques des traités du XIIe s. sur la symbolique des nombres, Cah. de l'Inst. du MA grec et lat. 32, 1979.

5. Th. (Thibaud) **v. Provins**, hl. (Fest: 30. Juni, erste Julitage; Patron der Köhler und der it. polit. Geheimgesellschaft der Carbonari), * um 1033 in →Provins, † 30. Juni 1066 in Salanigo (Oberitalien), ◻ Vicenza, Kathedrale, später in das Kl. Vangadizza (Diöz. Adria) überführt; stammte aus adliger Familie, Vater: Arnulf v. Provins, Mutter: Willa (Gisela), Bruder: Arnulf, Abt v. →Ste-Colombe in Sens und St-Pierre in →Lagny. Th. lehnte den Waffendienst ab und führte mit seinem Freund Walter ein weltabgewandtes Leben. Sie pilgerten nach →Santiago de Compostela und Rom und ließen sich schließlich um 1058 als Eremiten in Salanigo nieder, wo Walter nach zwei Jahren starb. Bf. Liudigerus v. Vicenza weihte Th. zum Priester, und seine Mutter zog zu ihm. Abt Petrus v. Vangadizza nahm ihn 1066 in seine Mönchsgemeinschaft auf. Papst Alexander II. sprach ihn 1066–68 heilig.
R. Große

Q.: BHL II, 8031–8044; Nov. Suppl., 8032a–8038f – IP VII/I, 146f. – *Lit.*: Bibl. SS XII, 196f. [Lit.] – LThK² X, 22 – J. M. B. CLAUSS, Die Hl.n des Elsaß, 1935, 129–134, 229–231 – Vies des Saints, VI, 525–528 – M. BUR, La formation du comté de Champagne v. 950–v. 1150, 1977, 243f.

6. Th. de Sexannia (fälschl. de Saxonia) OP, Theologe. Um die Mitte des 13. Jh. gehört Th. zu den 'viri boni', die im Mai 1248 im Zuge des Revisionsverfahrens gegen den Talmud in Paris das Gutachten unterzeichneten, das zu dessen erneuter Verdammung und Verbrennung führte (→Talmudverbrennungen). Damit reihte er sich in Tradition dominikan. Inquisitoren ein, die sich neben den Untersuchungen chr. →Häresien auch dem Judentum widmeten. Ob es Verbindungen Th.s zu anderen Vertretern seines Ordens in dieser Richtung wie etwa →Konrad v. Marburg gab, muß offen bleiben. Th. erstellte eine lat. Kurzfassung von Talmudexzerpten, wahrscheinl. auf Veranlassung von Eudes v. Châteauroux. Im Zuge des ursprgl. Pariser Verfahrens gegen den Talmud 1240–42 wurde erstmals eine solche Materialslg. als notwendig erachtet, die schließlich die Basis des Urteilspruchs v. 1242 darstellte. Angereichert mit zusätzl. Material publizierte Th. später daraus seine »Excerpta in Talmud«. Sie entfalteten eine starke Wirkungsgesch. in der antijudaist. Polemik, wenn auch keine Originale überliefert sind.
B. Lawall

Q.: H. DENIFLE–É. CHATELAIN, Chartularium Univ. Paris., I, 1899, 211 n. 178, Anm. 12 – *Lit.*: A. PATSCHOVSKY, Der Talmudjude (Juden in der chr. Umwelt des MA, hg. A. HAVERKAMP–F.-J. ZIWES, 1992), 13–27 – TH. KAEPPELI–E. PANELLA, Scriptores OP medii aevi, IV, 1993, 292–296 [Lit.].

7. Th. Die wohl erste lat.-metr. Bearbeitung (inc. Tres leo naturas et tres habet inde figuras) des →Physiologus, deren Entstehung im Italien des ausgehenden 11. oder beginnenden 12. Jh. vermutet wird, ist durch Subskription mit dem Namen eines Th. verbunden, dessen Identifizierung trotz etlicher Versuche nicht gelungen ist. In rund 300 Versen werden 12 bzw. 13 Tiere, darunter auch Sirenen und Onocentauren, nach ihren Eigenschaften beschrieben und allegorisiert. Das Versmaß wechselt: Hexameter und Distichen herrschen vor; in sapph. Strophen wird über die Schlange gehandelt, in daktyl. Tetrametern in syllabam über die Spinne und in stichisch verwendeten Adoniern über die Taube. Allenthalben findet sich in den Versen Reim, zumindest Assonanz. Eigenständigkeit in der Auswahl, inhaltl. Straffung der Vorlage(n) und mit Bedacht gewählte poet. Mittel, die einem an sich sperrigen Stoff gefällige Konturen verleihen, machen es verständlich, daß das kleine Werk neben lange bewährten lit. Stoffen seinen Platz (auch in der →Schullektüre) finden konnte und weit verbreitet war. Seine Beliebtheit zeigt sich überdies in mitunter reichen Glossen und Kommentaren sowie darin, daß es seinerseits Vorlage für volkssprachl. Fassungen wurde.
E. Heyse

Ed.: T.i »Physiologus«, ed. P. T. EDEN, 1972 (Mittellat. Studien und Texte VI) – *Lit.*: MANITIUS III, 731ff. – Verf.-Lex.² s.v. – N. HENKEL, Stud. zum Physiologus im MA, 1976 (Hermaea NF 38) – G. ORLANDI, La tradizione del »Physiologus« (L'uomo di fronte al mondo animale nell'alto medioevo, II, 1985).

Theodahad, Kg. der →Ostgoten 534–536; Sohn von Amalafrida, Schwester →Theoderichs d. Gr.; Bruder von →Amalaberga; ⚭ Gudeliva, wohl Mutter seiner Kinder Theudegisclus und Theodenantha. Nach dem frühen Tod des von Theoderich als Nachfolger designierten →Eutharich war Th. der einzige →Amaler seiner Generation in Italien, wurde aber dennoch bei der Erbfolgeregelung übergangen. Th. besaß große Ländereien in der Toskana und widmete sich als Privatmann philos. Studien. Nach dem Tode Theoderichs (526) übernahm dessen Tochter Amalasuintha (→Amalasuntha) im Namen ihres Sohnes →Athalarich die Herrschaft bis zu dessen Tod (2. Okt. 534). Im Nov. 534 Kg. und Mitherrscher Amalasuinthas geworden, bemühte sich Th. um die Anerkennung durch Konstantinopel. Ende 534 konfinierte er seine Cousine auf einer Insel des Bolsenasees. Hier wurde Amalasuintha spätestens am 30. April 535 aus Rache ermordet. Dadurch befand sich Th. automatisch in einem »Krieg, der jeden Vertragsfrieden ausschließt«, mit Ks. →Justinian I. Th. zog dem ksl. Feldherrn →Belisar bis Rom entgegen, in dessen Umgebung der Großteil der got. Streitmacht konzentriert wurde. Hier kam es Ende Nov. 536 zum Abfall des Heeres. Th. versuchte zu fliehen, wurde aber unterwegs von einem persönl. Feind im Auftrag des neuen Kg.s →Vitigis ermordet.
H. Wolfram

Lit.: PLRE 2, 1067 – H. WOLFRAM, Die Goten, 1990³, bes. 336–341.

Theodard. 1. Th., hl., Ebf. v. →Narbonne 885–895, ◻ S. Martin (später St-Théodard) de Montauriol (→Montauban), entstammte dem frk., der welf. Partei nahestehenden Adel, wurde unter Ebf. Sigebold (866–885) in das Kapitel v. Narbonne aufgenommen und nach dessen Tod zum Ebf. gewählt. Dank der intensiven Zusammenarbeit mit Gf. →Wifred el Pelós v. Barcelona erreichte er eine Unterstellung aller katal. Bm.er unter die Metropolitangewalt Narbonnes. Zur Absicherung seiner Metropolitanstellung erwarb Th. ein Privileg des westfrk. Kg.s Odo (890) und hielt Synoden in Port (?) und Urgel ab. 887 überführte er die Reliquien des hl. Antonius v. Apomeia nach Narbonne. Seine Ende des 11. Jh. im Rahmen des Streits um die Wiedererrichtung der Metropole →Tarragona entstandene Vita greift auch auf zeitgenöss. Nachrichten zurück.
U. Vones-Liebenstein

Q. und Lit.: AASS Mai I, 142–156 – LThK² IX, 23 [Lit.] – R. D'ABADAL I DE VINYALS, Els primers comtes catalans, 1958, 154–165 – R.-H. BAUTIER, La prétendue dissidence de l'épiscopat catalan et le faux concile de 'Portus' de 887–890, Bulletin philologique et hist. 1961 (1963), 477–498 – E. MAGNOU-NORTIER, La société laïque et l'Église dans la Province ecclésiastique de Narbonne, 1974, 327–329, 338–342 – I. SCHRÖDER, Die westfrk. Synoden von 888 bis 987 und ihre Überlieferung (MGH Hilfsmittel 3, 1980), 122–135 – U. VONES-LIEBENSTEIN, Katalonien zw. Maurenherrschaft und Frankenreich (Das Frankfurter Konzil, 1996) [im Dr.].

2. Th., hl., Bf. v. →Tongern/→Maastricht, zeitgenössisch nur belegt in einem diplomat. Zeugnis aus →Stablo/→Malmedy (ca. 6. Sept. 669/670), in welchem der Bf. sich in die Abgrenzung des Gebietes der Abtei einschaltet. Nach der »Vita Landiberti« (8. Jh.) widmete sich Th. der Erziehung des hl. →Lambertus, der ihm Bf. samt nachfolgte. Th. wurde wahrscheinl. im 'Bienwald' bei Speyer ermordet. Heiligenverehrung (Fest 10. Sept.) bildete sich aus um Th.s Grabstätte in →Lüttich (Reliquien im 10. Jh. bezeugt, um 1147 Weihe einer Th.-Krypta in der Kathedrale St. Lambert), wo sein Kult bis zum Ende des Ancien Régime gepflegt wurde. Ph. George

Q.: J. HALKIN–C.-G. ROLAND, Chartes de Stavelot-Malmedy, I, 1909, n° 6 – Vita Landiberti, ed. B. KRUSCH, MGH SRM VI, 1890, 35–47 – Sigebert v. Gembloux, Vita et passio Th.i, ed. J. SCHUMACHER, Bull. Soc. d'Art et d'Hist. du Dioc. de Liège 51, 1975, 1–43 – *Lit.*: BHL, 8046-8049 – BNB XXIV, 753f. – BiblSS XII, 209–211 – LCI VIII, 442f. – LThK² X, 23 – M. WERNER, Der Lütticher Raum in frühkarol. Zeit, 1980, 100–107, 236–241 – J.-L. KUPPER, Leodium (GAMS V/2, hg. S. WEINFURTER–O. ENGELS, 1982), 53 – DERS., Sources écrites: des origines à 1185 (Les fouilles de la place St-Lambert, I, hg. M. OTTE, 1984), 33 – E. GIERLICH, Die Grabstätten der rhein. Bf.e vor 1200, 1990, 318–320.

Theodelinde → Theudelinde

Theoderich (s. a. Dietrich)

1. Th. d. Gr., Kg. der →Ostgoten, * 451 (eher als 456), † 30. Aug. 526. Der →Amaler Th. wurde noch außerhalb des Römerreichs geboren. Sein Vater war Thiudimer, der mittlere von drei Brüdern (ältester: Valamir, Ostgotenkg. in →Pannonien 456/457 und 468/469; jüngster: Vidimir). Th.s Mutter Ereleuva lebte mit ihrem Mann in nicht vollgültiger Ehe. Sie folgte ihrem Sohn nach Italien, wo sie als Kgn. galt und als Katholikin den Taufnamen Eusebia trug. Th. schloß seine erste vollgültige Ehe, die man kennt, wohl 493, mit der Merowingerin →Audofleda (Schwester →Chlodwigs), von der er seine Erbtochter Amalasuintha (→Amalasuntha) hatte. Aus (mindestens) einer älteren Verbindung gingen die 493 bereits heiratsfähigen Töchter Thiudigotho und Ostrogotho hervor, über deren Mutter (oder Mütter) nichts bekannt ist.

Th. lebte von etwa 459 bis gegen 469 als →Geisel in Konstantinopel und erlernte hier zumindest die Grundregeln der schriftl. antiken Verwaltungspraxis, so daß er sicher kein Analphabet war, wie später behauptet wurde. Als Th. spätestens 469 zu den pannon. Ostgoten zurückkehrte, war sein Vater (nach dem Tode des Onkels Valamir) Kg. geworden. Bereits um 470 unternahm Th. mit den Gotenkriegern des verstorbenen Onkels seinen ersten erfolgreichen Kriegszug, von dem an er sein Kgtm. datierte. In der zweiten Jahreshälfte 473 verließen die Amaler mit ihren Völkern Pannonien: Thiudimir und sein Sohn Th. zogen nach Makedonien, wo Th. dem 474 verstorbenen Vater als Kg. nachfolgte. Bis 488 hatte sich Th. sowohl gegen den kgl. Konkurrenten Theoderich Strabo († 481) als auch gegen die kgl. Schaukelpolitik zu behaupten. Th. wurde 481 Heermeister (→Magister militum), trat am 1. Jan. 484 in Konstantinopel den Konsulat (→consul) an (spätestens damals im Besitz des röm. Bürgerrechtes). Da er sich der ksl. Macht auf die Dauer nicht gewachsen sah, schloß er mit →Zenon 488 einen Vertrag, wonach er nach Italien ziehen und »nach der Besiegung Odoakers für seine Mühen an der Stelle des Ks.s, bis dieser dorthin komme, herrschen solle«. Nach jahrelangen Kämpfen, einer abermaligen Erhebung zum Kg. 493 und der Ermordung →Odoakers erhielt Th. 497 die ksl. Anerkennung, die seine Herrschaft in Italien (→Italien A. I. 3) auf Dauer zu sichern schien.

Aus gegebenem Anlaß versuchte Th., sein italisch-got. Regnum gleichsam als Ebenbild des (übergeordneten) Kaiserreichs zu definieren. Kaiserlich war des Gotenkg.s Herrschaft über die röm. Bürokratie; doch blieb das Recht Konstantinopels gewahrt, Senatoren, Patrizier und die West-Konsuln – auf Vorschlag Ravennas – zu ernennen. Th. entschied über die Zugehörigkeit zum Senat, übte die Blutgerichtsbarkeit wie das Gnadenrecht über alle Bewohner Italiens aus und besaß die Hoheit in kirchl. Angelegenheiten; eine Zuständigkeit, die über Th.s heermeisterl. Befugnisse wesentlich hinausging.

Da Th. den inneren Frieden Italiens sicherte, konnte er auch wie ein Ks. wirtschaften. Dem allg. Wohlergehen diente das →Edictum Theoderici, welches das Kunststück fertigbrachte, das röm. Kaiserrecht den gegebenen Umständen anzupassen, ohne in das Vorrecht der ksl. Gesetzgebung einzugreifen. Der rasch erwirtschaftete Überschuß wurde für eine intensive, obgleich zumeist restaurative Bautätigkeit verwendet (Repräsentations- und Nutzbauten, etwa Wasserleitungen: Wiedererrichtung des trajan. Aquädukts in Ravenna; Verteidigungsanlagen). Die herrliche Ausgestaltung der Königsstadt →Ravenna ist diejenige Leistung der Epoche Th.s, die am ehesten das Prädikat schöpferisch verdient.

Th.s Staat bestand aus der ital. Präfektur, einem röm. verwalteten Großraum von durchaus ksl. Dimensionen, der die spätantike Staatlichkeit bruchlos fortsetzte. Seit jeher bestand die Gewohnheit, daß der Ks. durch seine Beauftragte, comites (→comes I. 1), in den bürokrat. Instanzenzug eingriff und ihn überwachte. Diese Möglichkeit baute Th. als 'comitiva Gothorum' aus. Der Inhaber eines solchen Auftrags besaß militär., in Ausnahmefällen auch zivile Aufgaben und die damit verbundenen richterl. Befugnisse. Unmittelbar in den Jahren nach 493 gelang Th. die got. Ansiedlung in Italien, ohne größere Eingriffe in die herkömml. Besitzstruktur vornehmen zu müssen. Wahrscheinl. wurde kein Grund und Boden konfisziert, vielmehr dürfte die wirtschaftl. Grundausstattung des Gotenheeres aus Anteilen des regulären Steueraufkommens genommen worden sein.

Nach Niederlage und Tod seines Schwiegersohnes →Alarich II. (507) wurde Th. bis 511 in einen mehrjährigen innergot. Krieg verwickelt, der mit dem Ergebnis endete, daß er auch Kg. der →Westgoten wurde. I. J. 515 verheiratete er den westgot. Amaler →Eutharich mit seiner Tochter Amalasuintha und designierte ihn zu seinem Nachfolger. Diese Ordnung umfaßte alle Elemente von Th.s eigenem Kgtm., nämlich Zugehörigkeit zu den Amalern, Designation durch den Vorgänger und bald auch die ksl. Bestätigung (518 durch den neuen Ks. →Justin I.). Th.s Erbfolgeordnung scheiterte aber bald; sein Schwiegersohn starb 522/523, und die röm. Opposition nahm direkt mit dem Ks. Verbindung auf. Die Antwort Ravennas war die unbarmherzige Verfolgung der röm. Senatoren, in deren Fall →Boethius und sein Schwiegervater →Symmachus verstrickt wurden. Als Th. am 30. Aug. 526 – wie der Erzketzer Arius – an der Ruhr verschied, waren die meisten Katholiken von der Höllenfahrt des einst so gerechten Gotenherrschers überzeugt.

Th.s gentile Politik vereinigte röm. wie germ. Erfahrungen. Germanisch war die Heirats- und Bündnispolitik, mit der er Westgoten, →Burgunder, →Franken, →Thüringer und →Vandalen an sich zu binden und damit die Sicherheit Italiens zu gewährleisten suchte. Folgte Th. dem Vorbild ksl. Barbarensieger, war er »Sieger und

Triumphator«, »Verbreiter des röm. Namens« und »Beherrscher und Besieger der Barbarenvölker«, wie ihn die goldene Festmünze feierte, die er wahrscheinl. anläßlich seiner Dreißigjahrfeier prägen ließ. Tatsächlich gelang Th. die Wiedergewinnung röm. Provinzen sowohl westl. der Alpen als auch in Pannonien südl. der Drau. Anscheinend wollte Th. ein zweiter Konstantin sein, wie dies die Architektur des berühmten Mausoleums zu Ravenna verdeutlicht. Was die gentile Tradition betrifft, so suchte sie Th. im Sinne der amalischen Familie zu monopolisieren. Der Großteil der got. Bibelüberlieferung (→Bibelübers., VIII) stammt aus dem Italien Th.s. – Zur Sagenüberlieferung und lit. Gestaltung →Dietrich v. Bern. H. Wolfram

Lit.: PLRE 2, 1077–1084 – H. Wolfram, Die Goten, 1990³, 268–327.

2. Th. I. (Theoderid), *Kg. der* →*Westgoten* 418–451. Der Herrschaftsantritt des wohl über seine Frau mit den Balthen versippten Th.s fällt zusammen mit der durch ein foedus vereinbarten westgot. Landnahme in Gallien (Prov. Aquitania II, verschiedene civitates der Prov.en Novempopulana und Narbonensis I; dort v. a. →Toulouse, das zur sedes regia wurde), die zur Entstehung des Tolosan. Reiches führte und mittelbar den Prozeß der Auflösung des weström. Reiches einleitete. Th.s Bemühungen, →Arles zu erobern und damit einen im foedus nicht vorgesehenen Zugang zum Mittelmeer zu gewinnen, scheiterten 425 und 431 am Widerstand des →Aëtius, ebenso der Versuch, die Herrschaft 436/437 bis an die Rhône auszudehnen und Narbonne zu besetzen. Ob der nach der Beendigung der Belagerung von Toulouse und dem Sieg über Litorius 439 mit dem gall. Praetorianerpräfekten →Avitus geschlossene Vertrag das Ausscheiden der Westgoten aus dem foedus bedeutete, ist strittig. Episode blieb ein im einzelnen nicht mehr durchschaubares Zusammenspiel mit den →Vandalen unter Kg. →Geiserich, dessen Sohn Hunerich von 429(?)–442 mit einer Tochter Th.s verheiratet war. Auch das 449 durch eine Ehe der zweiten Tochter Th.s mit Rechiarius, dem Kg. der Spaniensueben (→Sueben), besiegelte Bündnis zeitigte keine nennenswerten Ergebnisse. Unter dem Eindruck der bedrohl. Lage, in die auch das junge Westgotenreich durch den Angriff →Attilas geriet, kam es trotz des seit Jahren gespannten Verhältnisses zur Teilnahme der Westgoten an der von Aëtius gegen die →Hunnen aufgebotenen Streitmacht. Th. fiel in der Entscheidungsschlacht auf den →Katalaun. Feldern 451. Die lange Regierungszeit Th.s begünstigte die Entstehung einer westgot. stirps regia in der Linie der 'jüngeren Balthen' (die vier ältesten der sechs Söhne Th.s gelangten zur Herrschaft). Belegt sind legislator. Akte Th.s. G. Kampers

Q. und Lit.: Kl. Pauly V, 684 – PLRE II, 1070f. – D. Claude, Gesch. der Westgoten, 1970, 28ff. – M. Heinzelmann, Gall. Prosopographie, Francia 10, 1982, 702f. – H. Wolfram, Die Goten, 1990³, 178ff., 206f., 225ff.

3. Th. II., *Kg. der* →*Westgoten* 453–466; (wohl mütterlicherseits) Enkel →Alarichs I., Sohn →Theoderichs I.; Nachfolger seines älteren Bruders Thorismud, den er im Bund mit seinem Bruder Frederich gewaltsam beseitigte. Auf eine zunächst römerfreundl. Haltung Th.s deuten die Vernichtung span. →Bagaudes durch eine westgot. Militäraktion und v. a. Th.s führende Rolle bei der Ausrufung seines Lehrers und Freundes →Avitus zum Ks. 455 in Arles. Erfolgte der siegreiche Feldzug gegen die →Sueben, die unter Kg. Rechiarius, Th.s Schwager, in die Prov. Baetica eingefallen waren, noch in ksl. Auftrag, so versuchte Th. nach dem Tod des Avitus im Herbst 456 mit wechselndem Erfolg, aus der Konkursmasse des zunehmend in Agonie verfallenden Westreiches möglichst viel herauszuholen. Während die Einnahme von →Arles am Widerstand des mit Ks. →Maiorianus verbündeten →Aegidius scheiterte (458), gelang Th. nach dessen Tod 465 die Eroberung röm. Gebietes an der Loire. Die mit Unterbrechungen geführten Kämpfe in Spanien gelangten 465 zu einem Abschluß mit der Konsolidierung des Suebenreiches unter Kg. Rechimund/Remismund, der eine Westgotin heiratete. Damals wurden die Sueben durch den westgot. Missionar Aiax zum Arianismus (→Arius) bekehrt. Vielleicht reicht die westgot. Landnahme auf der 'Tierra de Campos' in diese Zeit hinauf. Umstritten ist, ob das →Edictum Theoderici auf Th. zurückgeht. 466 wurde Th. von seinem Bruder →Eurich ermordet. G. Kampers

Q. und Lit.: PLRE II, 1071f. – D. Claude, Gesch. der Westgoten, 1970, 30f. – St. Hamann, Vorgesch. und Gesch. der Sueben in Spanien, 1971, 112ff. – H. Wolfram, Die Goten, 1990³, 184ff., 206ff.

4. Th., *Gegenpapst* vom Sept. 1100–Jan. 1101 in der Zeit →Paschalis' II. 1084 begegnet er als Kard.diakon v. S. Maria in Via Lata. Er wurde einer der führenden Anhänger des Gegenpapstes →Clemens III. und von diesem zum Kard.bf. v. Albano (nicht S. Rufina) erhoben. 1098 führte er eine Legation nach Dtl. an. Nach dem Tod Clemens' III. (8. Sept. 1100) wurde Th. von den Wibertinern nachts in der röm. Peterskirche zum Nachfolger gewählt, geweiht und inthronisiert. Auf dem Weg zu Ks. Heinrich IV. wurde Th. von Anhängern Paschalis' II. gefangen (Jan. 1101), nach Rom gebracht und bis zum Tod (1102, durch Grabstein gesichert) im Dreifaltigkeitskl. zu La Cava (Kampanien, im norm. Herrschaftsbereich) in Kl.haft gehalten. G. Schwaiger

Lit.: LP II, 298 – Jaffé² I, 772, 345 – R. Hüls, Kard.e, Klerus und Kirchen Roms 1049–1130, 1977, 92f. – C. Servatius, Paschalis II., 1979, 69–72, 339f. – G. Tellenbach, Die w. Kirche vom 10. bis zum frühen 12. Jh., 1988, 201–208.

5. Th. (Dietrich), *Bf. v.* →*Leal,* gen. Th. v. Treiden (Thoreyda), SOCist, † 15. Juni 1219 bei →Lyndanisse, Nordestland. Als mutmaßl. Angehöriger des Kl. →Loccum wurde er 1186 von Bf. →Meinhard v. Üxküll für die Livenmission angeworben und gründete bei Thoreyda an der Treidener Aa mit Erfolg ein eigenes Missionszentrum. Gegen aufkommende gewaltsame Bedrohungen fand er im oft aufgesuchten Rom Unterstützung, wodurch die livländ. Kreuzzüge begründet wurden. Er hatte Verbindungen zur skand. Mission in →Estland und wurde wichtigster Mitarbeiter Bf. →Alberts v. Riga (seit 1199). Mit ihm hatte er durch Verhandlungen mit der westfäl. Zisterze →Marienfeld die Vorbereitungen zur Gründung des Kl. →Dünamünde getroffen, dessen erster Abt er 1205 wurde. Wiederholt Statthalter für Bf. Albert, dürfte er 1202 den →Schwertbrüderorden als militär. Schutz gegründet haben. Seit 1211 Bf. der Esten mit Sitz in Leal, stand er mitten in den polit. Auseinandersetzungen der werdenden livländ. Mächte (→Livland, B). Als Parteigänger des Kg.s v. →Dänemark wurde er von den Esten erschlagen. B. Jähnig

Lit.: L. Arbusow, Livlands Geistlichkeit, Mitauer Jb. für Genealogie, Heraldik und Sphragistik, 1901, 122; 1902, 71; 1911–1913, 213 – P. Johansen, Nord. Mission, Revals Gründung und die Schwedensiedlung in Estland, 1951 – F. Benninghoven, Der Orden der Schwertbrüder, 1965 – Stud. über die Anfänge der Mission in Livland, hg. M. Hellmann, 1989.

6. Th. v. Erfurt, Philosoph, möglicherweise identisch mit Theoderich v. Magdeburg, Mag. art., Rektor am Erfurter Marienstift, wo er auch lehrte. Vor 1350 verfaßte er in averroist. Richtung die Quaestiones s. I–III l. De anima (Krakau, BJ, cms 742, f. 157r–193v) und Quaestiones s. De substantia orbis (ed. Z. KUKSEWICZ, 1985); unsicher ist die Autorschaft des Physik-Komm.s.

M. Markowski

Lit.: K. MICHALSKI, La lutte autour de l'âme au XIVe au XVe s. (VIe Congr. internat. des sciences hist., Oslo 1928), 116–118 – C. LOHR, Traditio 29, 1973, 154f. – J. PINBORG, Neues zum Erfurter Schulleben des XIV. Jh., Bull. de Philos. Médiévale 15, 1973, 150 – Z. KUKSEWICZ, Averroistic Fourteenth Cent. Bolognese Textes in the Ms BJ 742, Mediaevalia philos. Polon. 29, 1988, 36 – S. LORENZ, Studium Generale Erfordense, 1989, 303–309.

7. Th. v. Fleury (Th. v. Amorbach), Schriftsteller, † wohl nach 1018, wahrscheinlich dt. Herkunft, war erst Weltgeistlicher, dann lebte er als Mönch und Priester längere Zeit im Kl. →Fleury. Von dort reiste er 1002 nach Rom, wo er sich jahrelang aufhielt; er begegnet auch in Montecassino. Vermutlich schon vor 1010 verließ er Italien. Er wirkte dann in der Abtei →Amorbach, betrachtete sich aber weiterhin als Floriazenser. – In Italien und Deutschland entstanden Th.s hagiograph. Werke: Viten des hl. Firmanus (BHL 3001) und Papst →Martins I. (BHL 5596) sowie eine »Passio sanctorum martyrum Triphonis et Respitii« (BHL 8340) mit einem offenbar von Th. inspirierten Prolog eines Priesters Leo, der Th.s Leistungen und Tugendhaftigkeit rühmt; die »Illatio s. Benedicti« (BHL 1122) behandelt die Rückholung der in Sicherheit gebrachten Benediktreliquien nach Fleury; weitere Hagiographica sind verloren. Erst nach dem Italienaufenthalt verfaßte Th. einen Komm. zu den Kath. Briefen und eine für dt. Leser bestimmte Darstellung der Consuetudines von Fleury; beide Schriften spiegeln seine krit. Haltung gegenüber der Weltgeistlichkeit. J. Prelog

Ed.: AASS Nov. IV, 1925, 370ff. – CCM VII/3, 1984, 3–60 – *Lit.:* DSAM XV, 694–696 – Verf.-Lex.² IX, 747–753 [F. J. WORSTBROCK; Lit.] – A. DAVRIL, Un moine de Fleury … (Études ligériennes d'Hist. …, hg. R. LOUIS, 1975), 97–104 – BRUNHÖLZL, II, 189, 583.

8. Th. Strabo ('der Schieler'), 471 thrak. Heermeister und oberster Heermeister im Osten 473/474, 475/476, 478/479. Er war der Sohn des Triarius, Neffe der Frau →Aspars, und hatte zwei Brüder; ⚭ Sigilda, Sohn: Rekitach. Th.s Zugehörigkeit zu den →Amalern verneint Iordanes, Getica 270, ist jedoch mit großer Wahrscheinlichkeit zu erschließen. Nach dem Sturz Aspars 471 forderte Th. dessen Ämter und ließ sich in Thrakien von einem ostgot. Föderatenheer 471 (eher als 473) zum Kg. ausrufen. Diese Kg.serhebung enthält bereits alle Elemente der Erhebung →Odoakers von 476. Ein barbar. Heer in röm. Diensten suchte seine Forderungen nach wirtschaftl. Absicherung durchzudrücken, indem es seinen General zum Kg. machte. Folgerichtig verlangte Th. die ksl. Anerkennung als einziger Gotenkg. und schlug vor, die röm. Armee durch seine Föderatenkrieger zu ersetzen. Die folgenden acht Jahre sind gekennzeichnet einerseits durch den Kampf Th.s mit seinem Namensvetter →Theoderich um die Vorherrschaft über die Balkangoten, andererseits durch den Versuch der beiden, sich auf Kosten des anderen in Konstantinopel durchzusetzen. 481 kam Th. bei einem Unfall ums Leben. H. Wolfram

Lit.: PLRE II, 1073–1076 – H. WOLFRAM, Die Goten, 1990³, bes. 268–276.

9. Th., von etwa 1350 bis gegen 1380 in Prag tätiger Maler (in diesem Zeitraum urkundl. erwähnt). Einzig gesicherter Auftrag 1365: 130 Tafeln mit Halbfiguren von Heiligen – »totius militis celestis« – um die zentrale Kreuzigung in der Kreuzkapelle der Burg →Karlstein. Th. war dabei wohl das Haupt einer mindestens vierköpfigen Werkstatt. Die laut Zuschreibung von G. SCHMIDT eigenhändigen Gestalten (z. B. der Kreuzigungstafel) wirken zwar urtümlich-monumental, sind jedoch ausschließlich reliefhaft angeordnet, dem Raum gegenüber indifferent, dabei teigig, wie aus weicher Substanz geknetet und nahezu ohne disegno. Th. bedient sich absolut maler. Stilmittel. Die Linie hat weder dekorative noch gliedernde Bedeutung; die Monumentalität der Figuren entsteht dadurch, daß farbige Flächen aneinanderstoßen – auch sie ohne harte Kontraste. G. Fritzsche-Laipple

Lit.: K. M. SWOBODA, Gotik in Böhmen, 1969, 196–204 [G. SCHMIDT; dort ältere Lit.] – K. STEJSKAL, Karl IV. und die Kultur und Kunst seiner Zeit, 1978, 129–134 – Die Parler und die Schöne Stil 1350–1400, Ausst.Kat. Köln 1978, 2, 758–763 [J. PEŠINA].

Theodizee → Übel

Theodo, Hzg. der →Bayern, wohl seit ca. 680, zumindest vor 696–ca. 717/718; aus dem Geschlecht der →Agilolfinger, Eltern unbekannt. Mit Th. beginnt die Q.überlieferung aus Bayern selbst. Die Hzg.sherrschaft Th.s gewann eine gefestigte Stellung nach innen und außen, die in den Bf.sviten positiv hervorgehoben wird. Er berief drei oder vier »Missions- bzw. Reformbf.e« (besser Hofbf.e) in sein Land: →Rupert (Salzburg), →Emmeram, wohl auch →Erhard (Regensburg), →Korbinian (Freising), die aus dem Frankenreich kamen. Allesamt trafen sie den Hzg. und seinen Hof in →Regensburg.

Th., der offenbar engen Kontakt mit dem Alamannenhzg. hatte, griff in die langob. Thronwirren ein, verteidigte Bayern gegen eindringende →Avaren und traf Absprachen mit dem Papst. Als erster bayer. Hzg. ging Th. 715 nach Rom, bereitete mit dem Papst einen Organisationsplan für die bayer. Kirche vor, der 716 erlassen, aber bestenfalls ansatzweise durchgeführt werden konnte. Wie ein Kg. teilte Th. vor 715 seine Herrschaft unter seinen Söhnen. Schon 702 saß Theodbert in Salzburg. Bald nach Th.s Tod bekämpften sich die Hzg.ssöhne. W. Störmer

Lit.: SPINDLER I², 1982, 156–162 – H. BERG, Christentum im bayer. Raum um 700 (Der hl. Willibald – Klosterbf.- oder Bm.sgründer?, hg. H. DICKERHOF u. a., 1990), 69–113 – W. STÖRMER, Die bayer. Hzg.skirche (ebd.), 116–122 – J. JAHN, Ducatus Baiuvariorum, 1991, 25–75.

Theodofrid, erster Abt v. →Corbie, wurde von Kgn. →Balthild aus →Luxeuil, wo er Mönch war, in die von ihr 657/661 gegr. Abtei Corbie geholt, deren Leitung er übernahm. Später – letztmals 683 – begegnet er als Bf. (wohl v. Amiens). – Wahrscheinl. ist der Abt mit dem Dichter Th. identisch, der einen abecedar. Rhythmus über die sechs Weltalter (25 Strophen mit Refrain, SCHALLER 878) und vielleicht auch die »Versus de nominibus sanctorum« (27 Strophen mit Refrain, SCHALLER 4) verfaßte. Zu Unrecht wurde demselben Autor der kosmograph. Rhythmus »Versus de Asia et de universi mundi rota« (SCHALLER 1106) zugeschrieben. J. Prelog

Ed.: MGH PP IV/2, 559–564, 630–635 – *Lit.:* L. LEVILLAIN, Examen crit. des chartes … de Corbie, 1902, 59–68 – D. NORBERG, La poésie lat. rythmique du haut MA, 1954, 41–53 – BRUNHÖLZL, I, 154.

Theodor (s. a. Theodoros, Theodorus)

1. Th. Petros, Zar v. →Bulgarien 1186–90, 1196–97, organisierte zusammen mit seinem Bruder, →Asen I., den bulg. Aufstand gegen die byz. Fremdherrschaft und die Wiederherstellung des bulg. Zarenreichs (1186–88). Er wurde in der Kirche des Hl. Demetrios in →Tărnovo bei ihrer Weihe unter dem Namen Petros zum Zaren erhoben. Als die Armee des 3. Kreuzzuges die Balkanhalbinsel durchquerte (1189–90), nahm Th. mit Ks. →Friedrich I. Barbarossa Verhandlungen auf und bot ihm Unterstützung bei eventuellen Kriegshandlungen gegen das Byz. Reich an. Dafür verlangte er, als 'imperator Grecie' anerkannt zu werden. Im Sommer 1190 trat er wegen einer Erkrankung Asen I. den Thron ab; er übernahm die Verwaltung von NO-Bulgarien und der →Dobrudža von →Preslav aus. Nachdem Asen von seinem Vetter Ivanko ermordet worden war (1196), eroberte Th. die Hauptstadt Tărnovo und übernahm erneut die Zarenkrone, doch fiel auch er bald einem Mord zum Opfer.

V. Gjuzelev

Lit.: SłowStarSłow 4, 1970, 107 – BLGS III, 1979, 432f. – ZLATARSKI, Istorija, II, 410-483; III, 1-105 – I. BOŽILOV, Familijata na Asenevci (1186-1460). Genealogija i prosopografija, 1985, 40-42.

2. Th. Svetoslav, *Zar v.* →*Bulgarien* 1300-21, Sohn des Zaren →Georg I. Terter. Seine Kinder- und Jugendjahre verbrachte er als Geisel in Byzanz und bei der →Goldenen Horde. Nach seiner Heimkehr gelang es ihm, mit Hilfe eines Teils der Bojaren v. →Tărnovo den Thron zu besteigen. Wegen der Ermordung des Sohns von →Nogaj, Čaka, gab der tatar. Chan Toktu das Gebiet nördlich des Donaudeltas (Zentrum: Festung Maurokastro am Schwarzen Meer) an Bulgarien zurück. Der byz. Versuch, gegen Th. Rivalen aus der Gruppe emigrierter Aristokraten aufzustellen, scheiterte. Nach dem erfolgreichen Krieg gegen Byzanz (1303-07) vermochte Th. die bulg. Herrschaft über Nordthrakien und das Schwarzmeergebiet wiederherzustellen. Er knüpfte dauerhafte Friedensbeziehungen zu der Goldenen Horde, dem Byz. Reich und →Serbien. 1318 besuchte Kg. →Stefan Uroš II. Milutin die bulg. Hauptstadt Tărnovo. Th. belebte die Handelsbeziehungen und die polit. Kontakte zu Venedig und Genua, beteiligte sich aktiv am byz. Bürgerkrieg (1320-21). Die vermehrte Silberförderung in seiner Zeit führte zu verstärkter Münzprägung und erhöhtem Münzumsatz und stärkte die zentrale Herrschaft des Zaren.   V. Gjuzelev

Lit.: BLGS IV, 1981, 336f. – Istorija na Bălgarija, III, 1982, 299-308, 317-319 [V. GJUZELEV] – Oxford Dict. of Byzantium, 1991, 2047f. – Z. PLJAKOV, Bălgarovizantijski otnošenija pri Teodor S., Palaeobulgarica 16, 1992, 93-108.

3. Th. I. Laskaris, *byz. Ks. v.* →*Nikaia* 1205-21, * um 1175, † Nov. 1221, ⚭ Tochter des Ks.s Alexios III. Angelos, führte den Titel ⟨'Despotes'⟩. Infolge der Eroberung Konstantinopels durch die Kreuzfahrer 1204 (→Kreuzzug, 4.; →Lat. Ksr.) floh er nach Kleinasien und bildete um Nikaia ein byz. Widerstandszentrum, das sich (nach Th.s Ausrufung zum Ks., noch 1205) zum byz. Nachfolgestaat entwickelte. 1208 ließ er sich durch den auf sein Betreiben hin erhobenen Patriarchen→Michael IV. zum Ks. krönen. Th. kämpfte auch mit unmittelbar benachbarten →Selğuqen, die von Th.s Schwiegervater Alexios, der nach wie vor den Ks.titel beanspruchte, zum Krieg angestachelt wurden. 1211 schlug Th. jedoch den Sultan der Selğuqen und nahm Alexios gefangen. 1214 zwang er den lat. Ks., →Heinrich v. Flandern, zur Anerkennung der Grenzen und Autonomie des Reiches v. Nikaia. Th.s langfristiges Ziel war stets die Rückgewinnung von Konstantinopel; dem diente seine Vermählung mit der Schwester des lat. Ks.s →Robert v. Courtenay, dem er im Gegenzug seine Tochter Eudokia als Gemahlin anbot. Um die Gunst des Papstes zu erlangen, leitete er in Nikaia Verhandlungen über eine mögliche Kirchenunion ein. 1219 schloß er einen Handelsvertrag mit den Venezianern, der diesen Freihandel im ganzen Reich v. Nikaia gewährte. Da Th. keine Söhne hinterließ, folgte ihm sein Schwiegersohn →Johannes (III.) Vatatzes nach. Th. schuf geordnete wirtschaftl., administrative und militär. Strukturen und ermöglichte so seinen Nachfolgern eine aktive Weiterführung der Politik zur Befreiung Konstantinopels.

D. M. Nicol

Lit.: BLGS IV, 298-300 – Oxford Dict. of Byz., 1991, 2039f. – A. GARDNER, The Lascarids of Nicaea, 1912 – M. J. ANGOLD, A Byz. Government in Exile, 1975 – A. STAURIDU-ZAPHRAKA, Νίκαια και Ήπειρος τον 13° αιώνα, 1990 – G. PRINZING, Das byz. Ksm. im Umbruch (Legitimation und Funktion des Herrschers, hg. R. GUNDLACH-H. WEBER, 1992), 135-143.

4. Th. II. Laskaris, *byz. Ks. v.* →*Nikaia* seit Nov. 1254, † 16. Aug. 1258, Sohn von Ks. →Johannes III. Vatatzes. Th. stand den von seinem Vater begünstigten Aristokraten argwöhnisch gegenüber und zog stattdessen Männer von geringerer Herkunft ins Vertrauen. Er wahrte den Frieden mit den →Selğuqen und dem bulg. Zaren →Ivan II. Asen, seinem Schwiegervater, stand dagegen in scharfem Gegensatz zum rivalisierenden Fs.en v. →Epiros, →Michael II. Nach Th.s Tod brachen um die Vormundschaft für den erst achtjährigen Erben, →Johannes (IV.) Laskaris, blutige Konflikte aus, die dem Usurpator →Michael (VIII.) Palaiologos die Erringung der Macht in Nikaia, dann (1261) die Eroberung Konstantinopels ermöglichten. – Der gesundheitlich geschwächte Th., der mehr Gelehrter als Staatsmann und Soldat war, erwarb sich bleibende Verdienste durch die Förderung u. a. von Nikephoros →Blemmydes und Georgios →Akropolites sowie als Verfasser eigener theol., philos. und rhetor. Werke. Eine Briefsammlung ist erhalten.   D. M. Nicol

Ed.: Th.i Ducae Lascaris Epp. CCXVII, ed. N. FESTA, 1898 – Peri christianikes theologias logoi, ed. CH. KRIKONES, 1988 – Encomio dell' imp. Giovanni Duca, ed. L. TARTAGLIA, 1990 – Satira del pedagogo, ed. DERS., 1992 – Lit.: J. B. PAPPADOPOULOS, Théodore II Lascaris emp. de Nicée, 1908 – M. J. ANGOLD, A Byz. Government in Exile, 1975 – C. N. CONSTANTINIDES, Higher Education in Byzantium in the Thirteenth and Early Fourteenth Cent., 1982 – s. a. Lit. zu Th. I. Laskaris [G. PRINZING, 1992, 161-165].

5. Th. Komnenos Dukas (Angelos), *byz. Fs. v.* →*Epiros* (seit 1215), Ks. 1224-30, † nach 1253, Halbbruder und Nachfolger →Michaels (I.) Komnenos Dukas, des Herrschers über Epiros. 1217 trat Th. hervor, als er den neugekrönten lat. Ks. →Peter v. Courtenay gefangennahm. Durch eine Reihe erfolgreicher Feldzüge vertrieb er die Lateiner aus →Thessalien und die Bulgaren aus dem westl. →Makedonien. Im Dez. 1224 zogen seine Truppen in die Stadt→Thessalonike ein, in der sich Th. 1227 vom Ebf. v. →Ohrid, Demetrios →Chomatenos, zum Ks. krönen ließ. So wurde dort in Konkurrenz zu →Nikaia ein neues (doch nur kurzlebiges) byz. Exilkaisertum begründet. Im März 1230 wurde Th. von den Bulgaren bei →Klokotnica besiegt und gefangengenommen. Der in der Gefangenschaft geblendete Th. durfte 1237 nach Thessalonike zurückkehren und setzte hier seinen Sohn Johannes als Ks. ein. Schließlich unterlag er aber in demütigender Weise seinem Rivalen, Ks. →Johannes III. Vatatzes v. Nikaia, der 1246 Thessalonike annektierte. Th. beschloß sein Leben als Gefangener in Kleinasien.   D. M. Nicol

Lit.: BLGS IV, 301f. – D. M. NICOL, The Despotate of Epirus, 1957, 1984 – G. PRINZING, Das Ksm. im Staat v. Epeiros (The Despotate of Epirus. Proceedings of the Internat. Symposium, Arta, 1990, hg. E. CHRYSOS, 1992), 17-30 – Oxford Dict. of Byzantium, 1991, 2042.

6. Th. I. Palaiologos, *Despot v.* →*Morea* 1380/81-1407; * nach 1350 in Konstantinopel, † 1407 (als Mönch), jüngster Sohn Ks. →Johannes' V. Palaiologos, ⚭ 1384 Bartolomea Acciaiuoli (→Athen, II). Als designierter Statthalter v. →Thessalonike wurde Th. mit dem Vater und einem Bruder vom ältesten Bruder, Ks. →Andronikos IV., 1376-79 im Anemas-Turm gefangengehalten. Ab 1382 als erster →Despot nach →Mistra gesandt, wurde Th. 1393/94 von Sultan Bāyezīd I. zur Heeresfolge in Thessalien gezwungen; 1395/96 Eroberung von →Korinth und Sieg über die →Navarres. Kompa(g)nie. Ange-

sichts mehrfacher türk. Einfälle in die Peloponnes versuchte Th., 1397 Korinth und 1402 Mistra an die →Johanniter v. Rhodos abzutreten (scheiterte am Widerstand der Bevölkerung), und residierte 1402–04 in →Monemvasia.
J. Koder

Q. und Lit.: PLP, Nr. 21460 – D. A. ZAKYTHINOS, Le despotat grec de Morea, 1975², I, 125–165, 340–348 – Manuel II. Palaeologus, Funeral Oration on his Brother Th., ed. J. CHRYSOSTOMIDES, 1985 – Oxford Dict. of Byzantium, 1991, 2040.

7. Th. II. Palaiologos, *Despot v.* →Morea 1407–43; * nach 1394 in Konstantinopel, † 1448 in Selymbria an der Pest, Sohn Ks. →Manuels II. Palaiologos; ⚭ 1421 Cleope Malatesta. Th. lebte 1400–03 in Methone und ab 1405 in →Mistra am Hof seines Onkels, des Despoten →Theodor I., wurde 1407 dessen Nachfolger (ztw. Obhut des Vaters und 1416 seines Bruders Johannes). Trotz türk. Einfälle (Turahan Bey, 1423) gelang Th. und seinen jüngeren Brüdern und (ab 1428) Mitherrschern, →Konstantin (XI., byz. Ks. 1449–53) und →Thomas, die Erweiterung des Despotats durch Siege über den letzten Fs.en v. Achaia, Centurione II. →Zaccaria (1428 Übergabe der Hauptstadt Glarentza), und über den Gf.en v. →Kephallenia, Carlo →Tocco, sowie durch die Eroberung v. →Patras (1429). Nach Streit mit seinem Bruder →Johannes VIII. (9. J.) um dessen Nachfolge in der Ks.würde und Zwistigkeiten mit seinen Brüdern und Mitherrschern tauschte Th. die Despotenwürde gegen das Herrschaftsgebiet Konstantins in →Selymbria. J. Koder

Q. und Lit.: PLP, Nr. 21459 – D. A. ZAKYTHINOS, Le despotat grec de Morea, 1975², I, 165–225, 348–354 – E. TRAPP, Τα τελευταία χρόνια του Θ. Παλαιολόγου, Byzantina 13, 1986, 957–965 – Giorgio Sfranze, Cronaca, ed. R. MAISANO, 1990 – Oxford Dict. of Byzantium, 1991, 2041 – O. J. SCHMITT, Zur Gesch. der Stadt Glarentza im 15. Jh., Byzantion 65, 1995, 98–135.

8. Th. I., *Papst* seit 24. Nov. 642, * Jerusalem, † 14. Mai 649 in Rom, ⌷ ebd., St. Peter; Sohn eines Bf.s. Nach dem Versagen →Honorius' I. führte der Grieche Th. den Kampf gegen den →Monotheletismus energ. fort. Patriarch Pyrrhos I. v. Konstantinopel mußte nach dem Tod Ks. →Herakleios' Paulos II. weichen, fand Unterstützung beim aufständ. byz. Statthalter in Afrika und kam mit →Maximos Homologetes nach Rom. Da Pyrrhos den Monotheletismus verwarf, anerkannte ihn Th. als Patriarchen, exkommunizierte aber den rückfällig Gewordenen, ebenso Paulos, der sich offen monothelet. geäußert hatte. Th. sandte Bf. Stephan v. Dor als päpstl. Vikar in die schwer zerrüttete Kirche Palästinas. Zum →Typos Ks. Constans' II. nahm er nicht mehr Stellung, bereitete aber die Lateransynode v. Okt. 649 noch vor (→Martin I.).
G. Schwaiger

Q. und Lit.: LP I, 331–335; III [Reg.] – JAFFÉ² I, 228–230; II, 698 – MANSI X, 699–708 [Briefe] – LThK² X, 27 – J. RICHARDS, The Popes and the Papacy in the Early MA, 1979, 184–186 – J. N. D. KELLY, Reclams Lex. der Päpste, 1988, 87f. – O. CAPITANI, Le relazioni tra le vite di Teodoro I e Martino I del LP (Studi e Ricerche sull'Oriente Cristiano 15, 1992), 5–14 – Martino I (649–653) e il suo tempo (Atti del 28 congr. storico internazionale, Todi 1991), 1992 – M. GRESCHAT – E. GUERRIERO, Storia dei papi, 1994, 127–147 [H. H. ANTON] – PH. LEVILLAIN, Dict. hist. de la papauté, 1994, 1620f.

9. Th. II., *Papst* (Dez. 897); Römer, Nachfolger des →Romanus. In seinem 20tägigen Pontifikat bemühte sich Th. um Ordnung der schweren röm. Wirren. Er ließ die Leiche des →Formosus im ursprgl. Grab in St. Peter ehrenvoll beisetzen und auf einer Synode die Beschlüsse der »Leichensynode« →Stephans VI. aufheben sowie die Weihen des Formosus für gültig erklären. G. Schwaiger

Q. und Lit.: LP II, 231 – JAFFÉ² I, 441 – MANSI XVII, 221 – E. DÜMMLER, Auxilius und Vulgarius, 1866, 72 – H. ZIMMERMANN, Das dunkle Jh.,

1971 – J. N. D. KELLY, Reclams Lex. der Päpste, 1988, 132 – PH. LEVILLAIN, Dict. hist. de la papauté, 1994, 1621.

10. Th., *Gegenpapst* (Ende 687); röm. Presbyter, bereits nach dem Tod →Johannes' V. 686 Kandidat der röm. Miliz gegen den Archipresbyter Petrus. Nach dem Tod →Kononons (21. Sept. 687) wurde Th. (jetzt Archipresbyter) erneut von einer Fraktion gegen den Archidiakon →Paschalis (3. P.) erhoben. Im Streit beider Rivalen wurde im Okt./Dez. 687 →Sergius I. gewählt und mit Zustimmung des Exarchen v. Ravenna ordnungsgemäß geweiht. Th. (nicht geweiht) unterwarf sich sofort, so daß die Bezeichnung Gegenpapst kaum zutrifft. G. Schwaiger

Lit.: LP I, 368–372, 377f. – JAFFÉ² I, 243f. – E. CASPAR, Gesch. des Papsttums, II, 1933, 621–623 – J. RICHARDS, The Popes and the Papacy in the Early MA, 1979, 206–208 – M. GRESCHAT – E. GUERRIERO, Storia dei papi, 1994, 127–147 [H. H. ANTON].

11. Th. (Theodul, Joder) **v. Octodurus,** hl. (Fest: 16. Aug.); erster Bf. im Wallis, wurde 379–380 in der Diöz. Octodurus(m) (Martigny) eingesetzt. Er erscheint unter den Unterzeichnern der Akten des Konzils v. Aquileia (381) und der Synode v. Mailand (390). →Eucherius v. Lyon schreibt Th. die Auffindung der Gebeine der Märtyrer der →Thebaischen Legion zu (→St-Maurice d'Agaune). Bisweilen wird Th. mit einem gleichnamigen Bf. v. Sion vom Anfang des 6. Jh. verwechselt; die Acta eines Mönchs Ruodpertus (11. oder 12. Jh.) machen ihn hingegen zu einem Zeitgenossen Karls d. Gr. In diesen Traditionen wird sein Leben durch Wundertaten ausgeschmückt; so soll er den Teufel gezwungen haben, eine Glocke von Rom herzutragen und soll von einer sehr geringen Traubenernte vollen Überfluß erhalten haben. Seine Reliquien wurden in Sion (→Sitten) seit dem 12. Jh. verehrt, und sein Kult verbreitete sich vom Wallis nach Savoyen, Vorarlberg, in die Franche-Comté und in das Gebiet der →Walser in Norditalien. In diesen Regionen gehört er zu den wichtigsten Schutz- und Kirchenpatronen. Er gilt als Schützer der Glocken, der Winzer, der Kühe und als Wetterpatron. Dargestellt wird er im bfl. Gewand, zu Füßen eine Glocke, die von einem Teufel getragen wird. Weitere Attribute sind ein Schwert in der Hand (Symbol der Jurisdiktionsgewalt über das Wallis, die Karl d. Gr. seinem Zeitgenossen Th. verliehen haben soll) und Weintrauben. F. Scorza Barcellona

Q.: BHL 8088 – BHL Novum Suppl. 8088a – *Lit.:* Vies des Saints VIII, 289–290 – Bibl. SS XII, 257f. – LCI VIII, 456–458 – LThK² X, 28f. – M. BESSON, Monasterium Acaunense, 1913, 72–77 – L. LATHION, Théodore d'Octodure et les origines chrétiennes du Valais, 1961 – F.-O. DUBUIS, St. Théodule, patron du dioc. de Sion et fondateur du premier sanctuaire d'Agaune, Ann. valais. 56, 1981, 123–159.

12. Th. v. Antiochia, um 1195 als Jakobit in der Hauptstadt des Kreuzfahrerfsm.s Antiochia geboren, † (Freitod) vor Nov. 1250. Studierte in Antiochia Syrisch, Latein, gr. Philos. bzw. Wissenschaft; während zweier aufeinanderfolgender Studienperioden bei Kamāladdīn Mūsā b. Yūnus (1156–1242) in Mosul lernte er die Philos. von →al-Fārābī und Ibn Sīnā (→Avicenna) wie auch die Werke von Euklid und Ptolemaios kennen; später studierte er Medizin in Bagdad. Nach zwei mißlungenen Versuchen, sich an kleinasiat. Höfen zu etablieren, ging er – etwa um 1225 – in den Dienst von Ks. →Friedrich II., erhielt von ihm ein Lehen und wurde sein Hofphilosoph, Arzt, Astrologe und Übersetzer. Er forderte Leonardo →Fibonacci in math. Fragen heraus, unterrichtete →Petrus Hispanus (den künftigen Papst Johannes XXI.) in Medizin und disputierte 1238 bei Brescia mit Roland v. Cremona OP philos. Probleme. Seine einzige erhaltene Schrift, die kurze Epistola Theodori philosophi ad imperatorem Fridericum (K. SUDHOFF, SudArch 9 [1915], 4–7), legt die Grundregeln zur Erhaltung der Gesundheit dar. Er übersetzte ins Latein Averroes' Vorwort zu dessen Komm. über Aristoteles' Physik, des Aristoteles' De animalibus, und das Jagdbuch des Falkners Moamin. Als sein Versuch, heimlich in den Orient zurückzukehren, fehlschlug, wählte Th. den Freitod; eine ksl. Urk. vom Nov. 1250 erwähnt ihn als verstorben. B. Z. Kedar

Q.: Bar-Hebraeus, Muḫtaṣar ta'rīḫ ad-duwal = Historia compendiosa dynastiarum, hg. mit lat. Übers. E. POCOCKE (Oxford, 1663), 521–522 (S. 341 des lat. Teiles); H. ṢĀLIḤĀNĪ, 1890, 477–478 – Lit.: H. SUTER, Beitr. zu den Beziehungen Ks. Friedrichs II. zu zeitgenöss. Gelehrten des Ostens und Westens, insbes. zu dem arab. Enzyklopädisten Kemâl ed-din Jûnis, Abh. zur Gesch. der Naturwiss. und der Medizin, hg. O. SCHULZ, IV, 1922, 1–8 – B. Z. KEDAR–E. KOHLBERG, The Intercultural Career of Theodore of Antioch, Mediterranean Hist. Review [im Dr.].

13. Th. Bar Koni, syr. Schriftsteller, Verf. des auf 791/792 datierten, in elf Bücher gegliederten »Buches der Scholien«. Das 11. Buch ist ein Bericht über 94 Häresien, der seinen Autor schon in früher Zeit berühmt gemacht hat. Th.s Denken zeigt sich hier oft, doch keineswegs immer von seinem großen Vorgänger →Epiphanios v. Zypern († 402/403) beeinflußt. Die sehr ausführl. Notiz über den →Manichäismus (Nr. 58–59) ist eine unentbehrl. Quelle. Die ersten zwölf Notizen des Werkes sprechen über griech. Philosophie. Unter Nr. 80 wird →Kyrillos v. Alexandria behandelt. – Eine dem Th. früher gleichfalls zugeschriebene Kirchengesch. sowie Leichenreden sind nicht erhalten. M. van Esbroeck

Ed., Bibliogr. und Lit.: A. SCHER, Th.i B. K. liber Scholiarum, 1910–12 [erste Ed.] – R. HESPEL–R. DRAGUET, Théodore B. K., Livre des Scholies, I–V, 1981; VI–XI, 1982 [grundleg.] – R. HESPEL, Théodore B. K. ..., rec. d' Urmiah, 1984 (Corpus scriptorum Christianorum orientalium, 447–448).

Theodora

1. Th. I., Ksn. 527–548, Gattin →Justinians I., * 497, † 28. Juni 548 an einem Krebsleiden, ▢ Apostelkirche in Konstantinopel. Th., Tochter eines Bärenwärters am Zirkus in Konstantinopel und bereits im Kindesalter in das »byz. Schaugeschäft« (BECK) hineingezogen, agierte als geschickte und attraktive Schauspielerin in den moralisch nicht immer einwandfreien mimischen Aufführungen ihrer Zeit. Um 518 folgte sie offenbar als Mätresse einem sonst unbekannten Hekebolos, der zum Gouverneur der Pentapolis (im heut. Libyen) ernannt worden war. Th. scheint ihn jedoch bald verlassen zu haben und kehrte über Alexandria und Antiocheia nach Konstantinopel zurück. In jenen Hauptstädten Ägyptens und Syriens kam sie mit den Patriarchen →Timotheos IV. v. Alexandria und →Severus in Kontakt, welche in der →Christologie die monophysit. Richtung vertraten; dank dieser Begegnung blieb Th. ein Leben lang die heiml. Beschützerin der →Monophysiten, gegen die sich der Ks. aus Gründen der Staatsräson wenden mußte. Th. hatte den anstößigen Beruf der Schauspielerin aufgegeben und verdiente der Überlieferung zufolge ihren Lebensunterhalt durch Wollspinnen. Auf welche Weise sie den um rund 15 Jahre älteren Justinian, damals Berater seines ksl. Onkels →Justin, kennenlernte, ist nicht bekannt. Um die Hochzeit, die schließlich 525 stattfand, zu ermöglichen, waren jurist. Schranken, die der vormaligen Aktrice gesetzt waren, aufzuheben, mußte Th. in den Rang einer Patricia erhoben werden. 527 fand mit allen vorgeschriebenen Riten die Krönung des Ks.paares statt. Th. wußte sich sehr bald beim Volke und beim Heer Autorität zu verschaffen und nahm auf die Regierungsgeschäfte erhebl. Einfluß; noch im 12. Jh. sprach der Gesch.sschreiber Johannes →Zonaras (14, 6, 1) davon, daß die Herrschaft Justinians keine Monarchie, sondern die Macht zweigeteilt gewesen sei. Beim →Nika-Aufstand v. 532 hatte die Standhaftigkeit der Ksn. den Thron gerettet; nach der Niederwerfung der Insurrektion widersetzte sie sich der Absicht Justinians, den Gegenks. →Hypatios zu begnadigen, wohl das markanteste Beispiel, wie Th. die ksl. Personalpolitik bald mit Haß, bald mit Gunsterweisung mitzubestimmen vermochte. Sie verlangte die →Proskynese, empfing auswärtige Gesandte, baute sich ihren eigenen Informationsdienst auf und sorgte dafür, daß auch in der Außenpolitik ihre Stimme gehört wurde. Zweifelsohne suchte sich Th., wie es im quasi-absolutist. Machtsystem lag, nach Kräften zu bereichern. Das byz. Seidenmonopol (→Seide, B) wußte sie für ihre Privatschatulle zu nutzen ebenso wie die häufigen Vermögenskonfiskationen. Ihre Güter in den verschiedenen Landesteilen brachten ihr jährl. 50 Goldpfund ein und erforderten eine eigene Vermögensverwaltung. Ihre Gegner bezichtigten die Ksn. der Geheimjustiz, der Giftmischerei, der Folterung.

Die Novelle 8, 1 zur Verwaltungsreform nennt ausdrückl. Th. als Miturheberin. Eine solche Mitwirkung darf weiter bei Justinians Fürsorgemaßnahmen zur Eindämmung von →Prostitution und Mädchenhandel (Novelle 14), zur Festigung der Ehe (Novelle 117 und 134), zur Hebung der sozialen Stellung der Schauspielerinnen angenommen werden. Auf der asiat. Seite des Bosporus errichtete Th. eine Heimstatt für 500 Dirnen namens Metanoia ('Buße'). Kirchen, Kl., Waisen- und Krankenhäusern versah sie mit reichen Gaben, wie es der Philanthropie einer byz. Herrscherin entsprach. Das Mosaikbild der Kirche San Vitale in Ravenna (545–547), das Justinian im Ornat darstellt, hat sein unmittelbares Pendant, das Th. in ähnl. Anordnung, aber durchaus selbständiger Auffassung wiedergibt, eine zeitgenöss. Anerkennung ihrer ungewöhnl. Persönlichkeit. In seinen »Anekdota« stellte der Historiker →Prokopios v. Kaisareia das Ks.paar als die Inkarnation des Bösen dar und trug aus dubiosen Q. verleumder. Klatschgeschichten zusammen. Die monophysit. Gesch.sschreiber (Zacharias Rhetor, Johannes v. Ephesos, Barhebraeus) begegneten dagegen Th. mit begründeter Dankbarkeit und Sympathie. J. Irmscher

Lit.: PLRE III B, 1992, 1240f. – R. BROWNING, Justinian und Th., 1981 – H.-G. BECK, Ksn. Th. und Prokop, 1986 – J. IRMSCHER (Die Frau in der Antike, 1988), 89ff. – Oxford Dict. of Byzantium, 1991, 2036f.

2. Th. II., Ksn., hl. (Fest: 11. Febr.), * ca. 815 in Ebissa (Paphlagonien), Tochter eines →Drungarios oder Turmarches Marinos und der Theoktiste Phlorina, arm. Provenienz, † nach 867, ▢ Gastriakl.; ⚭ Juni 830 Ks. →Theophilos; fünf Töchter (Thekla, Anna, Anastasia, Pulcheria, Maria) und zwei Söhne (Konstantin, Michael). Nach dem Tod Theophilos' (20. Jan. 842) war Th. Regentin für den noch minderjährigen →Michael III. Ihre Herrschaft, in der Politik maßgebl. durch den Logotheten Theoktistos bestimmt, war gekennzeichnet von innerer Stabilität und außenpolit. und militär. Erfolgen gegen die Araber. 843 wurde eine Synode einberufen, die das Konzil v. →Nikaia v. 787 bestätigte und den Bilderkult offiziell wiederherstellte (11. März); der erste Fastensonntag wird seither in der orth. Kirche als →»Sonntag der Orthodoxie« gefeiert. Am 20. Nov. 855 übernahm Michael, beeinflußt von Th.s Bruder →Bardas, selbst die Macht, Theoktistos wurde ermordet. Th. wurde am 15. März 856 offiziell abgesetzt, 858 in das Gastriakl. geschickt, einige Jahre später aber wohl wieder aus der Haft freigelassen und mit einer Funktion bei Hofe ausgestattet. A. Külzer

Lit.: A. MARKOPOULOS, Βίος τῆς αὐτοκράτειρας Θεοδώρας (BHG 1731), Symmeikta 5, 1983, 249-285 – R. JENKINS, Byzantium: The Imperial Centuries AD 610-1071, 1966, 154-160 – P. KARLIN-HAYTER, La mort de Th., JÖB 40, 1990, 205-208 – D. NICOL, A Biographical Dict. of The Byz. Empire, 1991, 120f.

3. Th. III., Ksn. 21. April-12. Juni 1042 (zusammen mit ihrer Schwester →Zoe), Jan. 1055-Aug. 1056, * in den achtziger Jahren des 10. Jh., † Aug. 1056; dritte Tochter von Ks. Konstantin VIII. (1025-28) und der Helena. Zu Beginn der Regierung Ks. →Romanos' III. Argyros (1028-34) wurde Th. mit der Verschwörung von Prousianos und Konstantin Diogenes in Verbindung gebracht und gezwungen, in das Petrion-Kl. zu Konstantinopel einzutreten. Im April 1042 wurde sie in Zusammenhang mit dem von Patriarch →Alexios Studites unterstützten Aufstand gegen Ks. →Michael V. aus der Kl.haft freigelassen, am 21. April in der Hagia Sophia zur Ksn. gekrönt. Sie regierte zusammen mit ihrer Schwester Zoe, blieb auch nach deren dritter Heirat mit →Konstantin IX., die diesen die Herrschaft übernehmen ließ, im Palast. Nach dem Tod von Zoe (1050) und Konstantin (Jan. 1055) regierte die stets unverheiratete Th. als Alleinherrscherin bis zu ihrem Tod. Sie besaß einen autoritären Regierungsstil, die eigenmächtige Bestellung von Klerikern brachte ihr die Feindschaft von Patriarch →Michael I. Kerullarios ein. Th. bestimmte unmittelbar vor ihrem Tod den Patrikios →Michael VI. Bringas zum Nachfolger. A. Külzer

Lit.: H. MÄDLER, Th., Michael Stratiotikos, Isaak Komnenos. Ein Stück byz. Ks.gesch., 1894, 17-27 – D. NICOL, A Biographical Dict. of The Byz. Empire, 1991, 121 – Oxford Dict. of Byzantium, 1991, 2038.

4. Th. die Ältere, † nach 914, Gattin des röm. Senators →Theophylakt und mit dem Titel vesteratrix an dessen Stadtregiment beteiligt, Mutter →Marozias und Theodoras der Jüngeren, von →Liutprand v. Cremona als sittenlos angefeindet. R. Schieffer

Lit.: →Theophylakt.

Theodoret, Bf. v. Kyrrhos seit 423, * 393 Antiocheia, † um 460 Kyrrhos, 416 Mönch, bedeutender Theologe der sog. Schule v. →Antiocheia. Zw. den Konzilien v. Ephesos (431) und Chalkedon (451) war er als Gegner des →Kyrillos v. Alexandreia und Verteidiger des →Nestorios maßgebl. an der Suche nach Lösungen im Streit um die →Christologie beteiligt (433 Union v. Antiocheia). 449 wurde er von der sog. »Räubersynode« in Ephesos verurteilt, 451 in Chalkedon rehabilitiert. Aufgrund seiner Verurteilung im →Dreikapitelstreit 553 sind seine dogmat.-polem. Werke (außer dem »Eranistes«, 447) nur fragmentar. erhalten. Er verfaßte gewichtige Kommentare zu den Ps, Hld und den Propheten, eine Forts. der Kirchengeschichte des →Eusebios (4. E.), die für die Gesch. des syr. Mönchtums bedeutsame »Historia religiosa« sowie eine Gesch. der Häresien (»Haereticarum fabularum Compendium«), apologet. Schriften (»Graecarum affectionum curatio« u.a.) und hinterließ eine umfangreiche Korrespondenz. E. Grünbeck

Ed.: CPG 6200-6288 – *Lit.*: DSAM XV, 418-435 [Lit.] – Oxford Dict. of Byzantium, 1991, 2049 – G. KOCH, Strukturen und Gesch. des Heils in der Theol. des Th. v. Kyros, 1974 – P. CANIVET, Le monachisme syrien selon Th. de Cyr, 1977 – J.-N. GUINOT, L'exégèse de Th. de Cyr, 1995.

Theodorich v. Gorcum (Th. Franconis, Theodericus Pauli; Dirk/Thierry Frankenszoon Pauw[els]), ndl.-burg. Chronist, * um 1416/17, † 1493, Vizedekan des Kapitels St. Martin und Vincent zu Gorcum (Gorinchem, Holland), kompilierte ein umfangreiches »Chronicon universale«, in dessen Zusammenhang vielleicht die »Historia de cladibus Leodinensium« über den Krieg zw. →Lüttich und →Burgund (1465-68) stand; wohl auf das Zeugnis des burg. *homme d'armes* Jacques Deyn gestützt, artikuliert der Bericht eine gegen Lüttich gerichtete Tendenz und ist oft durch vergröbernde Darstellung der Ereignisse geprägt. Es werden Th. auch lokale Chroniken (Arckel, Gorcum, Holland, Utrecht) und hagiograph. Werke (hll. Suidbert, Barbara, Apollinaris) zugeschrieben. Ph. George

Ed. und Lit.: BNB XIV, 714-716 – LThK² X, 35 – NBW I, 1401 – De cladibus Leodinensium, ed. P. F. X. RAM, 1844, 185-232 – J. KERVYN DE LETTENHOVE, Chroniques relatives à l'hist. de la Belgique sous la domination des ducs de Bourgogne, I, 1876, 233-328 – W. FOCKE, Theodericus Pauli..., 1892 – S. BALAU, Les sources de l'hist. de Liège au MA, 1903, 639-641 – W. PARAVICINI, Gui de Brimeu. Der burg. Staat und seine adlige Führungsschicht unter Karl d. Kühnen, 1975 – M. CARASSO-KOK, Rep. van verhalende hist. bronnen uit de middeleeuwen, 1981, 243-249 [Lit.].

Theodoricus (s.a. Dietrich, Theoderich, Theodorich, Thierry)

1. Th. (Thierry), Ebf. v. →Besançon, bezeugt Mai 872 bis 895/900. Als Inhaber der seinem Vorgänger übertragenen 'regalia' (Abtei Bregille, Zoll, vielleicht Münze) sicherte Ebf. Th. die Aufrechterhaltung der öffentl. Gewalt während einer Periode, in der die kgl. Herrschaft über das burg. Juragebiet mehrfach in Frage stand. Zunächst den westfrk. →Karolingern treu ergeben, empfing der Ebf. den Ks. →Karl d. K. anläßl. seiner Romzüge (875-877) in Besançon und nahm an den Konzilien v. →Ponthion (876) und Troyes (878) teil. Die umstrittene Wahl seines Suffragans →Hieronimus v. Lausanne und mehrere Exkommunikationsfälle brachten ihn in lebhaftere Beziehungen zu Papst →Johannes VIII. (878, 879). Parteigänger von →Boso auf der Versammlung v. →Mantaille (879), bat Th. das Papsttum um Hilfe gegen die Angriffe eines Anhängers von →Karl III. d. Dicken auf Besitzungen der Kirche v. Besançon. Th. unterstützte als führender Prälat des entstehenden Kgr.es →Burgund das Kgtm. →Rudolfs I. (888), dessen →Erzkanzler er bis zur Eroberung der Diöz. Besançon durch →Zwentibold blieb (895-900); der Ebf. schloß sich Zwentibold an, von dem er Gnadenerweise empfing (Rückgabe der 'villa' Pouilley-les-Vignes). Nach der Wiedergewinnung der Juraregion durch Rudolf (um 900) wird Th. nicht mehr erwähnt; seine Nachfolge rief eine ernste Krise hervor, in welcher der kgl. Kandidat (Ayminus, er fungierte 914-915 als Ebf.) und der (schließlich siegreiche) Kandidat des Kathedralkapitels, Berengar, Neffe und wohl Notar von Th., um die ebfl. Würde stritten.

G. Moyse

Q.: MGH DD Rudolf., 39f. – *Lit.*: Hist. de Besançon, hg. C. FOHLEN, 1981², 217-222 [B. DE VREGILLE].

2. Th. (Dietrich), hl., Bf. v. →Minden 853-880, ✠ 2. Febr. 880, ▭ Kl. →Ebstorf. Aus sächs. Adel stammend (aus Erbgut gründete er das Kanonissenstift →Wunstorf; MGH DD LD, 140), wurde Th. bald nach dem 16. Sept. 853 Bf. v. Minden. Er gehörte zu den wenigen Sachsen, die Ludwig d. Dt. als Berater heranzog, offenbar v.a. in außenpolit. Fragen; belegt ist seine Tätigkeit als ostfrk. Unterhändler in Worms (4. Juni 859; MGH Cap. 2, 446), ferner seine Anwesenheit beim Frieden v. Koblenz (5. Juni 860), den Synoden v. Worms (868) und Köln (27./28. Sept. 870). 865 vertrat er die Kirchenprov. Köln bei der Weihe Bf. → Rimberts v. →Hamburg-Bremen, den er zuvor zum Kg. geleitet hatte (MGH SRG 55, 89f.). Am 2. Febr. 880 fiel er mit Hzg. →Brun v. Sachsen, Bf. Markward v. Hildesheim u.a. sächs. Großen in der Schlacht gegen die →Normannen an der Unterelbe und wurde später als einer der 'Märtyrer v. Ebstorf' verehrt.

K. van Eickels

Lit.: Bibl. SS IV, 894 – GAMS V. 1, 89f. – LThK² X, 54 – E. GISBERT, Mindener Jb. 5, 1930/31, 6-8 – H. HARTHAUSEN, Die Normanneneinfälle im Elb- und Wesermündungsgebiet, 1966 – K. ORTMANNS, Das Bm. Minden, 1972, 11-13, 17-19 – Die Kl.gemeinschaft v. Fulda im früheren MA, 2. 2, hg. K. SCHMID, 1978, 506, 516.

3. Th. Cerviensis → Borgognoni Tederico dei

4. Th. Monachus → Historia de antiquitate regum Norvagensium

5. Th. Teutonicus → Dietrich v. Freiberg (24. D.)

6. Th. (Dietrich) (de) **Vrie** v. Osnabrück, OESA, angesehener Prediger und geistl. Schriftsteller, * um 1370, † nach 1434. Er wirkte als Lektor in den Augustinerkl. Himmelpforten bei Wernigerode (um 1414), Osnabrück und Köln (nach 1419). 1416-18 war er Konzilsprediger in Konstanz (2 Sermones, ed. in: AnalAug 33, 1970, 44-74) und verfaßte eine Konzilsgeschichte »De consolatione Ecclesiae« (Köln 1484 und Helmstedt 1697, ed. H. v. d. Hardt). In seinem »Tractatus de conceptu Virginis« um 1434 (ed. P. de Alva, Löwen 1664) trat er für die Lehre von der Unbefleckten Empfängnis ein. Zu anderen hsl. überlieferten Werken siehe ZUMKELLER, Handschriften, 374-380.   A. Zumkeller

Lit.: DSAM XVI, 1278-1280 – LThK² X, 36f. [ältere Lit.] – Marienlex. II, 194 – TH. BECKMANN, Das ehem. Augustiner-Eremitenkl. zu Osnabrück, 1970, 33f. – A. ZUMKELLER, AnalAug 33, 1970, 13-29 – A. KUNZELMANN, Gesch. der dt. Augustiner-Eremiten, II, 1970; IV, 1972, passim – Das Konstanzer Konzil, ed. R. BÄUMER, 1977, passim – D. GUTIÉRREZ, Gesch. des Augustinerordens, I, Teil 2 [dt.], 1981, 187-189 – A. ZUMKELLER (Reformbemühungen und Observanzbestrebungen im spätma. Ordenswesen, ed. K. ELM, 1989), 461, 466f.

Theodoro (Θεοδωρώ, im FrühMA: Dory/Doros), befestigte Hauptsiedlung der 'Gotthia' (Gebiet der gr.-byz. missionierten Krim-Goten). Trifft die vorherrschende Identifizierung Th.s mit den Ruinen und der verlassenen 'Höhlensiedlung' auf dem 90 ha großen Plateau des jetzt 'Mangup(-Kale)' gen. Burgberges zu, dann lag Th. am N-Rand des sw. Krim-Gebirges. Es kontrollierte seit seiner erstmaligen Befestigung unter →Justinian I. im Rahmen des Limes Tauricus den Hauptzugang aus dem Steppengebiet der →Krim nach →Chersonesos (ca. 25 km sw. von Th.). 704/705 nahm Ks. →Justinian II. nach seiner Flucht aus Chersonesos von hier aus Kontakt auf zum Khagan der →Chazaren, was die Grenzlage (und von Ende 8. Jh. bis Anfang 10. Jh. die anzunehmende Zugehörigkeit) Th.s zum Machtbereich der Chazaren beleuchtet. Wohl ab Ende 10. Jh. stand Th. wieder unter byz. Herrschaft. Im 14.-15. Jh. war Th., das nach 1395 der als Exarch auf die Krim entsandte Priestermönch Matthaios (PLP, Nr. 17310) in einem Gedicht verherrlichte (mit Hinweis auf eine sonst unbekannte 9jährige mongol. Belagerung [1395-1404?]), Hauptstadt eines selbständigen Fsm.s. Zu ihm gehörte auch die Küstenfestung Kalamita/Inkerman (n. von Chersonesos) samt ihrem Hafen. Die Osmanen eroberten Th. erst nach halbjähriger Belagerung Ende Dez. 1475.   G. Prinzing

Q. und Lit.: Sbornik grečeskich nadpisej christianskich vremen iz Rossii, hg. V. V. LATYŠEV, 1896 [Nachdr. 1974], 48-58 – A. A. VASILIEV, The Goths in the Crimea, 1936, passim – I. S. ČIČUROV, Vizantijskije istoričeskije sočinenija, 1980, 124f., passim – A. G. GERCEN, Krepostnyj ansambl' Mangupa (Materialy po archeologii, istorii i ètnografii Tavrii 1, 1990), 86-166, 242-271 [Lit., Kartenskizzen] – S. PIORO, Krymskaja Gotija, 1990 – The Oxford Dict. of Byzantium, 1991, 654f. [s.v. Dory] – V. A. SIDORENKO, »Goty« oblasti Dori Prokopija Kesarijskogo i »Dlinnye steny« v Krymu (Materialy po archeologii, istorii i ètnografii Tavrii 2, 1991), 105-118 [identifiziert Doros mit Inkerman] – N. I. BARMINA, Mangupskaja bazilika v svete nekotorych problem krymskogo srednevekov'ja (Antičnaja drevnost' i srednie veka, vyp. 27, 1995), 77-84.

Theodoros (s. a. Theodor, Theodorus)

1. Th. v. Tarsos, *Ebf. v.* →*Canterbury* 668-690, * 602 in Tarsos in der griechischsprachigen Provinz →Kilikien, † 19. Sept. 690. Seine frühe Erziehung ist unbekannt. Da seine Bibelexegese sich an →Antiochia orientiert, könnte er möglicherweise dort eine erste Ausbildung erhalten haben, auch hatte er Kontakt zum syr. Christentum, entweder in Antiochia oder vielleicht weiter östl. in →Edessa. Später ging er nach Konstantinopel, vielleicht auf der Flucht vor dem pers. Einfall in Kilikien 613 oder vor 637. In Konstantinopel studierte er – vielleicht zusammen mit Stephanos v. Alexandria – die Inhalte des byz. Lehrplans: Ziviles und Kanon. Recht, Rhetorik, Philosophie, Medizin, Komputistik und Astronomie. Danach lebte er in Rom als Mitglied einer Gemeinschaft von kilik. Mönchen im Kl. St. Anastasius ad aquas Salvias (heute →»Tre Fontane«). Zusammen mit anderen Mitgliedern dieser Gemeinschaft war er möglicherweise mit dem Konzept der Akten der Lateransynode v. 649 befaßt, die ausdrückl. die Verurteilung der ksl. Politik des →Monotheletismus beinhalteten. In diesem Fall hätte er in engem Kontakt zu Papst Martin I. und →Maximos Homologetes gestanden, die beide wegen ihrer Haltung auf dieser Synode von Ks. Konstans II. verurteilt und eingekerkert wurden.

Als Th. Papst Vitalianus als mögl. Kandidat für den vakanten Erzbischofssitz v. Canterbury vorgeschlagen wurde, zögerte dieser zunächst – vielleicht wegen Th.' Verwicklung in die Lateransynode. Schließlich ernannte der Papst ihn zum Ebf., aber unter der Bedingung, daß →Hadrian, ein Mönch aus Neapel, Th. nach England begleitete. Th. wurde 668 vom Papst geweiht und erreichte 669 (nun im Alter von 67 Jahren) England, um sein Episkopat anzutreten. Seine erste Aufgabe war die Reorganisation der engl. Kirche (→England, F.I). Er besetzte einige vakante Bf.sstühle und teilte sehr große Diöz.en (z. B. die Diöz. von Bf. →Wilfrid v. York) in mehrere Untereinheiten auf. Th. ordnete ferner das kirchl. Nationalsynoden zur Verkündung des Kirchenrechts an, wobei die erste 672 in →Hertford abgehalten wurde. Sein bedeutendstes Vermächtnis stellt die Kathedralschule dar, die er und Hadrian in Canterbury einrichteten und in der der Lehrplan metr., astronom. und komputist. Studien umfaßte, aber hauptsächl. auf das Studium der Bibel ausgerichtet war. Die kürzl. veröffentlichten Bibelkommentare aus der Kathedralschule zum Pentateuch und zu den Evangelien (vgl. →Glossen, I; IV. 2) stellen das umfangreichste Beispiel der antiochen. Bibelexegese dar, das im Lat. Westen erhalten geblieben ist. Th. verfaßte auch (durch Diktat) eine Reihe von Bußsatzungen (→Bußbücher), und die neuere Forsch. schreibt ihm eine ungedruckte »Passio S. Anastasii« (BHL 410b) zu sowie den »Laterculus Malalianus« (eine exeget. Abhandlung über das Leben Christi, teilweise fußend auf dem »Chronicon« von →Johannes Malalas) und eine Anzahl von trochäischen Achtsilblern, nach dem Vorbild der gr. anakreont. Verse.   M. Lapidge

Q. und Lit.: Beda, Hist. eccl. IV, 1ff. [ed. B. COLGRAVE-R. A. B. MYNORS, Bede's Ecclesiastical Hist., 1969] – P. W. FINSTERWALDER, Die Canones Theodori und ihre Überlieferungsformen, 1929 – B. BISCHOFF-M. LAPIDGE, Biblical Commentaries from the Canterbury School of Th. and Hadrian, 1994 – Archbishop Th., ed. M. LAPIDGE, 1995 – J. STEVENSON, The »Laterculus Malalianus« and the School of Archbishop Th., 1995 – →Glossen, I; IV. 2.

2. Th. Abū Qurra, *Bf. v. Harrān*, * um 750 in Edessa, † nach 820; Mönch in Mar Saba, bedeutender melchit. Theologe (→Melkiten), beeinflußt durch das Werk des

→Johannes Damaskenos. In gr. und zur ältesten chr.-arab. Lit. gehörenden arab. Schriften verteidigt er chr. Dogmen, Bilderverehrung und kirchl. Lehramt gegen Häretiker, Juden und Muslime. W. Cramer

Ed. und Lit.: CPG 8075a, b – I. Dick, Th. Abuqurra, Traité de l'existence du créateur, 1982 – Ders., Th. Abuqurra, Traité du culte des icônes, 1986 – LThK² X, 37f. [ältere Edd.; Lit.] – Oxford Dict. of Byzantium, 1991, 2041 – Beck, Kirche, 833 – I. Dick, Muséon 72, 1959, 53–67 – Ders., OrChrP 12, 1962, 209–223, 319–332; 13, 1963, 114–129 – S. H. Griffith, Muséon 92, 1979, 29–35 – Ders., Paroles de l'Orient 14, 1987, 79–107.

3. Th., *Bf. v. Heraklea* (Thrakien), † um 355, gehörte zur antinicaenischen Opposition im O um →Eusebios v. Nikomedeia. Er nahm an den Synoden v. Tyros (335), Antiocheia (341), Sardika (343?) teil und war Mitglied mehrerer gewichtiger Delegationen. Er verfaßte bedeutende Kommentare zu Mt, Joh, Apg und Ps, in denen er bes. die literale Exegese pflegte. E. Grünbeck

Ed. und Lit.: CPG 3561–3567 – Dict. enc. du Christianisme ancien, II, 1990, 2406 – M. Simonetti, Lettera e/o allegoria, 1985, 135f.

4. Th., *Bf. v. Mopsuestia* seit 392, * um 350 Antiocheia, † 428; Schüler des →Diodoros v. Tarsos, bedeutender Vertreter der Theologie und Exegese der sog. Schule v. →Antiocheia. Th. wurde im →Dreikapitelstreit als Vorläufer des →Nestorios verurteilt (Konzil v. Konstantinopel 553). Nur wenige seiner Schriften sind fragmentar. oder in syr. Übers. erhalten (Disputatio mit den Makedonianern, Katechet. Homilien u. a.). Th. entwickelte in der Auseinandersetzung mit →Apollinaris v. Laodikea eine →Christologie, die die Unterscheidung von Gottheit und Menschheit in Jesus Christus stark betonte. Im Streit um den Pelagianismus (→Pelagius) ergriff er Partei für →Julianus v. Aeclanum. In seinen Kommentaren benutzte er die sprachwiss. und grammat. Methoden der antiken Homer-Exegese und arbeitete den hist. Kontext der bibl. Schriften heraus. Er reduzierte die christol. Interpretation des AT auf das Äußerste und lehnte die Allegorese ab. E. Grünbeck

Ed. und Lit.: CPG 3827–3873 – DSAM XV, 385–400 [Lit.] – Dict. enc. du Christianisme ancien, II, 1990, 2407–2410 – Oxford Dict. of Byzantium, 1991, 2044 – R. A. Norris, Manhood and Christ. A Study in the Christology of Th. of M., 1963 – C. Schäublin, Unters. zu Methode und Herkunft der Antiochen. Exegese, 1974, 84–155 – A. Grillmeier, Jesus der Christus im Glauben der Kirche, I, 1982², 614–634 – L. Fatica, I commentari a Giovanni di T. di M. e di Cirillo di Alexandria. Confronto fra metodi esegetici e teologici, 1988.

5. Th., *Bf. v. Pharan* (Sinaihalbinsel), frühes 7. Jh. In den christolog. Streitigkeiten nach dem Konzil v. →Chalkedon erscheint Th. als dezidierter Vertreter des →Monenergismus. Fragmentar. erhalten sind nur ein Brief an Sergius v. Arsinoe (in Ägypten) und eine Auslegung von Vätertexten (CPG 7601f.). Die erhaltenen Auszüge wurden 649 (Lateransynode) und 681 (III. Konzil v. Konstantinopel) verurteilt. – Vermutl. mit →Theodoros v. Raithu identisch. K. S. Frank

Lit.: W. Elert, Der Ausgang der altkirchl. Christologie, 1957.

6. Th. v. Raithu, Mönch und Abt des Kl. Raithu (Sinaihalbinsel), frühes 7. Jh. Ist er identisch mit →Theodoros v. Pharan, dann muß er schließlich Bf. v. Pharan geworden sein. Dem Mönch Th. wird eine »Praeparatio« zugeschrieben (CPG 7600), die einen Häresienkatalog enthält und sich um eine eigene Deutung des Dogmas von Chalkedon müht (wichtige philos. Begriffsbestimmungen). Wird auch als Autor des »Liber de Sectis« (CPG 6823) vorgeschlagen. K. S. Frank

Lit.: M. Richard, Opera Minora, II, 1977, Nrr. 55, 60 – J. Speigl, Der Autor der Schr. 'De Sectis' über die Konzilien und Religionspolitik Justinians I., AHC 2, 1970, 207–230 – Dict. enc. du Christianisme ancien, II, 1990, 2411f. – Oxford Dict. of Byzantium, 1991, 2044.

7. Th. v. Tabennese, *Kl.abt,* * um 314 in Esneh (Oberägypten), † 368, monast. Schüler des →Pachomios. Während einer Krise des pachomian. Kl.verbandes bestimmte ihn der Generalabt →Horsiese um 350 zum Koadjutor. →Hieronymus übersetzte einen Osterfestbrief des Th. an seine Kl. (kopt., griech. Zwischenglied) 404 mit weiteren pachomian. Schriften ins Lat. In neuester Zeit Erweiterung des Bestandes kopt. Originaltexte von ihm durch neue Funde. Th. Baumeister

Q. und Lit.: DSAM XV, 414–418 [Lit.] – A. Boon, Pachomiana lat., 1932, 105f. – L. Th. Lefort, Œuvres de s. Pachôme et de ses disciples, CSCO 159–160, 1956, 37–62 [38–62] [kopt.; frz. Übers.] – B. Steidle (Erbe und Auftrag 44, 1968), 91–119 – M. Krause, Der Erlaßbrief Theodors (Fschr. H. J. Polotsky, ed. D. W. Young, 1981), 220–238 [Lit.].

8. Th. Anagnostes →Theodoros Lector (12. Th.)

9. Th. Daphnopates →Daphnopates

10. Th. Euchaïta, hl., Beiname: τήρων ('Soldat'), später auch στρατηλάτης ('Feldherr'), aus Euchaïta, dem nach 971 nach den Hl.n umbenannten Thedoropolis (= Çorum?) bei Amaseia. In der älteren Vita erleidet der Soldat Th. 306 den Feuertod (Fest: 17. Febr.). Die namentl. Anrufung im →Anaphora-Gebet sichert ihm einen zentralen Platz in der Liturgie. Er ist Patron des byz. Heeres und der Stadt →Venedig (dort nach 828/829 durch den Evangelisten Markus verdrängt). Die Ausschmückung der Legende (u. a. Drachenkampf; Endstadium bei →Symeon Metaphrastes) führte zu einem zweiten hl. Th. aus E. oder Herakleia (Beiname: ausschließl. στρατηλάτης; Fest: 8. Febr.). Tradiert ist (für den τήρων) der Bau einer Wallfahrtskirche in E. bereits unter Ks. Anastasius, dann auch in Konstantinopel. Kultzentren im W sind Rom (SS. Cosma e Damiano, S. Teodoro), Ravenna und Venedig (Palastkapelle S. Teodoro, in S. Marco aufgegangen).

Die Ikonographie beider Hl.n ist prakt. ident., so daß sie ohne Zunamen in Beischrift – bes. auch in der Übergangszeit – nicht zu trennen sind: dunkles gelocktes Haar, spitzer Bart; Kleidung: entweder Hofgewand (fußlanger Chiton und Chlamis [als Soldaten gelegentl. mit Maniakion ausgezeichnet]) oder Kriegsgewand (kurzer Chiton, Panzer und Waffen, Chlamys am Rücken) (Basileios-Menolog, Harbaville-Triptychon, Daphni, Cefalù, H. Teodoros und Metropolis in Mistras). Die Haltung kann die eines Betenden (→Orans) sein (H. Demetrios in Thessalonike, Reliquiar Halberstadt, Emailikone Berlin) oder aber die eines angreifenden Kriegers (Sv. Kliment in Ohrid, Sv. Nikita in Čučer, Kariye Camii in Konstantinopel neben dem Tornikes Grab). Th. zählt auch zu den Reiterhl.n, wobei beide Th. paarweise (wie Sergios und Bakchos, Demetrios und Georgios oder Merkurios und Prokopios) dargestellt werden. Das in die spätere Vita aufgenommene Drachenkampfmotiv führt zur Darstellung als drachentötender Reiter. Bereits im 9. Jh. wird Th. im ägypt. Antonioskl. mit Krone auf dem Haupt und einen Knaben vor der Drachenschlange rettend abgebildet. In diesen Zusammenhang gehört auch die Identifikation der Hl.n im slav. Volksglauben mit dem phantast. »Thrakischen Reiter«. M. Restle

Lit.: RByzK II, 1049–1059 – H. Delehaye, Les légendes grecques des saints militaires, 1909 – L. Mavrodinova, S. Théodore, évolution et particularités de son type iconographique..., Bull. de l'Inst. des Arts 13, 1969, 33–52 [bulg., frz. Zusammenfassung].

11. Th. Hyrtakenos, Lehrer der Grammatik und Rhetorik in Konstantinopel z. Z. Ks. Andronikos' II. (1282–

1328), * vor 1270 (?) in Hyrtakos (Artake) bei Kytzikos. Die geringen Kenntnisse über sein Leben entstammen v. a. einer im Cod. Paris. gr. 1209 überlieferten Slg. von 93 Briefen, die, zw. 1315/16 und 1327/28 entstanden und in der Regel an hochgestellte Persönlichkeiten wie Andronikos II., Patriarch →Johannes Glykys, Nikephoros Chumnos oder Theodoros →Metochites gerichtet, in manchmal zudringl. Tonfall Bitten um Unterstützung durch Geld oder Naturalien enthalten. Th. hat dabei, dem Zweck entsprechend, seine Lebenssituation dramatisiert, die erbetenen Geschenke (epp. 1, 2, 92: Pferd; epp. 31, 37, 49, 78 u. a.: ausgefallene Kleidung) lassen kaum an echte Armut denken. Aus seinem Œuvre sind überliefert: eine Deklamation an Andronikos II., eine Lobrede auf die Theotokos, ein Enkomion auf den wundertätigen Anachoreten Aninas, eine Ekphrasis des Gartens der hl. Anna, auf der Basis eines von ihm gesehenen Bildes, sowie Leichenreden auf Ks. Michael IX. († 1320), Ksn. Irene v. Montferrat und auf Nikephoros Chumnos.   A. Külzer

Lit.: Oxford Dict. of Byzantium, 1991, 966f. – PLP, Nr. 29507 – A. KARPOZILOS, The Correspondence of Th. H., JÖB 40, 1990, 275–294 – DERS., Books and Bookmen in the 14th Cent., ebd. 41, 1991, 255–276, 256–259, 272f.

12. Th. Lector (Anagnostes), Kirchenhistoriker, † um 530. Der Lector an der Hagia Sophia in Konstantinopel faßte die älteren Kirchengeschichten des →Sokrates, →Sozomenos und →Theodoret zu einer Historia tripartita zusammen (durch die bearbeitende Übers. des →Epiphanios Scholastikos zur Hist. tripartita →Cassiodors geworden). Selbständig arbeitete Th. in seiner Forts. der Kirchengeschichte für die Jahre 439–518 (nur in Fragmenten und in einer Epitome des 7./8. Jh. erhalten, welche die Rekonstruktion ermöglichte).   K. S. Frank

Ed. und Lit.: Kirchengesch., ed. G. C. HANSEN, 1995² – Dict. enc. du Christianisme ancien, II, 1990, 2406f. – Oxford Dict. of Byzantium, 1991, 2042.

13. Th. Meliteniotes, byz. Kleriker und Literat, † 8. März 1393, διδάσκαλος τῶν διδασκάλων (leitender Lehrer an einer Klerikerschule?) und Großsakellarios 1360, Archidiakon des Palastklerus v. Konstantinopel 1368, Palamit (→Palamismus), Antilateiner; unterschrieb 1368 das synodale Anathema gegen Prochoros Kydones; Adressat des Demetrios →Kydones und des Joseph →Bryennios. Th. M. verfaßte v. a. zwei voluminöse Werke, eine Evangelienharmonie mit Kommentar und die Ἀστρονομικὴ Τρίβιβλος (Buch I, arithmet. Einleitung; B. II, Astronomie des Ptolemäus; B. III, astronom. Tafeln der Perser). – Seine Identität mit einem Meliteniotes unbekannten Vornamens, der ein allegor. Gedicht auf die personifizierte Enthaltsamkeit (σωφροσύνη) verfaßte, gilt seit F. DÖLGER (der u. a. auf direkte Benutzung des Ptolemäus hinweist) als wahrscheinlich; gemäß PLP, 17848 kommt aber auch Demetrios Meliteniotes (PLP, 17849) als Verfasser in Frage.   F. Tinnefeld

Ed.: Astronomie: Tribiblos Astronomique (Komm.), ed. R. LEURQUIN, I, 1990; II, 1993 – *Gedicht:* E. MILLER, Notices et Extraits des mss. de la Bibl. Nat. 19/2, 1858 – *Lit.:* Oxford Dict. of Byzantium, 1991, 1336f. – PLP, 17851 (M., Th.); 17848 (M.) – F. DÖLGER, Q. und Vorbilder zu dem Gedicht des Meliteniotes Εἰς τὴν σωφροσύνην [Diss. 1919, ungedr.] – DERS., Annuaire de l'Institut de Philologie et d'Hist. Orientales et Slaves 2, 1933/34, 315–330 – V. TIFTIXOGLU, Digenis, das »Sophrosyne«-Gedicht des Meliteniotes und der byz. Fünfzehnsilber, BZ 67, 1974, 1–63 – F. TINNEFELD, Demetrios Kydones, Briefe I/2, 1982, 508–511.

14. Th. Metochites → Metochites

15. Th. Prodromos → Prodromos

16. Th. Scholastikos, einer der bedeutenderen Verf. byz. jurist. Lit. der Epoche nach dem Tode Justinians, stammte aus Hermupolis. Sein in gr. Sprache verfaßter Kommentar zum Codex Iustinianus (σύντομος κῶδιξ) basiert auf den Kodexkommentaren des →antecessor Thalelaios. Die nur bruchstückhafte Rekonstruktion des Werkes erfolgte aus den Basilikenscholien (→Basiliken) sowie aus jurist. Sammelhss., deren Zusammensetzung erst in neuerer Zeit aufgeklärt werden konnte. Von Th. stammt auch eine zw. 567 und 602 geschriebene Kurzfassung des Inhalts der Novellen Justinians (→Corpus iuris civilis, I. 4), die allerdings nicht so weit verbreitet war wie jene seines Zeitgenossen Athanasios v. Emesa.   P. E. Pieler

Ed.: Kodexkomm.: C. G. E. HEIMBACH, Basilicorum libri LX, Bd. 6: Prolegomena, 1870, 8off. – H. J. SCHELTEMA, Fragmenta breviarii a Theodoro Hermopolitano confecti, Stud. byz. et neohell. Neerlandica, 1972, 9ff. – H. R. LUG, Ein Bruchstück des Codexkomm.s des Th., Fontes Minores, I, 1976, 33ff. – *Novellenepitome:* C. E. ZACHARIÄ v. LINGENTHAL, Anekdota, 1843, 7ff. – *Lit.:* P. E. PIELER, Byz. Rechtslit. (HUNGER, Profane Lit., II), 436.

17. Th. (Spoudeios) lebte im 7. Jh., stammte aus Konstantinopel, genoß eine mäßige Bildung. Seine und seines Bruders Theodosios v. Gangrai näheren Lebensdaten sind unbekannt. Der Beiname deutet entweder auf persönl. Einsatz für den Glauben oder auf Zugehörigkeit zur Bruderschaft der Spoudeioi hin. Als Freund des Papstes Martin I. berichtet er in seinem 'Hypomnestikon' von dessen Gefangennahme, Haft, Prozeß und Verbannung. Er schließt mit seinem Besuch am Grabe Martins I. am 20. Aug. 668, erwähnt wohl die Fortdauer der Verfolgung, nicht aber die Ermordung Konstans' II. Pogonatos am 16. Juli bzw. Sept. 688. Somit dürfte das Hypomnestikon Ende 688, spätestens Anfang 689 geschrieben sein. Vielleicht sind ihm auch die Commemorationes ad Romanos und ad Africanos zuzuschreiben. Mit Martin I. und anderen Opfern des →Monotheletismus (Maximos Homologetes, Anastasios Apokrisarios) hielt er Verbindung durch Briefe und Besuche.   B. Plank

Ed. und Lit.: R. DEVREESSE, Le texte grec de l'Hypomnesticum de Théodore Spoudée. Le supplice, l'exil et la mort des victimes illustres du Monothelisme, AnalBoll 53, 1935, 49–80 – Lat. Übers.: MPG 90, 193–202 – Commemoratio: MPL 129, 591–599 – S. PETRIDÈS, Les Spoudaei de Jérusalem et de Constantinople, EO 4, 1900, 225–231 – BECK, Kirche, 462.

18. Th. Studites, Theologe, Abt und Reformator des byz. Klosterlebens, * 759, † 826; lebte seit 780 als Mönch in dem von seinem Onkel Platon geleiteten Kl. Symbolon in Bithynien, seit 782 mit Platon zusammen im neu gegr. Kl. Sakkudion, wo er 794 Abt wurde. Im sog. →Moichianischen Streit wurde er wegen seines Widerstands gegen die kirchenrechtl. unzulässige 2. Ehe Konstantins VI. 795/796 nach Thessalonike verbannt, kehrte aber nach dessen Sturz wieder nach Sakkudion zurück. 798 ging er, angebl. wegen eines arab. Einfalls, nach Konstantinopel, wo er Abt des →Studiu-Kl. wurde, das er in den folgenden Jahren reformierte. Als führender Exponent des bilderfreundl. Mönchtums gewann er schnell polit. Einfluß. In seinen theol. Schriften und zahlreichen Briefen pflegte er eine eigenwillige Sprache mit volkssprachl. Anklängen und Neologismen. 806 geriet er in Streit mit Patriarch →Nikephoros I. wegen dessen Versuchs, durch einen Kompromiß den Moichian. Streit beizulegen, wurde deshalb 809 verhaftet und zusammen mit Platon und seinem Bruder Joseph auf die Prinzeninseln verbannt. Unter dem den Studiten nahestehenden Ks. Michael I. wurde er 811 wieder Abt des Studiu-Kl. Beim Neuausbruch des →Bilderstreits erschien er 815 nicht auf der bilderfeindl. Syn-

ode, agitierte aber gegen ihre Beschlüsse; daraufhin wurde er von Leon V. wieder verbannt, zunächst nach Metopa am Apollonias-See in Bithynien, dann 816 wegen fortgesetzter Kontakte zu seinen Anhängern nach Boneta in Phrygien (am Salzsee östl. v. Chonai) und 819 nach Smyrna. 821 durch Michael II. freigelassen, lebte er an verschiedenen Orten in Bithynien und starb auf der Insel Prinkipo bei Konstantinopel; sein Leichnam wurde 844 nach der endgültigen Beilegung des Bilderstreits in das Studiu-Kl. überführt.
A. Berger

Ed.: Jamben auf verschiedene Gegenstände, ed. P. Speck, 1968 – Th.i St.ae Epistulae, ed. G. Fatouros, 2 Bde, 1992 [Werkliste mit Verz. der Ausg.: I, 21*–38*] – *Q.:* Vita Th.i St.ae, MPG 99, 233–328 – *Lit.:* A. Dobroklonskij, Prep. Fedor, ispovednik i igumen studijskij I, 1913, 396–590 – I. Hausherr, St. Théodore Stoudite, 1926 – J. Leroy, La réforme stoudite, OrChrP 153, 1958, 181–214 – Beck, Kirche, 491–495 – P. Speck, Konstantin VI., 1978 – Oxford Dict. of Byzantium, 1991, 2044f. – Fatouros, a. O. 1*–38*.

19. Th. Synkellos, Politiker und Schriftsteller, 1. Hälfte 7. Jh.; die Identifizierung mit dem Patriarchen Theodoros I. v. Konstantinopel (677–679, 686–687) ist aus chronolog. Erwägungen unwahrscheinl. Das →»Chronicon Paschale« nannte Th. als Mitglied der kleinen byz. Gesandtschaft, die im Verlauf der Belagerung Konstantinopels 626 durch Perser und Avaren zum avar. Khan geschickt wurde (rec. L. Dindorf, 1832, 721, 9). Th. ist aller Wahrscheinlichkeit nach der Verf. einer anonymen Homilie, die eben diese Belagerung zum Thema hat und am 7. Aug. 627 (Jahrestag der Befreiung) vorgetragen wurde. Verschiedene Hss. nennen ihn auch als Autor einer Rede über die Überführung des als Reliquie verehrten Theotokosmantels von der Blachernenkirche zu Konstantinopel in die Hagia Sophia; die Datierung dieses Ereignisses ist umstritten, aber eher in Zusammenhang mit den Avarenvorstößen 619 oder 626 zu sehen als mit dem Russenangriff 860.
A. Külzer

Lit.: Oxford Dict. of Byzantium, 1991, 2048 – J. Wortley, The Oration of Th. S. (BHG 1058) and the Siege of 860, Byz. Stud. 4, 1977, 111–126 – S. Szadecky-Kardoss, Th. Dér, Th. Olajos, Breviarium homiliae Th.i S.i, De obsidione avarica Constantinopolis (BHG 1078m), AnalBoll 108, 1990, 147–182.

20. Th. Teron → Theodoros Euchaïta (10. Th.)

Theodorus Priscianus, wohl aus Nordafrika, Wende des 4. zum 5. Jh., Schüler des Vindicianus, Autor einer therapeut. Schrift (B. 1: an der Körperoberfläche sichtbare Krankheiten, B. 2: innere Krankheiten [zuerst die akuten, dann die chronischen], B. 3: Frauenkrankheiten [unvollst.]), eine von ihm selbst gekürzte lat. Fassung seines jetzt verlorenen, vermutl. wenig originellen Werkes in gr. Sprache; es enthält v. a. Rezepte, eingeleitet von kurzen Bemerkungen zu Ursache und Erscheinungsbild der Krankheit (beachtl. Schilderung des epilept. Anfalls in 2, 47). Die nur fragmentar. überlieferte Physica brachten mag. Heilmittel, wie sie kurze Zeit später in die erweiterte Redaktion der B. 1–3 Eingang fanden. Die breite, bis jetzt nur in Umrissen erforschte Überlieferung (gyn. auch selbständig), z. T. unter anderem Namen, sowie die Exzerpierung (z. B. im lat. Oribasius, bei Petroncellus und im Passionarius Galieni [Gariopont]) belegen die Bedeutung des Th. für die ma. Medizin. Die Q.frage bedarf dringender Klärung (Ps. Gal. eup.?, Soran. gyn.). Auch für Datierungsfragen wichtig sind die erst jüngst erkannten Beziehungen zum Liber Byzantii. – Ein einflußreiches spätantikes Büchlein zur Diätetik (Diaeta Theodori), wo u. a. eine Bearbeitung von Hipp. vict. II verwendet ist, stammt – bis auf die Eingangsworte – nicht von ihm.
K.-D. Fischer

Lit.: Bibliogr. des Textes Médicaux Lat., 1987, 571 [Werke]; BTML 204 [Diaeta]; 572 [Th. Meyer, Einl. und Anm.en zur dt. Übers.]. – RE V A, 1866–1868 – Schanz-Hosius IV/2, § 1127 – A. Beccaria, Sulle tracce di un antico canone lat. di Ippocrate e di Galeno, I, IMU 2, 1959, 33f. – R. Joly, Les versions lat. du Régime pseudo-hippocratique, Scriptorium 29, 1975, 15 – P. Migliorini, Eufemismi e varianti lessicali in Teodoro Prisciano, Anazetesis 6/7, 1982, 24–35 – Dies., Elementi metodici in Teodoro Prisciano (Les écoles médicales à Rome, 1991), 231–240 – K.-D. Fischer, Der Liber Byzantii, ein unveröffentl. gr. therapeut. Hb. in lat. Übers. (Akten Ve Coll. internat. »Textes lat. médicaux de l'Antiquité et du Haut MA«, Brüssel, 4.–6. Sept. 1995) [Coll. Latomus; im Dr.].

Theodosie, bulg. Mönch, 1. Hälfte des 14. Jh., Begründer einer Häresie, die sich an Elemente der Lehre der →Bogomilen, der →Beg(h)arden, Luziferaner und der →'Brüder des freien Geistes' anlehnte. Als Grundlage diente der Aufruf Jesu Christi: »Wer mein Jünger sein will, der verleugne sich selbst und nehme sein Kreuz auf sich und folge mir.« (Mt 16, 24). Er predigte die absolute geistige und körperl. Freiheit der Gedanken und der Taten und sprach sich gegen die Ehe aus. Seine in Mönchskleider gehüllten Anhänger (Männer, Frauen, Jugendliche) folgten ihrem Lehrer auf Schritt und Tritt. Er selbst zeigte sich ihnen unbekleidet und ließ sie das gleiche tun. Unter dem Einfluß des Hesychasten →Theodosij v. Tărnovo wandten sich Th. und viele seiner Anhänger von ihrer häret. Glauben ab und lebten hinfort in strengster Einsamkeit.
V. Gjuzelev

Lit.: K. Radčenko, Religioznoe i literaturnoe dviženie v Bolgarii v epohu pered tureckim zavoevaniem, 1898, 217f. – A. Rigo, Monaci esicasti e monaci bogomili, 1989, 125, 175–177, 202–208, 212–216.

Theodosij v. Tărnovo, einer der wichtigsten und aktivsten Vertreter des →Hesychasmus in Bulgarien und auf der Balkanhalbinsel, * ca. 1300, † Nov. 1363 in Konstantinopel. Nach seinem Mönchsgelübde im Nikolakl. in Arčar, Kreis →Vidin, weilte Th. in verschiedenen Kl. in Tărnovo, Červen und Sliven. 1335–46 lebte er in Paroria im Kl. des Begründers des Hesychasmus, →Gregorios Sinaites, war sein nächster Gefährte und übersetzte sein Hauptwerk »Nützliche Ratschläge« ins Bulgarische. Nach dem Tode des Lehrers war Th. Mönch auf dem →Athos, in Saloniki und Konstantinopel. Nach der Rückkehr nach Bulgarien (ca. 1348) gründete er unweit von →Tărnovo das Kl. v. Kelifarevo, wo er Schüler und Anhänger verschiedener Länder um sich scharte. Sein Kl. wurde zum Zentrum für die Verbreitung des Hesychasmus in Südosteuropa, Th.s Tätigkeit und Werk förderten die Annäherung Bulgariens an die Standards der byz. Bildung und Kultur. Zu Th.s unmittelbaren Schülern gehörten der Patriarch →Evtimij, →Kiprian und →Dionisij (1. D.). Seine letzten Lebensjahre verbrachte Th. in Konstantinopel. Patriarch →Kallistos I. v. Konstantinopel verfaßte seine Vita (nur in bulg. Übers. erhalten).
V. Gjuzelev

Q.: Žitie i žizn' prepodobnago otca našego Theodosija, hg. V. N. Zlatarski, Sbornik za narodni umotvorenija, nauka i knižnina, 20, 1904, 3–41 – *Lit.:* V. Sl. Kiselkov, Sv. Th. Tărnovski, 1926 – V. Gjuzelev, Bulgarien zw. Orient und Okzident. Die Grundlagen seiner geistigen Kultur vom 13. bis 15. Jh., 1993.

Theodosios (s. a. Theodosius)

1. Th. III., byz. Ks. 715/25. März 717; Steuereinnehmer in Adramyttion, einer Hafenstadt an der NW-Küste Kleinasiens, wurde (Sommer?) 715 von den gegen →Anastasios II. rebellierenden Seetruppen des Themas →Opsikion zum Ks. ausgerufen. Seine kurze Regierungszeit (in die ein Friedensschluß mit den Bulgaren fällt) war gekennzeichnet von der dauernden Opposition des Generals des Themas Anatolikon, →Leon (III.), der ihn am 25. März

717 absetzte. Über Herkunft und Familie ist nur bekannt, daß er einen Sohn hatte, der mit ihm nach der Abdankung Kleriker wurde. Eine Identität mit dem späteren Metropoliten v. Ephesos (754), der auch als Sohn des Ks.s →Tiberios II. genannt ist, ist eher unwahrscheinlich.

P. Schreiner

Q. und Bibliogr.: Theophanes, ed. C. DE BOOR, 1883, 385, 19–390, 26 – I. ROCHOW, Byzanz im 8. Jh., 1991 [Ind.] – Oxford Dict. of Byzantium, 1991, 2052.

2. Th., Patriarch v. Alexandria seit 535, † 566 in Konstantinopel. Vor seiner Erhebung war Th. Sekretär seines Vorgängers. Als erklärter →Monophysit mußte er schon ein Jahr später sein Amt aufgeben und wurde in Konstantinopel interniert. Das Exil dauerte etwa bis zu seinem Tode, doch stand Th. in der Gunst der Ksn. →Theodora und monophysit. Kreise der Reichshauptstadt. Seit 538 war Th. der unbestrittene Führer der monophysit. Kirchen, die er organisierte und erfolgreich führte. Von seinem lit. Werk – Predigten, Briefe, theol. Abhandlungen – sind die gr. Originale nur fragmentar. erhalten, daneben syr. und kopt. Übers.

K. S. Frank

Ed. und Lit.: CPG 7130–7159 – Dict. enc. du Christianisme ancien, II, 1990, 2421 – T. ORLANDI, Giornale It. di Filologia, Ser. II, 2, 1971, 175–185 – W. H. C. FREND, The Rise of the Monophysite Movement, 1972.

3. Th. Diakonos, ansonsten kaum bekannter Autor einer nur im Cod. Paris. suppl. gr. 352 vollständig überlieferten Schrift »De Creta capta« (Ἅλωσις τῆς Κρήτης in 1039 Zwölfsilbern und fünf Akroasen). Sie schildert mit der Rückeroberung →Kretas unter →Nikephoros Phokas (2. N.) einen der größten militär. Erfolge des Byz. Reiches gegen die Araber, die die Insel seit 826 besetzt hatten. Der Text, der auch auf die Taten des Feldherren in Syrien eingeht, wurde vor der Eroberung Aleppos (23. Dez. 963) fertiggestellt und zw. dem Tod Ks. Romanos' II. (15. März 963) und der Krönung des Nikephoros zum byz. Ks. (16. Aug. 963) veröffentlicht, am ehesten anläßl. seines triumphalen Zuges nach Konstantinopel im April 963. Die in einer von Attizismen durchsetzten Koine gehaltene, an Zitaten aus den Tragikern und aus antiken Historikern (Herodot, Xenophon) reiche Schrift ist von →Georgios Pisides beeinflußt. Th. vergleicht Nikephoros u. a. mit Achill, Philipp v. Makedonien und Caesar, der Feldzug wird als Sieg des Lichtes über die Finsternis gefeiert. Die Zuschreibung einer im Cod. Athous Lavra 124 überlieferten Akolouthie auf den Tod des Nikephoros Phokas an Th. ist zumindest unsicher.

A. Külzer

Ed. und Lit.: Oxford Dict. of Byzantium, 1991, 2053 – L. PETIT, Office inédit en l'honneur de Nicéphore Phocas, BZ 13, 1904, 398–420 – N. M. PANAGIOTAKES, Θεοδόσιος ὁ Διάκονος καὶ τὸ ποίημα αὐτοῦ, 1960 – Th. D. De Creta capta, ed. H. CRISCUOLO, 1979 – DERS., Aspetti letterari e stilistici del poema Ἅλωσις τῆς Κρήτης di Th. D., Atti dell'Accad. Pontaniana NS 28, 1979, 71–80.

4. Th. Melitenos galt lange als Redaktor eines Überlieferungszweiges der sog. Epitome der Symeon Logothetes-Chronikgruppe (→Symeon Magistros), verdankt jedoch in Wirklichkeit seine Existenz einer Fälschung des Symeon Kabasilas und der Gutgläubigkeit des ersten Herausgebers (TH. L. F. TAFEL, 1859) nach der einzigen Hs. im Mon. gr. 218 (11. Jh.). Dabei bezieht sich »Melit(t)enos« nicht auf die Provenienz des erfundenen Autors aus →Melitene, sondern auf ein ebenfalls imaginäres Mitglied der Familie →Melissenoi.

P. Schreiner

Lit.: O. KRESTEN, Phantomgestalten in der byz. Lit.gesch., JÖB 25, 1976, 207–222.

5. Th. Monachos, italobyz. Autor der 2. Hälfte des 9. Jh., verfügte über eine gute grammat. und rhetor. Bildung. In der Gefangenschaft zu Palermo verfaßte er einen Brief an den Diakon Leon über die arab. Eroberung v. →Syrakus (878), die er als Augenzeuge miterlebt hatte. Nur ein Teil des Originaltextes ist erhalten (cod. Paris, Bibl. Nat. 3032, 10. Jh. X), eine lat. Übers. jedoch vollständig überliefert. Ein Vergleich mit scheinbar analogen Berichten (v. a. Johannes →Kaminiates und →Eustathios v. Thessalonike) ist insofern unangemessen, als die Schilderung des Th. erklärtermaßen rhetor. Züge trägt und, ausschließl. auf pathet. Details konzentriert, von echter Historiographie weit entfernt ist.

E. V. Maltese

Ed.: C. O. ZURETTI, La espugnazione di Siracusa nell'800 (Cent. della nascita di Michele Amari, I, 1910), 165–173 [gr. Text, lat. Übers.] – Lit.: Tusculum-Lex., 1983², 780f. – HUNGER, Profane Lit., I, 359f.; II, 113 – B. LAVAGNINI, Siracusa occupata dagli Arabi, Byzantion 29–30, 1959–60, 271–279 – G. DE ANDRÉS, Carta de Teodosio el Gramatico..., Emerita 41, 1973, 377–395.

Theodosiupolis (heute Erzurum), Stadt in (türk.) Armenien an der wichtigen Karawanen- und Heerstraße durch das obere Euphrattal nach Persien, als Bm. zu Kaisareia (→Kayseri) in →Kappadokien gehörig. Ursprgl. armenisch Karin und Kg.sresidenz in der Landschaft Karenitis, von Ks. →Theodosios II. 415 in Th. umbenannt und befestigt, dann kurzfristig Anastasiupolis und von Ks. →Justinian I. neuerl. als Festung ausgebaut, diente es als Bollwerk gegen →Sasaniden und Araber, die es 653 eroberten und in Qaliqala (= Karin Kale [Burg]) umbenannten. Nach mehrmaligem Besitzwechsel 949 von den Byzantinern zurückerobert, wurde Th. Sitz eines Strategen, also eigenes →Thema (979–ca. 1000 an den Georgier David v. Tao [Iberia] abgetreten). Als die →Selğuqen 1048/49 das östl. von Th. gelegene Arzān (Artze) eroberten, flohen dessen Einwohner in das feste Th., das danach den neuen Namen Arzān-ar-Rūm bekam. 1080 Hauptstadt der türk. Saltukiden und 1201 von den Rumselğuqen erobert (Grab [Türbe] des Emir Saltuk und Çifte Minare Medresesi).

F. Hild

Lit.: EI² II, 730f. – KL. PAULY V, 698f. – Oxford Dict. of Byzantium, 1991, 2054 – E. HONIGMANN, Die Ostgrenze des Byz. Reiches, 1935, passim – N. OIKONOMIDES, Les listes de préséance byz. des IXᵉ et Xᵉ s., 1972, 355 – V. EID, Ost-Türkei, 1990, 146–155.

Theodosius (s. a. Theodosios)

1. Th. I. d. Gr., röm. Ks. 379–395, * 11. Jan. 347 (345) in Cauca (NW-Spanien), † 17. Jan. 395 in →Mailand. Seit 368 nahm Th. im Stab seines gleichnamigen Vaters (369 mag. equitum) an Feldzügen in →Britannien und gegen die →Alamannen teil. 374 besiegte er als 'dux Moesiae' die →Sarmaten. 376 heiratete er Flacilla († 386). Nach der Niederlage des Ks.s →Valens bei →Adrianopel (9. Aug. 378) erhob Ks. →Gratian Th. am 19. Jan. 379 in Sirmium zum Augustus. Th. wurde die 'praefectura Orientis' einschließl. Thrakiens – vorübergehend auch →Dakien und →Makedonien – unterstellt. Auch beim Neuaufbau der Armee des Ostens setzte Th. die 379 schon weit gediehene Germanisierung fort, doch finden sich neben Germanen wie Richomer und →Stilicho auch noch Generale röm. Herkunft. Dem Versuch einer teilweisen Integration der ansonsten entschieden bekämpften Barbaren diente auch das Bündnis von 382, bei dem sich unter Zusicherung der Autonomie auf Reichsboden angesiedelte Goten zur Waffenhilfe verpflichteten. Kraft seiner Stellung als Ks. von Gottes Gnaden verfügte der auf Einheit im Glauben bedachte, erst im Herbst 380 getaufte Ks. am 28. Febr. 380 ein für alle Untertanen verbindl. Bekenntnis (CTh 16, 1, 2). Dies auf dem Beschluß des Konzils v. Nicaea (325) beruhende und noch heute für die meisten Christen gültige Bekenntnis (→Nikaia, 1. ökumen. Konzil) ließ er auf dem

Konzil v. →Konstantinopel im Sommer 381 (dem sog. 2. ökumen. Konzil) kirchlich sanktionieren. Th., der damit aber keine vom Ks. gelenkte Staatskirche schuf, erließ nun Gesetze gegen Häretiker (CTh 16, 6, 5, 16ff.). Zurückhaltender blieb Th. bis 391 gegenüber den Heiden, welche er sogar in höheren Ämtern beließ. Den sich 384 im W gegen Gratian erhebenden →Maximus (orth. Katholik) besiegte er im Sommer 388. 389 besuchte er Rom. Bis 391 meist in Mailand, setzte er →Valentinian II. als Mitregenten im W ein. Schon 388 (Maßregelung orth. Fanatiker) geriet Th. in Konflikt mit dem an sich auf Zusammenarbeit bedachten →Ambrosius. Als Th. im Frühjahr 390 nach Unruhen in Thessalonike einen harten Vergeltungsbefehl zu spät widerrief, erging von Ambrosius eine an Weihnachten 390 befolgte Aufforderung zur Buße. Erst durch die Legende wurde aus dem »Sieg der Bußgewalt über den reuigen Sünder« (W. ENSSLIN) der Sieg des Bf.s über den Ks. Der nach wie vor seine Autorität wahrende Th. ging nun schärfer gegen die Heiden vor: Nach dem Besuch von Tempeln und Opfern (24. Febr. 391) wurde schließlich jeglicher Götterkult verboten (8. Nov. 392 – CTh 16, 10 und 12). Nach dem Sieg (5./6. Sept. 394 am Frigidus) über den im Sommer 392 von Arbogast erhobenen →Eugenius – den letzten von der heidn. Senatsaristokratie unterstützten Usurpator – durfte der gegenüber dem Besiegten milde Th. hoffen, daß die Reichseinheit unter ihm und seinen zu Augusti erhobenen Söhnen →Arcadius (* 377), im O, und →Honorius (* 384), im W, gesichert war. Die Uneinigkeit der Machthaber nach seinem Tod zerstörte diese Hoffnungen. Unter Th., der das Reich in seinem Bestand bewahrte, gab es Ansätze zu Reformen, gelang es insgesamt, eine weitere Verschlechterung im wirtschaftl. und sozialen Bereich zu verhindern. Lit. und Kunst (Ausbau Konstantinopels) erlebten eine relative Blüte. Für kirchl. Kreise bald als 'der Große' geltend, wurde Th. von den meisten Q. (wie den Kirchengeschichtsschreibern →Sokrates, →Sozomenos, →Theodoret, den Rednern →Libanios, Pacatus, →Themistios, aber auch →Ambrosius und →Claudian) günstig beurteilt, scharfe Kritik klingt an bei dem auf den Heiden →Eunapios zurückgehenden →Zosimos. A. Lippold

Lit.: RE, Suppl. XIII, s.v. [A. LIPPOLD] – W. ENSSLIN, Die Religionspolitik des Ks.s Th. d. Gr., 1953 – W. MÜLLER-WIENER, Bildex. zur Topographie Istanbuls, 1977 – A. LIPPOLD, Th. d. Gr. und seine Zeit, 1980² – K. G. HOLUM, Theodosian Empresses, 1982 – A. DEMANDT, Die Spätantike, 1989 – H. WOLFRAM, Die Goten, 1990³ – E. P. GLUSCHANIN, Der Militäradel im frühen Byzanz, 1991 – TH. GRÜNEWALD, Historia 41, 1992, 462–481 – R. KLEIN, Eos 82, 1994, 85–121 [Th. und christl. Kirche] – ST. WILLIAMS–G. FRIELL, Th., the Empire at Bay, 1994 – R. DELMAIRE, Les institutions du Bas Empire Romain, 1995.

2. Th. II., röm. Ks. 408–450, * 10. April 401, † 28. Juli 450, seit 402 mit seinem Vater →Arcadius, seit 408 allein Augustus im Osten. Der fromme, auf die Würde des Ksm.s und das Wohl der Kirche bedachte, nur selten in der Öffentlichkeit erscheinende Th. regierte fast nie selbständig, sondern wurde gelenkt von Persönlichkeiten wie dem praefectus praetorio Anthemius, dem magister officiorum Helio (414–427), dem praepositus sacri cubiculi Chrysaphius (seit 440), seiner Schwester →Pulcheria (399/ 453; seit 414 Augusta), seiner Gemahlin →Eudokia (seit 421 Augusta, † 460) sowie →Attikos, →Nestorios und Proklos, den Bf.en v. Konstantinopel. Mächtige Militärs germ. Herkunft, wie Ardabur, →Aspar oder Plinta traten relativ wenig am Hof hervor. Gewisse Aktivität zeigte Th. auf den von ihm einberufenen Konzilien (z. B. →Ephesos 431 und 449), blieb aber auch da Spielball der eigtl. Akteure (Bf.e →Kyrillos und →Dioskoros v. Alexandria). Greifbar wird persönl. Engagement bei dem v.a. der Minderung innenpolit. Spannungen dienenden Eingreifen in innerkirchl. Auseinandersetzungen (bes. seit 425). Bekämpft wurden unter Th. Häretiker, Heiden und teils auch Juden. Die unter Th. erfolgte Sammlung der seit 312 ergangenen Kaisergesetze (→Codex Theodosianus) wurde gemeinsam mit dem Westks. →Valentinian III. publiziert, der kurz zuvor mit Th.' Tochter Eudoxia verheiratet wurde. Dennoch schritt die Entfremdung zw. Ost und West weiter fort. Ungeachtet der Wahrung des Besitzstandes blieb die Reichsverteidigung schwächlich, v. a. gegenüber den →Hunnen im Donauraum (Verhandlungen mit →Attila 448/450; vgl. bes. Priscus frg. 7f., 12f.). Hervorgehoben seien aus der Zeit des Th. noch der Bau der Landmauer und eine Neuorganisation der Hochschule v. Konstantinopel. Durch den Codex – von 438 an noch Novellae – kennen wir nicht nur zahlreiche Gesetze des Th., sondern dürfen auch mit relativ geringer Überarbeitung rechnen. – Von lit. Q. sind hervorzuheben neben den Fragmenten des →Priscus (reserviert gegenüber Th.) die Chroniken des Marcellinus Comes, →Chronicon Paschale, →Johannes Malalas, →Theophanes, die gegenüber Th. panegyr. Kirchengeschichten des →Sokrates und →Sozomenos sowie die Konzilsakten (ACO I; MANSI, 4–6).
A. Lippold

Lit.: W. E. KAEGI, Byzantium, 1968 – G. G. ARCHI, Th. II e la sua codificazione, 1976 – W. HAHN, Die Ostprägung des Röm. Reiches im 5. Jh., 1989 – J. HARRIS (P. MAGDALINO, New Constantines, 1994), 35–44 – weitere Lit. →Theodosius I.

3. Th., Bf. v. Oria (Apulien) im letzten Viertel des 9. Jh. Nach Aufgabe des zerstörten →Brindisi schuf Th. ein neues geistl. Zentrum der lat. gebliebenen Diöz. in Oria, indem er auf der Akropolis eine mit röm. Reliquien dotierte Kathedrale errichtete und den Gebeinen des paläst. Eremiten Barsanufius eine Kirche am Ortsrand widmete. Ebenso erwarb er eine Reliquie des nach Benevent in Sicherheit gebrachten Bm.sheiligen Leucius. Für Hadrian III. und Stephan V. reiste T. 884–885 zum Patriarchen →Photios und zu Ks. Basileios I., um die kirchl. Beziehungen zu normalisieren. Obwohl Untertan des gr. Ks.s, verstand sich Th. als Anwalt der röm. Oboedienz, deren Lehren er auch im Dialog mit der großen Judengemeinde in →Oria vertrat. Auf einer Synode in Oria wandte er sich im Okt. 887 gegen Mißachtung des Zölibats, Simonie und Priestereigentum, um dem Verfall von Bildung, Liturgie und Sitten Einhalt zu gebieten. N. Kamp

Lit.: Spicilegium Casinense 1, 1888, 377–381 – F. A. ERRICO, Cenni storici sulla città di Oria 1906, 146–150, 213–224 – V. GRUMEL, Les lettres du pape Étienne V..., RevByz 11, 1953, 129–155 – T. PEDIO, La chiesa di Brindisi..., Arch. stor. Pugliese 16, 1962, 15–17.

4. Th. Archidiaconus, Verf. oder Redaktor einer Beschreibung des Hl. Landes und angrenzender Länder: »De situ terrae sanctae«/»Expositio civitatis Jerusalem«, wohl zw. 518 und 530 geschrieben. Das kompilator. Werk vereinigt →Itinerarien, Pilgerberichte, Städtelisten, eine Provinzliste, Bibelauszüge und Erzählungen. Ohne lit. Ansprüche, zeigt der Text deutl. Stilunterschiede und ist ungenau und fehlerhaft in seinen Angaben, enthält jedoch einiges Eigengut an Informationsmaterial über Heilige und Märtyrer, bibl. Lokalisationen u. a. K. S. Frank

Ed.: CSEL 38, 1898 [= CCL 175, 1965] – dt. Übers.: H. DONNER, Pilgerfahrt ins Hl. Land, 1979, 190–231 – engl. Übers.: J. WILKINSON, Jerusalem Pilgrims before the Crusades, 1977, 63–71, 184–192 [Q. des Th.].

5. Th. Diaconus, nach dem in seiner Zugehörigkeit zweifelhaften Kolophon Kompilator der Aktenslg. Cod.

Veron. 60 [58] fol. 37–126 (Ende des 7. Jh. in Bobbio geschrieben) mit Akten zur Kirchengesch. des 4./5. Jh. und Synodalkanones. Die erstmals von Maffei (1738) und den Ballerini (1755/56) beschriebene und ed. Slg. besteht aus 30 Stücken und ist zw. 8. und 10. Jh. mit Akten des karthag. Konzils 419 (fol. 1–36) vereint worden. Am wichtigsten ist eine umfangreiche, aus dem Griech. übersetzte alexandrin. Slg. mit z. T. nur hier überlieferten Texten zu Athanasios und den Synoden v. Nikaia, Sardika (22 Hist. Athanasii), einem Dossier zum antiochen. Schisma, afrikan. Synodalakten v. 397 und 421 und mit Synodalkanones aus der lat. und gr. Tradition. Die alexandrin. und antiochen. Dossiers gehören zu den im Zusammenhang der Auseinandersetzungen zw. Afrika und Rom Anfang des 5. Jh. im O angeforderten Akten, die später um das kanonist. Material vermehrt wurden.

H. Ch. Brennecke

Ed.: MPL 56 – Ecclesia orientalis monumenta iuris I 2. 2. 4, 1939, 625–671 – A. MARTIN, SC 317, 1985 – *Lit.:* E. SCHWARTZ, Zs. für die ntl. Wiss. und die Kunde der älteren Kirche 35, 1936, 1–23 – W. TELFER, Harvard Theol. Review 36, 1943, 169–246 – E. SCHWARTZ, Ges. Schr. III, 1959, 30–72.

Theodotos. **1. Th.**, Bf. v. Ancyra (Galatien), Theologe, * nach 381(?), † 438/446, nahm als Bf. v. Ancyra (Galatien) am Konzil v. →Ephesos 431 teil. Bedeutender Vertreter der Partei des →Kyrillos v. Alexandria. Mit →Nestorios, mit dem er ursprgl. befreundet war, diskutierte er mehrmals und griff ihn in mehreren Schriften scharf an. Th. vertrat eine Zweinaturenlehre, ohne die Einheit der Naturen in Christus ergründen oder begriffl. erfassen zu wollen. Sein bevorzugtes Interesse galt der Mariologie (bes. der 'immerwährenden Jungfrauschaft'). Sein lit. Werk (Erklärung des Symbolums v. Nizäa, Gegen Nestorius, Predigten [CPG 6124–6141]) ist unvollständig, z. T. nur in Übers. erhalten (MPG 77).

K. S. Frank

Lit.: Marienlex. VI, 1994, 386 – M. AUBINEAU, Une homélie de Théodote d'Ancyre sur la nativité du Seigneur, OrChrP 26, 1960, 221–250 – L. CIGNELLI, Maria nuova Eva, 1966, 157–201.

2. Th. Melissenos, Patriarch v. →Konstantinopel 1. April 815–Jan. 821, Beiname: Kassiteras 'Zinngießer'. Sein Vater war →Strategos unter Ks. →Konstantin V. und wie dieser Ikonoklast, seine Mutter Schwägerin des Ks.s. Zuvor Hofbeamter, wurde Th. auf Betreiben Ks. →Leons V. nach Absetzung →Nikephoros' I. gegen die kanon. Regeln aus dem Laienstand zum Patriarchen erhoben. Unter ihm tagte das Lokalkonzil April 815 in der Hagia Sophia, das die zweite Phase des →Bilderstreites offiziell eröffnete, Kultbilder Christi und der Hl.n als »Pseudo-Ikonen« verurteilte und bilderfreundl. Bf.e verbannte. Dem Bilderkult wohlwollend gesonnen, lehnte es Papst →Paschalis I. 817 ab, Gesandte des Patriarchen zu empfangen.

F. Tinnefeld

Lit.: P. ALEXANDER, The Iconoclastic Council..., DOP 7, 1953, 35–66 – F. WINKELMANN, Quellenstud. ..., 1987 [zur Familie] – W. TREADGOLD, The Byz. Revival, 1988 – V. GRUMEL-J. DARROUZÈS, Les Regestes des Actes du Patriarcat de Constantinople, I/2–3, 1989², Nr. 408–411 – Oxford Dict. of Byzantium, 1991, 2054.

Theodulf, Bf. v. →Orléans, Abt v. →Fleury, Theologe und Dichter, * um 760 wohl in Nordspanien oder Septimanien, † 821; Westgote. Aus seiner Heimat mußte er fliehen und kam um 780 an den Hof Karls d. Gr. (→Bildungsreform), wo er als Theologe und Dichter wirkte. Spätestens 798 machte ihn Karl zum Bf. v. Orléans und Abt v. Fleury; 801 verlieh ihm Papst Leo III. die persönl. Würde eines Ebf.s. Bei Karls Nachfolger, Ludwig d. Frommen, stand Th. zunächst ebenfalls in Gunst; aufgrund der Beschuldigung, 817 an der Verschwörung von Ludwigs Neffen, →Bernhard v. Italien (2. B.), gegen den Ks. teilgenommen zu haben, wurde Th. dann jedoch 818 abgesetzt und in Angers in Kl.haft gehalten. Obwohl er seine Unschuld beteuerte, starb er 821 im Exil (vielleicht in Le Mans).

Wenn es z. T. auch bezweifelt wurde, so ist Th. wohl doch der Autor der um 790 im Namen Karls d. Gr. geschriebenen →»Libri Carolini«, einer umfangreichen Stellungnahme der frk. Kirche zu den Thesen Ostroms hinsichtl. der →Bilderverehrung (s. a. →Bilderstreit). Aus dem Bemühen um eine Reform seiner Diöz. entstand um 800 sein erstes lat. Kapitular (»Capitula Theodulfi«, →Capitula episcoporum), eine Art kurzgefaßtes Handbuch für die Pfarrpriester von Th.s Diöz. Der erste Hauptteil befaßt sich vorwiegend mit der Lebensführung und den Amtspflichten der Priester; der zweite Hauptteil enthält Ermahnungen, die die Priester ihrer Gemeinde geben sollen. Das Werk ist in fast 50 Hss. überliefert und wurde, wohl im 10./11. Jh., sogar zweimal ins Ae. übersetzt. Ein zweites Kapitular ließ Th. zw. 800 und 813 folgen, das jedoch keine so starke Verbreitung fand. 809 stellte Th. auf Wunsch Karls d. Gr. die Abhandlung »De processione Spiritus Sancti« zusammen, über den Ausgang des →Hl. Geistes vom Vater und Sohn. Um 812 verfaßte er im Auftrag seines Metropoliten Magnus v. Sens die Schrift »Liber de ordine baptismi«. Wahrscheinl. redigierte er auch die Beschlüsse der Synode v. Chalon (813). Stetig arbeitete er an der Revision des Bibeltextes, was sich noch an mehreren Hss. verfolgen läßt (Theodulfbibeln; →Bibel, B. I, 1, a). Ob unter seinem Namen überlieferte Predigten von ihm stammen, ist unsicher. Literar. am bedeutendsten sind Th.s Gedichte, von denen ca. 80 erhalten sind, viele davon allerdings nur in der Erstausgabe von J. SIRMOND (1646). Die meisten sind in Distichen verfaßt; ihre Länge ist sehr unterschiedl. Sie zeugen von der umfassenden Belesenheit und Bildung Th.s, gleichzeitig aber auch von seiner scharfen Beobachtungsgabe. Der Inhalt ist häufig bibl.-theol.-moral.; manchmal geht Th. jedoch ins Satirische, etwa in den »Versus contra iudices«, einem Bericht über seine Visitationsreise als Kg.sbote. In »Ad Carolum regem« hat man eine →Parodie auf die Herrscherpanegyrik gesehen. Literar. Niederschlag fand ferner Th.s Kontroverse mit dem Iren →Cadac (Andreas). Aus Th.s Exil stammen einige Briefgedichte sowie ein später vielbenutztes Prozessionslied für den Palmsonntag (»Gloria, laus et honor«).

H. Sauer

Ed.: Libri Carolini: H. BASTGEN (MGH Conc. II. Suppl., 1924) – *Capitula:* H. SAUER, Theodulfi Capitula in England, 1978 – P. BROMMER (MGH Capitula Episcoporum, I, 1984), 73–184 – *Synode v. Chalon:* A. WERMINGHOFF (MGH Conc. II. 1, Concilia Aevi Carolini, 1906), Nr. 37 – *Dichtung:* E. DÜMMLER (MGH Poetae latini aevi Carolini, I, 1881), 437–581 – *andere Werke:* MPL 78, 353–379 – MPL 105, 187–380 – *Lit.:* Verf.-Lex² IX, 764–772 – D. SCHALLER, Philol. Unters.en zu den Gedichten Th.s v. Orléans, DA 18, 1962, 13–91 – P. BROMMER, Die bfl. Gesetzgebung Th.s, ZRGKanAbt 60, 1974, 1–120 – DERS., Die Rezeption der bfl. Kapitularien Th.s, ZRGKanAbt 61, 1975, 113–160 – BRUNHÖLZL, I, 288–299, 549f. – E. DAHLHAUS-BERG, Nova antiquitas et antiqua novitas, 1975 [mit umfassendem Forsch.s-bericht] – D. SCHALLER, Th.s Exil in Le Mans, MJb 27, 1992, 91–101.

Theoger → Dietger

Theokratie → Sakralität

Theoktiste, hl. (Fest: 9. bzw. 10. Nov.), * Methymna auf →Lesbos, Nonne, 18jährig von den Sarazenen entführt, entkommt diesen und führt – nach dem Vorbild der →Maria v. Ägypten, von der auch ikonograph. Elemente übernommen wurden – auf Paros ein Reklusinnenleben. Nach 35 Jahren wurde sie von einem Jäger entdeckt, der sie nach ihrem Tod dort begräbt, die Insel jedoch erst verlassen kann, nachdem er zuvor ihre als Reliquie abgetrennte Hand dem Grab wiedergelegen hat. Der zeitlose Vorwurf wurde um 920 vom Biographen →Niketas Paphlagon, der sich auf den Bericht des parischen Einsiedlers Symeon beruft, in sein zeitgenöss. hist. Ambiente verlegt und dem Geschmack der makedon. Renaissance entsprechend gestaltet; eine leicht überarbeitete Version stammt von →Symeon Metaphrastes. J. Koder

Ed.: TH. IOANNU, Μνημεῖα ἁγιολογικά, 1884, 18–39 [Symeon Metaphrastes] – Synaxarium eccl. Constantinopolitanae, ed. H. DELEHAYE, 1902, 206f. – AASS Nov. IV, 224–233 – *Lit.*: BHG 1723–1726b – Oxford Dict. of Byzantium, 1991, 2055f. – H. DELEHAYE, La vie de sainte Th. de L., Byzantion I, 1924, 191–200 – N. B. TOMADAKES, Περί τοῦ βίου καὶ τῆς ἑορτῆς τῆς ἁγίας Θεοκτίστης τῆς Λεσβίας, Charisterion Orlandos I, 1965, 108–116 – O. KARSAY, Der Jäger v. Euböa, ActaAntHung 23, 1975, 9–14 – A. KAZHDAN, Hagiographical Notes, BZ 78, 1985, 49f.

Theoktistos, Eunuch, hoher byz. Beamter unter der amor. Dynastie, † 20. Nov. 855 (Datum nach F. HALKIN, Byzantion 24, 1954, 11–14). Michael II., der 820 mit seiner Hilfe durch Ermordung Leons V. Ks. wurde, erhob ihn zum πατρίκιος und χαρτουλάριος τοῦ κανικλείου, Ks. Theophilos in die führende Position eines λογοθέτης τοῦ δρόμου. Nach dessen Tod 842 übernahm er die Regentschaft für den minderjährigen Ks. Michael III. zusammen mit dessen Mutter →Theodora und bestimmte in den folgenden Jahren maßgebl. die byz. Politik. V. a. spielte er eine führende Rolle bei der Wiederherstellung des Bilderkultes im März 843 (J. GOUILLARD, Trav. Mém. 2, 1967, 122f.), konnte im gleichen Jahr als Kommandant einer Flottenexpedition den Arabern vorübergehend Kreta abringen, erwies sich als fähiger Finanzpolitiker und förderte das Bildungswesen. Schließlich ließ ihn →Bardas, ein Bruder der Ksn. Theodora, mit Unterstützung einer Hofclique und im Einvernehmen mit Ks. Michael III. ermorden (F. WINKELMANN, Q.studien zur herrschenden Klasse von Byzanz..., 1987, 79f.), verbannte Theodora in ein Kl. und übernahm die Führung des Staates. F. Tinnefeld

Lit.: OSTROGORSKY, Geschichte³, 183–186 – W. TREADGOLD, The Byz. Revival 780–842, 1988 – Oxford Dict. of Byzantium III, 1991, 2056.

Theoleptos, Metropolit v. Philadelphia 1284–1322, * ca. 1250 in Nikaia, † 1322, heiratete dort und wurde Diakon. Nach dem Abschluß der Union v. Lyon 1274 (→Lyon, Konzilien v., 2.) organisierte er in Nikaia und Bithynien den Widerstand dagegen, besuchte dabei evtl. den →Athos, wo er von →Nikephoros Hagioreites in das myst. Leben eingeführt wurde. Ks. →Michael VIII. ließ ihn für kurze Zeit ins Gefängnis werfen. Nach der Freilassung wurde Th. Einsiedler und Mönch, nach dem Zusammenbruch der Union bald nach dem Herrschaftsantritt →Andronikos' II. Metropolit v. Philadelphia. Th. war mitverantwortl. für die Absetzung des Patriarchen Gregorios' II. Kyprios 1289, leitete die Verteidigung seiner Stadt gegen die Türken 1304 und war ein glühender Widersacher der →Arseniten. Er gehörte zu den Ratgebern des Ks.s, war bekannt mit Theodoros →Metochites und Nikephoros →Gregoras, pflegte enge Beziehungen zur Chumnos-Familie: Th. war geistiger Vater der Eirene (Eulogia) Chumnaina und Berater des von ihr restaurierten Doppelkl. Philanthropos Soter (Konstantinopel). Das Schrifttum (asket. und polem. Traktate, Homelien, liturg. Dichtungen, Briefe) des Th. ist zum größten Teil unediert. A. Külzer

Lit.: PLP, Nr. 7509 – D. J. CONSTANTELOS, Mysticism and Social Involvement in the Later Byz. Church: Th. of Philadelphia – a Case Study, Byz. Stud./Études Byz. 6, 1979, 83–94 – Oxford Dict. of Byzantium, 1991, 2056f. – A. C. HERO, The Life and Letters of Th. of P., 1994.

Theologia crucis → Kreuz, Kruzifix, B; →Passion, A

Theologia Deutsch → Franckforter

Theologie
A. Westen – B. Ostkirche
A. Westen
I. Wort- und Begriffsgeschichte – II. Entwicklung.

I. WORT- UND BEGRIFFSGESCHICHTE: Etymolog. meint Th. eine Darlegung oder ein Sprechen über →Gott. Platon verwendet 'Theologia' als Bezeichnung für die 'Mythologie', das Wissen über die Götter (Pol 2.18; 379a); Aristoteles spricht von der ersten Philosophie, die göttl. Dinge erörtert, als von 'philosophia ... theologike' (Metaph. E.1; 1026a 18–19). Panaitios v. Rhodos (2. Jh. v. Chr.) und Varro († 37 v. Chr.) geben drei Bedeutungen von 'theologia' an: mytholog. Erklärungen des Ursprungs der Welt (daher werden Orpheus, Homer und Hesiod als 'theologoi' bezeichnet); philos. Rede über die Götter als personifizierte Naturkräfte; öffentl. Verehrung (die ein bestimmtes Wesen als Gott anerkennt). →Tertullian (Ad nationes 2.1) und →Augustinus (De civ. Dei 6.5) machten sich Varros Ideen zunutze, aber wandten den Begriff der Th. nicht auf den chr. Diskurs über Gott an: die 'vera theologia' in Augustins »Civitas Dei« (6.8) bezieht sich auf die platon. Lehre, daß die Erde das Werk Gottes ist.

Die griech. Kirchenväter machten häufigeren Gebrauch vom Begriff der 'theologia'. →Origenes wandte ihn auf die wahre Lehre von Gott (Contra Celsum 6.18) und Jesus Christus (ebd. 1.24) an; →Eusebios v. Kaisareia benutzt ihn ebenfalls für die wahre Gottesdoktrin (Hist. eccl. 1.1.7; 2. Prol. 1) und gibt einem seiner Werke den Titel »De ecclesiastica theologia«. In seiner »Hist. eccl.« (1.17) führt er auch die Unterscheidung zw. 'theologia' und 'oikonomia' ein, die in der 2. Hälfte des 4. Jh. bei den kappadok. Kirchenvätern →Basilius und →Gregor v. Nazianz klass. Ausprägung findet: 'theologia' bezieht sich auf das Studium von Gott-Vater, Sohn und Hl. Geist in bezug auf ihr innergöttl. Leben; 'oikonomia' bedeutet den Plan Gottes zur Wiederherstellung der Gemeinschaft zw. Gott und den Menschen durch Jesus Christus (→'Heilsplan'). Ps.-→Dionysius gebraucht 'theologia' in vielerlei Bedeutungen: symbolisch oder mystisch; positiv oder negativ; verborgen oder klar; er faßt Th. einerseits als Wissen (episteme) über Gott, andererseits (und dies häufig) als von Gott sprechende Schrift auf. Seine Werke, die im MA viermal ins Lat. übersetzt wurden, hatten großen Einfluß, nicht zuletzt weil ihr Autor als Schüler des Apostels →Paulus galt.

Im Westen erschien der Begriff der Th. im Sinne einer chr. Gotteslehre nach Augustin erst wieder bei →Abaelard; er gebrauchte zeitweilig das Gegensatzpaar 'theologia' (bezogen auf die →Trinität) und 'beneficia' (bezogen auf Christus und die →Sakramente). Abaelard verfaßte unter dem Titel »Theologia« mehrere (stets unvollendete) Werke, die den Begriff bereits als geheiligte Disziplin oder Wissenschaft über die göttl. Dinge auffaßten; doch standen hierfür üblicherweise Begriffe wie 'sacra doctrina', 'sacra pagina' (Hl. Schrift: Hinweis auf die bibl. Grundlage der Th.; →Bibel) oder 'divinitas'. Blieben diese Bezeichnungen auch im 13. Jh. noch in Gebrauch, so wurde der Begriff der Th. jedoch schrittweise zum vorherrschenden Terminus, bes. im Zuge der intensiven Diskussion über die grundsätzl. Frage, ob Th. eine →'Wissenschaft' (scientia) sei (→Scholastik). →Thomas v. Aquin führt in seiner »Summa theologiae« den Wortgebrauch des →Aristoteles als erste Philosophie an und sieht die chr. Th. als den wiss. Aspekt der 'sacra doctrina', welche für ihn die umfassendere Vorstellung, einschließl. der göttl. Offenbarung, Hl. Schrift, Katechese usw., darstellt (S. Th. 1.1).

II. ENTWICKLUNG: Dominanten Einfluß auf die westl. Th. des MA übte →Augustinus aus, hinsichtl. der Methode wie des Inhalts; er lehrte, daß es sowohl notwendig sei zu verstehen, um zu glauben, als auch zu glauben, um zu verstehen. Unter Berufung auf Is 7.9, »Nisi credideritis, non intelligatis«, vertrat Augustinus (Sermo 43.7.9) die Suche nach →Weisheit (sapientia), in deren Mittelpunkt Gott stand, bei der jedoch die Vernunft (→ratio) unter Anwendung grammat. und rhetor. Methoden genutzt werde. Da Augustinus alle Dinge als Zeichen bzw. Symbole, die Gott repräsentierten, ansah, bezog er sowohl sinnl. Erfahrungen als auch die Fertigkeiten der Wissenschaften und der »artes« (Künste) ein; dieser Gebrauch geschaffener Dinge zur Erkenntnis des Göttlichen mündete ein in →Wissen (scientia). Diese Thematik entwickelte Augustinus in seinem Werk »De doctrina christiana«, das in bezug auf die Methoden der Behandlung von Zeichen, Exegese und Homiletik höchsten Einfluß auf das theol. Denken gewann; in »De Trinitate« wandte er in exemplar. Weise den Gebrauch der Hl. Schrift und die Analogien der menschl. Psychologie (→Seele) an, um so ein Verständnis der Mysterien des Glaubens zu gewinnen. Seine Konzeption der Th. als Suche nach dem Verständnis des Glaubens bildete für die Theologen des MA einen konstanten Leitfaden, doch interpretierten sie die augustin. Grundvorstellungen unterschiedlich mit stark variierenden Methoden.

→Boethius war für spätere Jahrhunderte ein anderer methodolog. Führer. Für ihn schloß die spekulative oder theoret. →Philosophie die Th. ein, deren Gegenstand immaterielle und unbewegte Formen sind, z.B. Gott, Engel, Seelen (Komm. zur »Isagoge« des →Porphyrius). Boethius' weitverbreitetes Hauptwerk »Consolatio philosophiae« entwickelte umfangreiche Denkkonzepte zur Idee der Glückseligkeit (beatitudo), dem natürl. Verlangen danach, der Vorsehung und ihrem Verhältnis zu →Freiheit und Verdienst des Menschen sowie der Ewigkeit Gottes. Seine »Opuscula sacra« boten einflußreiche Definitionen der Natur, des Individuums und der Person (»individuelle Substanz einer rationalen Natur«) und führten die neuplaton. Vorstellungen (→Platonismus) von einer →Teilhabe am Sein und am Guten in das theol. Denken ein; Boethius' Unterscheidung zw. →Subjekt (»quod est«) und →Form (»esse«) in zusammengesetzten Seienden wurde später zu einem fundamentalen Element der →Metaphysik.

Im frühen MA folgten bedeutende Theologen wie →Cassiodor, →Gregor d. Gr., →Isidor v. Sevilla und →Beda dem augustin. Programm einer Anwendung grammat. Erklärungen (oft verbunden mit allegor. Denken; →Allegorie), um so die Hl. Schrift zu interpretieren und theol. Probleme zu erörtern. Gregors »Moralia in Job«, eine ausführl. allegor. Exegese des atl. Buches →Hiob, beeinflußte in starkem Maße spätere Moraltheologie und Spiritualität (bes. in Hinblick auf die →Sünde, die 'vita contemplativa et activa«, göttl. Belohnung und Strafen usw.). Isidor bot in seinen »Etymologiae« zahlreiche Definitionen der Th. und trug wie Gregor d. Gr. zur Fixierung des ma. Denkens in bezug auf Himmel, Fegfeuer und Hölle bei. Beda mit seinem enzyklopäd. Wissen bezog in seiner Bibelexegese die Lehren der Kirchenväter ausgiebig ein und entwickelte in der »Historia ecclesiastica« eine Th. der Geschichte.

Die →'Karolingische Renaissance' des 9. Jh., deren Protagonisten →Alkuin, →Hrabanus Maurus, →Hinkmar v. Reims und →Johannes Scotus (Eriugena) waren, führte Debatten mit byz. Theologen über →Filioque und →Bilderstreit; andere lebhafte Diskussionen, von denen einige durch kirchl. Zensur beendet wurden, hatten die Christologie (→Adoptianismus), →Prädestination und →Eucharistie (→Paschasius Radbertus versus →Ratramnus v. Corbie) zum Gegenstand.

Im 11. Jh., als sich in Frankreich die Kathedralschulen (→Domschule) entwickelten, führten Theologen wie →Lanfranc und →Berengar den Gebrauch der →Dialektik ein, um ein Verstehen dessen, was geglaubt wurde, zu ermöglichen; diese Methode wurde von →Abaelard ausgebaut und fand rege Nachfolge in den Schulen (→Scholastik). →Bernhard v. Clairvaux und andere erteilten ihr jedoch eine scharfe Absage; sie begründeten diejenige theol. Richtung, die dann als »monast. Theologie« bezeichnet wurde. Das theol. Glaubensverständnis der Mönche war kontemplatives Wissen, Frucht ihrer 'lectio divina', eine fromme Reflexion über die Schrift und ihre Auslegung mit Hilfe der Kirchenväter (s. a. →Mystik). Ihr Interesse an der persönl. spirituellen Entwicklung (→Spiritualität) führte sie zu wichtigen und originellen Einsichten in die menschl. Psychologie (→Seele).

Während sich diese Entwicklungen vollzogen, erschien die eindrucksvolle Gestalt →Anselms († 1109). Sein theol. Denkansatz, von platon. und cartesian. Geist (avant la lettre!) geleitet, wich von den Methoden seiner Vorgänger ab. Keineswegs war Anselm der 'erste scholast. Theologe', denn er wandte keine autoritativen Sätze an, um Fragen zu stellen oder Antworten zu finden. Die von ihm entwickelte Th. trug stärker unabhängige Züge, beruhte sie doch auf einer sorgfältigen Analyse von Worten und Begriffen eher als auf der →Dialektik oder den →Syllogismen. Anselm benutzt die Dialogform (→Dialog) in seinen Schriften nicht, um eine scholast. →Disputation wiederzugeben, sondern als pädagog. Mittel, um seine Leser zu Wahrheiten, die er bereits gefunden hat, hinzuführen; hierbei macht er manchmal auch Gebrauch von den 'natürl. Vernunftgründen' (»rationes necessariae«), deren Aufgabe es ist, bestimmte Glaubenswahrheiten außerhalb des Glaubens zu verankern, so in »Cur deus homo«. Die einzelnen Werke Anselms bilden in ihrer Gesamtheit ein geschlossenes Corpus theol. Reflexion, geprägt durch die Anwendung der augustin. Sicht, die Anselm als »fides quaerens intellectum« charakterisierte; für Anselm wird Th. so zu einer Übung für die gegenwärtige, irdische Leben zw. dem anfängl. Glauben und dem Erreichen der 'visio beatifica'. Sein bedeutendes theol. Denken, das Anselm in einem monast. Umfeld entwickelt hatte, erlangte in den neuen Schulen erst im 13. Jh. größeren Einfluß, da nun, bedingt durch den nun vorherrschenden scholast. Lehrbetrieb, seine Argumente autoritative Geltung erlangten, ohne daß aber seine Methode Anwendung fand.

Die Schulmänner suchten ihrerseits ein Verständnis des Glaubens durch Anwendung der Vernunft, indem sie die Ansätze der spekulativen Grammatik und Dialektik nutzten. Die scholast. Lehrmethode verband die hergebrachte Ehrfurcht vor Autoritäten (Hl. Schrift, Kirchenväter, einige Philosophen und Naturphilosophen) mit der Anwendung der dialekt. Argumentation. Abaelards »Sic et non« zeigte, daß einander widersprechende Sätze der Autoritäten einer Interpretation bedurften, deren Regeln er im bedeutenden Vorwort seines Werkes entwickelte.

Die →scholast. Methode umfaßte die →'lectio' eines Textes, bei der dieser gelesen und kommentiert wurde; dies erfolgte in einer logischen, eher artifiziellen Manier, bei der Exempel und Metaphern im Streben nach klarer Aussage oft auf abstrakte Konzepte reduziert wurden, wodurch die reiche rhetor. Tradition (→Rhetorik) eine gewisse Verarmung erfuhr. Texte wurden in kleine logische Einheiten aufgegliedert und nach bestimmten Formeln (Divisio, →Distinctio) analysiert. Der 'lectio' angefügt wurde die →'quaestio', die →Anselm v. Laon eingeführt hatte und die von Abaelard weiterentwickelt wurde; die 'quaestio' sollte durch Gegenüberstellung gegensätzl. Argumente die verschiedenen Aspekte eines Problems beleuchten; in der späteren vollen Ausprägung dieser Gattung stand am Schluß der Argumentationen die persönl. Problemlösung durch den Magister ('determinatio'). Durch Eingehen auf die Argumente seines Gegners konnte der Magister oft einige von dessen Auffassungen akzeptieren, den Rest aber verwerfen. Die Methode der Quaestio war so dominierend, daß scholast. Gelehrte, wenn sie →»Summae« verfaßten, für die individuellen Teile dieser Werke regelmäßig auf die Form der Quaestio zurückgriffen. Die scholast. Untersuchungsmethode beinhaltete einen unpersönl., streng formalisierten Ablauf des Denkvorgangs. Ein wesentl. Bestandteil der Scholastik war die →spekulative Grammatik, die ihre Schlüsse auf der Grammatik aufbaute, da diese als eine Spiegelung der metaphys. und theol. Wahrheiten angesehen wurde. Diese method. Einheitlichkeit verdeckt oft die reiche Vielfalt und Originalität der Positionen ma. Theologen. Die scholast. Methode führte einerseits zum Verlust eleganter Diktion und imaginativer Darstellungsweise, ermöglichte andererseits aber eindeutige Bezeichnung des behandelten Gegenstandes, förderte eine klare Sprechweise und gab Anstoß zu krit. Analyse und objektiver Haltung.

Waren die scholast. Theologen mit autoritativen Texten befaßt, die mit ihren eigenen Anschauungen oder denjenigen anderer Autoritäten kollidierten, dann neigten sie dazu, eine zw. beiden Auffassungen vermittelnde Position einzunehmen oder den Text dergestalt zu interpretieren, daß er mit der eigenen Auffassung harmonisierte.

Zwei östl. Autoren, Ps.-Dionysius (→Dionysius, hl.) und →Johannes Damaskenos, hatten beträchtl. Wirkung auf die Theologen des 12. und 13. Jh. Als erste vermittelten sie dem Westen zahlreiche Elemente des Neuplatonismus (→Platonismus) und beeinflußten die Th. und Spiritualität einer Reihe von Denkern, u. a. →Johannes Scotus Eriugena, →Hugo und →Richard v. St. Victor, →Bonaventura, →Albertus Magnus und →Thomas v. Aquin. Von Albertus Magnus ausgehend, erreichten diese Denkansätze via →Ulrich v. Straßburg, →Dietrich v. Freiberg sowie →Berthold v. Moosburg die großen Vertreter der →Mystik, Meister →Eckhart, Johannes →Tauler, Heinrich →Seuse und →Ruysbroek. Das Hauptwerk des Johannes Damaskenos, »Pege gnoseos«, das ins Lat. übersetzt wurde (»De fide orthodoxa«), vermittelte als systemat. Werk dem W wichtige Elemente der patrist. Philosophie des →Aristoteles und anderer im östl. Bereich bekannter Denker.

Die Vätertexte zur Hl. Schrift wurden in den großen 'Glossae' (→Glossen, →Bibel) der Schule v. →Laon, v. a. von →Gilbert v. Poitiers und →Petrus Lombardus, durchgängig aufgeführt. Als häufig zitierte autoritative Texte fanden sie vollen Eingang in den Schulbetrieb. Der Wortsinn der Hl. Schrift wurde (in außergewöhnl. Maße) von →Andreas v. St. Victor und Thomas v. Aquin nachdrückl. betont. Andere Slg.en der Lehrsätze und Meinungen der Väter mündeten ein in →Florilegien und →Sentenzensammlungen; das einflußreichste dieser Sammelwerke war der »Liber Sententiarum« des →Petrus Lombardus. Die Komm. zu diesem Hauptwerk entstanden im 12. Jh. noch auf persönl. Initiative, doch drang das Werk im 13. Jh. in die Hörsäle der →Universitäten ein; seine Kommentierung wurde zum obligator. Objekt der Baccalare, die den Grad des Magisters erwerben wollten, eine Praxis, die bis zum Ende des MA anhielt.

→Gilbert v. Poitiers (Gilbertus Porreta), der als bedeutender Kommentator der »Opuscula sacra« des Boethius dessen metaphys. Denken weiterverfolgte, trug auch zur theol. Methodologie bei: jede in sich geschlossene Disziplin ist eine eigene 'facultas'; die Th. hat einerseits Prinzipien, Regeln oder Axiome, die sie mit denen anderer Wiss. gemeinsam hat, doch andererseits auch ihre eigenen; beim Sprechen von Gott dürfen nicht die Prinzipien anderer Wissenschaften auf die Th. übertragen werden, die Regeln der Logik, Grammatik, Dialektik und Rhetorik müssen beachtet werden. →Alanus ab Insulis folgte Gilbert hinsichtl. der Prinzipien und verfaßte zwei Werke der deduktiven Th., in denen er auf klar definierten Axiomen aufbaute.

Im 12. Jh. trat auch ein systemat. Typ der theol. Schrift auf, die →Summa; Abaelards einander folgende Versuche, Hugos v. St. Victor »De sacramentis« und die »Summa sententiarum« waren bedeutende frühe Vorbilder für die späteren, weitaus extensiveren Werke dieser Gattung. In den Universitäten des 13. Jh. waren die drei Aufgaben eines Magisters (Professors) der Th. die folgenden: kontinuierl. Exegese der Schrift; Leitung bzw. Durchführung von 'quaestiones', Erörterungen zu vorgeschriebenen Gegenständen des Unterrichts oder aber zu Problemen, die nach freiem Belieben aus der Hörerschaft artikuliert wurden ('quaestiones quodlibetales'; →Predigt). Außerhalb dieses etablierten universitären Pflichtenkanons nahmen einige Magister eine Revision ihrer frühen Sentenzenkommentare vor oder verfaßten weitgespannte Summae; zu nennen sind die »Summa aurea« des →Wilhelm v. Auxerre, die der Franziskanerschule angehörende »Summa Fratris Alexandris« sowie die »Summa theologiae« des Thomas v. Aquin.

Das Auftreten von Übersetzungen der »Analytika«, »Topika« und der »Soph. Elench.« des →Aristoteles hatte bereits im 12. Jh. vorhandene Entwicklungen verstärkt und z. T. neue in Gang gesetzt, einschließlich einer Reflexion über die Natur der Th. selbst. Dies führte im 13. Jh. zu intensiven Debatten über die Frage, ob die Th. eine →Wissenschaft (scientia) sei. Die Anhänger Augustins (die →Franziskaner und frühen →Dominikaner) verfochten die Auffassung, daß Th. primär →Weisheit (sapientia) ist, die, wie →Bonaventura sagt, »principaliter ut boni fiamus« (1. Sent., proem., 3) studiert wird; eine 'scientia' stellt die Th. nur in dem weiten Sinn eines sicheren Wissens dar. Thomas v. Aquin, der die aristotel. Vorstellung einer Unterordnung der Wiss. (Subalternation) vertritt, war der Auffassung, daß die Th. durch den →Glauben ihre sicheren ersten Gründe von dem höheren Wissen der Seligen her erhält; von diesem Fundament aus gelangt er in genuin wiss. Beweisführung (→Logik) zu seinen Schlüssen. Diese Debatte ging auch nach dem Aquinaten weiter und sollte spätere Einführungen in das theol. Denken, etwa von →Heinrich v. Gent, →Joh. Duns Scotus u. a., stark beeinflussen.

Im 13. Jh. wurden weitere Werke des Aristoteles (»De anima«, »Ethica«, »Physica«, »Metaphysica«) rezipiert; mit ihnen kamen auch die Werke seiner großen Kommentatoren →Avicenna und →Averroes und anderer muslim. und jüd. Denker im Abendland zu Ehren. Hatten Aristoteles' früher rezipierte Werke die Methoden der Th. befruchtet, so vermittelten die »neuen« Werke Bekanntschaft mit bis dahin unbekannten Denkansätzen und veränderten die theol. Diskussion auf vielen Gebieten. Zwar hatte die Schule v. →Chartres bereits im 12. Jh. die →Natur der Dinge, ihre innere Konsistenz und Finalität entdeckt, doch wurde dieser (bis dato erst wenig diskutierte) Themenkomplex nun auf neuer Basis zum Gegenstand breiterer Diskussion. Zunächst versuchten die besorgten kirchl. Autoritäten die Verbreitung der neuen Lehren durch Verbote (→Aristotelesverbote) zu unterbinden, doch um die Mitte des 13. Jh. waren die Werke des Aristoteles weitverbreitet und wurden von Studenten vielbenutzt. Die Rezeption von Aristoteles und Averroes an der Artistenfakultät v. Paris führte Magister wie →Siger v. Brabant dazu, philos. Konklusionen für unvereinbar mit dem Glauben zu halten (wenn er auch nie die sog. 'doppelte Wahrheit' vertrat). In Paris wurden 1270 13 Lehrsätze, 1277 (→Tempier, Étienne) 219 Lehrsätze verurteilt; die letzte Gruppe inkriminierter Thesen umfaßte auch theol. Sätze, selbst solche des Aquinaten.

→Joh. Duns Scotus schuf eine Synthese von augustin. Th. und einem vom Gedankengut des Avicenna durchdrungenen Aristotelismus. Gottes Selbstbetrachtung ist »theologia in se«, die wahrste Th. »Theologia nostra« kennt Gott durch die Offenbarung und den Gebrauch des Begriffs des unendlich →Seienden. Indem Scotus den Primat der →Liebe und des →Willens betont, konfrontierte der Denker die »de facto-«Ordnung der Dinge mit ihrer Ordnung »in se«, wobei er oft 'formale' →Distinktionen (weder log. noch reale) heranzog; obwohl Scotus 'notwendige Gründe' nach dem Vorbild Anselms und →Richards v. St. Victor anführt, lehnt er es ab, die Th. als Wiss. im eigtl. Sinne zu verstehen; dessenungeachtet ist sie für ihn eine primär prakt. Disziplin und verfügt über ebenso sichere Wahrheiten wie andere Wissenschaften.

→Wilhelm v. Ockham verwarf Scotus' formale Distinktionen und vertrat, daß lediglich Individuen existierten; nach seiner Auffassung gab es keine universalen oder allgemeinen Naturen. Als Reaktion auf den Gedanken der philos. Unabhängigkeit betonte Ockham mit Nachdruck den Vorrang des Glaubens vor der Vernunft und die absolute Freiheit des allmächtigen Gottes bei der Schöpfung. Die gegenwärtig existierende Schöpfung, die aus Gottes geordneter Macht hervorging, ist daher durch und durch kontingent, so kann Gott dank seiner absoluten Gewalt alles tun, was nicht in sich widersprüchlich ist; Gott kann auch unmittelbar tun, was durch sekundäre Ursachen (causae) getan werden könnte. Von daher bestreitet Ockham die →Analogie in der Th., die keine Wissenschaft, aber das höchste Wissen ist.

Eine derartige Methode schwächte das traditionelle Ideal eines Glaubens, der um 'Verstehen' (d. h. rationale Fundierung) bemüht war. →Gregor v. Rimini, der möglicherweise Luther beeinflußt hat, entwickelte einen prakt. 'Fideismus' außerhalb dieser traditionellen Vorstellungen. Andere wie Pierre d'→Ailly und Gabriel →Biel wandten sich stärker dialekt., krit. Fragestellungen zu, bei denen oft das Problem, was Gott dank seiner Allmacht im jeweils behandelten konkreten Fall tun könne, im Vordergrund stand. Angesichts der Dürre ihrer subtilen Erörterungen entwickelten spirituell orientierte Gläubige (→Mystik, →Devotio moderna, →Brüder und Schwestern vom Gemeinsamen Leben) Bewegungen, deren theol. Vorstellungen sich von den zentralen Glaubensmysterien entfernten. Ein Ockhamist, Jean Gerson (→Johannes Carlerius de Gerson), bemühte sich, die spirituelle Th. zu systematisieren und sie mit der systemat. Th. zu verbinden, doch fand sein Ansatz keine Nachfolger. Ebenso bemühte sich →Nikolaus v. Kues um das augustin.-anselm. Erbe der Einheit von Glauben und Erkennen. Sein Denken und dessen Wirkungsgeschichte liegen aber außerhalb der Universitäts-Th.

Der Niedergang einer lebendigen Th. bei diesen letzten Theologen – die Reformtheologen ausgenommen – kann zumindest zum Teil zurückgeführt werden auf die Tatsache, daß sie im Gegensatz zu den theol. Denkern des 12. und 13. Jh. den bibl. und patrist. Grundlagen nur noch geringe Beachtung schenkten. Es muß die Frage gestellt werden, ob ihre komplizierte, hoch formalisierte Argumentationsweise nicht das 'Licht des Glaubens', das in der Vergangenheit die Suche nach rationalem Verstehen zugleich angefacht und gemildert hatte, mehr und mehr verdunkelte.
W. H. Principe

Lit.: DThC XV/1, 341–502 – Dict. of the MA IX, 582–617 – GRABMANN, Scholast. Methode – DERS., Ma. Geisteslehn- und scholast. Phil., hg. B. GEYER, 1928 [Nachdr. 1960] – R. SEEBERG, Lehrbuch der Dogmengesch., 3, 1930⁴ – M. GRABMANN, I divieti ecclesiastici di Aristotele sotto Innocenzo III e Gregorio IX, 1941 – O. LOTTIN, Psychologie et morale au XIIe et XIIIe s., 1942–60 – J. DE GHELLINCK, Le mouvement théol. du XIIe s., 1948² – A. FOREST, F. VAN STEENBERGHEN, M. DE GANDILLAC, Le mouvement doctrinal du XIe au XIVe s., 1951 – LANDGRAF, Dogmengesch. – GILSON, Hist. I–IV, 1952–56 – F. CAYRÉ, Patrologie et hist. de la théol. 2, 1955² – M.-D. CHENU, La théol. au douzième s., 1957 – P. VIGNAUX, Phil. au m. â., 1958 – H. CLOES, La systématisation théol. pendant la 1ère moitié du XIIe s., Ephemerides theol. Lovan. 34, 1958 – H. DE LUBAC, Exégèse médiév., I–II, 1959–64 – J. LECLERCQ, The Love of Learning and the Desire for God, 1961 – H. OBERMAN, Scholastik und Reformation, 1963 – É. GILSON, Le thomisme, 1965⁶ – H. OBERMAN, Forerunners of the Reformation, 1966 [Nachdr. 1981] – The Cambridge Hist. of the Bible, hg. P. R. ACKROYD et al., 1967 – J. LECLERCQ, F. VANDENBROOKE, L. BOUYER, A Hist. of Christian Spirituality, 2, 1968 – M.-D. CHENU, La théol. comme science au XIIIe s., 1969³ – D. LUSCOMBE, The School of Peter Lombard, 1969 – A. LANDGRAF, Introd. ..., hg. A.-M. LANDRY, 1973 – E. GÖSSMANN, Antiqui und Moderni im MA, 1974 – F. VAN STEENBERGHEN, Introd. à l'étude de la phil. méd., 1974 – R. HISSETTE, Enquête sur les 219 articles condamnés à Paris le 7 mars 1277, 1977 – J. PELIKAN, The Christian Tradition, 2, 1978 – F. VAN STEENBERGHEN, Thomas Aquinas and Radical Aristotelianism, 1980 – A. MAURER, Medieval Philos., 1982² – W. PRINCIPE, Introd. to Patristic and Med. Theol., 1982² – B. SMALLEY, The Study of the Bible in the MA, 1983³ – The Hist. of the Univ. of Oxford, 1, hg. J. CATTO, 1984 – Le moyen âge et la Bible, hg. P. RICHÉ–G. LOBRICHON, 1984 – Gesch. der christl. Spiritualität, 1–2, 1993–199? – J. P. TORRELL, La théol. cath., 1994.

B. Ostkirche

Die Lehren von dem einen Gott in den drei Personen Vater, Sohn und Heiliger Geist und von der Menschwerdung einer dieser drei Personen, nämlich des Sohnes, zum Heil von Mensch und Kosmos bilden das theol. Fadenkreuz des Christentums, durch das es sich von anderen monotheist. Religionen deutl. unterscheidet. Hatten diese bibl. grundgelegten (vgl. etwa Mt 28, 20 und Joh 1, 17) Lehren in den trinitar. und christolog. Auseinandersetzungen des 4. und 5. Jh. geistige Klärung und durch die Konzilien v. →Nikäa (325), →Konstantinopel (381), →Ephesos (431) und →Chalkedon (451) ihre kirchl.-synodale Grunddefinition gefunden, so blieben doch die Einheit Gottes in der Dreiheit seiner Personen und die Einheit der Person Christi in der Zweiheit seiner Naturen, der göttl. und der menschl., noch lange zentrale Themen der byz. Th. Der Neuchalkedonismus des 6. Jh. zeigte auf, daß die Hypostase des Gottmenschen Jesus Christus die des ewigen göttl. Logos ist, dem die menschl. Natur, die er zuvor nicht besaß, in der Inkarnation »enhypostasiert« wurde (Leontios v. Jerusalem). Ist damit die ungetrennte Einheit Christi gegen den →Nestorianismus gesichert, so erweist sich der Kampf gegen den →Monotheletismus im 7. Jh. mit der schließlichen Definition der realen Unterschiedenheit von göttl. und menschl. Willen in Christus (vgl. Lk 22, 42) durch das 3. Konzil v. Konstantinopel (680) umgekehrt als fortgesetztes Ringen um die Unvermischtheit seiner beiden Naturen. Auch im →Bilderstreit des 8. und 9. Jh., dessen eigtl. Thema die Frage nach der Abbildbarkeit Christi darstellt, spiegelt sich das Grundproblem seiner Zwei-Einheit wider: Wird die Ikone Christi als Abbild des göttl. Logos als solchem interpretiert, so verstößt sie gegen das strikte Verbot der Darstellung Gottes im Bild (Ex 20, 4f.), wenn aber als Abbild seiner Menschheit, so ist sie der nestorian. Zertrennung verdächtig. Das Dilemma löst sich schließlich in der Einsicht, daß es sich um ein Bild des einen menschgewordenen, also sichtbar und damit auch abbildbar gewordenen, göttl. Logos handelt. Ein weiteres Mal erhitzen alte trinitar.-christolog. Fragestellungen die Gemüter im 12. Jh., als um die rechte Auslegung des Ausspruchs Christi »Mein Vater ist größer als ich« (Joh 14, 28) eine Kontroverse entbrennt, die auf einer gesamt-orthodoxen Synode 1166 zu Konstantinopel beigelegt wird.

Mit einer Thematik trinitar. Art setzt auch die Reihe der großen Auseinandersetzungen mit Neuerungen der lat. Th. und Kirchenpraxis ein: Der Zusatz »filioque« zum überall in liturg. Gebrauch stehenden Glaubensbekenntnis des 1. Konzils v. Konstantinopel (381), der den überzeitl. Hervorgang des Hl. Geistes aus dem Vater mit seiner zeitl. Sendung auch durch den Sohn in die Welt (Joh 15, 26) in eins zu setzen scheint, erfährt erstmals durch den Patriarchen Photios im 9. Jh. entschiedenen theol. Widerspruch. Der Streit um den Gebrauch von Azymen (ungesäuertes Brot) bei der eucharist. Liturgie, von den Lateinern nicht vor dem 8. Jh., von den Armeniern schon vorher, eingeführt, zieht i. J. 1054 den Abbruch der kirchl. Gemeinschaft zw. Ost und West nach sich. Er wäre kaum von Dauer gewesen ohne die gleichzeitig in der sog. →Gregorian. Reform erfolgte Umgestaltung des altkirchl. röm. Primats zum universalen jurisdiktionellen Supremat, der erst im 13. Jh. nach ersten Versuchen seiner prakt. Durchsetzung im Rahmen der →Kreuzzüge von den Byzantinern als realer Anspruch wahrgenommen und durch theol. Traktate systemat. bekämpft wurde. Ein weiteres »klassisches« Kontroversthema brachte die lat. Lehrentwicklung des 13./14. Jh. im Bereich der Eschatologie hervor, welche die endgültige Entscheidung über das ewige Los des Menschen bereits einem individuellen Gericht unmittelbar nach seinem Tod zuspricht und somit die Frage nach Sinn und Funktion des allg. Endgerichts (Mt 25, 31–46) aufwirft.

Soteriolog. Interesse entspringt schließlich der letzte große byz. Beitrag zur christl. Th.: Die der palamit. Gotteslehre des 14. Jh. eigene Unterscheidung von Wesen (οὐσία) und Wirkweisen (ἐνεργείαι) Gottes antwortet auf die Frage, inwieweit der vergöttlichte (2 Petr 1, 4), will sagen begnadete, Mensch an Gott selbst teilhat, und inwiefern Gott auf immer der unzugängliche, jenseitige bleibt. Indes knüpft der theol. →Palamismus kaum an die überlieferte Trinitätslehre und Christologie an, steht vielmehr in bemerkenswerter Analogie zur fast gleichzeitigen Kabbala des sefard. Judentums mit seiner Unterscheidung des Ên Sof, d.h. des an und für sich verborgenen Gottes, und seiner Sefîrôt, durch die er nach außen wirkt.

P. Plank

Lit.: M. JUGIE, Theologia dogmatica christianorum orientalium, 5 Bde, 1927ff. – BECK, Kirche – J. MEYENDORFF, Le Christ dans la théol. byz., 1969 – S. SAKKOS, Ὁ πατήρ μου μείζων μού ἐστιν, 2 Bde, 1968 – J. MEYENDORFF, Byz. Theology. Hist. Trends and Doctrinal Themes, 1974 – G. PODSKALSKY, Theol. und Philos. in Byzanz, 1977 – A. GRILLMEIER, Jesus der Christus im Glauben der Kirche, I/II, 1/II, 2/II, 4 (bisher ersch.), 1979–90: T I, G I – K. WESSEL, Dogma und Lehre in der orth. Kirche von Byzanz (Hb. der Dogmen- und Theologiegesch., I, hg. C. ANDRESEN, 1982), 284–405 – G. PODSKALSKY, Christentum und theol. Lit. in der Kiever Rus' (988–1237), 1982 – H.-G. BECK, Gesch. der orth. Kirche im Reich, 1980 – G. PODSKALSKY, Griech. Theol. in der Zeit der Türkenherrschaft 1453–1821, 1988 – A. LOUTH, Knowing the Unknowable: Hesychasm and the Kabbalah, Sobornost (Oxford) 16, H. 2, 1994, 9–23 – P. PLANK, Patriarch Nikephoros II. v. Jerusalem (vor 1166–1173/76) und die konstantinopolitan. Synoden seiner Zeit, Orthodoxes Forum 9, 1995, 19–32.

Theologische Tugenden. Die Dreiheit der th. T. →Glaube, →Hoffnung und →Liebe faßt nach dem Apostel Paulus – 1 Kor 13, 13, vgl. 1 Thess 1, 3 und Kol 1, 4 – die christl. Lebensform in der Gemeinde zusammen. Diese Idee wurde in der patrist. Theol. vertieft und erweitert. Augustin setzte diese Dreiheit in Bezug zu den sieben Gaben des →Hl. Geistes, den acht Seligpreisungen und vier Kardinaltugenden (→Tugenden und Laster). Im vielgelesenen Enchiridion ad Laurentium de fide, spe et caritate (CCSL 46, 49–114) machte er die drei T. zum Schlüssel der katechet. Unterweisung in der Glaubenslehre. Dieser augustin. Tradition folgten im MA die Summa Sententiarum (c. 1138) und die Schule →Abaelards: »Tres sunt in quibus humane salutis summa consistit: fides scilicet, sacramentum et caritas« (Roland Bandinelli, Sententiae, ed. A. M. GIELT, 1). Für die dt. Symbolisten (→Symbolismus, deutscher), bes. für →Rupert v. Deutz, De glorificatione Trinitatis VI, 19 sind die th. T. die heilspädagog. Kräfte zur Erneuerung der Gottebenbildlichkeit, die im Sündenfall durch die dreifache Begierlichkeit verwirkt wurde. In der Schule des →Anselm v. Laon heißen sie auch die »trinitatis gratiae« (vgl. O. LOTTIN, Psychologie, V, 247). In den Summen dieser Schule hatten die drei th. T. noch keinen festen literar. Ort. Die (ungedr.) Summa »Nostrae iustitiae« (Cod. Vat. Ross. 241 f. 154rb) behandelt sie (Glaube und Hoffnung in aller Kürze, Liebe traktathaft) im Anschluß an Sündenfall und Erbsünde. Auch →Petrus Lombardus kannte die nähere Bestimmung »theologisch« der drei T. noch nicht. Er disputierte im 3. Buch der Sententiae (dist. 23–32, ed. Rom 1981, 141–187) im Kontext der Heilslehre die drei T., die im Unterschiedlichen zusammengehören. In Liebe erfülltes Glauben und Hoffen ist vollkommen (ebd. d. 25 c. 5, ed. 188); im Verhältnis zu den sittl. (Kardinal-)T. sind nur die th. T. heilshaftig und wahre Tugend. Die Glossen und Komm. zu den Sentenzenbüchern mußten fortan dem Thema bes. Aufmerksamkeit schenken. In den Schulen der →Porretaner wurde der Unterschied der »virtutes catholicae« (Glaube, Hoffnung und Liebe) von den »virtutes politicae« intensiv diskutiert: →Alanus ab Insulis, De virtutibus … (c. 1160, ed. O. LOTTIN, Psychologie, VI, 45–92, bes. 48–49), →Simon v. Tournai, Institut. theol. (Cod. lat. 132, Oxford, Merton Coll., f. 133ra), Magister Martinus, Summa (Cod. lat. 209, bibl. munic. Toulouse, f. 142rb–143vb: »catholicum vero officium est congruus actus unius cuiusque personae secundum instituta religionis catholicae«). Die kath. T. Glauben, Hoffen und Lieben verleihen auch den polit. T. den Rang der »virtus catholica«, die durch ihre religiöse Bestimmung und Vollzugsweise als solche ausgezeichnet werden. Auch in der Summa des →Praepositinus (1190/95, Cod. lat. 71, Bibl. Comm. Tode, f. 109va–110rb) wird das Verhältnis von polit. und kath. Tugend diskutiert und deren Begründungsverhältnis befragt. In der Überformung durch die Gnade des Glaubens werden die natürl. Tugenden wirklich und wahr. Gaufried v. Poitiers spricht in seiner Summe (Cod. lat. Paris. 15747, f. 44va) ebenso wie →Wilhelm v. Auxerre in der Summa Aurea, III tr. 11 und 12 (ed. J. RIBAILLIER, 180, 185, 194 u. ö.) von den th. T. Diese Summa ist für die Gesch. des Begriffes bestimmend geworden. Die th. T. zielen unmittelbar auf Gott und variieren in dieser Zielbestimmung insofern, als Glauben, Hoffen und Lieben die höchste Form der Befriedigung und Ergötzung in Gott schenken. Fortan gehörten der Begriff und die Unterscheidung zw. natürl. und gnadenhafter Tugend zur Schulüberlieferung. Die th. T. sind gnadenhaft von Gott geschenkt, und darum bezeichnet sie →Alexander v. Hales in der Sentenzenglosse (III d. 33 AE n. 5, ed. Quaracchi 1954, 387) als »virtutes divinae«. Sie betreffen nicht den sittl. Umgang mit den Dingen, die »utenda« (in der Sprache Augustins), sondern die »fruenda« (ebd. 388). Der Gnadencharakter der th. T. gab der Theol. die Frage nach der Identität und Differenz von Tugend und Gnade auf. →Thomas v. Aquin, S. th. I–II, q. 62 (vgl. mit Quaest. disp. De virtutibus in communi, q. 1 a. 10) begründete die th. T. als Prinzipien des übernatürl. Lebens. Glauben, Hoffen und Lieben ertüchtigen Erkennen und Wollen zur Teilhabe am göttl. Leben. »Sie heißen th., sei es weil sie Gott zum Inhalt haben ... sei es weil sie allein von Gott uns eingegossen werden, sei es weil sie allein durch die göttl. Offenbarung in der Hl. Schrift, ... uns übergeben werden.« (S. th. I–II q. 62 a. 1). In den Schulen des 14. und 15. Jh. wurden Zusammenhang und Zusammenhalt von sittl. und th. T. diskutiert. Wenngleich die sittl. und th. T. ihre eigenen Prinzipien und Ziele haben, fordern und fördern sie sich wechselseitig (so →Durandus de S. Porciano, Sent. III d. 36 q. 1, ed. 1571 fol. 278). Unter dem Vorbehalt der (bedingungslosen) »acceptatio« des Menschen und seines Handelns durch Gott ist es für den Franziskanertheologen →Wilhelm v. Ockham eine Frage, ob wir den übernatürl. Habitus der theol. Tugenden notwendig zum verdienstl. Handeln und zur Seligkeit brauchen (Sent. III q. 9, ed. 1982, 276–314). Unbeschadet dieser dialekt. »nominalist.« Befragung der th. T. haben sich die Ordenstheologen sehr um die »Psychologie« der th. T. bemüht, die Grundlage der Spiritualität und Mystik sind. Im Unterschied zu den sittl. Tugenden zentrieren sie nicht in einer bestimmten Mitte (zw. auszugrenzenden Extremen), sondern zielen auf das je Höhere hin (Thomas v. Aquin, S. th. I–II q. 64 a. 4; Franziskus de Mayronis OFM, Sent. III d. 23–33, q. un., ed. 1520, f. 172rB). Im »Itinerarium mentis in Deum« (c. 4) verbindet →Bonaventura die th. T. mit dem Dreischritt der Reinigung, Erleuchtung und Einigung der Geistseele des Menschen zur Wiedererlangung der Gottebenbildlichkeit. In der »Devotio moderna« des Heinrich Herp(ius) (Harphius) († 1478 in Mecheln) fand diese Tradition begeisterte Aufnahme (vgl. D. Loer, Theologia mystica, Köln 1538, f. 110r–v). Joh. →Tauler OP sah in der Predigt (ed. G. HOFMANN, 1979, 64) die th. T. in den oberen Kräften der Seele so wirken: der Glaube nimmt den (Selbst-)Verstand, die Hoffnung die Sicherheit und die Liebe den Eigensinn. Die reife Frucht der th. T. sind nach Thomas v. Aquin (S. th. I–II q. 68) die Gaben und Charismen des Geistes (ebd. a. 4 ad 3). L. Hödl

Lit.: s. Einzelstichwörter – DSAM XVI, 485–497 – Dt. Thomas-Ausg., Bd. 11: I–II, 49–70: Die Grundlegung der menschl. Handlung, 1940 – O. LOTTIN, Psychologie et Morale aux XIIe et XIIIe s., I–VI (8 Bde), 1942–60 [passim] – M.-M. PHILIPON OP, Rev. thom. 59, 1959, 451–483 – O. LOTTIN, RTh 30, 1963, 277–298 – R. CORDOVANI, Augustinianum 7, 1967, 419–447 – R. JAVELET, Image et ressemblance au XIIe s., I–II, 1967.

Theologus (canonicus th.), an einem Dom- oder Kollegiatkapitel tätig, unterrichtet die Priester in der Hl. Schrift und in allen Angelegenheiten der →Seelsorge. Nach den Vorschriften des IV. →Laterankonzils v. 1215 (c. 11 = Liber Extra 5. 5. 4) soll er eine Kanonikatspfründe erhalten, ohne eigtl. →Kanoniker zu werden. In manchen bfl. Wahlkapitulationen wurde bestimmt, daß dieses Amt auch von einem Kanonisten ausgeübt werden könne. Das Konzil v. Trient hat die eigtl. Bedeutung des Th. noch einmal in Erinnerung gerufen (sess. V. c. 1 de reform.). Seither wird angestrebt, daß der Th. womögl. Doctor theologiae ist. Nach dem CIC v. 1917 (cc. 398ff.) kann die Tätigkeit des Th. auch durch einen Lehrauftrag im Seminar ersetzt werden. Nach der Einführung des CIC v. 1983 ist das Amt des Th. weitgehend abgeschafft worden (Ausnahmen u. a. in Linz und St. Pölten). H.-J. Becker

Lit.: DDC III, 568 – F. SENTIS, Die praebenda theologica und poenitentialis in den Kapiteln, 1867 – PH. HOFMEISTER, Bf. und Domkapitel, 1931, 85, 104, 161f. – H. TILLMANN, Papst Innocenz III., 1954, 155.

Theon von Alexandrien, neuplaton. Mathematiker und Astronom des 4. Jh., Vater der bekannten Mathematikerin →Hypatia, wirkte vermutl. am Museion in Alexandrien, wo er i. J. 364 eine Sonnen- und eine Mondfinsternis beobachtete, durch die seine wiss. Tätigkeit genau datiert werden kann. Er publizierte einen umfangreichen Kommentar zum →Almagest in 13 Büchern, von dem kürzl. einige bisher verloren geglaubte Teile in einer vatikan. Hs. wieder entdeckt wurden, sowie zwei weitere Kommentare zu den Handlichen Tafeln von →Ptolemaeus. Th.s sonstige erhaltenen Werke betreffen v. a. Editionen der Schriften →Euklids und Ptolemaeus', worunter insbes. seine Edition der Elemente hervorzuheben ist. Arab. Quellen schreiben ihm ferner Abhandlungen über die →Armillarsphäre und das →Astrolabium zu, deren Zuweisung jedoch umstritten ist und von denen bloß die erste in arab. Übersetzung vor kurzem aufgefunden wurde (SEZGIN). Th.s Bedeutung liegt weit weniger in seiner Originalität als Mathematiker begründet, als in der Tatsache, daß einige der wichtigsten gr. Texte beinahe ausschließl. in seiner Bearbeitung überliefert wurden. So dauerte es z. B. bis ins frühe 19. Jh., bis F. PEYRARD im Ms. Vaticanus Graecus 190 eine abweichende Fassung der Elemente Euklids entdeckte, die wohl eine ältere, von Th. unabhängige Redaktion des Textes darstellt. E. Neuenschwander

Ed.: A. ROME, Commentaires de Pappus et de Th. d'Alexandrie sur l'Almageste, 3 Bde, 1931–43 – A. TIHON, Le 'Petit Commentaire' de Th. d'Alexandrie aux Tables Faciles de Ptolémée, 1978 – J. MOGENET –A. TIHON, Le 'Grand Commentaire' de Th. d'Alexandrie aux Tables Faciles de Ptolémée, 2 Bde, 1985, 1991 – Lit.: DSB XIII, 321–325 [ältere Lit.] – SEZGIN V, 180–186, 401; VI, 101f. – A. TIHON, Le calcul de l'éclipse de Soleil du 16 juin 364 p. C. et le 'Petit Commentaire' de Th. d'Alexandrie, Bull. de l'Institut Hist. Belge de Rome 46/47, 1976–77, 35–79 – DIES., Th. d'Alexandrie et les 'Tables Faciles' de Ptolémée, AIHS 35, 1985, 106–123 – DIES., Le livre V retrouvé du 'Commentaire à l'Almageste' de Th. d'Alexandrie, L'Antiquité Classique 56, 1987, 201–218 – D. ROQUES, La famille d'Hypatie, Revue des Études Grecques 108, 1995, 128–149.

Theonest, hl., Bf. und Märtyrer, dessen hist. Persönlichkeit schwer faßbar ist. Zwei Passiones schildern ihn als Bf., der in Altino bei Treviso (Veneto) zusammen mit seinen Gefährten Tabra und Tabrata den Märtyrertod gefunden hat, nachdem ihn eine lange Pilgerfahrt nach Rom, Mailand, Aosta, Mainz (wo zwei weitere Reisegefährten, Ursus und Albanus, den Märtyrertod erlitten hatten) und wieder nach Italien geführt hatte. Nach seiner

Enthauptung sei Th. mit dem Kopf in den Händen bis zum Ort seiner Grablege gegangen. In den Passionen ist Th. ein Zeitgenosse eines Ks.s Theodosius bzw. ein Bf. v. Philippi (Makedonien?), der an einem Konzil v. Karthago teilgenommen habe. Man nimmt an, daß das Zentrum seines Kultes Treviso war, wo er 710 unter den Titelhl. n eines Kl. erscheint. Wahrscheinlich geht auf diese Zeit eine verlorene Passio zurück, als deren Bearbeitungen aus dem 10. Jh. die erhaltenen Passiones gelten können, die die Verehrung des Th. in Mainz bezeugen, wo er vielleicht mit einem Bf. Theomastus (6. Jh.?) gleichgesetzt wurde. Th. wird erstmals im Martyrologium des Hrabanus Maurus kommemoriert, von wo sein Gedächtnis in das Martyrologium Romanum überging (30. Okt.). F. Scorza Barcellona

Q.: BHL 8110–8114 – BHL Nov. Suppl. 8113f. – AASS Oct. XIII, 335–348 – H. Fros, Inédits non recensés dans la BHL, AB 102, 1984, 376 – *Lit.*: Bibl. SS XII, 354–358 – LCI VIII, 459–460 – LThK² X, 82f. – E. Ewig, Die ältesten Mainzer Bf.sgräber, die Bf.sliste und die Th.legende (Ders., Spätantikes und frk. Gallien, II, 1979), 171–181 – F. Staab, Die Mainzer Kirche. Konzeption und Verwirklichung in der Bonifatius- und Th.-Tradition (Die Salier und das Reich, hg. S. Weinfurter, II, 1991), 31–77.

Theopaschismus. Theopaschiten entfalteten in vier Varianten die Lehre, daß Gott gelitten hat. 1. Als erster sprach Ignatios v. Antiochien († ca. 109) in diesem Sinne vom Leiden Jesu Christi (Rom 6,3; Eph 1,1). Rigorose Verfechter der Einheit Gottes (Noet v. Smyrna, Praxeas) glitten freilich Ende des 2./Anfang des 3. Jh. zur monarchian. Häresie des Patripassianismus ab. 2. Nachdem →Diodoros v. Tarsos den verkürzenden Th. des →Apollinarios v. Laodikeia Ende des 4. Jh. zurückgewiesen hatte, lehnten die Antiochener diesen ab und unterstellten nicht nur Apollinaristen und Arianern, sondern zu Unrecht auch den Anhängern des →Kyrillos v. Alexandrien theopaschit. Irrlehren. 3. In der Folge entwickelten die syr. Monophysiten theopaschit. Bekenntnisformeln, indem sie 468/470 das Trishagion durch »Der für uns gekreuzigt worden ist« erweiterten (→Petrus Fullo) oder »Einer aus der Dreifaltigkeit hat (im Fleische) gelitten« formulierten. 4. Seit 519 bemühten sich skyth. Mönche – gegen den →Nestorianismus – um päpstl. und ksl. Anerkennung letzterer Formel, was nach anfängl. Ablehnung 533 durch Ks. →Justinian I. und 534 durch Papst →Johannes II. geschah. J. Hofmann

Lit.: LThK² X, 83 – Beck, Kirche, 285, 375f. [Lit.] – R. M. Hübner, Melito v. Sardes und Noet v. Smyrna (Fschr. M. Schneemelcher, hg. D. Papandreou, 1989), 219–240 – A. Grillmeier, Jesus der Christus im Glauben der Kirche, I, 1990³, 20, 56, 379 – H. R. Drobner, Lehrbuch der Patrologie, 1994, 94f., 130 [Lit.] – J. Speigl, Formula Iustiniani, OKS 44, 1995, 105–134 [Lit.].

Theophanes
1. Th. III., Metropolit v. →Nikaia seit Ende 1364, † 1380 oder später. Da die Stadt bereits 1330 von den Türken erobert worden war, hielt sich Th. zumeist in Konstantinopel auf (Beteiligung an Lokalsynoden: Jan. 1370, Mai 1371, Juni 1380). Er gehörte zu den Parteigängern des ehem. Ks.s →Johannes VI. Kantakuzenos und teilte dessen Einstellung in der Kontroverse um den →Palamismus. 1367/68 wohnte Th. einer Gesandtschaftsreise zu →Jovan Uglješa nach Serrhes bei, um über die Rückkehr der serb. Kirche zum Patriarchat v. Konstantinopel zu verhandeln; im Nov. 1370 dürfte er kurzzeitig den Metropoliten v. Ankyra vertreten haben. Th. gehörte zu den fruchtbarsten Schriftstellern der Palaiologenzeit: er verfertigte einen Traktat in drei Büchern (B. 4 und B. 5: Auszüge von B. 1–3) gegen die Lateiner, wobei es bes. um die →Filioque'-Thematik ging, ferner, wohl auf Anregung Johannes' VI., zwei Schr. an den lat. Patriarchen Paulus v. Konstantinopel über Probleme der palamit. Theologie. Erhalten sind weiter: eine »Oratio eucharistica«, kirchl. Dichtungen, eine für die byz. Mariologie wichtige Abh. über die Gottesmutter, drei Briefe an seine Gemeinde in Nikaia und eine Disputation gegen die Ewigkeit der Welt, wohl eine Antwort auf die »Summa theologica« des →Thomas v. Aquin. Sein Hauptwerk bildet der äußerst umfangreiche und wohlkomponierte »Tractatus adversus Judaeos« (3 B.), der Unterschiede zw. bibl. und zeitgenöss. Judentum aufzeigt und, frei von übermäßiger Polemik, wichtige Informationen über die Juden in spätbyz. Zeit enthält. A. Külzer

Lit.: DSAM XV, 516f. – DThC XV, 513–517 – PLP, Nr. 7615 – Beck, Kirche, 746f. – E. Trapp, Die Metropoliten v. Nikaia und Nikomedeia in der Palaiologenzeit, OrChrP 35, 1969, 186f. – G. Prinzing, »Contra Judaeos«: ein Phantom im Werkverz. des Theophylaktos Hephaistos, BZ 78, 1985, 350–354 – I. D. Polemis, Th. of Nicea: His Life and Works, 1996.

2. Th. Byzantios, byz. Historiker, 2. Hälfte des 6. Jh., dessen Werk nur durch das relativ umfangreiche Resümee in der Bibl. des →Photios (cod. 64) bekannt ist. Es umfaßte den Zeitraum von 572 (vielleicht schon 565) bis 581 (?) und widmete sich bes. den Beziehungen zu den Turkvölkern (darunter der Hinweis auf den Schmuggel der Seidenraupe aus »China«; →Seide, B.) sowie den Sāsānidenkriegen. Obwohl es chronolog. dem Werk des →Theophylaktos Simokates vorangeht, gibt es keinen Hinweis, daß dieser es benutzte. P. Schreiner

Ed. und Lit.: Photios, Bibl., ed. R. Henry, I, 1959, 76–79 – Hunger, Profane Lit., I, 309 – Tusculum Lex., 1982³, 785 – Oxford Dict. of Byzantium, 1991, 2062.

3. Th. Continuatus, Serie von Ks.biographien (813–961), nur chronolog., aber nicht stilist. in der Forts. des →Theophanes (hsl. in ihrer Gesamtheit ohne Titel), in Auftrag gegeben von →Konstantin VII., mit deutl. publizist. Zwecken im Sinne einer Ideologie des makedon. Ks.hauses (→Makedon. Dynastie). Ein erster Teil widmet sich den Ks.n der vormakedon. Familien (813–866), ein zweiter (Buch V) aus der Feder Konstantin VII. selbst umfaßt die Regierungszeit seines Großvaters (→Basileios I.), der vierte jene →Leons VI. und Konstantins VII. (886–948). Der fünfte, unvollendete Teil bricht 961 ab, sollte aber wohl bis 963 (Tod →Romanos' II.) reichen. Abgesehen von Buch V sind die Autoren anonym und alle Identifizierungsversuche bleiben Hypothese (u. a. Joseph →Genesios, Theodoros →Daphnopates). Das nur in einer einzigen originalen Hs. überlieferte Werk ist trotz einer gewissen ideolog. Ausrichtung die wichtigste Q. für eine der bedeutendsten Perioden der byz. Gesch. P. Schreiner

Ed. und Lit.: Th. C., ed. I. Bekker, 1838 – Vom Bauernhof auf den Ks.thron. Leben des Ks.s Basileios I., übers. L. Breyer, 1981 [B. V] – J. N. Ljubarskij, Th. C., Žisneopisanija vizantijskich carej, 1992 [russ. Übers., Komm.] – Hunger, Profane Lit., I, 339–343 – Oxford Dict. of Byzantium, 1991, 2061f.

4. Th. Graptos, * um 775 in der Moabitis (Palästina), † 11. Okt. 845, ▭ →Chora-Kl. zu Konstantinopel, Dichter kirchl. Hymnen und Hl. als verfolgter Bekenner der Bilderverehrung (→Bilderstreit). Seit seinem 22. Lebensjahr Mönch in der Sabas-Laura (→Sabas, hl.) bei Jerusalem, gehörte zusammen mit seinem Bruder Theodoros und dem Mönch Job zur Begleitung des →Michael Synkellos (31. M.), den Patriarch Thomas v. Jerusalem 813 zur Erörterung des →Filioque und der kirchenpolit. Lage Jerusalems nach Rom entsandt hatte. Ks. →Leon V. ließ die Gruppe unterwegs in Konstantinopel als Bildverehrer in Haft nehmen, aus der das Brüderpaar erst 820 freikam. Anschließend Übersiedlung ins Sosthenion-Kl. am Bosporos; Ks. →Theophilos verbannte die Brüder dann auf die Insel Aphusia im Marmarameer und ließ beiden nach Verhören in Konstantinopel am 18. Juli 839 zwölf von ihm selbst verfaßte iamb. Trimeter auf die Stirn tätowieren (Brandmarkung als Häretiker; daher ihr Beiname: ῾Graptoi/γραπτοί᾽). In erneuter Verbannung (Apamea/Bithynien) starb Theodoros an einem 27. Dez. zw. 841 u. 844, während Th. nach Beendigung des Bilderstreits (843) noch kurzzeitig Metropolit v. →Nikaia wurde. – Von ihm sind 19 Idiomela überliefert (in den Hss. keine einheitl. Zuschreibung) und 162 teilweise noch unedierte Kanones. G. Prinzing

Q. und Lit.: BECK, Kirche, 516f. [Editionsverz. zu Th.] und passim – ThEE 6, 1965, 205f. – BHG Nrr. 1793, 1793e – Tusculum-Lex., 1983³, 786f. – Oxford Dict. of Byzantium, 1991, 2062 – TH. XYDES, Byz. Hymnographia, 1978, 137–145 – W. TREADGOLD, The Byz. Revival 780–842, 1988 – M. F. AUZÉPY, TM 12, 1994, 183–218.

5. Th. Homologetes (Confessor), byz. Chronist, * um 760 in Konstantinopel, † 12. März 817 oder 818 in Samothrake. Th. stammte aus einer hohen adligen Familie. Nach dem Tod des Vaters, des Strategen Isaak, übernahm Ks. →Leon IV. Th.' Vormundschaft. Nach glänzender Karriere am Hof entschloß er sich mit 26 Jahren, ebenso wie seine (gleichfalls der Aristokratie entstammende) Frau, ins Kl. zu gehen. Th. wurde Hegumenos des von ihm an der Südküste des Marmarameeres gegr. Kl. Megas Agros (Sigriane) und schrieb hier Hss. ab. Anhänger des Patriarchen →Tarasios sowie Freund und Mitarbeiter des Chronisten →Georgios Synkellos, wurde Th. als Gegner des Ikonoklasmus nach Samothrake verbannt, wo er sein Leben beschloß. Auf Anregung von Georgios Synkellos setzte er dessen Weltchronik von 285 bis 813 fort und verwertete z. T. die von seinem Vorgänger gesammelten Materialien; dabei wandte er ein streng annalist. Schema an, auf der Grundlage der Herrscher- und Patriarchenlisten. Für die Zeit vom 4. bis zum 6. Jh. stützte er sich in erster Linie auf die Kirchenhistoriker →Priskos, →Prokopios, →Johannes Malalas und →Theophylaktos Simokates. Für die Zeit von 602 bis 813 ist Th. Hauptquelle und häufig einziger Zeuge, nicht zuletzt infolge der Verluste zahlreicher seiner Vorlagen (auch syr. und arab. Hss.) durch den →Bilderstreit. Die bilderfreundl. Tendenz und der Verzicht auf themat. Stoffgliederung mindern keineswegs den unschätzbaren Wert dieses Quellenwerks. Sein Stil ist trotz der lit. Bildung des Th. gewollt schlicht gehalten und zeigt häufig Einflüsse der Volkssprache.

In der 2. Hälfte des 9. Jh. übersetzte →Anastasius Bibliothecarius Th. für seine »Chronographia tripartita«; die ihm vorliegende Fassung war weniger ausgearbeitet als die uns durch die griech. Hss. überlieferte Redaktion (deren älteste, Oxon. Bodl. Wake 5, stammt vom Ende des 9. Jh.). Der Codex Vindob. Hist. Gr. 76 überliefert eine vulgärgr. Paraphrase des Th. R. Maisano

Ed.: C. DE BOOR, 2 Bde, 1883–85 [Nachdr. 1963] – Lit.: HUNGER, Profane Lit. I, 334–339 [Lit.] – J. KARAYANNOPOULOS-G. WEISS, Q.nkunde zur Gesch. v. Byzanz, 1982, 338f. [Lit.] – C. MANGO, Who wrote the Chronicle of Th.?, ZRVI 18, 1978, 9–17 – I. S. ČIČUROV, Vizantijskie ist. socinenija: »Chronografija« Feofana, »Breviarij« Nikifora, 1980 – T. A. DUKET, A Study in Byz. Historiography. An Analysis of Th.' Chronographia and Its relationship to Theophylact's Hist. [Diss. Boston, 1980] – I. S. ČIČUROV, Feofan Ispovednik – Publikator, redaktor, avtor?, VV 42, 1981, 78–87 – H. TURTLEDOVE, The Chronicle of Th. (602–813), 1982 [engl. Übers., Einl., Komm.] – I. S. ČIČUROV, Mesto 'Chronografii' Feofana v ranneviz antijskoj istoriogr. tradicii, 1983 – I. ROCHOW, Malalas bei Th., Klio 65, 1983, 459–474 – DIES., Byzanz im 8. Jh. in der Sicht des Th., 1991, 358 – S. EFTHYMIADIS, Le panégyrique de s. Théophane le Confesseur par s. Théodore Stoudite (BHG 1792b), AnalBoll 111, 1993, 259–290 [Add. in: AnalBoll 112, 1994, 439–447] – D. OLSTER, Syriac Sources, Greek Sources and Th.' Lost Year, Byz. Forsch. 19, 1993, 215–228.

Theophanie → Epiphanie

Theophanu, Ksn., * ca. 960, † 15. Juni 991 in Nimwegen, ▫ Köln, St. Pantaleon; Nichte des byz. Ks.s Johannes I. Tzimiskes. Anstelle der Porphyrogenneta Anna, wie nach der Brautwerbung Ebf. →Geros v. Köln erwartete, heiratete sie am 14. April 972 in Rom den Sohn Ottos I. und Mitks. →Otto II. und wurde zur Ksn. gekrönt. Eine Prachturk. besiegelte die reiche Morgengabe, die Fsm.er Capua und Benevent (seinerzeit der Tochter →Hugos v. Arles an Byzanz mitgegeben) brachte sie als Mitgift ein. Kinder: Sophia (* 975), Adelheid (* 977), →Mathilde (* 978), ungenannt (* 979) und →Otto (III., * 980).

Bis zum Tode Ottos II. (7. Dez. 983) trat sie nur als »consors regni« bzw. »coimperatrix« an der Seite ihres Gatten in Erscheinung, anhand ihrer wachsenden Interventionen in den Diplomen ist allerdings eine wohl nicht von ihr betriebene, langsame Verdrängung der Schwiegermutter →Adelheid vom Hof zu beobachten. Ohne Wissen vom Tod Ottos II. wurde am Weihnachtsfest 983 Otto III. in Aachen gekrönt; Th. und Adelheid hielten sich bis Ende April 984 in Pavia auf und trafen erst Mitte Juni in Dtl. ein. Während dieser Zeit suchte der Hzg. v. Bayern, →Heinrich d. Zänker (31. H.), gestützt auf sein Recht als Vormund und wohl noch auf rudimentäre Mitherrschaftsansprüche, das Kgtm. dem geschäftsunfähigen Kind streitig zu machen. Ebf. →Willigis v. Mainz setzte noch 984/985 die Regentschaft Th.s für ihren Sohn, die höchstens auf einer vagen Rechtsbasis beruhte, durch. Die bereitwillige Unterstützung durch Willigis (Erzkanzler) und Bf. Hildebold v. Worms (Kanzler) leitete ein institutionalisiert enges Verhältnis des Reichsepiskopats zur Kg.sherrschaft ein. Indem Th. ihre Schwiegermutter schrittweise aus dem Regentschaftsrat verdrängte, ihr 987 das Wittum uneingeschränkt bestätigte, vollendete sie die Individualsukzession. Indem sie ferner 984 den Abt →Unger v. Memleben zum gleichzeitigen Bf. v. Posen einsetzte, bahnte sie die spätere Ostpolitik ihres Sohnes an zum Nachteil der sächs. Adelsopposition, die zusammen mit Heinrich d. Zänker dem Böhmenhzg. zuneigte. Und durch schnelle Anerkennung Hugos Capet als Kg. Frankreichs festigte sie die immer noch unsichere Zuordnung Lothringens dem Reich. Obwohl nach ihrem Tod die Regentschaft für drei Jahre auf Adelheid überging, ließ sich der von Th. eingeschlagene Weg nicht mehr ändern.
O. Engels

Lit.: JDG O. II., Bd. 1, 1902, 1967² [K. UHLIRZ] und O. III., Bd. 2, 1954 [M. UHLIRZ] – Byzantium and the Low Countries in the Tenth Century, hg. V. D. VAN AALST-K. N. CIGGAR, 1985 – Ksn. Th., Begegnung des Ostens und Westens um die Wende des ersten Jt., hg. A. V. EUW-P. SCHREINER, 2 Bde, 1991 – G. WOLF, Ksn. Th., Prinzessin aus der Fremde, des Westreichs große Ksn., 1991 – O. ENGELS, Th., die w. Ksn. aus dem Osten (Die Begegnung des Westens mit dem Osten, hg. DERS.-P. SCHREINER, 1993), 13–36 – The Empress Th., hg. A. DAVIDS, 1995 – Propyläen Gesch. Dtl.s I, 1994, 546–581 [J. FRIED] – G. ALTHOFF, Otto III., 1996, 37–72.

Theophilos

1. Th., *byz.* Ks. 829–842, * 812/813, † 20. Jan. 842; Sohn Ks. →Michaels II. und seiner ersten Frau Thekla, im Frühjahr 821 zum Mitks. gekrönt. Im Juni 830 Heirat mit →Theodora (III.), nachdem er bei einer zuvor erfolgten Brautschau die Dichterin →Kassia abgelehnt hatte. Th. war Schüler von →Johannes (VII.) Grammatikos, den er 838 zum Patriarchen v. Konstantinopel bestellte. Obgleich ein großer Bewunderer der arab. Welt, war Th.

gezwungen, gegen diese vielfältige Kriege zu führen; er mußte z. B. 831 den Verlust →Palermos und 838 nach der Niederlage bei Dazimon die Einnahme Amorions (Stammsitz seiner Dynastie) hinnehmen. Th. suchte mit Gesandtschaften zu den Franken, nach Venedig und Córdoba Unterstützung gegen das Kalifat zu finden; zur besseren Verteidigung des Reiches errichtete er die neuen →Themen Paphlagonia und Chaldia sowie die kleineren Militäreinheiten (→Kleisuren) Charsianon, Kappadokeia und Seleukeia. Religiös und selbst Hymnenschreiber, war er nach dem Vorbild seines Paten, Ks. →Leons V., und im Einverständnis mit Johannes VII. und →Leon Mathemaikos (9. L.) Anhänger des Ikonoklasmus (→Bilderstreit), der unter ihm seine letzte Blüte erlebte. A. Külzer

Lit.: Oxford Dict. of Byzantium, 1991, 2066 – R. JENKINS, Byzantium: The Imperial Centuries AD 610–1071, 1966, 146–152 – J. ROSSER, Th. (829–842); Popular Sovereign, Hated Persecutor, Byzantiaka 3, 1983, 37–56 – W. TREADGOLD, The Byz. Revival 780–842, 1988, 263–329 – D. M. NICOL, A Biographical Dict. of the Byz. Empire, 1991, 128f.

2. Th., Patriarch v. →Alexandria seit ca. 385, * um 345, † 412. Er griff hart gegen die heidn. Minderheit durch (391 Zerstörung des Serapeions) und bemühte sich um die Beilegung des Antiochen. Schismas. Nach anfängl. Begeisterung für →Origenes und ersten Schlichtungsversuchen verurteilte er Origenes (Synode 400 oder 401) und vertrieb die origenist. Mönche aus der Nitrischen Wüste. Auf der →Eichensynode 403 setzte Th. die Verurteilung und Verbannung Bf. →Johannes Chrysostomos' v. Konstantinopel durch, bei dem die Origenisten Schutz gesucht hatten. Von seinen Schriften sind nur wenige Briefe und Homilien erhalten. E. Grünbeck

Ed. und Lit.: CPG 2580–2684 – J. DECLERCK, Th. d'A. contre Origène. Nouveaux frgm.s de l'Epistula synodalis prima, CPG 2595, Byzantion 54, 1984, 495–507 – P. NAUTIN, La lettre de Th. d'A. à l'Eglise de Jérusalem et la reponse de Jean de Jérusalem (juin-juillet 396), RHE 69, 1974, 365–394 – *Lit.:* Dict. enc. du Christianisme ancien, II, 1990, 2426 – DSAM XV, 524–530 [Lit.] – Oxford Dict. of Byzantium, 1991, 2065 – A. FAVALE, Teofilo d'Alessandria, Scritti, vita e dottrina, 1958 – E. A. CLARK, The Origenist Controversy, 1992, 105–121.

3. Th., Bf. v. Kastabala (Cilicia II) seit ca. 358, zuvor Bf. v. Eleutheropolis (Palästina; vgl. Sozomenos, Hist. eccl. IV 24, 13), † ca. 377; bekannter Vertreter der Homoiousianer (→Homoiousios); als Gegner der ksl. Religionspolitik wahrscheinl. von Ks. Konstantin abgesetzt. Er unterschrieb die homoiousian. Petition an Ks. Jovinian (Sokrates, Hist. eccl. III 25, 3) und kam mit anderen kleinasiat. Homoiousianern, die dem Bekenntnis v. →Nikaia zustimmten, 366 nach Rom zu Papst →Liberius (Sokrates, Hist. eccl. IV 12, 3; Sozomenos, Hist. eccl. VI 10, 4). Seine enge Verbindung mit →Eustathios v. Sebaste belastete die Beziehung zu →Basilius d. Gr. und verhinderte die Einigung (Basilius, Ep. 245; vgl. Ep. 130; 244). Im Streit um die Gottheit des Hl. Geistes gehört Th. in das Lager der →Pneumatomachen. K. S. Frank

Lit.: Oxford Dict. of Byzantium, 1991, 2065 – W. LÖHR, Die Entstehung der hömoischen und homöusian. Kirchenparteien. Stud. zur Synodalgesch. des 4. Jh., 1986 – H. C. BRENNECKE, Stud. zur Gesch. der Homöer, 1988.

4. Th. Ein Rechtslehrer dieses Namens arbeitete nach dem Zeugnis der Const. Imperatoriam maiestatem (533) an der Gestaltung der (lat.) Institutionen Justinians mit. Ob dieser Th. mit dem →antecessor identisch ist, der die sog. (griech.) Institutionenparaphrase verfaßt hat, kann nicht mit Sicherheit gesagt werden. Die Paraphrase geht wohl auf die Zusammenfassung von Index und Paragraphai aus einer Institutionenvorlesung des antecessor Th. zurück. Sie ist als einziges Stück der Unterrichtslit. der Rechtslehrer Justinians vollständig erhalten. Von Th. stammt auch ein Digestenindex, von dem einige Reste erhalten sind. In Ansehung der Mitarbeit am →Corpus iuris civilis und wegen der großen Verbreitung der griech. Institutionenparaphrase in Byzanz, die den lat. Text alsbald verdrängt hat, kann Th. als einer der bedeutendsten antecessores gelten. →Basiliken, -scholien. P. E. Pieler

Ed.: C. FERRINI, Institutionum graeca paraphrasis Theophilo antecessori vulga tributa ... 2 Bde, 1884/97 [= Jus Graeco-Romanum III, 3ff.] – neue Ed. in Vorber. (Groningen) – *Lit.:* H. J. SCHELTEMA, L'enseignement de droit des antécesseurs, 1970, 17 – P. E. PIELER, Byz. Rechtslit. (HUNGER, Profane Lit. II), 419–421 – N. VAN DER WAL – J. H. A. LOKIN, Historiae iuris Graeco-Romani delineatio, 1985, 40f.

Theophilus Presbyter. »Theophilus, humilis presbyter«, demütige Selbstnennung des Verf.s der »Schedula diversarum artium« (»De diversis artibus«); aufgrund neuerer Forsch. endgültig identifiziert als der auch aus der sakralen Kunstgesch. bekannte Priester- und Goldschmiedemönch →Roger (der Ruger) v. Helmarshausen – »Theophilus qui et Rugerus« in der Wiener Hs. der »Schedula« –, im Lebenslauf auf etwa 1070 bis nach 1125 eingegrenzt. Nach Stationen im Kl. →Stablo und in St. Pantaleon in Köln gelangte Th. in das nordhess. →Helmarshausen. Das dortige Kl. (Reliquientranslation des hl. Modoald 1107) gewann als neue Wirkungsstätte des Th. und als aktives Zentrum sakraler Kunstgestaltung an Ansehen. Überliefert ist u. a. das Modoald-Vortragekreuz aus vergoldetem Kupferblech mit Gravierungen, aber fehlender Vorderseite (Köln, Schnütgen-Museum), ein aus Eichenholz, vergoldetem Silberblech, getrieben, punziert und nielliert gearbeiteter, mit Perlen und Edelsteinen geschmückter Tragaltar und ein etwas einfacheres, sog. Abdinghofer Portabile (Paderborn, Diözesanmuseum), ein mit Emails, Steineinlagen und vergoldeten Evangelistensymbolen verzierter Einbanddeckel eines Helmarshauser Evangeliars (Trier, Domschatz).

Der bes. Ruhm des Th. gründet sich auf seine früh konzipierte »Schedula«, eine handbuchartige Zusammenfassung techn. und kunstgewerbl. Verfahren, die auf prakt. Erfahrungen und Fertigkeiten des Autors, schriftl. Vorentwürfe, teilweise auch auf Vorlagen wie die →»Mappae clavicula« zurückzuführen ist und 1122/23 fertiggestellt wurde. Das in zahlreichen Abschriften, die ältesten aus dem 12. Jh. in Wolfenbüttel und Wien, überlieferte Werk behandelt nach einer Apologie der Verknüpfung geistl. und handwerkl. Tätigkeit und Rechtfertigungen einer Niederschrift »der für die Menschheit im Dienste Gottes nützl. Künste und Neuerungen« (*novitates*) in drei Büchern auf einzigartige, auch um theol. Fundierung der →artes mechanicae bemühte Weise die Malerei, die Glaserei sowie Technologien der Metallerzeugung, -beund -verarbeitung. Nach dem pädagog. Programm des Th. im Prolog des ersten Buchs soll ein eifriger Schüler »diversarum artium schedulam« studieren, um zu erfahren, was »Graecia« an Farbarten und -mischungen hervorgebracht hat, »Ruscia« an Schmelzen und Niello, »Arabia« an Treib-, Guß-, und durchbrochenen Arbeiten, »Italia« an diversen Gefäßen, Steinschnitt und golden verzierter Beinschnitzerei, »Francia« an kostbarer Vielfalt der Fenster und »Germania« an feiner Gold-, Silber-, Kupfer-, Eisen-, Holz- und Steinarbeit.

Die Bedeutung der »Schedula« für die Kunst-, Kultur- und Technikgesch. des MA ist kaum zu überschätzen. Noch im 15. und 16. Jh. wurde das Werk von humanist. Naturforschern rezipiert. Th. gibt Anweisungen und bietet Rezepte für die Zubereitung und Verwendung natürl. Farben, für Gold- und Silberauflagen, das mehrmalige

Mahlen des Goldes, die Verwendung von Imitaten usw. Im zweiten Buch der »Schedula« über die Glasgefäß- und -fensterherstellung geht er von der Errichtung und Funktion der Brenn-, Streck- und Kühlöfen aus sowie von der Bereitung der Rohstoffe v. a. für Flachglas, wonach ausführl. Informationen über die Glasmalerei sowie das Zusammensetzen und Verlöten der Fensterteile folgen, aber auch prakt. Hinweise auf die Ausführung von Reparaturarbeiten und die Herstellung gläserner Fingerringe. Im dritten, dem umfassendsten Buch beschreibt Th. Werkstätten sowie -plätze und zugehöriges Werkzeug wie Blasebälge, Ambosse, Hämmer, Sägen, Drahtzieheisen, Feilen, Sticheln usw., die zur Herstellung und Verzierung liturg. Geräte aus den verschiedenen Metallen, aus Holz und Elfenbein dienen, läßt aber auch zahlreiche Angaben über Erzeugnisse für den Alltag einfließen. Erläutert werden zudem technikgeschichtl. wichtige Verfahren, darunter die Goldamalgation, die Gold-Silber-Scheidung, der Treibprozeß bei der Silbererzeugung, und Geräte wie die Drehbank. Vorzügl. Auskünfte gibt Th. schließlich zum Glockenguß (sog. Th.-Glocken, →Glocke, II), und zwar im insgesamt längsten Kapitel.   K.-H. Ludwig

Ed. und Übers.: Technik des Kunsthandwerks im zwölften Jh. Des Th. Presbyter Diversarum artium schedula, ed. W. THEOBALD [im 1. Buch – Malerei – unvollständig; Neuausg. 1984 mit Einführung und Forsch.-sergebnissen bis 1981 durch W. v. STROMER] – Th., De diversis artibus. Th., The Various Arts, ed. C. R. DODWELL, 1961 – On Divers Arts. The Foremost Medieval Treatise on Painting, Glassmaking and Metalwork, ed. J. G. HAWTHORNE–C. S. SMITH, 1963, 1979 – *Lit.*: →Roger v. Helmarshausen – P. W. HANKE, Kunst und Geist. Das philos. und theol. Gedankengut der Schrift »De Diversis Artibus«..., 1962 – L. WHITE jr., Th. redivivus, Medieval Religion and Technology, Coll. Essays, 1978, 93–103 – Das Reich der Salier 1024–1125, Ausst.kat. Speyer, 1992, 384ff.

Theophilus-Legende

I. Mittellateinische Literatur – II. Romanische Literaturen – III. Deutsche Literatur – IV. Englische Literatur – V. Ikonographie.

I. MITTELLATEINISCHE LITERATUR: Die ursprgl. gr. Legende von Th. aus Adama in Kilikien enthält als ein wesentl. Element den Teufelspakt: Th. verschreibt gegen Zusicherung des ird. Erfolges seine Seele dem Teufel, wird jedoch am Ende durch das Eintreten der Gottesmutter gerettet. Als Autor der lat. Version der gr. Th. (bekannt als »Poenitentia Theophili« BHL 8121–22) gilt der Diakon Paulus v. Neapel (zw. 840 und 875); sie ist (ebenso wie die Vita der hl. Maria Aegyptiaca [BHL 5415] des gleichen Autors) Karl dem Kahlen gewidmet. Die Übers. des Paulus erfreute sich seit dem Ende des 9. Jh. enormer Verbreitung (vgl. die – unvollständige – neueste Auflistung von 111 Hss.) und bot das Material für eine große Zahl von Neufassungen und Bearbeitungen in Prosa und Versen. Die Ursache für die Beliebtheit dieses Teufelsbündler-Motivs und für seine reiche lit. Gestaltung liegt in seinem erzähler. Reiz und seiner doppelten Verwendung als →Exempel: Zur ursprgl. Interpretation als Verkörperung des Bußgedankens kam später eine 'marianische' Interpretation, die rasch in den Vordergrund trat: Sie betonte bei der Th.-Geschichte die machtvolle Rolle der Hl. Jungfrau Maria als Fürsprecherin bei Gott für die Vergebung der Sünden. Die 'marianische' Interpretation ist den Fassungen des 10. Jh. noch fremd: Sowohl der »Vita Theophili Atheniensis«, einer Prosabearbeitung des Stoffes, in der der Name der Stadt, die den Schauplatz der Handlung darstellt, mißverstanden wird (entstanden vor der Mitte des 10. Jh., vielleicht in Bobbio), als auch der Verslegende von Hrotsvit v. Gandersheim in 455 leonin. Hexametern. Die Verwendung der Th. in marian. Kontext wird jedoch seit Anfang des 11. Jh. häufiger, sowohl in Traktaten und Predigten über die hl. Jungfrau (→Fulbert v. Chartres, →Petrus Damiani, später →Bernhard v. Clairvaux, →Honorius Augustodunensis, →Bonaventura, →Albertus Magnus) als auch in Marienmirakelsammlungen (Boto v. Prüfening, →Nigellus [Wireker], →Caesarius v. Heisterbach), Gebeten und Hymnen. Ebenfalls zur Mariendichtung (→Maria, III) zählt das Th.-Gedicht des →Rahewin (3. Viertel des 12. Jh.) in 651 zumeist gereimten Hexametern oder Distichen und die rhythm. Dichtung in 400 Alexandrinern im Cod. Parisinus lat. 2333 A (14. Jh.). Der Bußgedanke und die narrativen Elemente an sich werden in einem unedierten Gedicht in leonin. Hexametern betont, das in der Hs. Darmstadt 749 Gevehardus v. Grafschaft zugeschrieben ist (BHL 8124d; 12. Jh.); ebenso in der eine Zeitlang ohne Grund →Marbod v. Rennes zugeschriebenen Dichtung in leonin. Hexametern (BHL 8124, 12. Jh.) sowie in dem rhythm. Gedicht, das u. a. in der Hs. Paris, Arsenal 903 erhalten ist. Die Legende wurde auch in viele Exempla- und verkürzte Heiligenvitensammlungen aufgenommen (→Vinzenz v. Beauvais, →Jacobus de Voragine, →Aegidius v. Zamora, →Petrus Calo, Petrus de Natalibus, →Antoninus v. Florenz und Johannes →Herolt), im allg. mit marian. Konnotation. V. a. aber wurde die Th.-Legende ein Kernstück der Sage von Dr. Faustus.   P. Chiesa

Lit.: AASS Febr. I, 486–497 – W. MEYER, Radewins Gedicht über Th. und die Arten der gereimten Hexameter (Gesammelte Abh. zur mittellat. Rhythmik, I, 1905), 59–135 – A. GIER, Der Sünder als Beispiel. Zu Gestalt und Funktion hagiograph. Gebrauchstexte anhand der T., 1977 – P. CHIESA, L'»Historia Theophili Atheniensis«: il più antico rifacimento latino della »Poenitentia Theophili«, Aevum 68, 1994, 259–281.

II. ROMANISCHE LITERATUREN: Als eines der ältesten und umfangreichsten Marienmirakel ist die Th. in fast allen Mirakelslg.en enthalten: Die älteste frz. Version findet sich in Adgars 'Gracial' (ca. 1165–70, als zweites Stück); →Gautier de Coinci beginnt seine 'Miracles de Nostre Dame' mit der Th., die um ein Mehrfaches umfangreicher ist als alle folgenden Geschichten (über 2000 Verse, mit ausgedehnten, hochrhetor. Monologen des Protagonisten). Zwei anglonorm. Versionen gehören dem 13. Jh. an. In den kast. 'Milagros de Nuestra Señora' →Gonzalos de Berceo (164 vierzeilige Strophen) steht die Th. an letzter Stelle; 'Cantigas de Santa Maria' Kg. →Alfons X. des Weisen bieten (als drittes von über 350 erzählenden Gedichten) eine Kurzfassung (40 Verse und Refrain). Inhaltl. Unterschiede zw. den narrativen Fassungen gibt es kaum, direkte oder indirekte Q. ist stets die lat. Version des Diakons Paulus v. Neapel. →Rutebeufs dramat. Bearbeitung (663 Verse) basiert auf Gautier de Coinci und war wohl zur Aufführung bei einem Marienfest (vielleicht Mariä Geburt) bestimmt. In Florenz entstand im 15. Jh. eine →Sacra rappresentazione über die Th.

Als →Exemplum ist die Th. in Predigten (frz.: 'Sermon d'Amiens', ca. 1276) und Slg.en von Beispielerzählungen weit verbreitet (katal.: 'Recull de Eximplis', kast.: 'Libro de exenplos por A. B. C.' des Clemente Sánchez, beide 15. Jh.). Auch in der religiösen Lyrik Frankreichs wird häufig auf die Th. Bezug genommen, mehrere *prieres Theophilus* geben als Rollengedichte die Gebete des Sünders zu Maria wieder. Noch in François →Villons 'Testament' ('Ballade por prier Nostre Dame') wird Th. als Beispiel für Gottes Gnade genannt.   A. Gier

Lit.: K. PLENZAT, Die Th. in den Dichtungen des MA, 1926 [Neudr. 1967] – M. ZINK, La prédication en langue romane avant 1300, 1976 – A. GIER, Der Sünder als Beispiel. Zu Gestalt und Funktion hagiograph. Gebrauchstexte anhand der Th., 1977.

III. DEUTSCHE LITERATUR: Obgleich die dt. volkssprachl. Lit. keine selbständigen Fassungen der Th. kennt, wurde sie schon seit dem 12. Jh. in größere Werke integriert: In der »Rede vom Glauben« des armen Hartmann (Mitte 12. Jh.) dient sie als Beispiel für die Begnadung von Sündern 'per spiritum sanctum', im fragmentar. »Ave Maria« →Bruns v. Schönebeck (um 1270–80) der Lobpreisung Marias als Gegenmacht des →Teufels. Als verbreitetstes aller Marienmirakel (→Drama, V) wurde die Th. häufig, lat. Tradition folgend, in den Legendare, Predigt- und Exempelsammlungen (z. B. »Speculum ecclesiae«, 1130/50; »Hoffmannsche Predigtslg.«, um 1200; →»Passional«, um 1300; →»Legenda aurea« ab Mitte 14. Jh.; »Der Heiligen Leben« Ende 14. Jh.; →Hagiographie, B.III) sowie in Dichtungen zum Lobpreis Marias (→Maria, C. V) als 'mater misericordiae' eingefügt (z. B. »Rhein. Marienlob«, 2. Viertel 13. Jh.; →Konrads v. Würzburg »Goldene Schmiede«; Peters v. Arberg Tageweise »Ach starker Gott«, Mitte 14. Jh.). – Als eigenständige Fassungen des Stoffs sind um 15. Jh. neben →Schernbergs Teufelsbündlerspiel drei wohl auf eine gemeinsame Vorlage zurückgehende mnd. Theophilus-Spiele (Hss. in Stockholm, Trier, Wolfenbüttel) sowie zwei niederrhein. Aufführungszeugnisse (Deventer 1436, Bocholt 1459) überliefert. Im Vorspiel der Trierer Fassung wird der Beispielfall zu grundsätzl. Kritik an der Verweltlichung des Klerus genutzt, doch soll auch dieser Text wie alle anderen Bearbeitungen des Stoffs die Erkenntnis von der grenzenlosen Fürbittermacht Marias vermitteln. N. H. Ott

Ed.: Th., ed. R. PETSCH, 1908 – Die Stockholmer Hs. Cod. Holm. Vu 73, ed. L. GEERAEDTS, 1984, 245–273 – *Lit.*: s. Abschn. II (K. PLENZAT, 1926; A. GIER, 1977) – Verf.-Lex.² IX, 775–782 – E. UKENA, Die dt. Mirakelspiele des SpätMA, 1975, 150–186 – V. KROBISCH, Das Trierer Theophilusspiel (Franco-Saxonia [Fschr. J. GOOSSENS, 1990]), 309–318.

IV. ENGLISCHE LITERATUR: Wenigstens neun Versionen der Th. in engl. Sprache sind zw. 1280 und 1572 überliefert; sie machen die Gesch. zu dem verbreitetsten Marienwunder (→Maria, hl., C.VI) in England. Außer in drei Predigtslg.en, einer Übers. des »Alphabetum narrationum« und der späten Fassung W. Forrests v. 1572 (WHITEFORD, 1990, BOYD, 1964) wird das Mirakel in Legendarien tradiert, zuerst im →»South English Legendary« (200 Langzeilen in einer unabhängigen Slg. von Wundern), und erscheint dann in Übers.en der →»Legenda aurea« (als Teil der »Geburt Mariens«) in der »Gilte Legende« (ca. 1438) und in →Caxtons »Golden Legend« (1483). Da einige Hss. der »Gilte Legende« entreunte Ergänzungen des Verslegendars enthalten, ergab sich hier eine ungewollte Wiederholung der Gesch. (GÖRLACH, 1972, 54–56). Daneben existiert eine unabhängige Fassung in sechszeiligen Strophen (642 Zeilen, gedr. BOYD, 1964, 68–87) in einer romanzenähnl. Form des 15. Jh. – Die Q.frage und die Abhängigkeiten der engl. Fassung untereinander sind weitgehend ungeklärt, wohl auch, weil Theophilus keinen festen Platz im Hl.nkalender fand und damit in den Legendarien einnahm. Der Stoff fehlt in der bekannten Predigtslg. →Mirks (um 1400) und in W. de Wordes Slg. der Marienwunder v. 1496; ebenso fehlen dramat. Bearbeitungen. M. Görlach

Bibliogr.: ManualME 2. V [273] – *Ed. und Lit.*: C. D'EVELYN–A. J. MILL, The South English Legendary, EETS 235, 1956, I, 221–227 – B. BOYD, The ME Miracles of the Virgin, 1964, 68–87 – M. GÖRLACH, The 'South English Legendary', 'Gilte Legende', and 'Golden Legend', 1972 – DERS., The Textual Tradition of the South English Legendary, 1974 – P. WHITEFORD, The Myracles of Oure Lady, 1990.

V. IKONOGRAPHIE: Die vier Kernszenen der Th. (Teufelspakt, Theophilus bereut, Maria kämpft mit dem Teufel, Maria legt Theophilus im Traum den Vertrag auf die Brust) sind seit dem 12. Jh. bildlich überliefert, so auf einem Relief in →Souillac (1. Hälfte 12. Jh.), auf Miniaturen des Ingeborgpsalters (Anf. 13. Jh., Chantilly, Musée Condé) und von Jean →Pucelle (1335, Paris, Bibl. Nat.) sowie in zwei Glasfenstern der Kathedrale v. Le Mans (Ende 13. Jh.). Der Wunderbericht des Bf.s an das Volk und weitere Szenen werden am Tympanon des Nordportals (um 1250), Teufelspakt, Theophilus' Reue und Marias Kampf mit dem Teufel auf Vierpaß-Reliefs (1215/18) in der Kapelle St-Michel et St-Martin an der Nordseite von Notre-Dame de Paris dargestellt. Zu einem Zyklus von 18 Szenen ist die Th. auf einem Glasfenster der Kathedrale v. Laon erweitert. In den meisten Bildwerken wird Theophilus als Diakon in der Dalmatik dargestellt. N. H. Ott

Lit.: E. MIDOUX, Les vitraux de la cathédrale de Laon, 1882, H. 4, 12–42 – A. REAU, Iconographie de l'art chrétien, II/1, 1956, 628; III/2, 1959, 1257 – L. KRETZENBACHER, Teufelsbündler und Faustgestalten im Abendlande, 1968, 34–41.

Theophrast im MA. Das umfangreiche, nahezu alle Gebiete des Wissens umfassende Werk des Theophrastos v. Eresos (um 370 bis 287 v. Chr.), des Schülers und Nachfolgers des Aristoteles, hat sich nur zu einem geringen Teil erhalten: von den bei Diogenes Laertios (5, 36–57) genannten rund 200 Titeln die 'Pflanzengeschichte', die 'Ursachen der Pflanzen' und die 'Charaktere', dazu noch Bruchstücke aus anderen Werken. Einfluß und Wirkung des Th. in der gr. Welt sind vielfältig und bedeutend; selbst dem syr.-arab. Raum ist er gegen Ende der Spätantike (wohl durch Priscianus Lydus) vermittelt worden. Gleichwohl scheinen Verluste seiner Schriften bereits im Altertum eingetreten zu sein. Dem lat. Westen kam im wesentl. die Aufgabe zu, bis zur Wiedergewinnung der verbliebenen Reste durch die Humanisten die Erinnerung an einen bedeutenden Namen wachzuhalten. – Als der Nachlaß des Th. (zusammen mit dem des Aristoteles) 84 v. Chr. nach Rom gekommen war, beginnt man hier sich ausdrückl. auf ihn zu berufen (so Varro und Cicero), und zwar, wie die Art der Zitate vermuten läßt, auf Grund unmittelbarer Kenntnis seiner Schriften. Verwiesen wird auf Th. auch bei Seneca d. J., Columella, Plinius d. Ä. (sehr häufig), Quintilian, bei Gellius, Apuleius u. a. Soweit diese Autoren dem MA bekannt werden, ist damit zu rechnen, daß zumindest die Erinnerung an des Th. Namen weitergegeben wird. Die Kenntnis ganzer Schriften oder auch nur ihrer Titel bleibt den folgenden Jahrhunderten offensichtl. versagt, sie verblaßt immer mehr und führt über Hinweise auf einzelne (z. T. wohl auch erfunden) Lehren oder anekdotenhafte Berichte nicht hinaus. – Dagegen muß dem Hieronymus das Werk des Th. noch näher vertraut gewesen sein: Er verweist des öfteren nachdrückl. auf ihn als Autorität und bietet darüber hinaus die Übers. eines sonst nicht überlieferten *aureolus Theophrasti liber de nuptiis* (adv. Iovin. 1, 47). Aus ihr wird immer wieder zitiert (oft im 12. Jh., aber auch noch von →Jeremias de Montagnone u. a.); sie ist häufig gesondert überliefert (s. Katalog von Bobbio s. IX./X.; BECKER 32, 433). – Allen, die sich in der Spätantike noch um Th. bemüht haben, zeigt sich →Boethius überlegen (de hypotheticis syllogismis prol.). – Mit dem Hinweis auf einen sonst nicht bekannten Peplus des Th. (den auch Diogenes Laertios nicht verzeichnet und der an den ps.aristotel. Peplos gemahnt) erläutert →Johannes Scotus (nach ihm →Martin v. Laon und →Remigius) eine Stelle in der

Enzyklopädie des →Martianus Capella (5, 435). In vielem ungeklärt und umstritten ist die hsl. Überlieferung des Th.; sie setzt in byz. Zeit ein (s. X./XI.). – Ins 13. Jh. gehören Bruchstücke von lat. Übers.en, die →Bartholomaeus v. Messina und →Wilhelm v. Moerbeke zugeschrieben werden. Hauptsächl. wohl auf Übers.en beruht das Wissen, um das Th. die scholast. Gelehrsamkeit (z. B. die des →Albertus Magnus) vermehrte. In humanist. Zeit entstehen Ausgaben, Übers.en und Komm.e in großer Zahl, darunter auch von Th.s botan. Werken (→Pflanzenkunde). Erst jetzt finden die 'Charaktere' bes. Aufmerksamkeit. Isaac Casaubonus († 1614), der sie durch einen Komm. erschließt, nennt sie »goldenes Büchlein« und bringt damit die geänderte Wertschätzung, die Th. von nun an widerfährt, zum Ausdruck. E. Heyse

Lit.: MANITIUS I–III [Reg.] – RE Suppl. 7, 1354ff. – N. G. WILSON, The mss. of Th., Scriptorium 16, 1962, 96ff. – C. B. SCHMITT, CTC Vol. II, 1971, 239ff. – W. KLEY, Th.s Metaphys. Bruchstück und die Schrift περὶ σημείων in der lat. Übers. des Bartholomaeus v. Messina, 1936 – E. FRANCESCHINI, Sulle versioni lat. medievali del περὶ χρωμάτων (Autour d'Aristote: Recueil d'études ... à Monseigneur A. MANSION), 1955 – Th. us of Eresus. Sources for his Life, Writings, Thought and Influence, I–II, hg. W. W. FORTENBAUGH u.a., 1993² (Philosophia Antiqua 54) – L. D. REYNOLDS – N. G. WILSON, Scribes and Scolars, 1991³ – R. W. SHARPLES, Th. us of Eresus. Sources for his Life, Writings, Thought and Influence, V: Sources on Biology, 1995 (Philosophia Antiqua, 64).

Theophylakt, röm. Senator und Konsul, † ca. 924/925. Erstmals 901 als Pfalzrichter belegt, begegnet Th. jedoch v. a. im Zusammenhang mit der Rückkehr Sergius' III. auf den päpstl. Thron 903/904. Er unterstützte also die Gegner des →Formosus und wird seither in den Q. auch als 'vestararius' der päpstl. Kammer und als 'magister militum' bezeichnet. Der Einfluß röm. Adelsfamilien auf das Papsttum soll seit Th. zugenommen haben, insbes. habe seine Frau →Theodora die päpstl. Politik maßgeblich mitbestimmt. Laut dem polem. Zeugnis →Liutprands v. Cremona (Ant. II, 48) soll Sergius III. sogar mit Theodoras Tochter →Marozia (∞ →Alberich I. v. Spoleto) den späteren Papst Johannes XI. gezeugt haben. Ab 905 ist Th. auch mit dem Titel 'dux' und als 'senator Romanorum' belegt. Er förderte wahrscheinl. die Allianz Papst Johannes' X. mit den südit. Adligen zu einer gemeinsamen Schlacht gegen die Sarazenen am →Garigliano (915). Diese verschiedenen Initiativen bezeugen v. a. Th.s Verdienste um eine Konsolidierung der Verhältnisse in Rom und Mittelitalien; die neuere Forschung sieht hier sogar die Voraussetzungen für den Prozeß des →Incastellamento. Weitere, eher liturg.-hagiograph. Zeugnisse zur stadtröm. Kultgesch. ergänzen das Bild von Th. und seiner Familie, die sich gerade zu Beginn des 10. Jh. auch um eine monast. Erneuerung in Rom bemühte (S. Maria in Via lata, Tempulo etc.). K. Herbers

Q.: E. DÜMMLER, Auxilius und Vulgarius, 1866 – H. ZIMMERMANN, Papstregesten 911–1024 (RI II/5, 1969), 15, 24, 39 – *Lit.:* P. FEDELE, Ricerche per la storia di Roma e del papato nel secolo X, Archivio della R. Deputazione Romana di storia patria 33, 1910, 177–247; 34, 1911, 75–115, 393–423 – B. HAMILTON, The House of Theophylact and the Promotion of the Religious Life among Women in the Tenth Cent. Rome, Studia Monastica 12, 1970, 194–217 [= DERS., Monastic Reform, Catharism and the Crusades, 1979, n. IV.] – H. ZIMMERMANN, Das dunkle Jahrhundert, 1971, 41ff. – P. TOUBERT, Les structures du Latium médiéval, 1973, 966–974 – K. GÖRICH, Otto III., Romanus Saxonicus et Italicus, 1993, 237. 253.

Theophylaktos
1. Th., Ebf. v. →Ohrid ca. 1088/92–1126, * um 1055, † 1126, aus Euboia stammend, Angehöriger der Familie Hephaistos. Th., Schüler des Michael →Psellos, war Erzieher des Konstantinos Dukas (* 1074; Sohn Ks. →Michaels VII.), für den er einen →Fürstenspiegel verfaßte. Als Ebf. v. Ohrid trug er wesentl. zur Gräzisierung seines Kirchensprengels bei und entfaltete eine reiche lit. Tätigkeit. Seine hagiograph. Werke über Heilige des bulg. Raumes (Fünfzehn Märtyrer v. Tiberiupolis, BHG 1199; Clemens v. Ohrid, BHG 355) sind wertvolle hist. Quellen. Er verfaßte auch eine am 6. Jan. 1088 vorgetragene panegyr. Rede an Ks. →Alexios I. Komnenos, eine Abh. über die lat. Irrtümer, eine Apologie des Eunuchenwesens sowie Gedichte und Briefe. Seine Kommentare zu den vier Evangelien, die zum Grundstock der byz. Exegese zählen, wurden sehr früh (vermutl. um die Mitte 14. Jh.) in Bulgarien ins Kirchenslav. übersetzt; Fragmente einer ostslav. Übers. derselben begegnen bereits im 13. Jh.
Ch. Hannick

Ed.: Vizantijski izvori za istoriju naroda Jugoslavije III, 1966, 257–360 [R. KATIČIĆ] – Théophylacte d'Achrida discours, traités, poésies, Lettres, ed. P. GAUTIER, 1980–86 – *Lit.:* Tusculum-Lex., 1982³, 791f. – SłowStarSłow VI, 1977, 59f. [W. SWOBODA].

2. Th., byz. Exarch (→Exarchat, II; →Ravenna, I). Alleinige Q. über sein Wirken ist der →Liber Pontificalis. Nach längerer Sedisvakanz wurde im Jahr 701 als Nachfolger des Exarchen Johannes II. Plakys der 'kubikularios' Th. aus Sizilien von Ks. →Tiberios II. zum neuen Exarchen ernannt und blieb in diesem Amt bis zum Jahr 705. Als einziges Ereignis während seiner Amtszeit ist eine Revolte der Armee bekannt, als sich Th. auf dem Weg von Sizilien nach Ravenna befand; dabei wirkte Papst →Johannes VI. als Vermittler. P. Schreiner

Q. und Lit.: LP I, 1955², 383 – A. GUILLOU, Régionalisme et indépendance dans l'empire byz. au VIIᵉ s., 1969, 211 – Storia di Ravenna, hg. A. CARILE, II, 2, 1992, 382.

3. Th. Simokates, byz. Historiker, * ca. 580/590 in Ägypten (wohl Alexandreia), † nach 628, Familienname Simokates (vielleicht 'der Stumpfnasige', 'Stumpfwang'), kam um 610 nach Konstantinopel, wirkte im Kreise um Patriarch →Sergios I. und vielleicht am Hof von Ks. →Herakleios, obwohl keiner seiner verschiedenen Titel zwingend auf eine Hoffunktion hinweist. Er verfaßte neben kleineren rhetor. Werken und fiktiven Briefen ein Gesch.swerk über die Regierungszeit des Ks. →Maurikios (582–602) mit einem ausführl. Rückblick auf die Jahre 572–582. An das Werk konnte der Verf. wohl nicht mehr letzte Hand anlegen, geschweige denn – wie wohl beabsichtigt –, es bis in die Zeit des Herakleios fortsetzen. Trotz des komplexen Aufbaus mit zahlreichen Einschüben, der z. T. unlösbaren chronolog. Probleme und einer oft schwer verständl. Sprache ist die »Historia« die einzige zusammenhängende Q. über die Auseinandersetzung mit den Sāsāniden nach 572 und das Ende der byz. Herrschaft im Balkanraum durch das Vordringen der →Avaren und →Slaven. Während die Vorgänge im W nur ganz am Rande berücksichtigt werden, übermitteln verschiedene Exkurse einmalige Nachrichten zur frühen Gesch. der Turkvölker und sogar des chines. Reiches. Th. S. stellt im allg. eine höchst zuverlässige Q. dar, die auch in annalist. Umformung von →Theophanes übernommen und von →Photios (cod. 65) ausführl., aber z. T. eigenwillig exzerpiert wurde. P. Schreiner

Ed. und Lit.: Th. i Simocattae Hist., ed. C. DE BOOR, ed., corr. curavit P. WIRTH, 1972 – Th. S., Gesch., übers. und erl. P. SCHREINER, 1985 – M. WHITBY – M. WHITBY, The Hist. of Th. S., 1986 [engl. Übers.] – TH. OLAJOS, Les sources de Théophilacte Simocatta historien, 1988 – M. WHITBY, The Emperor Maurice and his historian, 1988 – P. SCHREINER, Byzslav 51, 1990, 53–57 [zu weiteren Übers.en] – Oxford Dict. of Byzantium, 1991, 1900f.

Theoria → Mystik, A. II